上海二期课改中音乐学科时效性问题的探索与实践

曹晏平　主编

上海科学技术文献出版社　　上海教育音像出版社

图书在版编目（CIP）数据

上海二期课改中音乐学科时效性问题的探索与实践 / 曹晏平主编．—上海：上海科学技术文献出版社，2021

ISBN 978-7-5439-8347-2

Ⅰ．①上…　Ⅱ．①曹…　Ⅲ．①音乐课—教学研究—小学　Ⅳ．①G623.712

中国版本图书馆 CIP 数据核字（2021）第 124469 号

责任编辑：王　珺
封面设计：方　明

上海二期课改中音乐学科时效性问题的探索与实践
SHANGHAI ERQI KEGAI ZHONG YINYUE XUEKE SHIXIAOXING WENTI DE TANSUO YU SHIJIAN
曹晏平　主编
出版发行：上海科学技术文献出版社
地　　址：上海市长乐路 746 号
邮政编码：200040
经　　销：全国新华书店
印　　刷：常熟市文化印刷有限公司
开　　本：890mm×1240mm　1/32
印　　张：16.375
字　　数：366 000
版　　次：2021 年 7 月第 1 版　2021 年 7 月第 1 次印刷
书　　号：ISBN 978-7-5439-8347-2
定　　价：68.00 元
http://www.sstlp.com

主　编：曹晏平
编　委：陈　薇　葛民莉　张莉珉　严茵茵
张丽莲　朱冬芳　黄湘程

前 言

随着课程改革的不断深入推进，上海音乐学科开展了诸多项目研究，如单元整体设计研究、教学基本要求研制、德育教学指导意见编制、三类核心活动实践研究等。市级层面也同步开展了“把握单元内容重点，凸显教学目标导向”“突出重点、把握关键——中小学音乐学科三类核心活动实践研究”等专题系列教研。这些具有鲜明学科教育教学导向的研究与展示、是引领上海广大音乐教师学习和理解当前课改动向的风向标、也是促进学科正向发展的重要手段和突破口、同时也是呈现目前上海音乐教育研究成果，体现上海近些年学科教育教学水准的重要参照。

学科研究的目的是为了促进广大教师对本学科的理解，提高课堂教学的实效，更好地落实学科核心素养。与此同时也能引发大家对目前学科存在的现状问题的思考、探讨与交流。只有这样才能更好地帮助大家树立正确的教育观、学科观和教学观，才能更好地引领整个学科正向、有序、良性和持续发展。

作为学科特级教师，作为一名全程参与二期课改实践与研究的亲身经历者，我见证了上海音乐学科从一期课改到 2016 年间所取得的成就。怀着对上海音乐教育的那份崇敬之情，笔者一直比较关注市级层面所开展的学科研究。作为上海市第四期“双名工程”艺术攻关计划基地主持人和静安区小学音乐学科实训室主持人，我始终倡导并鼓励基地学员们立足自身的教育教学，在理性思考的同时脚踏实地地开展实践研究。特别是高层次的师资更应该对音乐学科的教育理念、教学方法、教育实践有自己独到的认识和见解。攻关基地五位音乐学科的正式学员中两位2020年被评为了上海市音乐特级教师，2位被评为正高级教师，其余均为高级职称应该说在音乐学科领域有着较强的研究和引领能力。有些老师同样参与了很多二期课改期间的研究项目，我们真心想把课改中的所思、所想与所悟通过这本书与大家交流和分享。

本书围绕上海市二期课改期间音乐学科的导向性和时效性问题，分为四个部分展开。其中，“经验分享篇”围绕音乐课程理念与导向、音乐课程教材与资源、音乐教学模式与方法、音乐教学评价与检测、音乐学科教研与培训五个领域，理论联系实际地呈现我们在这些方面研究和实践的经验。在“教学实践篇”中汇总呈现20世纪90年代至今的具有时代音乐教学研究代表性的公开教学，重点揭示学习准备期、两纲教育研究、学科育人价值研究、京剧进课堂、学科教学评价、课型研究等项目研究的内涵精髓。每节课聘请一位特级教师从当时的教学研究时效性问题或主题切入，进行专业、深入地点评。真实、客观地呈现音乐学科具有历史传承意义的问题研究轨迹与教学演变过程。在“攻关经历篇”中，将基地三年的研修历程，用一篇篇纪实报道向广大同行汇报基地研学和成长的历程。

最后，特别感谢上海市音乐特级教师陈璞、张菊、郜方以及上海市德育特级教师张蔚芹为本书中的诸多教学设计专业点评！本书的内容肯定无法囊括上海二期课改期间所有的导向性和时效性问题的研究内容，但至少可以折射出一些引人思考与探讨的方向。本书中的诸多观点与做法纯属个人视角，仅供大家参考！

第四期上海市“双名工程”小学艺术攻关计划基地主持人
静安区小学音乐学科实训室主持人
上海市音乐特级教师、正高级教师
曹晏平

CONTENTS

目 录

基地风采篇

经验分享篇

音乐课程教材与资源

音乐教学模式与方法

音乐教学评价与检测

音乐学科教研与培训

教学实践篇

音乐感受和欣赏

静安小学音乐实训室研修掠影

基地风采篇

基地介绍
基地成员介绍

基地介绍

基地总体情况介绍、三年研究情况介绍

第四期上海市普教系统名校长名师培养工程小学艺术攻关基地（以下简称“小学艺术攻关基地”）于 2019 年 1 月正式启动。基地主持人由上海市音乐特级教师曹晏平担任。基地有正式学员 7 人和对口强校负责人 2 人，分别来自徐汇、杨浦、青浦、宝山、浦东、崇明、嘉定 7 个区。其中音乐学科教师 7 人，美术学科教研员 1 人、教师 1 人。

怀揣着共同的教育理想，三年来，小学艺术攻关基地在上海市教师专业发展工程领导小组的领导下，以培养具有良好的师德素养、先进的教育理念、厚实的专业素养、开阔的学科视野和精湛的教育研究与创新能力的高素质教师为目标，凝心聚力、研精毕智，走出了一条出经验、出课程、出团队的培养之路。

一、出经验——攻关之行始于研，乘风破浪正远航

问题产生课题，教学隐含研究。成为研究者，是优秀教师专业化成长之必然。在国家美育文件相继出台，音乐、美术教育正受到越来越多重视的同时，也面临着巨大的困难和挑战。基地立足课堂教学，在最日常、最平实的教学工作中寻找研究的切入点，坚持“发现问题，分析研究，实践改进，提炼考证”的行动研究模式，通过研究，让混沌的思路豁然开朗，让理想的翅膀平

稳落地。

1. 课题引领，破解学科难点问题

2019 年 1 月，基地主持人曹晏平老师申报立项了第四期“上海市普教系统名校长名师培养工程”课题项目《小学音乐、美术学科基于〈教学基本要求〉三类活动设计的实践研究》。本课题以小学音乐、美术学科核心素养培养为导向，以两门学科的教学基本要求为主要研究依据，以全国教材为研究载体，结合具体的学习领域要求及学习水平分类设计相对应的体验性活动、表现性活动和创造性活动，为小学音乐、美术学科的教学基本要求有效落实提供实践研究的经验与实例。

根据学员的教学特色与研究专长，曹晏平导师做了细致的分工，每位基地学员在此基础上组建了一个个区域团队开展相关的实践与研究。在区域团队中，基地学员就是引领者和指导者：研读基本要求，精选执教作品，挖掘音乐内涵，制定教学目标，设计活动课例，反复课堂试教……导师密切关注每个团队的研究进展并给予悉心的指导。待一个个课例初步成形，导师带领其他学员共同走进课堂“望闻问切”。闵行区七宝民强小学、青浦区庆华小学、徐汇区汇师小学、浦东新区第二中心小学、杨浦区中原路小学、宝山区江湾中心校、嘉定区安亭小学、上海实验学校附属东滩学校……一个个专场，一次次实践，一场场研讨，一步步提升。导师的高屋建瓴和伙伴的妙计良方，让课题研究朝着既定目标顺利推进。经过三年的研究已结出硕果：由上海教育音像出版社摄制完成音乐活动课例 62 节、美术示范课 11 节，与课例视频相配套的教学设计也同步出版。这些成果既能成为音乐、美术《教学基本要求》的教学资源，引导与帮助教师在课堂教学中设计适切、多样的学习活动以精准落实核心学习要求，又能为教师提供日常教学可参考、可复制、可借鉴的实践经验和有效范例，促进学科核心能力培养有效落地。

2. 抛砖引玉，探求课程育人价值

“学而不思则罔，思而不学则殆。”为了鼓励学员勤于学习、善于思考、长于提炼，基地利用微信公众平台的广泛传播力，于2020年4月开辟了“音乐教学时效性问题的思考与探讨”专栏。曹晏平导师“身先士卒”，率先抛出“音乐教育的功能到底是什么”的问题，从“音的塑造”“美的塑造”与“人的塑造”三方面亮出自己的鲜明观点。开阔的学科视野和独到的视角，引发了众多音乐教师的深思。

随后，全体学员也立足自身、同伴、徒弟的课堂实践，紧紧围绕“时效性”这一关键词，发掘音乐教育教学的热点、难点、痛点问题，并结合自身或团队的课堂实践与研究提出有效的方法与策略。在小学音乐课堂中如何实施有效的评价？如何实现课堂“留白”的意义？如何以课堂文化追求为导向？如何利用“联觉”学习音乐？如何运用图形谱有效辅助教学……一个个源自课堂、平凡朴实却又颇具共性、发人深省的问题，引发了全书广大一线教师对目前学科存在的现状问题的思考、对自身教学的反思以及对学科深层育人价值的探寻。

教育科研的最大效益就是把经过实践印证的有价值的研究成果应用于课堂，帮助广大教师解决教学中的实际问题。这是优秀教师的价值追求，也是攻关基地的前行航标。基地引导教师聚焦现实问题，投身课程改革，主动建构知识，提升实践能力，教育科研已经成为基地学员提升专业能力的有效途径，同时也是保持旺盛的职业生命力和实现专业的快步、稳步发展的重要手段。

二、出课程——问渠那得清如许，为有源头活水来

双名基地是一个让优秀教师抱团成长、共同进步的平台。每个人的智慧在相互碰撞中产生新的火花，这火花燃出更多可操作、可复制、可迁移、可创新的教育智慧，这份智慧便以培训课程的形式普惠更多教师。小学艺术攻关基地充分发挥学员们在课堂教学、课程开发、教师培训等方面的能力，积极承担高层次教师培训课程的开发、研制与讲授工作，在更广范围为音乐教育教学发挥示范引领作用。

1. 国培课程，体现前瞻性

2020 年暑假，基地承担了 2020 年“国培计划”远程培训项目课程——“单元整体教学设计与实施”系列课程的开发与录制工作。此次承担的是该系列课程中的“跨教材单元”（主题性任务单元）主题下的《小学音乐学科跨教材单元整体教学设计与实施》课程，总时长 9 小时，分为“学科方法指导课程”与“学科案例分析课程”两个课程板块。

基地以教学现状调查和教师需求分析为前提，基于学科教学问题解决和教师专业能力提升的实际需要，有针对性地选择课程内容，并进行了整体设计。课程以学科育人、文化理解、艺术表现三个不同视角切入。由曹晏平老师负责开发并主讲《跨教材单元（主体性任务单元）学科方法指导》课程；由基地学员葛民莉、严茵茵和宋春燕老师进行“五育融合音乐行”“器乐百花园”“草原之声”单元整体设计，以讲座的形式全面阐述三个单元的主题确定的缘由、单元作品选择及特征分析、单元教学线索、学习能力

水平界定分析、单元教法与学法分析、单元课时安排、单元目标及单元教学评价设计。在此基础上，曹晏平老师不仅自己执教了两节示范课例，还指导葛民莉、吴轶君、封晶艳、杨麟四位教师为每个单元各摄制了两节视频课例并撰写了该课例的单元教学意图和价值说明。小学艺术攻关基地“出品”的凸显实用价值、满足教师教育教学理论和实践需要的培训课程，必将为全国各地音乐教师的课堂实践“保驾护航”。

2.“1+5”培训，凸显实用性

2019 年上半年，基地受中国教师研修网邀请，承担了浦东新区小学音乐学科“1+5”培训工作。针对本培训以浦东新区音乐学科带头人、音乐学科骨干教师以及各校音乐教研组长为学习对象，曹晏平导师从课程的前瞻性、科学性和实用性出发撰写了课程大纲，确立了“通过学科本体性知识和命题作业能力的针对性培训，精准提升浦东新区骨干教师群体的阶段性学科认识与实施能力，开阔学科视野”的课程定位。

5 月到 6 月间，课程分四个模块分步培训。曹晏平导师主讲“音乐学科前沿知识”模块，以“上海市二期课改实践与研究亲历者”和“长期耕耘在音乐教学园地的一线教师”的双重身份，为大家解读了课程标准、评价指南、教学基本要求的编制目的，以及对学科核心素养视野下音乐学科实践的指导意义；张丽莲、张莉珉、葛民莉三位老师共同承担“音乐学科专业实训”模块，分别从歌唱、舞蹈与律动、器乐教学三大实践领域的学习水平、能力要求以及教学策略与方法进行了实操性培训；陈薇老师担纲“音乐学习评价的设计与解析”模块，围绕日常教学中对评价的困惑，引领教师们通过理论学习、案例观摩、主题讨论、即时评价等形式展开培训。除此之外，学员基地还为课程培训提供了几十节来自一线的优秀音乐典型课例供在线观摩学习。一个月间，共有150多名浦东新区的音乐骨干教师参加了培训。教师培训课程的开发与实施，不仅为推进浦东新区中小学音乐教师的专业（专项）能力提升发挥了积极作用，基地学员们的课程理念也得到了更进一步的提高。

如果说艺术学科的发展涓涓细流源源不断，基地愿努力成为一泓推动其流向远方的永不枯竭的源头活水。导师和学员们将多年积累的学科教学知识和课堂实践智慧转化为基于学科建设和教师发展需求的培训课程，以精益求精的敬业精神、专注合作的务实态度，一次又一次地圆满完成课程研发与培训任务，为本市乃至全国一线教师的专业成长发挥了良好的辐射引领作用。

三、出团队：一花独放添春意，春泥护花香满园

“双名基地”是高端教师的培养平台，对广大一线教师来说也许高不可攀、遥不可及。小学艺术攻关基地遵循第四期“双名工程”抓住“人才”高峰建设和“梯队”培养储备的原则，采取“1+X”策略，在努力打造市级高水平教育教学研究与实践团队的同时，着力培养区域骨干团队。陈薇、葛民莉等曾为第三期“双名工程”音乐名师基地的学员有感而发：三期名师基地是学员自我成长的加速器，四期攻关基地则是学员带动“种子”团队共同成长的助推器。

1. 育学科新名师，双名基地春华秋实

曹晏平导师常常以自己的成长历程“现身说法”，勉励大家要永葆教育情怀、培育专业自觉，要找准项目深耕不断、植根课堂

培育特色。学员们在各自的领域尽己所能去攀登、去突破，不仅术有专攻成果斐然，还锻造出优秀教师必备的坚持不懈、坚韧不屈的毅力和品格。

学员陈薇近年来致力于青浦乡土音乐课程开发与实践，带领种子团队行走乡间田野、编写教学用书，开展课堂实践、提炼学法教法，在“星星之火，可以燎原”的信念支持下迎难而上不懈努力，在孩子们爱上唱家乡的“歌”的同时，一支会教、善教、乐教的乡土音乐教师团队不断壮大。不仅如此，还形成了专著、市教育科研课题、市十三五培训课程、特色教材等重要成果。

学员张莉珉带领汇师小学音乐教师团队开展“京剧进校园”的实践与研究已十年有余。学校作为全国优秀艺术文化传承校，不仅开发了《京韵润童心》课程，形成了相配套的课程资源包，为其他学校推广中华传统戏曲艺术提供了可借鉴的经验与做法，还培养了一批批热爱京剧的小票友，在上海市学生艺术单项比赛中连获金奖，更有两名学生摘得全国戏曲比赛“小梅花奖”的殊荣。

学员张丽莲对儿童合唱教学有着丰富的教学经验，曾指导学校“梦想家”合唱团在全国第五届中小学生艺术展演等重大比赛中斩获佳绩。她还毫无保留地将自己的“本事”传授给徒弟们。在张老师团队的齐心协力中，江湾中心校形成了响当当的合唱艺术特色，还被命名为上海市学生合唱联盟单位。

像这样形成了个人教学特色和实践智慧的老师，基地中还有好几位。小学艺术攻关基地就是一支积极向上的学习型团队。从“艰难摸索”转变成了“同舟共济”，由“单打独斗”发展成了“戮力同心”，一次次的磨砺收获一段段的成长，学员的专业发展方向更明确了，学科的发展方向更清晰了，对职业的认同感和对基地的归属感更强烈了。2020 年，基地迎来了丰收：陈薇和张莉珉两名学员获评上海市特级教师，陈薇和葛民莉两名学员通过上海市中小学正高级职称任职资格评审。

2. 筑研修共同体，“种子”团队茁壮成长

只有能带动别人、引领别人、辐射别人，让别人也成为专业上有能力、职业上有成长、事业上有发展的人，才算得上真正的“名师”。基地学员人才济济，蕴藏着极大的主动性和创造性。曹晏平导师认为，只有以项目研究搭建一个个平台，借助更多团队的力量形成合力，才能为艺术教育做更多的事、攀更高的峰。

他在繁忙工作之余，倾力领衔上海市“音乐教育研究”劳模创新工作室、静安区劳模创新工作室、静安区小学音乐实训室、嘉定强校工程校小学音乐团队，为青年教师的成长甘为人梯，不遗余力。在榜样精神感召下，学员们明白“好学”比“学好”更重要，“育人”比“育才”更根本，她们不仅“传道授业解惑”，还通过言传身教把自己的团队锻造成你追我赶、奋勇争先、蓬勃向上、开拓创新的好团队。

学员张芸语在寒假期间身体抱恙，但是作为上海市“空中课堂”的执教教师，更作为拥有 100 多位美术教师的浦东新区三年级教研团组长，她忘却病痛不顾劳累，一次次的线上研讨，一节节的线下指导，终于带领团队圆满完成了教学任务。

学员葛民莉领衔了杨浦区“音你而美”音乐工作室，成员来自二师附小教育集团和中原优质校集群。她带领青年教师投身基地项目中创造性活动板块的实践研究。教学碰到困难“无计可施”，她手把手亲身示范每一环节；教学缺少相应的资源，她发

挥特长亲手弹奏录制音频资源……青年教师在师父的引领下阔步成长。

还有学员宋玉燕领衔的崇明小学音乐教研团队、严茵茵指导的浦东新世纪小学音乐团队……青年教师由初时懵懂彷徨，到途中渐入佳境，再到最后精彩绽放，不知倾注了基地学员的多少心血。“种子们”成长的每一步，何尝不是基地学员自我完善、不断蜕变的洗礼与升华呢!

“采得百花成蜜后，为谁辛苦为谁甜?”小学艺术攻关基地将肩负使命，继续前行，以专业的态度和精神，将音乐教育最本真、最美好的东西发扬光大。

第四期上海市“双名工程”小学艺术攻关计划基地学员
上海市音乐特级教师、正高级教师
陈　薇

基地成员介绍

1. 基地主持人介绍

曹晏平

1975年生，上海市音乐特级教师，正高级教师，上海市第四期“双名工程”小学艺术攻关计划基地主持人，上海市“音乐教育研究”劳模创新工作室主持人，上海师范大学音乐学院艺术硕士（音乐教育方向）兼职导师，静安区小学音乐实训室主持人，上海市教育学会中小学音乐教学专业委员会副主任，上海市打击乐协会理事，现任静安区蕃瓜弄小学党支部书记兼副校长。

曾荣获上海市劳动模范、上海市学校艺术教育先进个人、闸北区教师金穗奖、静安区学科带头人等荣誉称号。

先后被聘为上海市普教系统评审专家；上海市科技艺术教育中心评审专家；上海师范大学“音乐名师讲堂”特聘专家；上海市中青年教师教学评比音乐学科评委；《上海市中小学音乐课程标准》修订专家；上海市小学音乐成套教材审查组专家；2004版《上海市中小学音乐课程标准》审读与磨稿专家；《上海市音乐学科装备标准》编写专家等。

参与市级重大项目研究及成果出版：《上海市音乐学科民族精神与生命教育指导纲要》《上海市小学音乐学科教学基本要求

(实验本)》《上海市音乐学科德育教学指导意见》；学科育人价值丛书之《知音识曲　向善尚美——中小学音乐学科育人价值研究》《栉风沐雨、砥砺歌行——上海市中小学音乐学科课程改革30年》《中小学德育课程的课程标准与教材衔接研究》、小学音乐学科三至五年级《教学参考资料》等。

个人累计七次获全国音乐学科教学评比、论文评比、教学设计与案例评比一等奖。数十次在亚太地区、中日音乐教育交流、全国、市、区级范围作公开示范课。领衔或参与三个音乐学科“国培计划”课程和三个上海市网络学习课程开发。指导数十位教师获全国、上海市各类教学评比一等奖、全国一师一优课部级优课。

出版成果有：专著《乐海拾贝——课改实践中的启迪》《上课——构建和谐的学习共同体》；合著《打击乐配器》；特色教材《魅力打击乐》。主编出版专著《多彩的音乐课堂——中小学音乐课型的实践与研究》和37节示范课例、《寻得蹊径百花开——小学音乐学科学习难点解决策略的探索》和65节示范课例；副主编出版《小学音乐学科多媒体学习资源》《打击乐天地》等；在各类刊物发表文章数十篇。

2. 基地学员介绍

陈　薇

1970年生，中共党员，上海市音乐特级教师，正高级教师，教育学硕士，现任青浦区庆华小学副校长。上海市第三期“双名工程”音乐名师基地学员，上海市第四期“双名工程”小学艺术攻

关计划基地学员。

曾获上海市园丁奖、上海市优秀志愿者、上海市优秀少先队辅导员、区教育系统行政记大功、区教科研先进个人、区艺术教育先进个人等荣誉，连续四届荣获“区学科带头人”称号，并入选“区教育系统学科领军人才”。《上海教育》《青浦实验》曾对其进行人物报道与封面人物专题介绍。

在课堂教学自成一格的同时，陈老师在教育科研、课程开发、带教指导等方面亦取得显著成效。两个课例被教育部“国培计划”远程项目录用；拍摄上海市中小幼教师全员培训展示课；获多个市、区级教学评优奖项，并多次在外省、市级层面进行公开教学展示。主持多项市、区课题研究，论文曾获全国、市级评比一、二等奖。参与编写上海市中小学教材——小学拓展型课程《活动课学习包》；编著出版特色教材《小小音乐剧》；获市教师专业发展工程领导小组办公室资助，出版专著《踏歌前行——小学音乐教育教学的实践与思考》。开发、研制并主讲国培课程以及多门市、区级教师培训课程。带教指导数十名青年教师在市、区教育教学大赛中获得佳绩。

2017年领衔上海市学生美育系列项目《乡土音乐进校园》。2018年编写、出版了《绿韵之声——青浦乡土音乐文化》特色教材，同年开发的课程“乡土音乐的教学与指导”被录用为市校外、课外老师专业发展培训课程。2020年出版专著《让孩子们爱唱家乡的“歌”——基于青浦乡土音乐课程建设的实践与思考》。2021年立项了上海市教育科研项目《传承弘扬地方优秀传统文化，建设乡土音乐课程的实践与研究》。

葛民莉

1970年生，正高级教师，现任教于中原路小学，杨浦区小学音乐学科“名教师”，区中心组成员，上海市第四期“双名工程”小学艺术攻关计划基地学员。

曾获得杨浦区园丁奖；上海市中青年教师教学评比竞赛音乐学科一等奖；撰写个人专著《读懂学生需求理解音乐教学》、编写艺术特色课程教材《民族舞蹈万花筒》，均由上海市科技文献出版社出版；《魔音合成体验坊》为区级创新实验室。参与《国家网络精品课程》《上海市中小学（幼儿园）教材教法研修一体网络课程建设项目》《上海市律动表演项目》等多个研究项目；带教、指导多名青年教师参与市区教学评选、教学公开，并获得优异成绩；被聘为教育部“一师一优、一课一名师”活动“优课”评审专家；在学校负责“课程领导力”“国际理解教育”等重要项目。

张莉珉

1972年生，上海市音乐特级教师，现任上海市汇师小学艺术总指导，上海市教育学会中小学音乐教学专业委员会会员，上海市第四期“双名工程”小学艺术攻关计划基地学员。

从事小学音乐学科教育教学工作29年。曾荣获上海市艺术教育先进工作者、上海市教委教材审查办专家、上海市见习教师规范化培训优秀导师、徐汇区教育局学科带头人、徐汇区园丁奖、徐汇区科研工作先进个人、徐汇区耕耘奖等称号。参与“上海市课程教材改革第二期工程小学音乐教材日常修改工作”“上海市课程教材改革第二期工程小学音乐教材评价工作”“上海中小学课程教材改革第二期工程音乐学科成套教材评价专家组成员”。参与十多本上海市小学音乐拓展型教材审查工作。个人主编教材两本，所撰写的多篇论文荣获上海市、徐汇区科研成果奖。

张丽莲

1977 年生，中共党员，中学高级教师，现任宝山区江湾中心校学科教导，宝山区学科带头人，上海市第四期“双名工程”小学艺术攻关计划基地学员。

曾获得上海市中小学中青年教师教学评优一等奖。近年来，一直潜心于音乐课堂歌唱教学的研究与实践，形成了自己的教学风格。所带领的“梦想家”合唱团是学校梦想家少年宫的特色社团。合唱团以“普及与提高、育人与学艺”相结合的美育理念，让学生在歌声中感受美，在学习中体验快乐。目前，合唱团有 70 余名成员，形成梯队发展，在市、区学生艺术节比赛活动中获得佳绩，并活跃在区级文艺汇演的舞台上。

严茵茵

1981 年生，中学高级教师，现任教于浦东新区新时代小学，上海市教育学会中小学音乐教学专业委员会会员，浦东新区小学

音乐学科骨干，浦东新区小学音乐学科中心组成员，上海市第四期“双名工程”小学艺术攻关计划基地学员。

从事小学音乐学科教育教学工作20年，投身教学改革，积极参与市区级各类教育教学评比，曾荣获上海市音乐教师教育论文评选活动一等奖1次、二等奖1次，上海市中青年教师教学评比中小学音乐学科二等奖2次、三等奖1次，区级教学评比一等奖5次，区级论文评比一等奖3次、二等奖1次；辅导学生合唱、口风琴、队列操、朗诵等项目比赛获得市、区级一、二等奖；每学年执教区级公开展示课，指导多名校内青年教师在浦东新区教学评比中获奖；并有多篇论文发表在教育类期刊及书籍中。

3. 对口强校负责人介绍

黄湘程

1991年生，毕业于南京师范大学音乐学院，现任上海市嘉定区安亭小学音乐教研组长、校铜管乐团、行进乐团负责人。

自工作以来，积极参与区级及曹晏平老师领衔的学科项目研究以及中央电教馆主办的“跨区域同步教学项目”研究，提升自身教育教学专业素养能力。曾获嘉定区“教学新秀”青年教师教学评选活动一等奖、嘉定区教育科研论文三等奖。作为学校社团负责人，所带领的学生团队多次在嘉定区、上海市、全国各级各类比赛中获得荣誉。2019 年作为上海市第四期“双名工程”小学艺术攻关基地“强校工程”的结对学校代表，紧跟市级团队研究步伐，不断充实自身教育教学专业素养，提升教学能力，为成为一名优秀的教师而努力。

朱冬芳

1975 年生，小学高级教师，第四届嘉定区音乐骨干教师，第二届音乐名师工作室成员，现担任嘉定区马陆小学调研交流部的工作。

工作二十多年来，勤奋努力、严于律己，始终以执着的认真态度对待工作，并在教学中形成自己的教学风格。在课堂中，注重培养学生的音乐素养与音乐学习兴趣，课堂深受学生的喜爱，并多次进行区级音乐公开课。在专业技能方面，擅长舞蹈编排和儿童剧的编导，先后创作了少儿歌舞剧《我们都是好孩子》《窗外的世界》《幸福是什么》《一个世界一个家》《六一的沉思》《老虎拜师》《三只企鹅在北极》等，均以嘉定区第一名的荣誉参加上海市比赛，获得市级一、二等奖。

2019 年起参与上海市第四期“双名工程”小学艺术攻关基地“强校工程”项目、跟随市级团队优秀音乐专家不断学习研究，提升专业素养，并辐射学校音乐考研组、带领组内音乐教师进行教育教学研究，以促进学校整体音乐教学能力的提升。

4. 实训室教师个人简介

周莺萍

1981年生，中共党员，现任上海市静安区中山北路小学音乐教研组长，上海市静安区小学音乐实训室学员。

自工作以来，在唱游教学上有丰富的教学经验，着眼于学生长远发展，在教学中展开体验式教学的策略研究，让学生在音乐活动中自我体验，在互相学习中展现音乐技能。2014年参加了上海市中青年教师课堂教学评选，获上海市一等奖。《音的长短》一课获国家教育部“优课”荣誉。2017年参加上海市体卫艺科教学能力展评活动，荣获上海市体育艺术领域“十佳教学能手”称号。2019年加入“静安区教育系统实训基地”学习。通过名师指导、科研探索、团队助力，周老师不断提升专业水平，收获锻炼与成长。

汪竞依

1980年生，毕业于华东师范大学音乐系，现任静安区第三中心小学音乐教师，上海市静安区小学音乐实训室学员。

工作十多年来，勤奋努力，认真对待工作，并多次进行区级音乐公开课的展示。2012年获全国第六届中小学音乐教师基本功

比赛上海赛区小学组声乐单项一等奖、即兴伴奏单项二等奖、键盘单项三等奖、综合一等奖。2014 年获中小学音乐课堂教学评选静安区一等奖；同年获上海市中小学中青年教师教学评选活动二等奖。课例《古韵新声 · 静夜思》被评为教育部 2014 年度“一师一优课、一课一名师”活动“优课”。2018 年获静安区中小学教师教学评选活动三等奖。

林育骢

1991 年生，毕业于上海师范大学音乐学院音乐学专业，现任上海市静安区和田路小学音乐教研组长，艺术辅导员，上海市静安区小学音乐实训室学员。

自工作以来，积极参与市区级青年教师培训、职初教师培训及区菁英教师培训。获 2013 年闸北区“新苗奖”；2016 年区音乐教师教学技能评比一等奖；2018 年获区音乐教师教学技能评比三等奖；2016 年执教区级公开教学欣赏课《飞来的花瓣》；多次进行区青年音乐教师展示课。作为校艺术辅导员，所指导的校学生艺术团多次在区级学生艺术节比赛中获得荣誉。

吴雯婧

1991 年生，现任上海市大宁国际小学音乐教师，大队辅导员，校舞蹈队负责人，上海市静安区小学音乐学科实训室学员。

2016年荣获上海市中小学（幼儿园）见习教师规范化培训展示活动三等奖。

2016年静安区“新苗奖”一等奖；原闸北区小学音乐学科中青年教师技能评比二等奖。

2016年“魅力校园”第十一届全国校园文艺汇演暨第十六届全国校园春节大联欢活动，被评为“2015年度百佳艺术教育先进工作者”。

2017年“舞向未来”全市首批艺术教师培训结业。

2018年8月多伦多青少年舞蹈艺术节编导节目《四月》获金奖

2018年6月–2020年6月，参加静安区系统“职初教师菁英培养项目”，结业，并在教学课例评比中获“优秀课例奖”。

教育格言：希望在这条漫长的艺术学习道路上，与学生共同成长，见证孩子们每个夺目的闪光时刻。

沈雯怡

1991年生，现任闸北实验小学明德校区音乐教研组长，上海市静安区小学音乐实训室学员。

从事小学音乐学科教育教学工作6年，曾参与综改项目，积极参与区级与校级的各类教育教学评比，荣获区“新苗杯”一等奖、“不夜城钢琴杯”二等奖、静安区教师技能大赛钢琴二等奖、静安区中青年教师教学评比二等奖、区级论文评比获三等奖；所指导口琴队学生多次在区艺术节比赛中获得荣誉。多次执教过校级对内对外交流展示课。2015 年新教师规范化培训获优秀学员称号；2018 年参加静安区菁英教师培训成为精英班学员，于 2020 年 6 月完成结业并在菁英培养项目教学课例评比中获“优秀课例奖”。

经验分享篇

音乐课程理念与导向
音乐课程教材与资源
音乐教学模式与方法
音乐教学评价与检测
音乐学科教研与培训

上海音乐学科导向性问题的思考与探讨

——第四期上海市“双名工程”艺术攻关计划基地研究掠影

上海市静安区蕃瓜弄小学　曹晏平

摘　要：本文主要基于2019年12月举行的“突出重点，把握关键”上海市中青年教师评比获一等奖教学课展示活动中，吴斌老师在专家点评中提出的诸多问题引发的思考。主要聚焦音乐教育的功能到底是什么，音乐教学如何“突出重点”和“把握关键”，探讨音乐学科中的“三类核心活动”特征是什么，音乐的本体特征究竟应该如何把握？如何处理生活情境、生活经验、音乐情境、音乐经验之间的关系等五个具有音乐教育与教学导向性的问题。结合个人参与课程改革过程中的经验，以及多年带领名师团队开展学科项目研究的心得，阐述个人的观点和理解。为上海音乐教育同行提供思考与探讨的素材，为上海音乐课程改革的深入推进抛砖引玉。

关键词：音乐教学　导向性问题　观点探讨

随着课程改革的不断深入推进，上海音乐学科开展了诸多项目研究，如单元整体设计研究、教学基本要求研制、德育教学指导意见编制、三类核心活动实践研究等。市级层面也同步开展了“把握单元内容重点，凸显教学目标导向”“突出重点、把握关键——中小学音乐学科三类核心活动实践研究”等专题系列教研。这些具有鲜明学科教育教学导向的研究与展示，是引领上海广大音乐教师学习和理解当前课改动向的风向标，也是促进学科正向发展的重要手段和突破口，同时也是呈现目前上海音乐教育研究成果，体现上海近些年学科教育教学水准的重要参照。

学科研究的目的是为了促进广大教师对本学科的理解，提高课堂教学的实效，更好落实学科核心素养。与此同时也能引发大家对目前学科存在的现状问题的思考、探讨与交流。只有这样才能更好地帮助大家树立正确的教育观、学科观和教学观，才能更好地引领整个学科正向、有序、良性和持续发展。

作为学科特级教师，作为一名全程参与二期课改实践与研究的亲身经历者，笔者见证了上海音乐学科从一期课改到2016年间所取得的成就。怀着对上海音乐教育的那份崇敬之情，笔者一直比较关注市级层面所开展的学科研究。作为上海市第四期“双名工程”艺术攻关计划基地主持人，我引领着基地学员对于最近几年音乐学科导向性的研究主题、研究成果以及一线教师的困惑开展了相应的研究。现将研究心得与广大教师分享交流。

一、再谈音乐教育的功能到底是什么

音乐和音乐教育应当在充分强调情感因素的同时，也重视思维的教化和智力的开发。因此有必要全面理解与对待音乐教育的目的，把音乐教育当作是一种塑造的工程去进行音的塑造、美的塑造和人的塑造。

1. 音的塑造：掌握基本音乐知识与技能

音是音乐的细胞，是音乐发生、出现的基本形态和形式，也是音乐塑造与表现的最外层。音乐中的音包含着无穷的意味和功能，有待于人们深入地去感受、理解和塑造，才谈得上成为音乐的知音或合格的唱者、奏者、舞者、演者。一切归根结底实际上就是对一系列的、复杂的音，从事不间断地、高超地、艺术地塑造。因此如果对必要的、具体的、特定的音缺乏正确、明确的表象、判断、引发和塑造能力，那么一切音乐教育与教学只能停留于说的形容，而无法去实现。可以把音乐说得天花乱坠的美，把音乐教育作用形容得无比神奇，可是张口唱出的、动手奏出的却是完全另一回事——其声参差不齐，其音不堪入耳。这样的结果必然使一切教育和理论流于空谈。

因此，在学习音乐的过程中掌握基本的音乐知识与技能是第一层次的功能所在，也可以称作为显性功能。

2. 美的塑造：培养基本审美能力与情操

音乐教育绝不能只停留于训练、培养对音的感受和控制，因为这只是最基本的第一步，而必须进一步去进行音乐审美的教育。离开了或失去了音乐审美教育，也就不存在有价值的音乐教育。对音乐美的感受与教育，远比对音的感受与教育艰难、深奥得多。音乐审美教育是音乐教育的生命与灵魂，音乐审美因人而异是事实，但不能因此而否定音乐审美客观存在以及客观标准的存在。

因此，在学习音乐的过程中培养基本的审美能力与情操是第二层次功能所在，也可以称作为核心功能。

3. 人的塑造：塑造正确审美价值观和独一无二性格

音乐对人的塑造，从具体的、瞬间的欢愉、怡情，直到毕生持续存在的性格形成，其影响和作用是不容低估的，值得认真研究与对待。过于严格和过于放纵的音乐教育与教学，如果脱离了特定的对象和理应不同的要求，都是不足为训的。德国作曲家、音乐教育家普雷斯纳说：音乐教育是人的教育的一部分。德国作曲家、音乐教育家奥尔夫说：音乐教育是人的教化。

因此，在学习音乐的过程中塑造正确的审美价值观和独一无二的性格是第三层次功能所在，也可以称作为隐性功能。

综上所述，音的塑造有赖于教学，美的塑造有赖于教育，而人的塑造则有赖于教化。音的塑造针对音响，着眼于“个体”；美的塑造讲求意境，乞求于“心灵”；人的塑造注重品性，致力于“精神”。音的塑造构成音乐的乐学，是从音到音乐；美的塑造构成与音乐美学，是从音乐到艺术；人的塑造构成音乐的人学，是从艺术到人生。

二、音乐教学如何“突出重点”和“把握关键”

教学是一门技术更是一门艺术，音乐教学更是一种彰显艺术本质的艺术教育。追求音乐教学的高质量，追求音乐教学高水准必须“突出重点”“把握关键”。但“重点”和“关键”到底是什么？如何“突出”与“把握”才是有效的？这些问题的确值得研究与探讨。

1. 突出以音乐学习和音乐素养培养为中心的“重点”

音乐教学的重点毋庸置疑、必须应该是以学习音乐为“重点”，如果将音乐教学定义为一个圆形的话，那么圆心就是“音乐”本身，应该是通过音乐的学习聚焦音乐核心素养的培养。音乐教学的重点绝不是指单一的学习内容重点，内容只是音乐教学的载体，把握内容的重点只能视作音乐教学的基础条件。

那么音乐学习的重点到底指什么呢？从目前的全国课标分析可以理解为，通过音乐的方式引导学生：1）独唱并与他人合唱各种歌曲；2）独奏并与他人合奏各种乐曲；3）单独并与他人律动、舞蹈或表演；4）即兴伴奏或创作表演旋律；5）在具体指导下改编乐曲；6）读谱和记谱；7）听赏、描述、分析音乐；8）对音乐和音乐表演进行评价；9）理解音乐与艺术、其他人文艺术、历史、文化的关系。

通过上述音乐学习，最终落实如何引导学生在一定的情境下运用音乐知识与技能开展音乐学习与表演（关键能力）；是否能持续并坚持有效地音乐学习与表现（必备品格）；是否能将音乐作为终生的兴趣并始终坚持（价值观念）。这些都是学校音乐教育所要追求的核心素养内涵，是需要通过提升音乐教学品质才能得以实现的。这才是音乐教学的“重点”。

2. 把握以学习方式转变为核心的“关键”

随着课程改革的不断深入推进，一个至今都没有很好解决的关键问题日益凸现，那就是学习方式如何真正在课堂教学中得到切实转变。其实目前的绝大部分课堂上还是教师掌控一切，教师说了算，以教师为中心！以学生为主体地位已然成为大家论文中的一句“套话”。因此把握以学习方式转变为核心的课堂教学已刻不容缓，是关键中的“关键”。

如何把握学习方式转变的关键主要聚焦以下两点：

（1）从重点研究教师如何教向研究学生如何学转变

如何教即“教法”研究，而如何学就是“学法”研究，虽然只有一字之差，但主体不同，教法是以教师为中心，而学法则是以学生为主体。其最根本体现的是理念的不同，最终落实到教学中就会是教学行为的不同。根据学情基础设计教学环节，根据学生能力基础选择学习方法，根据具体教学条件预设教学流程。一切以如何适应学生学为前提，一切以如何能引导学生有效学为出发点，这些都是学习方式转变的关键。

（2）课堂中适度采取自主、合作、探究的学习方式

学习方式的转变要扎扎实实在教学中体现，具体的学习方式是关键。自主开放的学习环境，个体与小组、个体与集体、学生与教师的合作，体现音乐思维含量的探究性学习（包含提问、讨论、创作等），这些学习方式的真实运用，不流于形式地开展至关重要。当然一节课中不可能完全以学生为主体，那会成为自由学习，因此适度采取以上学习方式值得目前广大音乐教师去实践和探索。

三、探讨音乐学科中的“三类核心活动”特征

学校教育的主要任务是培育人发展的核心素养，音乐学科教育的主要任务是培养音乐核心素养，每一节音乐课的主要任务是落实音乐核心能力，而一个个核心能力的落实却要看一个个核心活动的教学成效。这是一个螺旋上升的关系，也是一个不断递进的过程。

理解 1： 三类核心活动可以作为音乐学习最具代表性的呈现形式

在《上海市音乐学科单元教学指南》中明确提出了音乐学科教学中应关注三类核心活动，即：体验性活动、表现性活动、创造性活动（以下文本中统称为三类活动）。2019 年 1 月第四期上

海市“双名工程”小学艺术攻关计划基地正式立项，并开始以三类核心活动为突破口的《小学音乐、美术学科基于〈教学基本要求〉三类活动设计的探索》课题研究。2019 年 9 月音乐学科市级教研活动也开始了聚焦三类核心活动的教学研究活动。因此三类核心活动完全可以作为目前音乐学习最具代表性的呈现形式和学科研究内容。

理解 2：三类核心活动各具特征，可直接指向音乐关键能力培养

作为第四期上海市“双名工程”小学艺术攻关计划基地主持人，我带领基地学员和课题组通过一年多的研究，初步认为：三类活动不应该单纯的以活动形式来界定其特征，而是应该以学习结果的程度结合学习的形式来界定不同的特征。

1. 体验性活动：主要侧重培养“听觉与联觉反应”和相应的“音乐认知能力”；绝不是特指“聆听体验”，体验的方式可以是多样的。

在《体验音乐——美国音乐教育理念与教学案例》一书中这样论述：音乐体验不仅仅意味着只需“欣赏”音乐的声响。音乐体验包括认知技能、使用语言以及运动神经的技能。“听”这种音乐体验渗透于各种音乐活动中——作曲、演唱、演奏、指挥、评估、读谱以及分析。就其本身来说，听音乐是一种快乐的体验。然而，有理解的听——在音乐作品的内容中确实需要这种聆听——却需要时间和教育。

课题组的概念界定：音乐学习中的体验性活动应该是学生在形成初步认知之前，通过亲身经历音乐学习过程，在教师或同伴

的引导与合作下感知音乐要素、音乐知识、音乐形象、音乐情境与情感以及音乐文化。

活动特征：认知初期，感知了解为目的。

2. 表现性活动：主要侧重培养“乐感与美感表现”；以有一定技能要求的“唱、奏、舞（律动）、演”等音乐的方式开展活动，进行表现与表达。

课题组的概念界定：音乐学习中的表现性活动应该是运用唱、奏、舞、演等音乐的方式，表现音乐作品的本体性特征，表达学习者对音乐情感与内涵的理解。

活动特征：认知后期，理解表达为目的。

3. 创造性活动：主要侧重培养“编创与创作能力”；主要以“节奏、旋律、音响、舞蹈（音乐肢体表演）”编创为主。

课题组的概念界定：音乐学习中的创造性活动应该是运用已有的音乐知识和技能去开展探索和创编活动。

活动特征：探索出新，运用提升为目的。

理解 3：三类核心活动可分可合，视具体学习内容而定

1. 根据学习要求的具体程度而定，根据学习过程的持续性和连续性而定

从一节音乐课的角度出发，三类活动是“你中有我、我中有你”的融合关系。从某一个教学基本要求出发，三类活动可以有侧重地单独呈现。

2. 另一种理解：体验是一种方式，表现是一种自我的行为，编创是一种思想意识。表现是最高层次，表现中可以包含体验与编创。

四、音乐的本体特征究竟应该如何把握

1. 明确理解音乐教学中的音乐本体特征主要指什么

个人理解，首先音乐的本体特征不应狭义地指“音乐要素特征”，只要是与音乐直接或间接表达的内容、情感、思想、文化等特征有关联的都应该属于“本体特征”范畴。理由是：我们不是专业的音乐教育，音乐普及性教育的目标属性指导我们形成这样的认识。

因此，在学校音乐教育教学中的本体性特征大致包含：音乐要素、音乐情绪、音乐形象、音乐情境、音乐风格、音乐相关文化等。

2. 探索如何把握音乐本体特征进行教学

思路 1：将音乐要素特征作为刻画音乐形象，表达音乐情感的重要依据。三者必须合理、有效融合。

思路 2：抓住音乐本体特征，引导学生在理解音乐的基础上用音乐知识与技能表达音乐情感。

上述两条思路主要试图解决一个关键问题：教学设计如何避免围绕单一特征过度设计与教学。一节课不能仅仅聚焦一两个音乐要素特征，将其功能无限放大。应该找准具体作品中的要素特点，根据学段和学生实际学情，参照《教学基本要求》达成为目标，将音乐要素特征所刻画的音乐形象和音乐情境有效融合设计教学，引导学生通过音乐体验的方式参与实践，在实践的基础上认知并形成能力。

五、如何处理生活情境、生活经验、音乐情境、音乐经验之间的关系

情境的创设是现代教学中至关重要的一种途径。引导学生置

身于情境中学习，有助于激发学习兴趣，提高学习效果。但在情境创设的过程中如何处理好生活情境和音乐情境之间的关系，如何将生活经验有效转化为音乐经验值得引起广大教师的思考。

1. 引用生活情境和生活经验中的要素创设音乐情境，为音乐学习服务

“艺术来源于生活。”因此，很多音乐作品都与现实生活有关，如《剪羊毛》《保尔的母鸡》《捉迷藏》《让我们荡起双桨》《森林铁匠》等等。教师可以基于作品中呈现出的显性生活情境，提取与目前学生生活相关的生活经验，在音乐学习中辅助理解音乐，最终为音乐学习服务。充分体现音乐经验是主要，生活经验是辅助。

2. 提倡在音乐情境中进行学习，从而形成音乐经验

情境的创设必须体现音乐性，简而言之应该是创设音乐情境，而非纯生活情境。教师应该将生活情境音乐化。媒体、语言、道具、氛围的营造可以是生活化的，但参与体验、表现的方式必须是音乐化的，最终学生通过学习后所形成的经验必须是音乐经验。

课程改革的过程中难免会出现这样那样的问题，也一定会开展各具时代特色的专题研究。然而对于相同的问题一定会有不同的理解和认识，所谓“一枝独秀不是春，百花齐放春满园”。以上是我们小学艺术攻关基地对目前上海音乐学科五个具有典型性、代表性主题和问题的个人理解，仅供广大同行参考。我们会继续对时效性问题深入研究，攻坚克难，为上海音乐教育的发展提供基础经验的支持。

参考文献

[1] 上海中小学课程教材改革委员会. 上海市中小学音乐课程标准(试行稿)[S]. 上海：上海教育出版社，2004.

[2] [美]戴维·埃里奥特著，齐雪、赖达富译，谢嘉幸、李小莹校. 关注音乐实践——新音乐教育哲学[M]. 上海：上海音乐出版社，2009.

[3] [美]格雷珍·希尔尼穆斯·比尔著，杨力译. 体验音乐——美国音乐教育理念与教学案例[M]. 北京：人民音乐出版社，2009.

[4] 曹晏平著. 乐海拾贝——课改实践中的启迪[M]. 上海：上海大学出版社，2014.

[5] 曹晏平主编. 多彩的音乐课堂——中小学音乐课型的实践与研究[M]. 上海：学林出版社、上海教育音像出版社，2017.

[6] 曹晏平主编. 寻得蹊径百花开——小学音乐学科学习难点解决策略的探索[M]. 上海：学林出版社、上海教育音像出版社，2018.

核心素养时代音乐学科三类核心活动的实效性研究

曹晏平

摘　要：本文主要从音乐核心素养培养视角，结合三类核心活动课题研究的经历和成果，阐述了音乐核心素养以及音乐学习领域与三类核心活动的内在关联；对音乐学科三类核心活动的由来、概念和内涵进行明确解释和定义；采用案例剖析的方法，边实践、边反思、边改进，归纳了音乐三类核心活动的基本特征，并诠释了课题研究中的 12 个思考问题；最终形成三类核心活动的基本设计思路和操作规范。

关键词：音乐核心素养　三类核心活动　教学设计

课程改革是推动教育不断发展的重要抓手，上海的基础音乐教育历经了从一期课改注重基础知识和基本技能的“双基”教育时代，到二期课改全面推进三维目标在教学中的有效落实，再到如今核心素养培育的全面启动。目前上海音乐学科正处于核心素养时代下聚焦三类核心活动研究的发展阶段。随着课改的不断深化，学科核心素养培育以及音乐三类核心活动有效性研究给音乐教学带来了新的挑战，同时也为学科研究赋予了新的生命力。无论在课程层面还是教学层面都有不少学科专家带领着各自的团队在为此奉献着智慧与成果。

第四期上海市“双名工程”小学艺术攻关计划基地的基本认

识是：每一节课由若干个不同的核心活动组成，每个核心活动聚焦不同音乐学习领域的教学基本要求达成；每一个单元由不同课型的单课组成，每节课聚焦不同侧重的音乐核心能力培养；每一门学科由不同年段和主题的单元组成，每个年段和主题单元持续聚焦音乐核心素养的培育。因此就音乐学科而言，核心活动在音乐核心素养培养中具有十分重要的意义和作用，开展核心活动实效性研究的价值毋庸置疑。

一、音乐核心素养与音乐核心活动的关联

上海对于核心素养的研究，特别是学科核心素养的研究起源于上海市教委教研室于 2010 年启动的各学科育人价值研究过程中形成的阶段性成果。在育人价值研究中要求各学科先确定本学科的核心素养，并以核心素养图的方式呈现。

（一）上海音乐学科核心素养图解析

音乐学科育人价值项目研究成果显示：音乐学科核心素养是

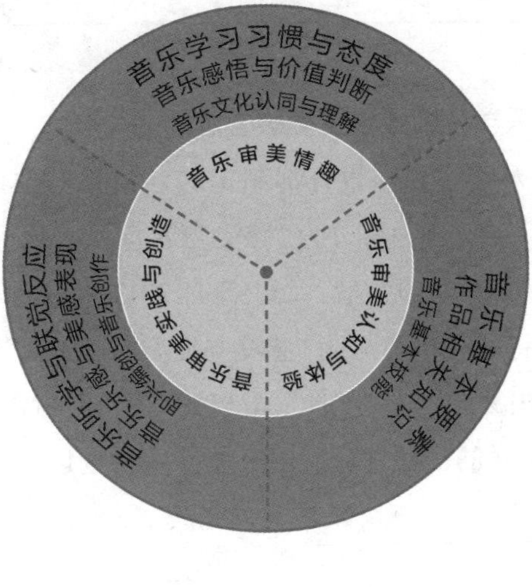

彰显学科特质，导向学科育人价值观念的高度凝练。它以“知识与技能”“过程与方法”“情感态度价值观”三个维度为架构逻辑。

（二）音乐核心素养与音乐核心活动的关联诠释

经课题组研究后初步认为：音乐核心活动的内容载体主要与“音乐审美认知与体验”维度中的“音乐基本要素”和“作品知识”密切相关；音乐核心活动的目标指向主要与“音乐审美实践与创造”维度中的三个“关键能力”密切相关；音乐核心活动的学习过程始终隐含着“音乐审美情趣”维度中的情感态度与价值观要素。（见下表）

音乐核心活动要素	音乐核心素养维度	音乐核心素养要素
活动内容 （具体音乐作品）	音乐审美认知与体验	音乐基本要素 作品相关知识
活动目标 （指向核心能力培养）	音乐审美实践与创造	音乐听觉与联觉反应 音乐乐感与美感表现 即兴编创与音乐创作
活动过程 （隐含育人价值）	音乐审美情趣	音乐学习习惯与态度 音乐感悟与价值判断 音乐文化认同与理解

二、音乐学习领域与三类核心活动的关联

在中华人民共和国教育部制定的《音乐课程标准》（2011 年版）中，将音乐课程内容分为“感受与欣赏”“表现”“创造”“音乐与相关文化”四个学习领域。而上海自 2011 年启动的地方课程标准修订，则将课程内容分为“感受与欣赏”“表现”“创造”三个学习领域。将国家课标中的“音乐与相关文化”内容合并入“感受与欣赏”中，这样的领域划分沿用至今。（本课题以上海的内容划分作为标准参照）

理解 1：了解三个学习领域审美能力培养的侧重点

不同的学习领域所涉及的学习内容各有不同，所培养的审美能力也各有侧重。“感受与欣赏”领域主要侧重培养良好的音乐感受能力与欣赏能力，对于学生丰富情感体验、音乐文化素养和身心健康培养具有重要意义。“表现”领域主要侧重培养学生自信演唱、演奏、综合表演等能力，通过实践活动用音乐的形式表达个人的情感与他人沟通、融合感情。“创造”领域主要侧重音乐创造性思维能力培养，对创新潜能的发展具有重要意义。

理解 2：理解音乐核心活动的基本内涵

音乐学习活动是学生参与音乐实践的途径，有些活动是直接为音乐审美能力培养服务的，而有些活动则是为音乐审美能力培养作必要铺垫或辅助、巩固的。因此，我们将直接指向音乐审美能力培养的活动称为“音乐核心活动”。针对音乐学习领域不同审美能力的培养侧重，其活动的种类和活动的特征也会有相应的差异与侧重。音乐核心活动的外在形式主要表现为“听、唱、奏、律动、舞蹈、表演”等，但所要达到的目标层级不同，所要培养的审美能力层级侧重也不同，因此同样的一种活动其目的和价值也会各具差异。

三、三类核心活动的由来与概念界定

为了使课题研究成果能够尽量与市教研室音乐学科的各类研究相一致，使研究成果能够为学科发展提供基础性参考价值。这一次课题研究中所提出的三类核心活动引用自上海市教委教研室编著的《中小学音乐单元教学设计指南》一书。

（一）三类核心活动的由来

《中小学音乐单元教学设计指南》2018 年 8 月由人民教育出版社出版发行。书中明确指出："单元核心活动是与音乐学科课程实践领域相对应的，以落实相关领域学科关键能力培育为宗旨，是学习、理解单元内容重点的关键性活动。"明确将单元核心活动分为"体验性""表现性""创造性"三类。每类活动都对应课程实践领域的学科主题内容、音乐技能习得关注点，体现课程领域不同的学科能力培养侧重点。

根据文字内容的理解，市教研室音乐学科在单元设计指南研究中只提出了三类核心活动这一名称，并未作明确活动定义，也未在研究中对三类核心活动作进一步实践层面展开性研究。

2019 年 1 月，第四期上海市"双名工程"小学艺术攻关计划基地正式立项，并开始以三类核心活动为突破口的《小学音乐学科基于〈教学基本要求〉三类活动设计的实践研究》课题研究。

（二）三类核心活动概念界定

经课题组研究后初步认为：三类核心活动不应该单纯的以活动形式来界定其特征，而应该以学习结果的程度结合主要学习形式来界定不同的特征。

1. 体验性活动

主要侧重培养"听觉与联觉反应"和相应的"音乐认知能力"；绝不是特指"聆听体验"，体验的方式可以是多样的。

在《体验音乐——美国音乐教育理念与教学案例》一书中这

样论述：音乐体验不仅仅意味着只需“欣赏”音乐的声响。音乐体验包括认知技能、使用语言以及运动神经的技能。“听”这种音乐体验渗透于各种音乐活动中——作曲、演唱、演奏、指挥、评估、读谱以及分析。就其本身来说，听音乐是一种快乐的体验。然而，有理解的听——在音乐作品的内容中确实需要这种聆听——却需要时间和教育。

课题组的概念界定：音乐学习中的体验性活动应该是学生在形成初步认知之前，通过亲身经历音乐学习过程，在教师或同伴的引导与合作下感知音乐要素、音乐知识、音乐形象、音乐情境与情感以及音乐文化。

活动特征：认知初期，感知、了解为目的。

2. 表现性活动

主要侧重培养“乐感与美感表现”；以有一定技能要求的“唱、奏、舞（律动）、演”等音乐的方式开展活动，进行表现与表达。

课题组的概念界定：音乐学习中的表现性活动应该是运用唱、奏、舞、演等音乐的方式，表现音乐作品的本体性特征，表达学习者对音乐情感与内涵的理解。

活动特征：认知后期，理解、表达为目的。

3. 创造性活动

主要侧重培养“编创与创作能力”；主要以“节奏、旋律、音响、舞蹈（音乐肢体表演）”编创为主。

课题组的概念界定：音乐学习中的创造性活动应该是运用已有的音乐知识和技能去开展探索和创编活动。

活动特征：探索出新，运用、应用为目的。

四、三类核心活动的基本特点

课题组在三类核心活动的课堂实践研究过程中，主要针对三类核心活动的教学有效性进行探索、实践、改进，从而提炼三类核心活动在音乐教与学过程中的主要特点。

（一）体现落实教学基本要求达成的特点

《上海市小学音乐学科教学基本要求（试验本）》是目前音乐学科课堂教学的基本指导性纲要，有效落实基本要求是学生音乐核心素养有效培育的前提条件。音乐学科按三个学习领域，六个学习主题设定了学习内容与学习要求，并根据小学学段学情基础设定了相应的学习水平加以界定。它是作为上海市小学音乐学科教材编制、课堂教学、考试评价的依据。因此如何落实这些具体教学要求是课堂教学的关键。

1. 根据学习内容与要求设计音乐核心活动

《上海市小学音乐学科教学基本要求（试验本）》整体架构由三个学习领域、六个学习主题和十七大类学习内容组成，每一大类学习内容下再细分为若干个具体小内容。例如：

▲音乐感受与欣赏（学习领域）——音乐欣赏的基础知识（学习主题）——音乐要素（学习内容）——节拍、速度、力度、旋律、音色。

▲音乐感受与欣赏（学习领域）——音乐欣赏的基础知识（学习主题）——音乐体裁与风格（学习内容）——声乐作品体裁、器乐作品体裁、中国地方戏曲。

思考 1：可以针对某一个具体内容单独设计一个活动，如针对“声乐作品体裁”单独设计一个活动；也可以针对几个具体内容设计一个活动，如针对“节拍、速度、力度”三个具体内容设计一个活动。

思考2：根据年段学情有针对性地解决相应的教学要求。如：感知音乐的速度及其变化：①能感受到音乐的速度有快有慢；②能感知到音乐中的速度变化；③认识常用的速度记号；④能根据速度记号唱、奏。如果是为一年级学生设计活动，可以根据具体上课作品的速度特点，重点解决①、②两个教学要求。③、④两个要求适用于高年级。

思考3：根据学习领域和学习内容的关键特征设计活动，“音乐感受与欣赏”和“音乐表现”两个领域以体验性活动和表现性活动为主；“音乐创造”领域以创造性活动为主。

2. 根据学习水平界定设计音乐核心活动

在《上海市小学音乐学科教学基本要求（试验本）》中将每一个学习内容都用学习水平进行了明确界定，主要分为A（知道）、B（理解）、C（运用）三类。

思考4：根据学习水平界定，界定为A的设计体验性活动为主，可适当在体验性活动中融入简单的创造性活动；界定为B和C的以表现性活动和创造性活动为主。

鉴于上述思考，设计音乐核心活动需要综合考虑，既要根据具体音乐作品的特征进行考虑，同时又要参考学生的年段认知规律，再结合教学内容与要求进行综合思考。

思考5：有些活动是单独呈现，有些活动会综合呈现，三类核心活动有时是“你中有我，我中有你”。因此我们课题组在设计和界定活动时以“某一类活动为主”方式呈现。

现提供课题组在开展具体研究前对此问题的思考。（见下表）

音乐感受与欣赏——音乐欣赏的基础知识		学习水平	活动种类与数量提示（以某一类活动为主）
1.1 音乐要素	1.1.1 节拍	A	体验性活动:2 表现性活动:2 创造性活动:2
	1.1.2 速度	B	
	1.1.3 力度	B	
	1.1.4 旋律	A	
	1.1.5 音色	A	
1.2 音乐体裁与风格	1.2.1 声乐作品的体裁	A	体验性活动:1
	1.2.2 器乐作品的体裁	A	体验性活动:1
	1.2.3 中国地方戏曲	A	体验性活动:1
音乐感受与欣赏——音乐感受的基础内容			
2.1 音乐的主题	2.1.1 单一的主题	B	表现性活动:3
	2.1.2 主题的重复	B	
	2.1.3 主题的变化	B	
2.2 音乐情感与形象	2.2.1 音乐情绪及其变化	B	表现性活动:1
	2.2.2 音乐的形象与情景	B	表现性活动:1
2.3 音乐相关文化	2.3.1 作品的文化与创作背景	A	体验性活动:1
	2.3.2 音乐家生平及代表作	A	体验性活动:1
	2.3.3 中国地方戏曲相关知识	A	体验性活动:1
音乐表现——音乐表演的基本技能			
3.1 识读乐谱	3.1.1 音符与休止符的时值	A	体验性活动:1
	3.1.2 调内相对音高	A	体验性活动:1
	3.1.3 五线谱的唱名音位	A	体验性活动:1
	3.1.4 简谱的唱名	A	体验性活动:1
3.2 演唱	3.2.1 齐唱	B	体验性活动:1 表现性活动:2
	3.2.2 轮唱	B	体验性活动:1 表现性活动:2
	3.2.3 合唱	B	体验性活动:1 表现性活动:2

3.3 演奏	3.3.1 课堂常用打击乐器	B	表现性活动:1
3.3 演奏	3.3.2 课堂常用固定音高乐器	B	表现性活动:1
3.4 律动	3.4.1 体验性律动	B	体验性活动:1 表现性活动:1 创造性活动:1
	3.4.2 表现性律动	B	
3.5 舞蹈	3.5.1 舞蹈基本动作	B	体验性活动:1 表现性活动:1 创造性活动:1
	3.5.2 舞蹈简单组合	B	
音乐表现——音乐表演的综合技能			
4.1 歌表演	4.1.1 模仿性的歌表演	A	体验性活动:1
	4.1.2 理解性的歌表演	B	体验性活动:1 表现性活动:1 创造性活动:1
4.2 综合表演	4.2.1 单个作品形象性综合表演	C	表现性活动:1 创造性活动:1
	4.2.2 多个作品主题性综合表演	C	表现性活动:1 创造性活动:1
音乐创造——即兴创造			
5.1 探索音响	5.1.1 音的强弱	A	体验性活动:1 创造性活动:1
	5.1.2 音的长短	A	
	5.1.3 音的高低	A	
5.2 即兴编创	5.2.1 节奏问答	B	表现性活动:2 创造性活动:2
	5.2.2 旋律问答	B	
	5.2.3 即兴伴奏	B	创造性活动:2
	5.2.4 即兴表演	B	创造性活动:2
音乐创造——音乐创作			
6.1 编配伴奏	6.1.1 打击乐伴奏	C	创造性活动:1
	6.1.2 固定音高乐器伴奏	C	创造性活动:1
6.2 旋律创作	6.2.1 旋律填空	B	创造性活动:1
	6.2.2 旋律扩展	B	创造性活动:1
6.3 综合创演	6.3.1 创作音响小品	C	创造性活动:1
	6.3.2 创造性综合表演	C	创造性活动:1

（二）体现凸显学法指导有效性的特点

随着课程改革不断深入推进，课堂从以教师为主导成功转型为以学生为主体地位，而真正民主的课堂应该是教师和学生双主体。让教师和学生真正在课堂中平等、和谐地开展教与学的双边活动，以学生真正有效的学习发生为目的，这样的课堂才是理想中的课堂，这样的教学才是我们应该去追求的。

1. 关注学法指导，凸显学生主体地位

在以往的音乐教学中，教师往往更多关注的是如何用自己最擅长的方式、方法开展自己得心应手的教学，研究最多的也就是教的方法（简称“教法”）。而二期课改有一条十分重要的理念，那就是“以学生为主体”。在设计课堂教学时还要求教师尊重“学情基础”，因为不同地区、不同学校的学生存在着不同的差异。这就更需要教师站在学生的实际角度，思考怎样的学习方法（简称“学法”）才是更适合他们的。教师在备课的同时就应该充分思考学生的音乐基础知识、音乐基本技能、音乐思维情况、音乐表现意愿等实际情况，设计符合他们的，也是他们真正需要的学法开展教学，适时结合有效的教学策略，从而提高教学实效。

鉴于以上思考，本课题在研究时强调，每一个核心活动在设计、教学、评价的过程中重点关注学法指导，力图体现以学生为主体的学法指导有效性。

2. 关注学法设计，提升活动教学实效

思考6： 在音乐学习中，以学生参与具体音乐学习的方法、路径、形式划分的学习方法，大致可以分为模仿学习、自主学习、合作学习、探究学习等四大类。

但在实际文本撰写“学法提炼”的过程中会遇到较大困难。

如何将四大类学习方法具体化、差异化、标准化呈现，既体现音乐学科的特质，同时又能给予教师一定的参考价值。

思考 7：课题组在研究中根据具体活动领域与内容的差异，根据实际学习方法所呈现出的具体化特征进行提炼和概括，如模仿律动体验、合作律动体验、自主视谱学唱、合作演奏表现等。

活动教学中结合个人擅长的教法，充分运用这些具体的学法，在凸显学生主体地位的同时，提升活动实效。

案例 1：

> **学法指导意图：**
>
> 根据乐曲 6/8 拍的旋律特点，用两种方式体验 6/8 拍的强弱规律：强弱弱次强弱弱（拍分拍），及强、次强（拍合拍）。学习始于模仿，通过模仿老师的两种肢体律动，体验乐曲的节拍特点，同时思考感受不同的律动与旋律行进方向的内在关联，以更好地体验本首乐曲的音乐形象——“船”，在水中摆荡的音乐画面。
>
> **学法提炼：模仿体验　韵律感**

案例 2：

> **学法指导意图：**
>
> 用图形谱，帮助学生感受主题旋律进行的特点，在学生已建立 6/8 拍韵律感的基础上，运用哼唱的方式表现出“船”左右摇摆的荡漾感，并通过语言激发学生音乐画面的想象。同时借助音条乐器，反复演奏一小节固定旋律，想象“水”的涟漪感，帮助学生进一步感受两声部的音响效果，拓展学生的多声思维发展。
>
> **学法提炼：合作体　验音乐形象**

以上是针对“音乐要素”设计的体验性活动中的两个“学法提炼”案例，既体现出了体验性活动的基本特点，又凸显出了四大类学法，同时还体现出了音乐学习的特质。

思考8：在实际的文本研究中发现，一个活动中的学法指导意图和学法提炼只需要针对最具代表性的活动环节撰写即可，切忌面面俱到。

（三）体现音乐实践方式综合运用的特点

音乐核心活动是音乐学习的一种呈现形式，音乐核心活动的根本目的是为了促进学生更好地参与音乐体验和音乐实践，最终掌握相应的音乐知识与技能，培养音乐可持续学习的兴趣和意愿。从音乐核心活动的设计、指导、教学、评价等角度出发，体现音乐学习的实践性特征和综合性特征至关重要。

1. 运用综合性音乐实践方式，凸显活动的音乐性特征

音乐核心活动的特质首先必须体现音乐性特征。在有限的活动时间里，运用聆听、演唱、演奏、舞蹈、律动、音乐表演、音乐创编等具有音乐特性的实践方式开展音乐学习活动，是凸显学科音乐性的关键。

思考9：无论三类核心活动所涉及的学习领域是音乐知识范畴、音乐技能范畴还是音乐创作范畴，教师在设计活动时必须考虑到多种（至少三种）音乐实践方式的综合运用。

2. 运用综合性音乐表现形式，增强活动的参与性特征

音乐是听觉的艺术，但不能片面理解为“聆听”是音乐学习的唯一方式，不能将音乐学习完全建立在聆听音乐、聆听表达、聆听讲解。

思考10：音乐的所有学习都应该建立在聆听的基础上，在

聆听音乐的前提下运用综合的音乐表现方式，通过师生互动、生生互动共同参与。在充分参与实践中理解音乐内涵，表达音乐情感，抒发内心感受。

（四）体现音乐情境有效融合的特点

情境的创设是现代教学中至关重要的一种途径。音乐核心活动相对学习时间不长，目标指向更为具体和精准，因此更适合创设情境开展学习。同时引导学生置身于情境中学习，有助于激发学习兴趣，增强审美情感体验。本课题研究中发现，在情境创设的过程中如何处理好生活情境和音乐情境之间的关系，如何将生活经验有效转化为音乐经验值得引起思考与实践。

1. 引用生活情境和生活经验中的要素创设音乐情境，为音乐审美服务

“艺术来源于生活。”因此，很多音乐作品都与现实生活有关，如《剪羊毛》《保尔的母鸡》《捉迷藏》《让我们荡起双桨》《森林铁匠》等等。教师应该充分基于作品中呈现出的显性生活情境，提取与目前学生相关的生活经验，在音乐学习中辅助理解音乐，最终为音乐审美服务。

思考 11：在每一个核心活动设计中充分创设符合学生年龄特征和生活经验的音乐情境，在生动、活泼的情境氛围中提升审美情趣。

2. 引导在音乐情境中进行学习，从而形成音乐经验

情境的创设必须体现音乐性，简而言之应该是创设音乐情境，而非纯生活情境。教师必须将生活情境音乐化。媒体、语言、道具、氛围的营造可以是生活化的，但参与体验、表现的方式必须是音乐化的，最终学生通过学习后所形成的经验必须是音

乐经验。充分体现音乐经验是主要，生活经验是辅助的原则。

思考 12：在创设情境开展教学时应尽量做到“音乐情境生活化，实践方式音乐化”。

五、核心活动设计路径

步骤一 参考《上海市小学音乐学科教学基本要求（试验本）》和《上海市小学美术学科教学基本要求（试验本）》，根据不同学习领域、学习主题、学习内容以及学习水平界定确定活动种类。

步骤二 根据具体年段教学基本要求，分析教材作品特征，制定体现核心能力与教学基本要求相融合的活动目标。

步骤三 分析学情基础和教师专业基础，设计主要活动环节，在充分体现学科特质的同时，探索活动设计的“新意”。

步骤四 开展核心活动教学，根据实际教学效果，提炼以学生主体参与为特征的学法指导策略。

六、三类核心活动研究的启示与展望

（一）研究启示

1. 以教学基本要求为载体，以“基于标准”实施教学为路径，帮助教师理清思路

随着课程改革的不断深入推进，上海明确提出要基于“标准”

开展教学与评价。2011 年末，上海启动了各学科 2004 版课程标准的修订工作，但最终修订后的课程标准未能出版。市教研室将课标修订的成果转换成了各学科的《教学基本要求》《评价指南》《单元教学设计指南》等，这些就无形中成了目前上海各学科所要基于的“标准”。教师究竟该如何基于这些标准开展教学成了一个棘手的问题。

本课题的研究明确以《上海市小学音乐学科教学基本要求（试验本）》为标准，用人民音乐出版社全国版教材，共设计了 70 个不同年级的三类核心活动，并拍摄成课堂教学视频出版发行，同步为各活动视频配套出版活动设计专著一本。形成了供一线教师学习、参考的范式，为教师有效优化教学提供了新的路径。

2. 以核心活动设计为途径，以学法指导为突破，促进核心素养培育有效落地

三类核心活动的研究目前已越来越受到上海音乐学科教育同仁的重视，将三类核心活动的研究作为目前学科实践层面的课题和市区层面的教研主题已成为一种共识。本课题研究特别对于三类核心活动在音乐学习中的功能、作用、特征、形式、要求、设计要领等方面着重探索。站在学生的视角思考如何设计有利于学生主动参与音乐实践与体验的学习方法，如何更好地开展及时的学习方法指导从而促进音乐核心能力培养在一个个核心活动中有效落实。

通过实践研究总结出了三类核心活动的四个主要特点，并呈现出核心活动设计的原则、路径、方法。在 70 个活动课例中可以明显体现出音乐核心能力和音乐核心素养通过三类核心活动实施有效达成的良好成效，为学科建设积累了基础性的经验。

(二)研究展望

1. 如何进一步将微观层面的核心活动与中观层面的单课教学、单元教学建立密切关联还需进一步展开研究

目前市教研室在全面推进单元整体教学研究项目，但基于知识结构化为突破的单元整体教学项目，就音乐学科而言存在诸多不利因素，因此取得的研究成效一般。在本课题研究的同时也给大家提出了很多新的命题，如何处理好年段、单元、单课、单个核心活动之间的内在关联？如何从教学内容、教学目标、教学方法策略、教学评价、教学资源等诸多要素建立起内在的学科性关联？这些问题的解决或许能为单元整体设计研究提供经验参考。

2. 如何将三类核心活动与音乐学科特质以及学生终生发展建立密切关联还需进一步展开研究

音乐核心素养培育的关键在于学生的音乐终生发展与可持续学习。当学生长大成人后是否会在闲暇时唱唱歌，拿起以前学过的乐器演奏一曲，是否会走进音乐厅听一场音乐会。这些都是音乐学科教育、音乐核心素养培育需要检测的重要隐性指标。本课题研究使我们更进一步认识到三类核心活动对于学生音乐学习兴趣、能力、习惯、态度的培养意义重大。

参考文献

[1] 上海中小学课程教材改革委员会. 上海市中小学音乐课程标准(试行稿)[S]. 上海：上海教育出版社，2004.

[2] 上海市教育委员会教学研究室. 上海市小学音乐学科教学基本要求(试验本)[S]. 上海：上海教育出版社，2018.

[3] 上海市教育委员会教学研究室. 中小学音乐单元教学设计指南[S].

北京：人民教育出版社，2018.
［4］［美］戴维·埃里奥特著，齐雪、赖达富译，谢嘉幸、李小莹校. 关注音乐实践——新音乐教育哲学［M］. 上海：上海音乐出版社，2009.
［5］［美］格雷珍·希尔尼穆斯·比尔著，杨力译. 体验音乐——美国音乐教育理念与教学案例［M］. 北京：人民音乐出版社，2009.

基于青浦乡土音乐课程建设，促进师生发展的实践与研究

上海市青浦区庆华小学　陈薇

摘　要：课程的建设归根结底就是为了促进师生的共同发展。作为国家课程的补充与丰富，以弘扬民族民间音乐、理解音乐文化多样性的教育思想和课程理念为指导的乡土音乐课程同样承载着此功能。本文围绕青浦乡土音乐课程的设计、内容的确立、资源的开发与教师的培训等四个方面，结合实例，阐述乡土音乐课程建设对师生发展的促进作用。

关键词：青浦乡土音乐　课程建设　师生发展

育人为本是教育工作的根本要求。育人目标的达成需要课程来承载和支撑，课程的建设归根结底就是为了促进师生的共同发展。

乡土音乐课程的学习和实践，丰富了学生的课程经历。学生在听乡音、说乡音、唱乡音、演乡音的学习实践活动中知乡音、赏乡音、传乡音、爱乡音，了解乡土音乐的独特内涵与魅力，感受充满亲情的本土音乐文化，拓展学习乡土音乐文化的途径，培育对持续学习与了解民族民间音乐的兴趣。

乡土音乐课程的开发和实施，赋予了教师的课程主动权。在这个整合与再创造的过程中，教师对民族民间优秀音乐文化进

行归并、精简、整理、提炼，让课程呈现出全新的面貌。教师不再仅仅是课程的消费者和被动的实施者，他们有权决定“教什么”“怎么教”“教到何种程度”，在某种程度上他们成为课程的生产者和主动的设计者。

一、课程的设计，为学生之“获得”

我们把消失在乡野、遗落在市井的原生态民间音乐文化进行搜集、筛选和整理，创造性地整合成既能让中小学生理解和接受，又能体现思想性与艺术性有机统一的学习内容，力求实现国家课程、地方课程与校本课程在音乐文化领域中的整合融通，让学生在亲身实践的活动中学有所“获”、学有所“得”，这应该就是乡土音乐课程设计的出发点和落脚点。

（一）把握课程定位，体现基础课程的补充与丰富

青浦乡土音乐课程作为一门面向区域的校本课程，是学校、教师在领会国家课程基本精神的前提下，以国家教育部颁布的《音乐课程标准（2011 年版）》为依据，以弘扬民族民间音乐、理解音乐文化多样性的教育思想和课程理念为指导，充分挖掘青浦本土音乐课程资源，根据青浦民间音乐的发展及其对学生发展的特殊需要所设计的课程。

乡土音乐课程的建设，不仅可以实现对国家课程的补充和延伸，使课程形成一个纵向结构，让课程内容充满活力；同时在课程建设过程中，从教师、学校、社区等不同角度体现了对学生个性发展的关注与重视。因此，我们在大量搜集、整理传统音乐文化资料的基础上，编写了具有本土特色的教学用书《绿韵之声——青浦乡土音乐文化》，使青浦乡土音乐课程所涉及的传统

音乐文化的特质条理化；另一方面，通过上海市学生美育项目“青浦乡土音乐‘月月演’”和青浦区教育科研重点课题《基于本土音乐文化传承的小学音乐课程资源开发与利用的实践研究》的实践探索，将青浦乡土音乐文化在悠久历史文化中积累的相关音乐知识进行梳理，使之系统化、科学化。

（二）关注音乐本体，对标音乐学习的学科特性

在《义务教育音乐课程标准（2011 年版）解读》中指出，“音乐的艺术特征，决定了音乐教学必然含有特定的知识与技能要求”。而这些知识与技能要求，都通过“音乐本体”来传输。

在青浦乡土音乐课程建设过程中，我们不难发现，田山歌、评弹、沪剧具有鲜明的音乐特点，是作为课程资源的不二之选，但金泽宣卷、商榻阿婆茶等并非如此。就如上海市非遗项目“金泽宣卷”，它以讲故事的形式说唱民间传说，音乐本体性特点并非显而易见。我们反复聆听非遗传人的代表作，通过仔细揣摩、挖掘，最终发现，“你呼我应的曲调、委婉绵长的拖腔、节奏分明的数板、丝竹乐器的伴奏”等宣卷特有的表演元素，正是音乐的表现要素与形式，它们体现了宣卷艺术的文化语境，蕴含着特有的文化意识、情感与行为。这些音乐元素，正是学生音乐学习不可或缺的核心内容。由此可以认定：宣卷是说唱艺术，亦是音乐艺术。

（三）丰富活动形式，倡导审美体验的亲身实践

“丰富的音乐体验”，一定是要凭借“丰富的审美实践”获得的。乡土音乐传承的难点在于如何借助外在的实践与表现手段，让学生感知其背后深厚的文化内涵与民族精神。针对音乐的学科特征和学生的认知特点而开展的丰富多样的实践活动，无疑是乡

土音乐课程学习的重要方式。

以青浦乡土音乐课程的“青龙塔下　申曲绕梁”单元为例。各活动板块宛如一个个游戏天地，能大大激发学生的学习兴趣：走进“绿韵大观园”，了解上海传统地方戏曲——沪剧的历史与发展；在聆听介绍之后上网搜寻感兴趣的剧目，并向小伙伴介绍剧情；举行小小抢答赛，比比谁的相关知识储备最多。拧开“绿韵留声机”，听一听经典唱段的原汁原味，通过对其旋律形态、速度节拍以及情绪情感的感知，与老师、伙伴一起学习演唱。登上“绿韵小舞台”，将学唱的成果与伙伴合作演绎，举手投足间尽显风采。转动“绿韵万花筒”，探寻乡音乡韵的音乐特点，沪剧名角、伴奏乐器的知识尽在掌握。漫步“绿韵芳草地”，填词编创新曲，颂家乡新貌，展能力水平……经过亲身实践的课程学习，学生对乡土音乐文化的体验与感知不再是“浮于表面、过耳即忘”的浅层次的知识了解，而是潜移默化地实现了乡土情怀的“落地生根”。

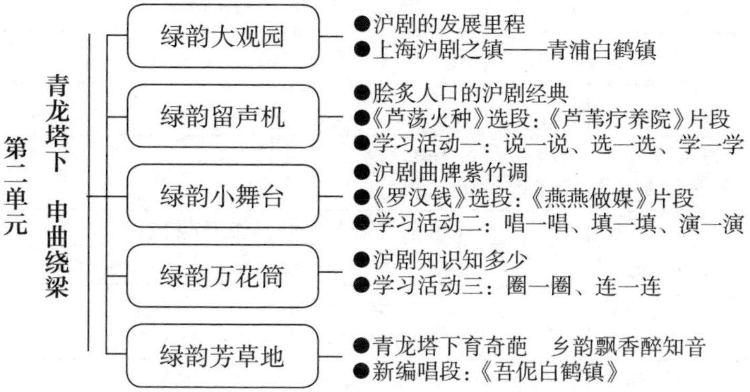

（四）依托教学用书，呈现单元教学的整体架构

教学用书是连接课程设计与课程实施的纽带。在“基于课程标准的教学与评价”的导向下，针对乡土音乐教学中普遍存在的“就作品教作品”和单课教学的进度随意性等问题，以“人文主题”为线索，有目的、整体性地规划、设计单元学习中重要、关键的音乐实践经历，加强课时教学的关联性，帮助学生在有限的时间内获得学科的关键知识技能，形成持续的审美实践体验，促进学科核心素养的形成。

我们依据《上海市小学音乐学科教学基本要求》，从人文主题角度理清教学脉络，在把握单元学习目标、要求、内容的基础上，对各单元中相关知识点进行梳理、归纳与分类，集合成具有相同属性的一组内容；或根据单元学习目标、要求与学生学习实际，主动设计相关活动内容。单元教学活动设计针对单元主题的各理解要点展开，并明确地导向单元目标的达成。

以“田间地头　山歌嘹亮”单元为例：

<table>
<tr><td colspan="3">第一单元　田间地头　山歌嘹亮</td></tr>
<tr><td></td><td colspan="2">单元诗</td></tr>
<tr><td>田山歌的
历史与发展</td><td colspan="2">青浦——田山歌之乡
青浦田山歌　唱进北京城</td></tr>
<tr><td rowspan="2">田山歌的
艺术价值</td><td>大山歌</td><td>组合轮唱大山歌:《五姑娘》(片段)
学习活动一：说一说、唱一唱、搜一搜</td></tr>
<tr><td>小山歌</td><td>短小抒情小山歌:《种田山歌》
学习活动二：找一找、演一演</td></tr>
<tr><td>田山歌的
传承与发扬</td><td colspan="2">代代相传的田山歌:《伲格家乡叫赵巷》
学习活动三：填一填、查一查</td></tr>
</table>

二、内容的确立，循学生之“学情”

对应不同发展阶段学生的身心发展规律、学习总体状态等，乡土音乐课程建设必须基于对学情的充分了解和尊重来精选作品作为课程学习内容，并提出与学习水平相匹配的要求，才能使课程真正让学生受益，促学生发展。

（一）作品精挑细选，体现课程内容的适切性

乡土音乐文化的多样性和复杂性是确立课程内容时首先要关注的问题。比如，由于历史原因，有小部分不太健康的、属低级趣味的“糟粕”；有的田山歌作品篇幅长，旋律起伏极大且声部复杂，尽管它有着极高的艺术鉴赏价值，但我们还是因为“难度系数太高”而“忍痛割爱”。

鉴于此，我们先根据艺术门类、表现形式、风格特征等对拟开发课程内容进行系统的整理，然后走访精通相关文化的专业人士，了解这些乡土音乐文化的“前世今生”和“古往今来”，再依据学生的认知规律和学习水平，对其进行高质量的提炼、梳理，从而形成契合课程开发理念、符合音乐学习基本要求的课程内容。

（二）知识梯度渐进，体现课程内容的递进性

乡土音乐课程作为国家课程内容的辅助和补充，其课程内容不可能按照每个学年、每个学期来确立，它只需整合编写成一本教学用书，《绿韵之声——青浦乡土音乐文化》便是如此。这就要求教师合理确定单元教学的内容以及所要达成的目标，并把握音乐知识与技能的年段学习水平，避免学习内容规划的经验主义和对学习要求的人为拔高。

青浦乡土音乐课程的学习对象主要针对小学三、四、五年级

与初中六、七年级学生。从以下“青龙塔下　申曲绕梁”单元的不同年级学习内容规划中，我们可以发现学习内容鲜明的阶段性和层次性，这就是青浦乡土音乐课程力求体现的前后衔接、逐段递进、完整有序的内在联系。

1. 同一个单元，不同的内容规划

<table>
<tr><th></th><th>绿韵大观园</th><th>绿韵留声机</th><th>绿韵小舞台</th><th>绿韵万花筒</th><th>绿韵芳草地</th></tr>
<tr><td>四年级</td><td>知道沪剧是上海传统地方戏，被列入国家级非物质文化遗产名录</td><td>1. 知道唱段选自《芦荡火种》
2. 学会演唱《芦苇疗养院》开头第一句唱词</td><td>1. 了解《罗汉钱》的故事梗概
2. 学会演唱《燕燕做媒》最后两句</td><td></td><td></td></tr>
<tr><td>五年级</td><td>知道沪剧的别称、发源，了解“上海沪剧之镇”白鹤镇为弘扬和传承沪剧艺术所作的贡献</td><td>1. 了解《芦荡火种》的故事
2. 学会演唱《芦苇疗养院》中的第一乐段</td><td>1. 知道罗汉钱》的故事
2. 演唱《燕燕做媒》第一、二段</td><td></td><td></td></tr>
<tr><td>六年级</td><td>上网查阅一部沪剧经典剧目，了解其剧情与主要角色</td><td>1. 为唱段《芦荡火种》分段
2. 学会演唱《芦荡火种》中的两个乐段</td><td></td><td rowspan="2">1. 知道沪剧伴奏乐队的乐器组成
2. 了解几位沪剧著名演员和他们的代表作</td><td>唱一唱新编唱段《吾伲白鹤镇》</td></tr>
<tr><td>七年级</td><td>初步了解沪剧的发展历程，并用语言简述</td><td>1. 学会演唱《芦苇疗养院》
2. 能用简单的身段、动作进行表演</td><td></td><td>唱一唱，并尝试演一演新编唱段《吾伲白鹤镇》</td></tr>
</table>

2. 同一首作品，不同的学习目标

	《芦荡火种》选段《芦苇疗养院》
四年级	1. 在聆听教师讲述中了解《芦荡火种》的故事梗概 2. 体验《芦苇疗养院》的情绪特点 3. 能模唱《芦苇疗养院》开头第一句唱词"芦苇疗养院,一片好风光"
五年级	1. 知道《芦荡火种》讲述的是一个什么故事 2. 体验《芦苇疗养院》的情绪特点,感受沪剧特有的江南水乡风味 3. 学会演唱《芦苇疗养院》第一乐段的唱词
六年级	1. 知道《芦荡火种》中的经典人物形象"阿庆嫂""郭建光"等 2. 能根据唱词内容与旋律结构为唱段分段 3. 学会演唱《芦苇疗养院》第一、第二乐段的唱词
七年级	1. 知道《芦荡火种》与《沙家浜》的关系 2. 学会演唱《芦苇疗养院》 3. 尝试边唱边用简单的身段、动作进行表演

（三）整合基础课程，体现课程内容的灵活性

《义务教育音乐课程标准（2011 年版）》中指出："音乐课程内容的设计，在明确的规定性和适度的弹性之间寻求平衡，给教师教学和地方音乐课程资源开发留有创造和选择的空间。"这好比我们常说的"规定动作"与"自选动作"，在保证达到国家课程规定性要求的前提下，依据学生不同的心理年龄特点和学习水平，运用本地区的乡土音乐资源来充实音乐课程内容，以更好地发挥音乐课程的文化传承功能。

以上海音乐出版社九年义务教育课本《音乐》三年级第二学期第二单元"乡情"为例：该单元共有两首欣赏曲目和两首歌唱曲目，共四首音乐作品，分别为女中音独唱《美丽的草原我的家》、男高音独唱《太阳出来喜洋洋》、维吾尔族儿童歌曲《新疆是个好地方》和山歌体裁儿童歌曲《放牛山歌》。

四首作品的音乐表现形式不尽相同，热爱家乡、赞美家乡的

自豪感却是“异曲同工”。教师将新田歌《伲格家乡叫赵巷》作为补充资源引入课堂。实践表明，这一做法对于深化学生对音乐艺术的理解和体悟、激发学生对民族民间音乐文化的认知和喜爱，发挥了不可忽视的作用。

课时	学习内容	学习要点提炼
一	听:《美丽的草原我的家》	1. 欣赏歌曲《美丽的草原我的家》,感知歌曲抒情、宽广的旋律,体会美丽的草原景色及草原人民对家乡的热爱之情。 2. 听辨歌曲演唱形式,感知人声音色分类中“女中音”的音色特点；能用真挚的语言、歌声、舞蹈动作予以表现。
二	唱:《新疆是个好地方》	1. 演唱歌曲《新疆是个好地方》,体验新疆人民的勤劳、热情和能歌善舞,抒发对大美新疆的热情赞美之情。 2. 边唱边表演新疆舞蹈动作和打击乐器伴奏,表现歌曲明快的情绪及维吾尔族民歌中典型的舞蹈性节奏。
三	听:《太阳出来喜洋洋》	1. 欣赏歌曲《太阳出来喜洋洋》,感知其高亢的旋律、自由的节奏及方言与衬词所体现的四川山歌特点,体验四川人民热爱劳动、热爱山区生活的朴实情感。 2. 听辨歌曲演唱形式,感知人声音色分类中“男高音”的音色特点；尝试用模唱、律动、演奏等形式综合表现歌曲。
四	唱:《放牛山歌》	1. 演唱歌曲《放牛山歌》,抒发对勤劳质朴的劳动人民的赞美之情。 2. 体验歌曲中高低起伏的旋律、高亢嘹亮的音色以及歌曲中家乡语言(衬词)的运用,体会山歌自由悠长的音乐特点。
五	唱:《伲格家乡叫赵巷》	1. 演唱歌曲《伲格家乡叫赵巷》,初步了解青浦田山歌的艺术特征,体验青浦孩子对家乡发展的自豪之情。 2. 用青浦方言正确而有感情地演唱新田歌《伲格家乡叫赵巷》。

三、资源的开发，助课程之“实施”

合理开发与有效利用乡土音乐课程资源，不仅能解决本土音乐课程资源严重不足的困境，还能给师生的教与学留有选择与创造的空间，增进学生对家乡音乐的理解和热爱，提升教师的专业水平。针对乡土音乐课程的特点，在此重点阐述“素材性课程资源”的开发与利用对于课程实施的重要性。

（一）文字资源，让课程“立”起来

作为最基本、最重要、最主要、最具有代表性的课程资源，乡土音乐课程资源的开发大多以“教学用书”形式来呈现。为了让教学用书得以有效实施，往往还需要配以教学参考、教学设计等其他资源，以指导教师的教学实践。就拿青浦乡土音乐课程来说，《绿韵之声——青浦乡土音乐文化》是教学用书，而本专著便是以指导实践为主要目的的教学参考，有对青浦地区流传的乡土音乐艺术普及层面的渊源梳理，也有对课堂实践操作层面的单元、课时、活动与评价的文本设计、策略运用的范例呈现，还有课程开发与实施的方法路径的举隅。尤其是鲜活真实的案例实录和清晰规范的文本呈现，无疑会为教师的教学提供很好的参考和借鉴。

（二）信息化资源，让课程“活”起来

若是缺少与文字资源配套的音响，缺少记录相关舞蹈的视频，教师怎可能具备演绎所有乡土音乐作品的能力？因此，信息化资源是避免教师的课堂教学陷入尴尬境地、让乡土音乐课程立体鲜活的不二“法宝”。

当然，信息化资源不仅仅局限于“网络”这个渠道，广播、电视、手机……凡是“能为我所用”的资源，经过反复的搜集、

整理，都将为我们的课程发挥“唤起学习兴趣，开阔音乐视野”的功能，为学生的乡土音乐课程学习增添无穷魅力。例如，为欣赏大山歌《五姑娘》，我们想方设法从练塘镇文体中心觅得了十多年前非遗传人张永联老人领着一众田歌手在广袤田野间引吭高歌的视频资料。当学生在课堂里欣赏到这一珍贵的课程资源时，那份学习的收获和情感的升华，要远比教师绞尽脑汁的枯燥陈述大得多、强得多。

（三）活动资源，让课程“亮”起来

校园文化中的乡土音乐文化，不像课堂教育那样呈现出一种显性教育形式，其生机勃勃、轻松愉快的形式背后蕴藏着大量的隐形教育因素，这就是难能可贵的活动资源，它相比课堂教学更加容易为学生喜闻乐见、欣然接受。

细数青浦乡土音乐的传承活动，那一场为展示学习成果而举办的原汁原味的“绿韵之声”音乐会让人记忆犹新：小小赵巷人心中的田歌之韵，在悠长的歌声中传遍全场；非遗传人诸留云先生与孩子们联袂出演，尽情挥洒千年宣卷的说唱魅力；来自陈云故里的苗苗评弹团怀抱琵琶吟唱“陈云爷爷光辉的一生”，委婉动人的吴侬软语流淌到观众心间；商榻阿婆茶的浓郁民俗更是在逸夫小学孩子们的舞蹈中呼之欲出……活动资源对于乡土音乐课程教学，无疑是一种极其有力的促进。

四、教师的培训，谋专业之“发展”

中小学音乐教师是乡土音乐课程资源的鉴别、开发、积累和利用的主力军，这支“主力部队”能否当此重任呢？在随机抽取青浦区中小学音乐教师的网络问卷调查中，我们发现现状不容乐观。教育体系的长期西化，造成了我国音乐教育体系对传承民族民间音乐文化意识的淡漠，大部分教师的求学经历与乡土音乐几乎“零接触”，根本无法胜任乡土音乐课程教学。另外，课程文字资源、信息化资源的短缺，更使乡土音乐走进课堂的日子遥遥无期。因此，对地区范围内的音乐教师开展乡土音乐课程培训已刻不容缓。

（一）品民俗之“淳”

如果说，民俗文化浓缩了中华民族的“形”与“魂”，那么，乡土音乐则反映了百姓生活的“温度”和“厚度”。

以青浦金泽镇的商榻阿婆茶文化为例。这种以茶为礼、以茶待客，并能交流思想感情、构筑睦邻和谐友情的文化道德风尚，是经历了千百年的历史沧桑才形成的江南水乡地区特有的民俗风情。它集中体现了水乡地区民众悠然自得的生活节奏和热情好客的淳朴民风。吃茶的过程中，人们唱着“阿婆茶歌”，跳着“莲湘舞”，在自娱自乐中，独具特色的乡土音乐与民间文艺得以流传发展。

只有了解、熟悉了家乡的民俗文化，才能激发教师热爱家乡的真挚情感，并将这份情感融于对乡土音乐作品的理解、演绎与传授。

（二）赏乡音之“美”

音乐是听觉的艺术，乡土音乐同样如此。它们带着广袤田野间独有的泥土芬芳和禾草清香，虽质朴不加修饰，却具有直击人心的力量。这便是乡土音乐之美。

正如金泽宣卷，初听时你似乎没什么特殊的感觉，但经过仔细聆听、反复咀嚼，开场白的干脆利落、掷地有声，主唱的升腾跌宕、起伏错落，数板的抑扬顿挫、节奏分明，拖腔的温婉细腻、轻吟浅唱……你会在品味中深切感受到，任何一种艺术的美，永远只属于滋养它和成就它的这块土壤，它的发展与创新更离不开它自己的文化空间。

在培训中，从聆听入手，充分调动教师的各种感官参与体验，丰富他们对乡土音乐的感受，并逐步把对乡土音乐的感觉上升为审美认知。只有教师认同了乡土音乐之美，才能将“美”的种子撒向孩子们的心田。

（三）知传承之“忧”

农村城市化的发展，乡音已难以寻觅；老一代民间艺人年事已高，很多已离开人世；非遗传播的渠道日益丰富，可中小学尚未形成良好的氛围，民间的“热闹红火”与学校的“门庭冷落”形成了鲜明的反差……像评弹这样的艺术瑰宝，艺术经典作品如长篇评话《英烈》《金枪》《三国》等，目前已陷入无人能演的窘境；曾经广受欢迎的《白蛇传》《杨乃武》等优秀书目几近失传。如不采取有力措施及时进行抢救，一旦消亡，其精美的表演艺术和书目中所包含的大量传统文化也将随之而飞灰湮灭。

不经过培训，音乐教师也许无从知晓乡土音乐传承所面临的困境。而一旦了解，又怎会袖手旁观坐视不管？

（四）研教学之“法”

教师是学校教育中乡土音乐传承的具体操作者。教师除了了解和熟知相应乡土音乐文化有关背景、艺术特点以及表演技能等以外，还必须掌握乡土音乐教学的规律和手段。

1. 口传心授

虽然现代化的教学媒体已经相当丰富，但是这种“口传心授”

的传统传承方式本身就是一种传统文化。在课堂上，教师若能适当地借鉴、渗透一点民间音乐传统教学方式进行教学，营造和还原一种真实的民间情境，既调动学生的学习兴趣，又兼顾保存乡土音乐文化流传百年的味道，岂不是两全其美？同样，把“口传心授”运用于教师培训，也会收到出其不意的效果。

2. 手把手，传帮带

乡土音乐课程的教师培训活动可以采用教学示范、课例研讨、教学沙龙、专题讲座等形式，以拓宽不同层次教师的乡土音乐教学视野，不断充实更新相关知识，以适应乡土音乐文化教学发展的要求。手把手地教学示范，在激发对家乡音乐的认同感的同时，给教师们带来更多的教学启示和实践智慧。

3. 请进来，走出去

由于各地对民族民间音乐的重视、保护程度和经济状况的差异，大量的珍贵音乐文献资料以不同形态和形式遗存和散布在民间，掌握在民间音乐艺术团体、艺术传人和民间研究者的手中。因此，对教师的培训可以遵循乡土音乐“活态”传承的规律，以“请进来”的方式，把民间艺人请进课堂展示最具地域特色的乡土音乐，并讲述这些音乐背后动人的故事和真挚的情感，使音乐教师对乡土音乐相关艺术形式有更全面、真实的认识。当然，短期培训不可能解决所有问题，还需创造机会让教师深入民间，去了解本地乡土音乐的文化背景和艺术表现特征，掌握各种艺术形式的风格和技巧，并在教学过程中不断完善对乡土音乐文化的理解和认识，创新教学方法与策略，以提高自己的教学水平和教学质量。

我们在做的事，看似很小，其实很大；我们在走的路，看似很近，其实很远。但是，只要坚守着心中那份执着，一步一个脚印地朝前走，总会等来“老师们善教家乡的歌、孩子们爱唱家乡的歌”的一天。

参考文献

[1] 教育部基础教育课程教材专家工作委员会. 义务教育音乐课程标准（2011 年版）解读[S]. 北京：北京师范大学出版社，2012.

[2] 上海市教育委员会教学研究室. 上海市小学音乐学科教学基本要求（试验本）[S]. 上海：上海教育出版社，2018.

[3] 范兆雄 . 课程资源概论[M]. 北京：中国社会科学出版社，2002.

“民族之音”万花筒

——上海市小学音乐教材中民族音乐的拓展实践研究

上海市杨浦区中原路小学　葛民莉

摘　要：自2013学年起，上海市逐步推进“基于课程标准的教学与评价”工作，各学科本着“让每个孩子健康快乐地成长”的理念要求，深化课程与教学改革。随着新课程改革的全面推进，对中小学音乐教学也提出了更高的要求。民族音乐作为音乐教学的重要组成部分，对于培养学生的民族精神，提高学生对于音乐的鉴赏能力和水平，增强学生的综合素质具有非常重要的意义。本文以此为出发点，利用并挖掘上海市小学音乐教材中出现的民族元素开展拓展实践研究，让学生体验民风的特色、民歌的朴实、民舞的精美，从而感受到民族音乐的丰富多彩和无穷魅力，激发对民族音乐的兴趣和热爱之情。

关键字：小学音乐教材　民族音乐　拓展

本文从挖掘教材内的民族元素和开发校本化的民族课程两个方面开展实践研究。

一、挖掘教材内的民族元素

小学音乐教材中具有民族元素（土家族、壮族、藏族、苗族、侗族、维吾尔族、蒙古族、汉族……）的内容，例如《娃哈哈》

《我的家在日喀则》《乃有乃》《草原就是我的家》《花蛤蟆》《猫虎歌》《歌唱的白云》《摇船调》《新疆是个好地方》等各民族歌唱作品，也有《采茶灯》《妈妈告诉我一句话》《雪莲献北京》《我是人民小骑兵》《路边童谣》《孔雀舞》《马车夫之歌》《阿细跳月》《彩云追月》《斑鸠调》《美丽的草原我的家》《太阳出来喜洋洋》《小青蛙》《牧童短笛》《赛马》《幸福年》《喜洋洋》《陶金令》《吉祥三宝》《牧笛》《紫竹调》等欣赏作品。学生在学唱各民族歌曲、欣赏各民族音乐过程中，了解祖国的音乐文化，体验华夏民族音乐传播所产生的强大凝聚力，从而激发民族自豪感。由于民族儿童歌曲品种众多，且蕴含各地丰富的音乐文化和地域特点，我们小学音乐教师一定要本着民族教育的大概念，通过小学音乐课堂，利用教材提供的民族音乐内容，落实学科教学中民族音乐显性和隐性的教育内容，贯彻社会主义核心价值观，以歌为媒，以舞为介，传承文化，激发学生民族自豪感。那如何在课堂上进行民族音乐教学？避免在课堂中简单重复的教唱及枯燥的历史讲述？

1. 感受民音民韵——立足“小学音乐教材”的民族音乐内容

民族音乐作品有着明显的地域文化特征，因此，在语言的处理、润腔发声、感情气质和地方韵味等方面，应遵循和考虑其地域特点，更好地体现各民族儿童歌曲的艺术特色和文化特色。

(1) 把握地域特色方言教唱

《猜冬猜》是一首很具地方色彩的上海川沙民歌，表现了孩子们在参与游戏时的愉快心情。教唱这首歌，教师必须把握地域特色，运用方言进行教唱。《紫竹调》是五年级第二学期的歌唱内容，为了让学生更好地感受音乐作品浓郁的地方特色，教师播放沪剧《燕燕做媒》激发学生兴趣，并鼓励学生运用上海方言歌唱《紫竹调》，将地域文化巧妙地融合进教学中。

(2) 丰富音乐表现词曲结合

民族儿童歌曲中，有大量的装饰音，尤其是前倚音，歌唱时需要仔细把握。有的前倚音几乎不占时间，一带而过，有的就需要拉宽节奏，犹如歌唱八分音符一般。三年级《花蛤蟆》，歌曲借助装饰音的运用，生动夸张地表现了蛤蟆外形滑稽、叫声响亮、活蹦乱跳的形象，极富童趣。这首歌曲中出现了前倚音，老师巧妙地将词曲结合，帮助学生运用前倚音，唱出歌曲的韵味，还充分体现出山东的地域特点。

(3) 凸显民族韵味衬词指导

另外，民族儿童歌曲的衬字衬词的使用较多，很有地方特色。衬字衬词不仅作为表情达意的一种手段，而且还使儿歌充满灵气与韵味。有的甚至整首歌都是衬字衬词，所要表达的情感、情绪都在其中。五年级《圆圆和弯弯》教学中，教师将衬词演唱和情感抒发、地域特色融合，让学生运用词曲结合的方法将其唱好。

对于教材中出现的民族儿童歌曲，音乐教师只有了解特点，把握风格，抓住其特征，充分挖掘音乐文化内涵，才能设计切实有效的教法，以提高小学音乐课堂教学的有效性。

2. 体验民歌民舞——基于“教学基本要求”的音乐活动设计

民族歌舞是“民族文化的灵魂”，它用人的形体动作、歌声表达思想情感，表现社会生活，体现民族历史，传情达意，抒发情怀。学生在民族歌舞表演中，感受音乐的情绪，体验其丰富和灵活的节拍特点。

《我的家在日喀则》是一首充满浓郁乡土气息的五声调式的藏族儿童民歌。它以其独特的节奏描绘了一群身着色彩鲜艳盛装的藏族人民跳着欢快的踢踏舞的热烈场面。在教授本课时，就需要让学生在歌舞表演中感受藏族特有的音乐特点，从而激发学生对民族歌舞的兴趣与热爱。

三年级《新疆是个好地方》是一首新疆维吾尔族歌曲，学生在歌舞体验中感受音乐，体验民族风情。

3. 凸显民风民情——落实“学科核心素养”的音乐文化渗透

人文音乐蕴涵着丰富的生命哲理、深厚的文化底蕴、浓郁的地方色彩，来自民族的生活和历史，是一种社会精神文化。在民族儿童歌曲学唱中，教师一定要渗透人文音乐，让学生了解民族文化。

民族儿童歌曲中大多以民族调式为主，大多为单乐段，但句数上有多少之别。例如二年级《金孔雀轻轻跳》就是一首傣族民歌，单乐段，五声 F 宫调式创作歌曲。在教唱这首歌曲中，教师要牢牢把握傣族音乐中曲调清新、优美的风格特点，创设一幅秀丽画卷般的情境，让学生充分感受傣族特有的别致竹楼，清新小溪，美丽孔雀……学生在音乐活动中了解民族文化，并留下美好的遐想与回味。

对于教材中出现的民族儿童歌曲，音乐教师只有了解特点，把握风格，抓住其特征，充分挖掘音乐文化内涵，才能设计切实有效的教法，以提高小学音乐课堂教学的有效性。

二、开发校本化的民族课程

为了更好地推动小学音乐课程标准的具体做法，进一步丰富学校传统文化课程的内容，我在充分利用教材里民族音乐内容对学生进行民族教育的基础上，开发校本化的民族课程《民族歌舞万花筒》，为学生走进多彩民族风打开了一扇门，让学生在具体生动的民族歌舞活动体验中，丰富表演经历、拓宽民族文化视野、感悟民族文化魅力、激发了解民族文化愿望、深化学校传统文化教育，建设有内涵、有价值的艺术特色课程。

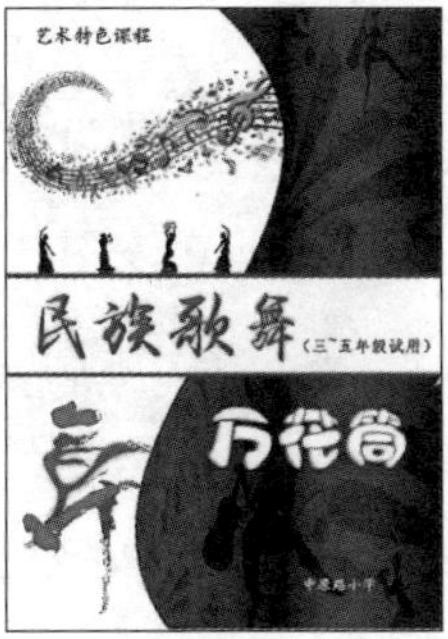

1. 以文本编制为抓手——形成课程架构

课程的开发必须以文本的编制为抓手，对《民族歌舞万花筒》实施路径进行梳理，力求体现思想性、统整性、可操作性、原创性。

(1) 形成《民族歌舞万花筒》科目方案

科目设计方案是中心，课堂教学的研究、活动案例的设计、校本教材的编写、教学课件的设计等必须围绕方案循序渐进地生成，生成的相关资源越多则课程的成熟度越高。《民族歌舞万花筒》立足以挖掘小学音乐学科中显性和隐性的教育内容为突破口，结合学生的认知能力进行拓展延伸，体验多民族歌舞表演，深化传承民族文化教育的艺术实践课程。目前形成了包含课程背景、课程界定、科目目标、课程内容、课程实施、课程评价为主要内容的课程设计方案。下面以花型图加以说明：

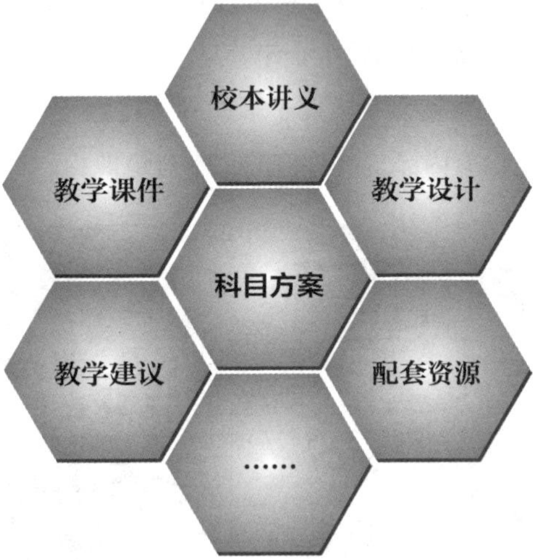

(2) 完成《民族歌舞万花筒》教学内容

《民族歌舞万花筒》教学内容主要从我国的少数民族分布情况进行分类，汇编成“中南情”“西南风”“西北韵”“东北乐”四个单元，共8课，根据课程名称《民族歌舞万花筒》分别设计了大开眼界、歌声传情、舞姿翩翩、创意舞台四个板块，让学生领略中华优秀民族文化。

① 大开眼界——初步了解各少数民族的艺术人文，包含器乐特点、手工制作、建筑特征等。

② 歌声传情——以各民族歌曲为载体，学生学习掌握歌曲，以充分感受和体验各民族的音乐风格。教材上每首歌曲都有小贴士，以提示歌曲的风格、节奏等特点，以及衬词衬句演唱特

征等。

③ 舞姿翩翩——提供各民族特征性较强的舞蹈语汇，学生在模仿表演中，初步了解各民族独具魅力的舞蹈特点。舞姿翩翩后的小提示，引导学生进行简单创编，可以在队形变化上，也可以在内容表演上，以提供学生创意表演的无限空间，提高学生的创编能力。

④ 创意舞台——学生将前三个板块的学习内容进行理解、学习、掌握，并进行创意的表演，例如运用简单动作变换队形，运用多样的形式进行歌表演以更好表现民族风情等。

单元	主要学习内容	学习模块	学时
第一单元　中南情	第 1 课　《土家欢迎你》	大开眼界 歌声传情 舞姿翩翩 创意舞台	2
	第 2 课　《壮娃情意深》		2
第二单元　西南风	第 3 课　《哈达献祖国》		2
	第 4 课　《苗家风味浓》		2
	第 5 课　《侗娃幸福多》		2
第三单元　西北韵	第 6 课　《新疆好地方》		2
第四单元　东北乐	第 7 课　《草原儿女乐》		2
	第 8 课　《俺是东北娃》		2

(3) 完善《民族歌舞万花筒》教学设计

教学设计是教学活动得以顺利进行，教师在教学工作中事半功倍，教学取得良好效果的基本保证。根据拓展型课程活动性、实践性特点，将教材中 8 课内容分别精心设计，根据课程目标，从三维角度制定本课教学目标，预设教学行为，落实教学评价，力求每一课都能体现灵活创意、生动实践的真实课堂。

(4) 丰富《民族歌舞万花筒》教学课件

《民族歌舞万花筒》主要落脚点是歌舞体验，为了让学生直观感受各民族歌舞的特点和风采，对课中呈现的八个民族舞蹈进行编排，并组织学生穿着民族服装拍摄视频。除此之外，还为每课内容制作了媒体课件，包括音乐、歌谱、人文图片等，让学生在拓展活动中学唱民族歌舞、学跳体验民族舞蹈、感悟民族文化，以切实提高课堂活动有效性，落实拓展型课程育人之价值。

2. 以民族音乐为载体——落实课程文化

《民族歌舞万花筒》校本课程是一门以民族音乐为载体，落实民族文化的艺术课程，体现以下几点：

(1) 以“美”为核心

艺术教育要坚持以“审美为核心”的基本理念,《民族歌舞万花筒》则是一门为学生提供领略民族“美”，感悟民族“魅”的课程学习。“歌声传情”板块中，学生感受音乐美、旋律美；“舞姿翩翩”板块中，学生体验形体美、舞姿美、造型美，创意舞台让学生想象美，创造美；“民族万花筒”板块中，学生欣赏风景美、人文美、服饰美。学生浸润在整个“审美”的活动过程中，感叹民族的才是世界的。

(2) 以“巧”为推动

本教材的内容选编，巧妙地将小学音乐基础课程中出现的民族音乐内容进行挖掘、深化与延伸，汇编了鉴赏、歌唱、舞蹈、创编等丰富的实践体验内容，这些内容既是基于教材，又是对教材的补充。更为巧妙的是将所有的内容按照各民族所在的地域进行划分、汇编，让学生在领略中国多民族音乐风采的同时，深深感叹我国资源丰富、地域辽阔，从而获得民族自豪感和爱国情怀。

(3) 以“精”为落实

本课程是针对三至五年级全体学生的普及型拓展型课程，按照一学期16课时，安排了8课，每课内容估计需要2两课时。因此，基于教学对象、教学密度、教学容量，精心安排了学习内容。

结语

民族文化是根，民族精神是魂。本文中阐述了有效运用教材内和教材外的民族音乐内容，为学生创设实践体验平台，落实育人价值的一些做法。在此基础上，将继续运用好教材内的民族音乐内容，丰富特色课程开发，以给学生更为广阔的音乐体验和文化视野。在民族音乐教学的实践道路上，还将不断探索，勠力前行！

参考文献

[1] 上海市教育委员会教学研究室. 上海市小学音乐学科教学基本要求(试验本)[S]. 上海：上海教育出版社，2018.

[2] 李亦菲著. 整体教学策略系列：三维目标整合教学策略[M]. 北京：北京师范大学出版社，2011.

[3] 姚志敏. 课程改革背景下的教师课程执行力研究[D]. 上海：上海师范大学，2011.

[4] 曹晏平主编. 寻得蹊径百花开——小学音乐学科学习难点解决策略的探索[M]. 上海：学林出版社、上海教育音像出版社，2018.

《京韵润童心》校本学材开发研究

上海市徐汇区汇师小学　张莉珉

摘　要：京剧作为中国的国粹，具有传承与弘扬的现实意义。本文通过对《京韵润童心》校本学材的开发与研究，将京剧优秀文化扎扎实实落实到课堂教学，体现其价值所在。以“立足学生、立足课堂、立足传承经典发扬优秀”为宗旨，以育人标准、学科标准为切入点，以学生认知规律、京剧学习规律为线索，体现“适切”“以生为本”“传承”的学材特点，开发校本学材《京韵润童心》。纵观整本学材，选曲兼顾丰富性、原创性、趣味性、年段梯度性，结合具有京剧知识的活动内容，通过多样的课堂评价形式，帮助学生唱出、习得、演绎、玩转京韵，使之成为有效实施与推广优秀京剧文化的重要途径。

关键词：京剧　校本学材　文化传承

根据《关于完善中华优秀传统文化教育长效机制的实施意见》和《关于实施中华优秀传统文化传承发展工程的意见》，强调：要以弘扬爱国主义为核心的民族精神为立足点，通过推动中华优秀传统文化“进教材、进课堂、进课外、进网络、进队伍建设、进评价”，一体化构建大中小学中华优秀传统文化教育的内容体系和实践体系。

国粹京剧在中华文明几千年的发展过程中有着悠久历史，

是中国传统戏曲中最优秀的一个剧种，是中华优秀传统文化的集中体现。作为全国首批优秀艺术文化传承学校、全国京剧进课堂试点学校，更应该肩负起传承和发扬京剧优秀艺术文化的重任。

通过研究与实践证明，将京剧教育走进学生的课堂中，不失为一个有效的策略与方法。具有京韵特色的校本学材是将京剧优秀文化扎扎实实落实到课堂教学的传承途径，是体现其价值所在的有效保障。因此，以“立足学生、立足课堂、立足传承经典发扬优秀”的宗旨探索开发京剧校本学材《京韵润童心》，为进一步推进优秀文化传承能够更顺利、更有效地在校园中实施与推广。

一、立足标准，站在“适切”角度开发学材

以小学音乐学科标准、京剧育人理念为理论标准，进行京剧校本学材的开发。站在“适切”角度开发学材，使校本京剧学材兼具普及性、发展性、文化性。

（一）立足育人标准

《关于完善中华优秀传统文化教育长效机制的实施意见》中明确指出：围绕立德树人根本任务，加强中华优秀传统文化教育，以培育和践行社会主义核心价值观为主线，以弘扬爱国主义为核心的民族精神为立足点。因此，京剧校本学材开发旨在潜移默化中传播正确的历史观、世界观、价值观等，培育学生的国粹文化价值观，体现京剧育人的教学理念。

（二）立足学科标准

京剧进课堂主要落实在音乐学科，在《全国音乐课程标准》

中明确指出："应将我国各民族优秀的传统音乐作为音乐课重要的教学内容，通过学习民族音乐，使学生了解和热爱祖国的音乐文化，增强民族意识和爱国主义情操。"因此，校本学材围绕"国粹之美""国粹之韵""国粹之爱"展开，提升学生对京剧艺术的认同感，激发对国粹京剧文化的认同感与归属感。

二、立足规律，站在"学生"角度开发学材

以学生的年龄特点、实际学情、认知发展规律为开发标准，将京剧校本学材的内容设置与学生的学习能力相匹配，满足不同年段学生的学习要求，使校本学材开发真正做到站在"学生"角度开发学材。

（一）遵循学生认知规律

依据小学阶段学生的学情特点、认知发展规律，校本学材的开发以童趣性的京歌曲目、丰富性的活动内容、多样性的活动形式，全方位地体现国粹京剧的多元化魅力，激发学生主动学习京剧的意愿，化"被动"为"主动"。

（二）尊重京剧学习规律

京剧作为综合性专业表演艺术，多采用口传心授的教学方式，在教学过程中关注舞台实践经验的获得与唱腔流派的定位。

京剧校本学材的开发面向全体小学阶段学生，在兼具普及性特点的同时，要尊重京剧学习规律，选取专业京剧学习领域中适合普及层面的教学方式。：口传心授、程式化等教学方式均在学材中有所体现，使学生在学习过程中将最纯正的京味得以保留。

三、立足文化，站在“传承”角度开发学材

国粹京剧博大精深，有着丰富的中国传统文化内涵，是文化自信的全面体现。作为中华儿女，有义务传承和弘扬国粹文化、国粹精神。在小学阶段，主要通过听、赏、唱、玩的方式初步接触京剧，形成对京剧的初步体验，感受国粹京剧的生命力和影响力，为传承国粹京剧、建立正确的文化自信埋下伏笔。

（一）引入京歌，唱出京韵

京剧以传统折子戏为主，对于小学阶段的学生学习难度较大。融入京剧音乐元素的京歌是学生学习京剧传统折子戏的过渡桥梁，适合小学阶段学生学习。因此，京剧校本学材选择京歌作为学本的主要学习内容。

本学材中的演唱板块做到了将民族性与时代感完美结合，做到了戏中有歌，歌中有戏，既有浓郁的戏曲韵味，又有现代的歌曲元素，为学生打开了京剧世界的大门。

1. 选曲丰富性

京剧校本学材的学习曲目囊括了经典京歌以及具有时代气息的原创儿童，体现了选曲的丰富性，有助于学生体会不同韵味的京韵京腔，感受京剧艺术风格的包罗万象。

学材作品类型	曲目名称
经典京歌	《唱脸谱》《我是中国人》
原创京歌	《别说我小》《我们热爱党》《祖国祖国我爱你》《我们是祖国的好娃娃》《长城谣》《民族文化我弘扬》
儿童歌曲改编	《只怕不抵抗》《泼水歌》
儿童改编	《拾豆豆》

2. 作品原创性

儿童歌曲具有朗朗上口、欢快活泼的特点，深受学生的喜爱。借助原有的儿童歌曲加入京韵京腔，进行改编、创作，形成了原创儿童京歌。将京剧这种传统而古老的艺术形式与当代儿童歌曲结合起来，体现了京剧艺术的与时俱进，拉近了京剧艺术与当代学生间的距离。

例如，改编作品《只怕不抵抗》《泼水歌》是脍炙人口的儿童歌曲。经过专业老师的改编，形成了《只怕不抵抗》《泼水歌》的京歌版本。原创作品《祖国祖国我爱你》《我们是祖国的好娃娃》均为原创京歌，表现了学生对于祖国的热爱之情。

3. 京歌趣味性

本学材中充分挖掘了小学阶段学生的心理特点，特别编写与小学生心理发展特点所相符的歌曲，使得学习京歌的过程中充满乐趣。在这样的学习氛围中，激发学生的学习兴趣，树立学生学习京剧的信心，提升个人京剧艺术素养。

例如，本教材一年级京歌《祖国祖国我爱你》巧妙地将绕口令与二黄唱腔融合。绕口令是一门特殊的语言艺术，具有短小、有趣的特点。低年级学生在学习这首歌曲的过程中，不仅体会到语言艺术的乐趣，也更加感受到京剧艺术的趣味性，产生主动学习京剧的强烈意愿，在学生的心中播下了京剧的种子。

4. 年段梯度性

京剧校本学材的开发关注不同学段的梯度性，根据不同年段的年龄特点、认知发展规律、学习能力的变化，设计了具有学段衔接性的学材内容，适应不同年段学生的学习要求。

低年级的京歌教学内容设置，主要以短小精炼、有趣的京歌为主。随着学生的学习能力不断提高，中年级的学生已经具备了一定的京剧审美情趣，丰富有趣的短小京歌已经满足不了学生的求知欲。在中、高年级的教材中适当地加入经典京歌、简单的现代京剧，体现教材编写的层次性、递进性。

结合对京剧由浅入深的学习过程，高年级的京歌曲目向老戏风格发展。在高年级的教材中选入了《精忠报国》《甘洒热血写春秋》《要学那泰山顶上一青松》等脍炙人口的经典京剧唱段。使学生在小学阶段经历丰富的京剧学习体验，引导学生发展对京剧的审美意识。

（二）重构知识，习得京韵

通过着手进行京剧校本教材的编写，构建一个全新的京剧学习的课程体系。京剧校本教材是面向小学阶段全体学生普及性的艺术教育，是实施学校美育、传承优秀艺术文化的渠道之一，是我校音乐教育拓展型课程的学习范本。

希望通过课程的实施，能够使学生感受京剧艺术的魅力，培养学生对京剧艺术的兴趣，弘扬传承中国国粹京剧文化、丰富情感体验、养成良好的审美情趣。学材融合了京剧行当、京剧表演艺术、京剧乐器、京歌京韵为一体，使学生通过不同角度了解京剧艺术，实现对学生的综合、全面、多元引导。

（三）设计活动，演绎京韵

《音乐课程标准》明确提出：应“体现以音乐审美体验为核心，使学习内容生动有趣、丰富多彩，有鲜明的时代感和民族性”。小学阶段的学生性格好动，且对事物有着强烈的好奇心。活动板块的开发，不仅能促使学生快乐地学京剧，也可以在活动中复习巩固再次掌握所学的知识。因此，在教材活动设计中将所学的京剧知识与活动内容有效地组合在了一起。

低年级的学习内容以京剧脸谱艺术和京剧动作为主，因此活动板块设计了与之相匹配的活动内容：请学生为京剧脸谱涂色以及做一做所学的京剧动作。通过从认识脸谱到为脸谱涂色的教材设计，使学生认识到京剧脸谱艺术的独特美，也培养激发了学生动手创造的能力。通过学做简单的京剧动作，培养学生的精气神，使得学生在潜移默化中受到京剧艺术的熏陶。

中、高年级的学习内容在低年级学习内容的基础上更进了一步，请学生根据歌曲的情绪，表演适合的京剧动作或编队形。这培养的不单是学生对京剧艺术的理解，同时也是给了学生自我发挥的空间。除了自编动作的活动内容外，本教材还涉及了念念白、听听填填、对应连线的活动内容，使学生在丰富的活动中拉近与京剧艺术的距离。

这种"现学现玩"的设计模式，有助于学生巩固复习所学的京剧知识，并且加深了学生的学习印象。通过这些丰富有趣、形式多样的活动内容，也让京剧进一步浸润师生的心田。

（四）融入评价，玩转京韵

课堂评价是教学活动中不可或缺的重要环节，京剧的学习当然也不例外。通过多样的课堂评价形式，如教师评价、学生自评、伙伴互评，客观反映学生的学习情况和学习结果；通过丰富的课堂评价活动，如"亮灯塔""探迷宫""找不同""模仿秀"等，进一步巩固、加强和深化对所学内容的感受和理解。

参考文献

[1] 白宏太."京剧进课堂"的文化意义[J]. 人民教育，2016(7).

[2] 丰来迎. “京剧进课堂”之议[J]. 中国德育，2018(5).
[3] 陈淑芳. 京剧进初中音乐课堂的实践与反思[J]. 课程教育研究，2019(14).
[4] 北京艺术研究所、上海艺术研究所编著，中国京剧史(上卷)[M]. 北京：中国戏剧出版社，1999.

小学高年级歌唱基础能力培养的策略与方法

上海市徐汇区汇师小学　张莉珉

摘　要：歌唱教学是小学音乐教学的重要内容和美育的重要途径。小学高年级，随着学习需求的提升与变声期的临近，教学中给予学生科学的发声方法与正确的嗓音意识已迫在眉睫。本文以学生年龄特点和心理需求为出发点，结合审美、游戏、舞蹈、感官、图谱、工具表等要素，提炼出小学高年级歌唱基础能力培养的三个策略方法，并通过示例加以论述，以期提高学生音乐素养、激发演唱兴趣、促进全面成长。

关键词：歌唱能力　培养策略

歌唱教学是小学音乐教学中最为重要的内容之一，也是学生学习音乐最容易接受、最大众化和最具普及性的音乐艺术形式。歌唱学习是学生学习音乐的基础，歌唱教学也是音乐教学中最为简便、易于操作的教学方式。同时，歌唱在美育、德育方面起着重要作用，它不仅是落实培养学生音乐素养的重要途径，更在培养学生高尚情操和积极向上、热爱美的情感方面起到引导作用，学生通过古今中外优秀艺术歌曲的学唱，在思想道德上会受到潜移默化的影响，激发他们蓬勃向上的精神品格。

《上海市小学音乐学科教学基本要求》第三章“学习内容与要

求”中提出，学生需在小学阶段学会齐唱、轮唱、合唱，并做到词曲正确、声音整齐统一、有感情，在演唱过程中能够保持稳定的速度和均衡的音量，表现音乐情感和韵律。这一要求明确了教师的教学目标，也对培养学生的歌唱基础能力提出要求。音乐学科要求学生掌握多种演唱形式，并能够用正确科学的发声方法进行歌曲的演唱，以感受音乐美、展现音乐美、传达音乐美。

当学生进入小学高年级阶段，处于变声前的关键时期，教师对于学生正确发声意识的引导就显得更为重要。科学的发声方法是培养学生歌唱基础能力的前提，但歌唱技能是一种相对抽象的概念，学生无法看见或触摸自己的声带、腔体、气息，多依赖身体的感觉和对教师的模仿。对于小学阶段的学生而言，单纯的概念输出并不能让他们明白正确发声的方法和要点。同时，声带、腔体、气息等客观生理因素会伴随学生年龄增长逐步变化、成熟。到了高年级，对于学生音准、气息、节拍等多种演唱基础能力要求的一并提出，使得教学经常达不到预期目标和学科基本要求。

因此我们发现，在音乐学科的教学中，教师在根据教学内容要求的前提下，还要结合学生特定年龄阶段生理发育、心理发展的自然规律，设计出更符合学生学习需求的教学方式。

一、在“寓教于乐”活动中提升演唱基础能力

小学高年级的学生仍处于儿童时期，兴趣与好奇心是儿童学习的动机。学生在学习自己感兴趣的内容时，往往会更努力、更专注、收获更大，因此有趣的、生动形象的活动更适合此年龄段学生。高年级阶段的学生也更乐于亲身参与和体验活动，亲身参与的过程更有利于于学生理解和吸收那些抽象的、难以理解的知

识和技能。因此，教师要将学生歌唱基础能力培养中较为抽象化的腹式呼吸、音准概念、声音高位置等演唱技巧设计在有趣的音乐活动、情境创设中，更大程度地吸引学生注意力，以获得更好的学习成果。

（一）与儿歌相融合

儿歌是以儿童为主要接受对象的具有民歌风味的简短诗歌，内容多反映儿童的生活情趣，传播生活、生产知识等。歌词多采用比兴手法，词句音韵流畅，易于上口，曲调接近语言音调，节奏轻快，是小学生较为喜爱和容易学习的音乐曲种。

将气息、坐姿、口型等基础训练融入儿歌中，让学生在唱儿歌的过程中体验气息、坐姿、口型的正确要求。例如脸部状态的儿歌“小小嘴巴 OOO，眉毛弯弯向上扬，面带笑容笑嘻嘻，歌声悠扬传四方”。气息练习儿歌“双手叉腰真神气，鼻子一吸肚子鼓，一桶气息满当当，SSS 慢慢吐”。在念儿歌的过程中，学生自然会随着儿歌的内容练习，学生很快将气息、坐姿、口型等基础要求自然学会。

（二）与舞蹈律动相融合

律动是小学生最容易掌握的舞蹈形式之一。所谓律动是指有节奏地跳动，有规律地运动，多指人听到音乐后按照节奏而通过身体的方式表达的舞动。

节奏、拍号是歌曲演唱中重要的环节，演唱者能正确掌握歌曲中的节奏，把握歌曲节拍的特点与风格，对歌曲的演唱起到至关重要作用。小学阶段歌曲中的拍号设计到 2/4，3/4，4/4，6/8，3/8，及混合拍号，每个拍号都有它们的特点与节奏韵律。对于小学生而言，要精准演唱和表现每种拍子的特点还是相对困难的。

因此，在歌唱教学中，将歌曲拍号的节奏韵律特点与身体律动巧妙结合，学生通过相应的律动表演，能够在身体律动中自然而然地把握歌曲韵律、强弱特点及歌曲风格。

例如：

① 3/4 拍歌曲《小白船》，学生进行划小船的身体律动表演；② 2/4 拍歌曲《闪烁小星》，学生通过小星星一闪一闪的节奏模仿。就这样学生在律动中感悟不同拍号的特点、掌握歌曲的节奏，让演唱更加精准生动。

（三）与身体感官相融合

在艺术领域中，视、听二者相互渗透和融合，给观众带来审美愉悦。而在小学高年级歌唱教学中，要通过调动学生的多种感官，包括视觉、听觉、触觉等联觉反应，达到歌唱技能和情感表达的通融。教师要将相对抽象、难以理解的气息训练、发声技巧、音准练习可视化、可触化，通过身体声音训练相结合，让学生有直观的身体感受和声音鉴别，这样不仅能切实提高学生的演唱技巧，还能活跃学生的思维能力、身体感知。

例如：

①游戏“弯腰 V”（从侧面看身体像 V 字）中，活动目的是体验腹式呼吸，学会正确的吸气。活动方法：先坐在椅子上，双手叉腰；而后，上身前倾弯腰达到身体放松；最后，用鼻子吸气，体会腹部膨胀。

②游戏“摇曳的烛光”，活动目的是学会气息控制。活动方法：先左手叉腰，右臂前伸与肩同高，伸出食指；而后，吸气时感受腹部膨胀感，吐气时感受烛光摇曳但未被吹灭；最后，教师数节拍，练习学生的气息长度。

（四）与图谱相融合

所谓图谱法，是用最简单明了的图画来表现音乐。如用↗表示旋律线的向上走向，↘表示旋律线的向下走向，○表示弱，●表示强等等。这些图形能够帮助学生更快地记住歌曲中的音乐要素和演唱要求。

歌唱教学中，利用图谱的图形或颜色区别，将抽象的音乐知识和技能尽可能可视化，学生通过不断的练习，对音乐的感知能力和音乐理解力都得到提高。

例如：

①节奏时值的理解

音乐与节拍

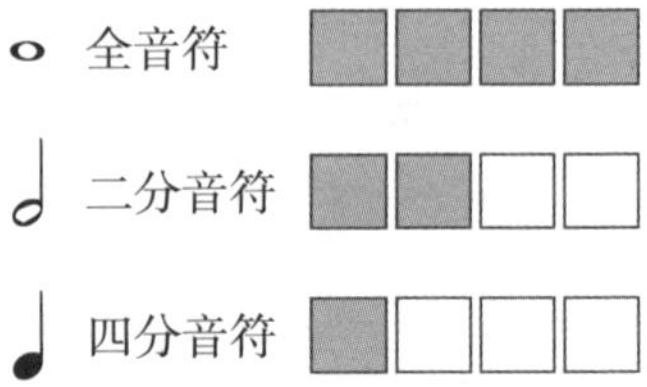

②不同演唱形式的理解（齐唱、轮唱、合唱）

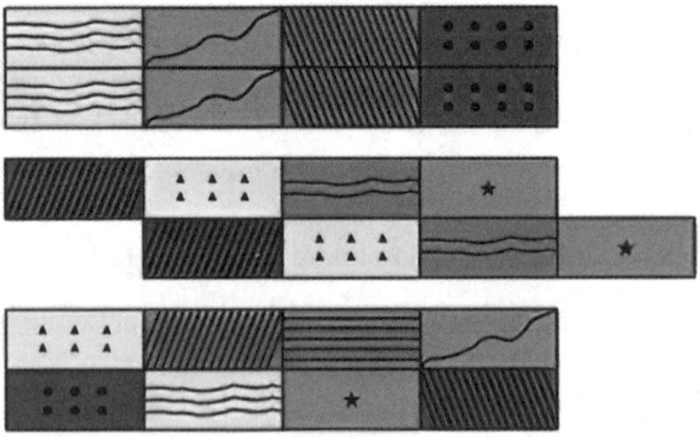

二、开发“工具表”提升演唱基础能力

（一）“工具表”的意义

对于专业歌者而言，声音圆润、充满剧场、优美动听是要经过专门训练的，歌唱训练有一套成体系的科学方法。首先，正确的呼吸是歌唱最重要和最必要的基础。由呼吸控制的歌声才是声乐，呼吸是歌唱的原动力。其次，打开喉咙、稳定喉头，这是歌唱基本功训练的核心。再者，要运用好头腔，把声音振响在鼻咽腔以上的高位置头腔共鸣点上，来增大音量，扩展音域，美化音色，统一声区，使高、中、低三个声区的声音协调一致、自如灵活。

“工具表”就是建立在歌唱科学方法的基础上，开发出的一套专门针对小学高年级学生身体声音训练的规范化图表，给予教师对于学生歌唱训练的指导方法和参考意见，解决学生在歌唱、发声中遇到的困难。

（二）“工具表”的开发

歌唱教学中的机智灵动，除了方式方法的灵活多样，也应体现在教师对于教学内容与重难点的把握、预设与呈现。教师能否设计出合理、有坡度的学习活动；能否根据学生的需求，预设合理的方法手段；是否聚焦任务的解决，设计需要学生通过钻研、思考、讨论、合作来完成的活动；是否能引入或创设与教学内容相适应的情境或氛围；所设计的内容是否能切实帮助学生理解抽象的音乐知识和歌唱技能。

在歌曲的演唱中，学生往往会出现口型、咬字等问题，如果一味地强调错误，或是要求学生模仿老师，这样的方式方法不够严谨合理，更不符合学生的学习需求。于是，我们尝试开发了

“工具表”，采用以下方式，帮助学生解决身体声音训练中不易理解、不易掌握的歌唱技巧。

1. 解决的问题

歌唱发声方法的科学原理和科学依据，具有标准性。但歌词歌唱基础术语抽象化问题，使教师难以用语言来表述。特别是非声乐专业音乐教师可能存在歌唱教学知识盲区，因此开发工具表能帮助教师和学生解开这一困惑。

2.“工具表”的作用

对于学生而言，更容易掌握歌唱基础技能，从而更好地演唱歌曲；对于教师而言，无论何种专业的音乐教师都可以直观地理解歌唱基础技能，从而更好地进行音乐学科的歌唱教学。

3. 解决的方法

针对小学高年级学情的专门方法；歌唱基础技能可视化方法。

表 1 看得见的声音

手势与姿势	作用	
想象即将打喷嚏的感觉	唱 a 时，保持下巴放松，腔体打开	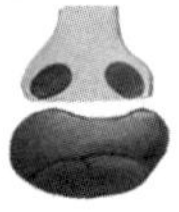
双手放于两频，轻按两边嘴唇	唱 c 时，位置更高，口型状态不改变	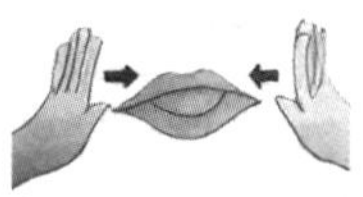
食指围绕嘴巴画圈	唱 i 时，声音更加圆润	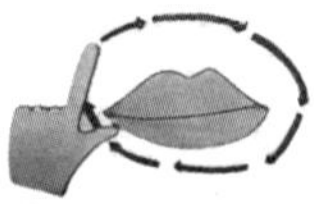

续表

手势与姿势	作用	
双手高举，在头顶呈圆形	唱 o 时，位置更高，单色更圆润	
双手放在胸前，呈胸口抱住气球的姿势	唱 u 时，声音有更大的空间	
手从左到右，在头顶或脚下画大弧线（往上：声音更轻柔；往下：声音更扎实）	保持乐句的连贯	
两手放在小腹前，画圈	让声音更加流动	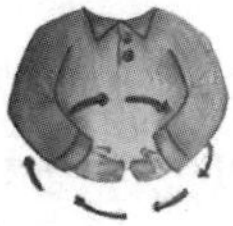

例如：工具表 1“看得见的声音”

活动目的：体会正确的声音位置，掌握母音演唱技巧。

通过工具表，可以获得一个有体系、可参照的模式，针对不同学生的不同问题，教师能够有的放矢地加以引导。通过这种方式，我们将虚无缥缈不可见的声音通过身体训练等方式呈现出来，使学生更容易理解、更便于掌握歌唱要领和技能。歌唱教学中，这样体现架构严谨的方式方法有很多，需要老师在理论与实践中不断发现、不断尝试。

三、在审美与知识技能的融合中提高学生演唱基础能力

情感审美是歌唱学习过程中重要的要素。歌曲的情感审美是通过不断的聆听与演唱，在潜移默化中得到的一种精神体验。

歌唱作为一门声音艺术，其技巧是有规范的、科学的甚至“量化”的要求，如呼吸气息的控制、喉头的稳定、头腔共鸣的运用、音准概念的把握、吐字归音的要求等等。再丰富的情感如果缺乏技术的支撑，也会变得力不从心，真切的情感需要借助科学的歌唱技巧来表达。音准、音色、姿势恰当，良好的气息控制和正确的发声位置，都是为了更好地、有表情地进行歌唱。在正确的发声方法基础上，演唱才能够自然地支撑起歌曲的人文情感，技巧的支撑使情感更易于表达。当然，情感审美的培养需要生活的积累与积淀，良好的文化修养能够帮助学生更深入地理解音乐作品。

因此，演唱技巧与情感审美是相辅相成、缺一不可的。歌唱之所以被称为“艺术”，而不是歌唱“技术”，就是把歌者内心真切的情感通过科学的歌唱技巧这一媒介传达表现出来。歌唱技巧又是基于真切的感情有的放矢进一步发挥到极致的。只有两者结合，才能成为真正的“演唱”。

长期致力于在音乐课堂中对学生演唱基础能力的培养，将其作为音乐学科的重点研究项目。其必要性在于：演唱是小学音乐教学的基本内容，也是学生最易接受和喜爱的艺术表现形式。拥有扎实的演唱能力，能帮助学生领会音乐要素在演唱表现中的作用，提高音乐素养，激发演唱兴趣，积累演唱经验，促进全面成长。

参考文献

[1] 中华人民共和国教育部. 义务教育音乐课程标准(2011版)[S]. 北京：北京师范大学出版社，2012.

[2] 上海市教育委员会教学研究室. 上海市小学音乐学科教学基本要求(试验本)[S]. 上海：上海教育出版社，2018.

[3] 吴丹. 论声乐演唱中的情感表达与演唱技巧[J]. 黄河之声，2018(20)：34.

[4] 高宏菊. 论歌唱技术与艺术表现[J]. 音乐天地，2018(09)：45–48.

[5] 裴书群. 小学中年级音乐课歌唱教学探究[D]. 北京：中央民族大学，2017.

多觉联动、乐蕴于身

——核心素养视野下小学音乐课堂中学生联觉能力的培养策略探索

上海市浦东新区新时代小学　严茵茵

摘　要：核心素养视野下的小学音乐课堂特别强调音乐实践、音乐素养、音乐能力的关系：“通过音乐艺术实践，有效提高音乐素养。”“在不断的实践过程中，逐步培养和提高学生终身发展的音乐能力。”音乐课程的实践性决定了学生要通过多种感官的综合体验来感受、理解、表现、创造音乐，探索多觉联动对发展学生音乐认知能力的意义、方法、策略，有助于全方位、立体化建构高效的音乐课堂，真正实现学生音乐素养的全面提升。本文希望通过对音乐教学中联觉现象的分析，使广大的老师们更好地了解联觉现象，并有意识地在教学中应用联觉能力，在生活中培养联觉能力，把联觉体验有效地应用到音乐教学与学习过程中，提高学生的学习兴趣，使联觉成为提高音乐教学质量行之有效的方法。

关键词：核心素养　小学音乐　联觉能力

近年来，随着教育改革的不断推进，“核心素养”正成为教育领域研究的热点。2015 年颁布的《关于全面深化课程改革落实立德树人根本任务的意见》文件中，“核心素养”被置于深化改革、落实立德树人目标的基础地位。核心素养视野下的音乐教学强调了通过音乐实践活动，逐步培养学生的音乐素养，实现美育功能。我们都知道音乐是“听觉艺术”，聆听在音乐学习中是很重要的实践活动，但音乐仅仅是听觉的吗？音乐教学只关注听觉就万事大吉了吗？当然不是。音乐教育家奥尔夫认为，从来就没有孤立存在的音乐，只有与动作、舞蹈、语言同时存在的音乐。音乐教育，尤其是具有普遍适用性的中小学音乐教育，其宗旨并不是培养音乐专业人才，而是通过音乐来实现“育人”的目的。那么我们的课堂就尤为需要利用多种感官知觉，使音乐实践体验更为优质、高效和多元。

一、了解联觉能力与音乐核心素养的关联

（一）音乐学科的核心素养

2010年，上海市教育委员会教学研究室在《上海市中小学音乐课程标准》修订工作过程中启动“学科核心素养”研究，期望

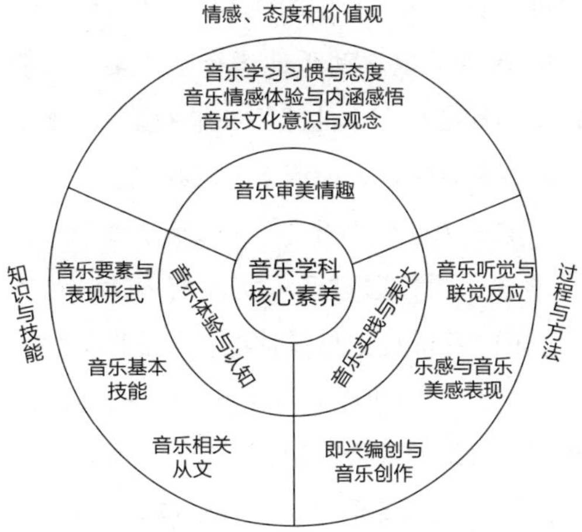

图1　音乐学科核心素养示意图

通过音乐学科核心素养的建构，促进学生对音乐基础知识与基本技能的掌握，提升音乐实践与创造能力的发展，增进学生对音乐文化多样性的认识与理解，从而体现音乐学科在中小学教育中的特殊育人价值。那么简单来说，音乐学科的核心素养就是学生核心素养发展在学科中的具体化，是学科育人价值的集中体现，由“音乐审美情趣”“音乐体验与认知”“音乐实践与表达”三部分组成。（如图 1 所示）

（二）音乐学科的关键能力

音乐学科核心素养中的“音乐实践与表达”，内含“音乐听觉与联觉反应”“乐感与音乐美感表现”“即兴创编与音乐创作”三个指标，这三个指标体现音乐学科核心素养中的关键能力，以音乐基本知识与基础技能为前提条件，是学生学科核心素养的外在能力表现，需要我们教师在实践过程中格外关注。音乐教育家柯达伊曾说：“音乐教育要使尽可能多的人成为音乐的知音和主人，在一定程度上真正掌握音乐的要素，至少能在音高和节奏上准确无误地、在音色上悦耳动听地进行唱、奏，并能理解音乐的节奏、旋律结构和各种基本曲式。如果做不到这样的成效，说得再好的音乐教育和教学也只能流于形式和空谈。”

（三）联觉能力的培养对音乐核心素养发展的促进意义

中小学音乐课程通过音乐实践与表达，培养、落实学科关键能力。其中“音乐听觉与联觉反应”强调以“听觉”为先导、以“动觉”为切入口，调动音乐体验与表现中的其他感知觉官能以及联想、想象等思维的综合作用，达到对音乐的“听觉理解”。这里我要说明一点，强调音乐知识和音乐技能是学习音乐过程中必不可少的两个要素，只有掌握正确的音乐知识以及一定的音乐技巧之后，才能够真正地将音乐表达出来。此外，技能和知识的学习也是增强音乐审美的前提。通过上述分析可知，在音乐教学过程中注重学生音乐核心素养的提升，肯定需要围绕旋律、节奏、音色、和声、曲式等音乐要素开展有效的音乐实践活动，遵循从感知、体验出发，引发音乐联觉和音乐想象，促进对音乐的认知和理解，再通过唱、奏、动、创等方式进行音乐的表达和表现。核心素养不能只是一句空话，一定要落到实地，“素养”落实到课堂上要具有可操作性、可视性、让人看得见、摸得着，联觉能力的培养就可以作为一根有力的杠杆撬动核心素养的发展。

二、理解联觉能力的内涵要义

“联觉”一词源自古希腊语 synaesthesia，其主要含义是“同时感受”。心理学界认为，“联觉”是多种感官和感觉同时发生并且之间相互影响和相互作用的现象，具体而言，当机体产生一种感官时，这种感官会对机体的其他感官产生影响。

（一）文学中的联觉

中国古代西汉时期的《乐记》中有“端如贯珠”，说的是歌声仿佛具有珠子的“形状”，又圆满又光润，构成了视觉兼触觉的印象。西方古希腊荷马也有句非常妙的诗句：“像知了坐在森林中的一棵树上，倾泻下百合花也似的声音。”声音为何是倾泻的？又为何如百合花似的带有香气？语文老师告诉我们这种修辞方式称为通感或联觉，指在描述事物的时候用不同感知觉间的相互整合使得表达更为生动鲜明。不仅诗文如此，日常生活中我们会用“尖锐”和“低沉”形容声音的高低，用“冷”和“暖”形容颜色给人的感觉。还有两个比较通俗的词语“触景生情”“借物生情”，也是属于人联觉的感触。通过以上的例子，我们就不难理解“联觉”现象随处可见，这种感觉的升级或者升华会得到更宽广的联系性和拓展性。

（二）音乐中的联觉

回到音乐，音乐属性中的“音色”指“声音的色彩”，“色彩”一词就直接挪用自绘画，其“音的高低”“音的长短”甚至“音的强弱”都能给人以视觉或者动觉的联想。例如，当音乐音调升高时，人们的情绪也会随之而上升。通常情况下，轻缓的音乐则会带给人一种放松感，而节奏紧凑、音调高的音乐则会激发人们积极向上的心态。再有，音乐的长短也会使人感受到空间的联觉对应关系，例如长音和短音会分别给人一种开阔和受限的感觉，诸如此类。

音乐承载着人们的情感，音乐也是一种语言，人们可以通过音乐来寄托自己的情感，无论是喜怒哀乐。而联觉则是人的心理活动的自然规律，是一种全人类的普遍心理活动规律，正是因为如此，一个从来没有听过中国音乐的外国人，会从《二泉映月》中感到悲哀；一个从来没有听过欧洲交响曲的中国人，会从贝多芬《命运交响曲》开始几小节中体验到紧张、震撼、威胁的感觉。音乐之所以能成为“世界的语言”，其原因就在于此。

三、探究音乐教学中联觉能力的培养策略

联觉的种类有很多，人的感觉包括视觉、听觉、动觉、味觉、触觉、温度觉、平衡觉等，其中视觉和动觉是人类比较重要的信息通道，因此在我们小学的音乐课堂中不仅不能拒绝除听觉以外的联觉能力，反而应该主动探索其利用之道。联觉的教育因素可以分隐性和显性两种，教师的仪表仪态、身姿步伐、教室的

环境秩序、教学器具的美观适用等这些属于隐性联觉教育因素，下面笔者主要介绍日常音乐教学中三种最常用的显性联觉能力培养策略：

（一）音乐绘画，激发对音乐作品的直觉感受

相信大家在听到好听的音乐之后，总会联想起一幅幅画面；或者在看到一些好看的画面之后，会联想起一段段声音。这种感觉很美妙，其实，很多艺术家都有这样的感觉，甚至很强烈。贝多芬曾说："当我在作曲时，心里总是描着一幅图画，顺着那个轮廓前行。"由此可见音乐与绘画的亲密关系。

1. 听音乐画线条

在音乐课堂上，可以让学生把自己听到的音乐形象，用点线、图案等视觉的方式表现出来。例如播放里姆斯基·科萨科夫的《野蜂飞舞》和柴可夫斯基的《花之圆舞曲》让学生用画画来即兴表达聆听后的感受。前者的表现为急促、纷乱，后者则是流畅、飘逸，学生通过画画的手段会迅速了解音乐的节奏、速度、旋律的表现方法。老师也可以传授一些画音乐的小秘诀：当我们听见连贯的音响时，可以用圆滑的弧线表示；短促跳跃的音响则用点表示；强的声音用大一点的图形，弱的可以用小一些的；三拍子用三角形、四拍子用正方形……总之可以根据听到的音响特点发挥想象进行创作。这样既可以引发学生的兴趣，开发学生的表现手段，活跃课堂的氛围，打消学生对听不懂"高深莫测"音乐的恐惧，还能帮助学生找到音乐的旋律走向和规律。

2. 辨音色选色彩

每种乐器都有其独一无二的音色，由每一种乐器所发出的泛音所决定，但音色是一种概念，是人们对乐器声音的一种主观感

觉。当我们给学生听辨一种乐器音色，问这样的音色带给他们怎样的感觉的时候，大部分学生，特别是低年级学生通常只能以最直白的语言来表达，比如声音比较低，声音比较细，诸如此类。音乐作品中的音色就好比图画中的颜色，在音色的作用下，音乐作品会更加完整，而颜色则赋予了图画更多的含义。通过不同颜色的运用，人们可以体会到作品中蕴含的不同情感，例如温暖、忧郁、暗淡等，所以我们不妨试着用颜色帮助学生体会乐器的音色特点。其实有许多音乐家把音乐与颜色相比拟，把它们分别联系起来，1876 年，当时著名音乐家波萨科特提出了一个音乐家们可以接受的比拟：弦乐、人声——黑色；铜管、鼓——红色；木管——蓝色；而指挥家高得弗来提出的见解是：长笛——蓝色；单簧管——玫瑰色；铜管——红色。这种比拟得到更多人的赞同。由此可见，将音色和颜色紧密联合起来，符合实际生活和艺术实际，有了这些联想，我们可以在音乐欣赏过程中得到更加形象的多彩的艺术感染力。

（二）音乐动势，促进对音乐特征的即兴表现

1. 体态律动

音乐具有律动，人们在听音乐时身体辅以律动更能感受到音乐的摇摆、起伏和层次等。瑞士音乐教育家达尔克罗兹因而开发出音乐的“体态律动教学法”，让学生跟随音乐的节奏、速度、力度来“走动”，根据音乐的旋律、音色、感情、句读等来做出相应的各种幅度、力度和姿势的动作。这样既有助于学生全面体验音乐，又能训练乐感和提高音乐表现力。例如从旋律入手，根据音乐的旋律和速度指导学生，让学生依据某一特定的速度进行摇摆，而一旦音乐出现较大的旋律变化或者情感波动时，则要求学

生做出与音乐相一致的肢体变化，通过声音、动作等感受音乐的魅力，并逐渐增强学生的乐感。此外，还可通过增加教师与学生之间的互动，在教学过程中通过特定的信号，使学生及时进行反应，从而提高学生随机应变的能力。我们应该认识到我们的学生需要通过更具象的体验来感受和表达音乐、学习音乐。提供几个小游戏供老师们参考：

（1）照镜子：两个学生一组，A 做引领 B 做跟随，以乐句或乐段为单位，然后两人互换，B 做引领 A 做跟随。（这个游戏中，学生进行即兴动作，可以以音乐的强弱为表现，或者以旋律音高的走向，抑或者以音乐的速度为表现。）

（2）唱反调：同上一个游戏相仿，不同在于 A 引领 B 做相反的动作。

（3）我说动，你就动：根据场地大小，选择相应人数学生进行围圈，面向圈内站好，当音乐开始，教师从外围轻拍一个学生，走到中间摆好一个姿势，以此类推，最后所有人围绕第一个人做圆心，以不同姿势摆好，在音乐的伴随中，当老师喊“停”，学生们就保持现有的姿势静止，当老师喊“开始”，学生们继续不同的即兴舞蹈动作，就此在舞蹈与静止造型中切换。

以上三个用体态律动来表现音乐的方式，其主要特征是通过肢体动作去体验音乐本身的情感，并通过动作创编来表现音乐，激发学生的想象力，提高学生的音乐鉴赏力和想象力，对肢体的创编力，同时还锻炼了学生的反应、合作等能力。

2. 声势律动

声势主要是把身体当乐器发声的一种表现形式，通常以跺脚、拍腿、拍手、捻指等身体律动来进行节奏训练。在律动的同时，通过适当的改变节奏，可促进身体动作协调发展，在跟随音乐运动的过程中，身体的平衡力会得到显著改善。应该说声势律动对孩子的听辨能力、反应能力、记忆能力、节奏感以及音乐创造力的培养具有非常大的意义。深受大家喜爱的厦门六中合唱团最大的特色就是纯人声合唱和声势律动的结合。还有在此次新冠疫情期间的空中课堂中，我们也看到了许多结合声势律动的课例。以下向大家简单介绍声势律动的四个基本动作：

（1）拍手：以不同的组合方式进行拍手，可以是手心对手背、手背对手背、指尖对指尖等不同的拍手形式，培养学生的观察力，调动学生的积极性。

（2）跺脚：包括坐着跺脚和站着跺脚。此外，根据接触地面部位的不同，还可分为脚掌跺脚和脚跟跺脚两种类型，这两种跺脚方式会产生不同的声音。

（3）拍腿：双手垂放在身体两侧，轻轻拍打双腿，也可以单手拍打，或者两手交叉拍打，此外还可通过变换姿势和花样等增加拍打难度以及趣味性。拍腿较适合于十六分音符的训练。

（4）捻指：中指和大拇指接触，通过用力捻从而发出声响。此外还可以用弹舌方式来代替，捻指和弹舌的声音较为接近。

除上述方法外，还可通过许多其他方法来进行训练，例如拍肚皮、夹臂等多种声势形式都会产生独特的声音。

（三）音乐视谱，帮助对音乐作品的理解记忆

1. 音乐视像

学生对外面世界的体验不多，难免会出现理解音乐困难的问题，这时候利用视像来帮助他们把握作品就很有必要。比如学习歌曲《美丽的草原我的家》时，让学生看到草原的广袤、蓝天白

云的无垠，放牧少年的自由自在，就比单用语言描述更为有趣和有效。再比如学习管弦乐作品《彼得与狼》时，通过小鸟、小鸭、猫、老爷爷、彼得、狼的图片来与音乐结合，会达到轻松愉快掌握长笛、双簧管、单簧管、大管、弦乐四重奏、圆号等乐器特色的效果，更容易帮孩子“入戏”。

2. 音乐图谱

音乐图谱可以有效帮助学生建立起视觉与音乐之间的联系。低段学生还没有学习音符和时值，可以使用格子谱通过视觉上的长短来感知音乐的节奏。学生开始学习五线谱时，可以利用每个人都有的手掌进行“手指五线谱”的学习，这样做形象、直观、便利，远比在谱本上数线查间有效。教师还可以结合图示来教唱形象有趣的歌谣，帮助孩子趣味掌握五线谱。对于规模较大的音乐，教师可以画出结构示意图来从整体上驾驭作品，把听得见的音乐变成看得见的图谱，让学生在看谱、点谱的过程中明确乐曲结构、旋律特点、情绪风格。

四、遵循联觉能力培养的两大应用原则

（一）坚持音乐为本

当听觉之外的其他感知觉官能进入音乐课堂，我们也需要注意，联觉能力的培养不能只是为了追求课堂“气氛热烈”，片面强调视觉、动觉的作用，把音乐课上成美术课、体育课，或者用视频完全替代自己的讲解、演唱等等。音乐课堂教学要突出音乐学科特点，抓住音乐中的音乐要素即音乐本体的内容，音乐本体是课上一切活动进行的基础，只有真正从音乐本体出发，突出音乐特点，使学生感受、鉴赏到“音”与“乐”的“内部逻辑”，才能使

他们构建起与之相适应的审美情趣、音乐体验及实践过程，达到音乐课的教育目的。反之，脱离音乐本体展开的教学活动，即使再丰富，也只能是照猫画虎。

（二）把握应用尺度

不管是音乐绘画、音乐动势还是音乐视谱，以上行为都并没有离开“听”，而是以更为丰富的方式来优化听的效果。通过联觉训练，可以强化学生的听觉，使其更能感受到音乐的细节和多声部呈现，这样头脑中也更容易涌现出音乐的生动视觉形象。总之，音乐课并不是简单的“听音乐”，对于教师来说更不是粗暴的“放音乐”，而是有门槛、有方法、有窍门的高级活动，并不是下意识的听，而是积极的听；不是漫无边际的听，而是有设计的听；不是单一行动的听，而是丰富行动的听。最重要的是把握好应用尺度，所有联觉能力的培养就是为了启发学生交替进行各种不同形式的音乐实践活动，来避免注意力和音乐知觉陷入迟钝。

以上就是笔者探索在小学音乐课堂中培养学生联觉能力的一点体会，我们音乐课最终的目的是发展学生通过音乐来感受幸福的能力，为了这个目的，音乐课则必须变教材导向为效果导向，必须变照本宣科为更具创意的音乐实践活动，必须变纯粹的“听”为丰富的“教—学”行为。期待联觉能力的培养能更好地融入我们的音乐课堂，使课堂教学更优质、更高效、更多元。

参考文献

[1] 上海市教育委员会教学研究室. 上海市小学音乐学科教学基本要求（试验本）[S]. 上海：上海教育出版社，2018.

[2] 谭政. 论音乐欣赏中的审美联觉[J]. 普洱学院学报，2020(36).

[3] 张燕. 奥尔夫教学法中的联觉能力在小学音乐教学中的应用[J]. 西部素质教育，2019(5).
[4.] 叶静雯. 奥尔夫教学中联觉能力在小学低段音乐教学中的实践研究[J]. 黄河之声，2018(22).
[5] 王家祥，杨阳. 音乐联觉[J]. 中小学音乐教育，2018(11).
[6] 吴克勤. 打开联觉之窗，舒展审美之魂[J]. 华夏教师，2018(31).
[7] 杨阳. 音乐课堂要培养学生的联觉能力[J]. 中国教育学刊，2016(03).

游戏在小学音乐歌唱教学中的运用与实践

上海市宝山区江湾中心校　张丽莲

摘　要：游戏是一项深受学生喜爱的活动，它具有活动性、实践性、愉悦性的特点。以“游戏”作为音乐歌唱教学的载体，可以更有效地激发学生的学习兴趣。因其能够在音乐活动的过程中，带给学生一定形象、一定意境，进而唤起学生好奇心与联想，从中学到一定音乐知识和技能，最终发展学生的音乐能力。游戏又符合了音乐艺术的运动特征，满足了小学生好动好玩的年龄特征。游戏在音乐歌唱教学中的运用，贴近了学生的年龄特点，易于他们接受，并能更好地帮助教师在音乐歌唱教学中训练学生的音乐基础知识和音乐基本技能，培养他们的审美能力。

关键词：音乐游戏　歌唱教学　音乐兴趣

歌唱教学是小学音乐教育的重要内容。它一方面是通过艺术形象感染和教育学生，对他们进行美的教育；另一方面是让学生掌握一定的音乐知识和演唱技能。经过多年的教学实践，笔者认为歌唱教学的方法不能过于传统和单一。在歌唱教学中，设计多样的、新颖的，尤其是贴近学生年龄的生活化的教学方式，更有助于发展学生的综合音乐能力。

《音乐新课标》指出：“兴趣是学习音乐的原动力。”如果没有这种动力，音乐课就无法实现其培养创造性思维和音乐审美能力的教育目的。结合多年的教学实践经验，笔者在音乐歌唱教学中，以“游戏”作为载体来激发学生的学习兴趣，把歌唱教学中一些枯燥的音乐知识和技能的传授，转化为富有情绪的生动形象的游戏教学。在这样的音乐课堂中，学生们总能投入强烈的情感，表现出异常的兴奋和出乎想象的表演。有时就连平时性格比较内向的同学也会尽情释放自己的情感，把游戏中所要表现的节奏、音乐形象、律动、表演得淋漓尽致，超出了教师预想的课堂效果。

一、游戏在歌唱教学中的运用

游戏在歌唱教学中的运用，要根据歌唱教学的目的要求，寓教育于游戏之中，调动学生参与学习的主动性和积极性，使他们的好奇心得到满足，兴趣得到发展，是在愉快自然的状态下的一种快乐教育。

1. 歌唱教学中的导入游戏，其作用是吸引学生的注意力，激发学生的学习兴趣和情感投入，自然而然地引出课题或者本课的主题。

2. 韵律活动游戏在歌唱教学中，可以让学生感知和体验歌曲情绪和节拍特点，促进他们的感官体验，提升学生的学习热情。

3. 根据歌曲内容和歌曲风格特点创编一些音乐游戏，巧妙地突破歌曲中的教学难点，从而更好地提高培养学生的想象力、创造力和对音乐的表现力。

二、游戏在歌唱教学中的实践

（一）以游戏激发学生情感投入

【案例】

学生们表演着《路边童谣》进入音乐教室，当他们还在意犹未尽地体会着上海童谣带来的欢乐时，老师紧接着说："上节课，我们玩了一些老上海的弄堂游戏，你们最喜欢玩哪几个呢？"学生们纷纷举起了小手，争先恐后地说："炒黄豆、马兰花、金锁银锁、造房子……"整个课堂的气氛非常热烈。学生们快速找到了自己的游戏伙伴后，两人一组一边整齐而有节奏感地念着儿歌，一边兴高采烈地玩起了游戏。他们一边有节奏感地做着"炒黄豆"的动作，一边整齐地朗读着"炒！炒！炒黄豆！炒好黄豆翻跟斗！"这时老师马上在学生队伍中间说："下面我们来玩另外一个游戏——金锁银锁，请女孩子来锁，男孩子来逃。准备！金锁银锁呱啦啦啦一锁""噢！"同学们都沉静在欢乐的游戏之中。

【思考】

歌曲《摇啊摇》是一年级第一学期第四单元的一个歌唱教学内容，它是一首用学生熟悉的上海方言来演唱的童谣歌曲，整节课的教学设计与"老上海的风俗人情"交织在一起展开的。为了达到让学生感受不同情趣的童谣和体验老上海的风俗人情这一教学目标，在学唱歌曲《摇啊摇》的导入部分设计了两个童谣游戏。虽然整个游戏过程非常短暂，但通过这两个"老上海童谣游戏"的导入，很好地激发了学生学习童谣的兴趣，使学生饶有兴致、情趣盎然地投入到同一主题的童谣歌曲《摇啊摇》的演唱和表现当中去。浓厚的兴趣和积极的情感使学生具有良好的音乐表现能力，体现了"以情生趣""以情激趣"的音乐学习过程。

（二）以游戏促进学生感官体验

【案例】

课堂上，老师和学生正不亦乐乎地和着2/4拍的音乐，用我们的小脚丫玩着"石头剪刀布"的游戏。当音乐停后，学生都显出

还未尽兴的样子，老师马上说："还想不想做游戏？"学生都高兴地拍手说："想！"于是老师神秘地告诉学生这个游戏还有一种新的玩法，学生的注意力被老师牢牢吸引，全神贯注地看着老师在音乐声中玩"新花样"。当老师伴着3/4拍的音乐节奏玩起新"石头、剪刀、布"的时候，学生马上就发现了其中的"秘密"。一个个情不自禁地跟着老师玩了起来。老师先让学生在口令的帮助下玩新"石头剪刀布"，再跟着3/4拍的音乐继续做这个游戏。在游戏中，学生能和着3/4拍的音乐节奏做韵律活动，却忽视了3/4拍的节拍感。老师适时暂停了游戏，问："谁赢了？"于是赢的学生非常激动，而输的孩子也不服气。老师接着说："输了的小朋友也别泄气，我来教你们一个好办法，第一拍跳重点，抢占先机，要有点气势，像这样（老师示范），来试试。"小朋友们一个个不甘示弱，在老师的引导与激励下，和着3/4拍音乐的节拍，有强弱地用小脚丫在"草坪上"跳着：<u>石头</u> 剪 <u>刀</u> | 布— —‖（●○○ ●○○）。

【思考】

歌曲《小脚丫》是一首3/4拍的歌曲。经过一个学期的学习，一年级学生已经能初步感受三拍子歌曲旋律的节奏感。在学唱这首歌曲时，要求学生能感受3/4拍歌曲的强弱规律，并在歌唱中有所表现，这对学生提出了更高的要求。当学生一进入课堂时，老师先请学生和着一首2/4拍的歌曲玩玩他们喜闻乐见的游戏"石头、剪刀、布"，再采用"一种游戏两种玩法"的教学环节，让学生模仿老师，尝试和着3/4拍的歌曲《小脚丫》，再来玩一玩这个游戏。为了避免音乐知识的学习陷入重复、机械的训练，教师采用了"感受比较""体验表现"这两个教学策略，设计了这个注重学生音乐实践体验的韵律活动游戏。通过对两次游戏之间的比较，使他们清晰地感受到 2/4 拍和 3/4 拍音乐带给自己不同的体验。在有趣的音乐游戏中，学生对 2/4 和 3/4 拍歌曲的节拍特点有了进一步的感受和体验。以韵律活动游戏的形式，运用听觉、视觉、动觉等多种感受方式引领学生，来调动他们各种感官的积极性，引起他们对学习音乐知识的兴趣，真正地把知识“隐化”在音乐活动之中，“趣化”在音乐实践体验之中。

（三）以游戏突破歌曲节奏难点

【案例】

学生们初步聆听和感受了歌曲《摇船调》，了解了这是一首欢快、活泼的台湾汉族客家民歌后，老师提问：“歌曲中客家人在做什么呢？请同学们在老师的歌表演中去找一找答案。”老师有感情地表演唱，学生马上就有了答案：“他们好像在猜谜一样。”紧接着老师就出示了歌曲第一段的歌词内容，四个谜面——“什么圆圆在呀在半天哟？什么圆圆在河边？什么圆圆街呀街上卖呀？什么圆圆在眼前哪？”学生模仿着老师朗读时的节奏，师生开始一问一答地猜谜游戏。他们有的说：“太阳圆圆在呀在半天哟；石头圆圆在河边；西瓜圆圆街呀街上卖呀；眼镜圆圆在眼前哪。”有的说：“气球圆圆在呀在半天哟；甲鱼圆圆在河边；月饼圆圆街呀街上卖呀；手表圆圆在眼前哪。”整个节奏猜谜游戏在师生互动中你问我答式地进行着，学生的学习热情非常高涨。

【思考】

《摇船调》是五年级第一学期第四单元的一个歌唱教学内容，是一首在台湾流行的汉族客家民歌。歌曲的两段歌词非常有特点，第一段是提问，第二段是回答。像这样一问一答式的，用歌唱来相互问答的歌曲我们称它为“对歌”。教师就是抓住了“对歌”这一歌曲的风格特点，在教唱歌曲第一段歌词时设计了一个节奏猜谜游戏。伴着 rap 的节奏感，老师和学生一起进行着猜谜游戏，在一遍又一遍的师生互动猜谜对话中，学生们既感受、体验了这首歌曲问答式的风格特点，又有效地突破了这首歌曲的一个节奏难点，让学生快速地掌握歌曲中多次出现的切分节奏和一字多音。节奏猜谜游戏的设计以学生音乐学习兴趣为前提，从学生的视角去预设和解决学唱歌曲时遇到的歌唱难点，是一个有效而又有创意的歌唱教学策略。

三、设计游戏时应注意的几点事项

游戏的设计与实施是音乐课堂教学过程的一个环节、一种手段。那么在音乐歌唱教学活动中，怎样更有效地运用游戏，激发学生兴趣，丰富学生学习体验，提高歌唱教学的课堂实效呢？总不能让整个课堂表面看上去热热闹闹的，只是让学生感觉到好玩，纯粹地为了游戏而去游戏，课标中明确要求的教学目标和歌唱教学的任务却没有完成。因此我们在歌唱教学中运用游戏时应注意以下几点：

（一）游戏要回归到音乐本身

音乐歌唱教学课堂中的游戏不是简单、纯粹的游戏，而是应该融入了音乐的特点，真正发挥游戏在歌唱教学中的作用，以达到歌唱教学的目的。如果学生只是单纯地玩，就不能让游戏更好地为我们的“歌唱教学”服务了，这样也就会脱离了音乐课堂音乐性的本质。我们老师不能让学生在热闹非凡的游戏中只知道好玩，却没能从中获得知识，这样的歌唱教学必然是失败的。因此，我们老师在运用游戏时，一定要回归到音乐的本身，和歌曲教学的内容相统一，要恰如其分地将游戏运用于自己的歌唱教学课堂中，让整堂歌唱教学课在富有音乐性的游戏中“活”起来。

（二）游戏要呈现多样性和富有趣味性

小学生的注意力不够集中，他们的意志力也比较薄弱，因此在音乐歌唱教学课堂上我们要根据不同类型歌曲的特点来设计一些学生喜欢的、好玩的游戏，呈现游戏的多样性和富有趣味性。我们可以通过韵律活动、节奏猜谜等多种类型的游戏来提高学生的学习兴趣和学习能力。根据低年级和高年级学生的年龄和心理特点来设计和运用不同的音乐游戏，使他们喜欢歌唱，乐于学习音乐。

在音乐歌唱教学活动中，我们教师要合理地选用游戏方式，以学生心理和歌曲教学内容的结合点为基础，重视学生的学习过程，活跃学生的思维，发展学生的创造性，真正使他们成为音乐课堂的主角。

参考文献

[1] 胡李鹏. 浅析游戏教学法在小学音乐教学中的运用[J]. 音乐时空，2014(13).

[2] 项雅丽. 探寻小学音乐课堂“唱好歌”的有效方法[J]. 中国音乐教育，2014(7).

[3] 潘彦瑾. 小学低段歌唱教学的探索和研究》[J]. 中国音乐教育，2011(3).

[4] 陈珏琥. 游戏在小学数学教学中的设计和运用[J]. 现代教育，2014(310).

（注：本文章获2017年上海市“致远杯”中小学音乐教学论文评比二等奖）

让歌唱教学来点“戏剧化”

——音乐剧表演元素提高小学生歌唱表现力的方法策略

上海市嘉定区马陆小学　朱冬芳

摘　要： 歌唱的表现力主要体现在：声音的表现力、肢体的表现力、情感的表现力等。音乐剧是以戏剧为基本、以音乐为灵魂、以舞蹈为重要表现手段的综合表演艺术，其以歌、舞、剧为音乐剧三大表演元素。本文基于社团课程的经验获得，通过把音乐剧中歌唱表演的元素结合小学音乐课堂中歌唱教学的具体实践，从大量典型的教学案例出发，论述提高小学生歌唱表现力的方法策略。

关键词： 歌唱　演唱　表现力　戏剧化

音乐剧是以戏剧为基本、以音乐为灵魂、以舞蹈为重要表现手段的综合表演艺术，其以歌、舞、剧为三大元素支持整个表演环节。把音乐剧表演元素运用到小学歌唱教学中的思考，源于我校在开展“音乐剧表演”课程之后的启发。在音乐剧课程中，本人自编自导了多部作品让学生们参与其中，在嘉定区学生艺术节戏剧专场大赛中多次获得第一名的成绩，并参加上海市的学生戏剧节“少儿歌舞剧”比赛，亦多次获得上海市一等奖和二等奖。课程最大的收获是音乐剧表演的主动性、创造性、娱乐性、合作性让学生得到了综合表演能力的培养，尤其在音乐剧“戏剧化”

的歌唱学习中，学生逐渐乐于展现自我，爱歌唱、会歌唱，从而大幅度地提高了个体与集体的歌唱表现力。

歌唱的表现力主要体现在：声音的表现力、肢体的表现力、情感的表现力等。歌唱的艺术表现力应该是听觉和视觉艺术的综合，而目前的小学生歌唱教学中，存在两个突出的问题，一为教师的指导多以声音的表现力指导为主，而在肢体表演和情感的表现力指导方面有所欠缺；二为学生的歌唱学习随着年龄增长越来越羞涩于在公众场合表演，即便愿意表演的同学，在表演中也不能充分展示自己的个人表现力，即表现性的低位性。同时，在音乐课堂中，歌唱表现力不应是个别学生的能力获得，更需要集体歌唱能力整体提高，让小学生的班级歌唱“可听、可看”，而在歌唱教学中有效合理地运用音乐剧表演元素的融入，能让上述问题都迎刃而解。

一、凸显歌曲基本特点，让歌唱形式有点“戏剧化”

儿童歌曲多具有篇幅短小、结构单一、节奏明快、童趣活泼的特点，教材中一、二年级的歌曲大部分曲谱只有 4 句，随着往中高年级发展，篇幅长度逐渐增加，可以成为 6 句、8 句等。根据个体独唱、小组齐唱、群体合唱，对歌唱形式进行合理的选择与分配，也由于歌曲句式简单易于操作。凸显儿童歌曲基本特点，有时只需小小的创意，就让歌唱形式增加了“戏剧化”的效果，让学习充满趣味，让学生喜欢参与。丰富的歌唱形式不仅能改变短小曲目歌唱的单一性，也化解了歌词、旋律记忆的难度，让简单结构的歌曲演唱变得容易表演。

1. 个体与群体合作的歌唱形式，增加演唱的参与性

大部分儿童歌曲都可以采用个体与群体合作，即领唱与合唱

的歌唱形式。教师应当熟悉班级中学生个体的歌唱能力，在个体演唱的挑选时做到精准带动，群体分配时注意实力均等。

【案例呈现】二年级第二学期《我是一粒米》

<table>
<tr><td rowspan="2">第一段</td><td>生 1：我是一粒米，别把我看不起</td><td>生 2：农民伯伯种地，多么不容易</td></tr>
<tr><td>生 3：冒着风呀冒着雨，费了多少力</td><td>生 4：都为我一粒米呀，都为我一粒米</td></tr>
<tr><td rowspan="2">第二段</td><td>小组 1：有一个小淘气，把我看不起</td><td>小组 2：天天吃起饭来不注意</td></tr>
<tr><td>小组 3：把我呀扔在地，又把我喂鸡</td><td>生 4：小淘气不爱惜我呀
小组 4：我呀真生气</td></tr>
<tr><td>第三段</td><td colspan="2">全体：你我是好朋友，我多么喜欢你
天天吃起饭来，把我爱惜
不吵呀也不闹，不把我扔在地
生 1：好朋友爱惜我呀，我呀谢谢你
全体：谢谢你</td></tr>
</table>

【案例分析与建议】《我是一粒米》是一首拟人手法表述型的歌曲，风格活泼童趣。歌曲结构为 4 句，段落不长却有三段歌词，每一段又有个别乐句采用了局部变化的创作方式。歌曲演唱中，由于歌词太长，学生不容易记忆；单一的齐唱会产生表演的疲劳；简单的歌唱形式也不利于歌曲情绪的表现。扬长避短，采用丰富的领唱与合唱的歌唱形式，让全班学生都参与其中，也发挥了个人的才能与小组合作的优势，让歌曲表演拟人的特点凸显，增加了“戏剧化”的表演元素，让作品的表现充满情节感和画面感。

领唱与合唱的形式简单易于操作，根据作品特点，在歌唱形式上教师做一些小小改变就可以让音乐课堂生动起来，歌唱的表现力丰富多彩。如一年级第二学期《我的家在日喀则》，可以采用第一遍领唱、第二遍齐唱；二年级第二学期《只怕不抵抗》，分乐句采用领唱与齐唱交替进行的歌唱形式等。

2. 小组与小组叠加的歌唱形式，增加演唱的表现力

小组与小组叠加的歌唱形式，一般运用在三类情况下：营造歌曲意境时、表现乐句的渐强与渐弱时、创设此起彼伏的音响效果时。小组叠加是很容易操作的一种歌唱形式，并且总是会让教师发现其运用后的意外效果，让歌唱有强烈的舞台“戏剧化”表演效果，并逐步提高了班级歌唱的表现力和小组合作能力。

【案例呈现】三年级第二学期《晚风》

<table>
<tr><th>歌词</th><th colspan="2">演唱小组</th></tr>
<tr><td rowspan="2">晚风你轻轻吹吧，快吹到田野上</td><td>小组 1</td><td></td></tr>
<tr><td></td><td></td></tr>
<tr><td rowspan="2">当晚霞染红了天边，我们快乐歌唱</td><td>小组 1</td><td></td></tr>
<tr><td></td><td>小组 4</td></tr>
<tr><td rowspan="2">当晚霞染红了天边，我们快乐歌唱</td><td></td><td>小组 2</td></tr>
<tr><td>小组 3</td><td>小组 4</td></tr>
<tr><td rowspan="2">四周是多么宁静，四周飘散着清香</td><td></td><td></td></tr>
<tr><td>小组 3</td><td></td></tr>
<tr><td rowspan="2">在近旁翠绿的树丛中，夜莺婉转歌唱</td><td></td><td>小组 2</td></tr>
<tr><td>小组 3</td><td></td></tr>
<tr><td rowspan="2">在近旁翠绿的树丛中，夜莺婉转歌唱</td><td>小组 1</td><td>小组 2</td></tr>
<tr><td></td><td>小组 4</td></tr>
</table>

【案例分析与建议】《晚风》是一首描写自然情景的歌曲，歌曲优美动听，为营造歌曲描写的傍晚微风拂面的田野情境，歌唱采用了小组叠加的歌唱形式。全班同学常规性分成 4 组，不规则的叠加歌唱产生了奇妙的声道变化，仿佛一会儿风来了，一会儿

风大了，一会儿又吹小了，带来微风在田野上自由吹动的愉悦之感。整首歌曲演唱的音量要求是轻声唱，声部效果安静而祥和，非常美妙，学生在演唱时意犹未尽。

采用小组叠加的歌唱形式时，同样需要根据对歌曲的基本特点的精准分析，采用合适的歌唱形式，如四年级第一学期《老爷爷赶鹅》后半段的“嘎嘎嘎”鹅叫声、三年级第二学期的《钟声》，都采用小组轮唱的形式，表现此起彼伏的音响。四年级第二学期的《行进到普勒多利亚》从乐曲开始就采用小组叠加的歌唱形式，四个乐句后自然变为全班齐唱，最后小组慢慢减少，由此产生了渐强与渐弱的效果，如行进队伍从远到近，又由近到远。同样，五年级第一学期《故乡的小路》《红蜻蜓》等，都可以采用这种方式进行歌曲渐强渐弱的乐句处理。

3. 调整多声部难度的歌唱形式，增加演唱的层次性

中、高年级的歌唱教材中，循序渐进地出现了很多合唱歌曲，但是在实际的教学中，我们无可避免地会遇到因班级合唱能力差异导致的教学困难，这时调整多声部的难度，可以保留多声部合唱的形式，让所有学生都有机会体验合唱的声部美。丰富的和声增加了演唱的多层次体验，也增强了很多演绎歌曲的形式，从“听觉”“视觉”多方面给予“戏剧化”的试听效果，让学生的合唱能力以及歌唱表现力得以持续性提高。

【案例呈现】五年级第二学期《少先队进行曲》，需要简化低声部的谱子。五年级第二学期《嘹亮的歌声》，改为个人领唱第一声部与全班合唱第二声部。五年级第二学期《牧童》的和声效果非常美，可是有些乐句不易唱好，就在保留关键声部乐句的基础上，去除了这些声部。五年级第一学期《夏天来了》，前半部分是

轮唱，基本能掌握，最后一句合唱有困难，可以改为有合唱能力的学生成立小组演唱低声部。四年级第二学期《小小少年》，在保留乐句旋律骨干音的基础上，减少旋律音符变化……

【案例分析与建议】当多声部合唱遇到困难时，教师可以调整难度来保证歌曲的声部层次性不受减少，反之，有些单声部歌曲，根据学生能力也可以适当加入一些简单的声部旋律，让歌曲演唱形式丰富多彩。

二、挖掘歌词内涵特征，让歌唱声音有点“戏剧化”

儿童歌曲多具有形象性特征，题材多为描写动物与人物情景、活动、生活，这一类歌曲占据了半壁江山，也由于其丰富的形象感吸引学生喜爱歌唱。在教学中，可以根据这类歌曲的歌词内涵，运用声音模拟、角色化歌唱、情境营造的声音处理和情感化声音演绎等，让歌唱声音贴合音乐形象。

1. 角色替代、声音模拟，使演唱更形象

【案例呈现】二年级第一学期《在遥远的森林里》

歌词	第一遍模拟	第二遍模拟
在遥远森林里， 布谷鸟叫咕咕		
在大橡树上面， 猫头鹰回答说		
“咕咕咕咕”	猫头鹰爸爸和妈妈（先后）	猫头鹰爸爸和妈妈（一起）
猫头鹰回答说		
“咕咕咕咕”	猫头鹰宝宝 （先一个，再一群）	猫头鹰一家 （先爸爸，再全家）
猫头鹰回答说		

【案例分析与建议】歌曲《在遥远的森林里》曲调轻快活泼，歌词内容围绕“猫头鹰和布谷鸟”的森林对话，生动形象地展现了大自然动物间亲切对话的情景，曲中多次出现“咕咕”的歌词让歌曲充满童趣色彩。演唱采用“声音模拟”的方式，设计了猫头鹰家庭的角色替代，让学生先学习“猫头鹰爸爸”“猫头鹰妈妈”“猫头鹰宝宝”的声音模拟歌唱，再进行角色分配后的班级歌唱，音乐形象性在不同声音特点的“咕咕”声中立体呈现。

声音模拟的歌唱教学案例，如一年级第一学期《鹅鹅鹅》；四年级第一学期《老爷爷赶鹅》；三年级第二学期《花蛤蟆》；一年级第二学期《小小音乐会》；四年级第一学期《请来看看我们的村庄》等等。根据歌词设计合理的“声音模拟”，让歌曲的形象性得到最大的展现。

2. 情景贯穿、情境营造，使演唱更生动

深入理解歌词内涵，运用营造情境创设出歌曲演唱的基础感官意境，运用符合情绪歌曲情境下的“戏剧化”的声音处理歌曲演唱，加深体验歌曲乐句旋律情绪变化并生动表现。

【案例呈现】一年级第二学期《大鹿》

<table>
<tr><th>歌词</th><th colspan="2">情境创设</th><th>声音处理</th></tr>
<tr><td rowspan="2">大鹿站在房子里，透过窗子往外瞧。</td><td>小鹿1：大鹿的房子
学生1：房子里的大鹿</td><td>小组2：草地上的花草
学生2：两只兔子</td><td rowspan="2">叙事性的歌唱声音表现</td></tr>
<tr><td>小组3：齐唱</td><td>小组4：齐唱</td></tr>
<tr><td rowspan="2">林中跑来一只小兔，咚咚把门敲</td><td colspan="2">小组1 和小组2 互动表演小兔求救情景</td><td rowspan="2">着急的歌唱声音表现</td></tr>
<tr><td>小组3：齐唱</td><td>小组4：齐唱</td></tr>
<tr><td rowspan="2">鹿呀，鹿呀快开门，林中猎人追来了</td><td colspan="2">小组2 中小兔1 边蹦跳到大鹿门口，边领唱</td><td rowspan="2">急切又害怕的歌唱声音表现</td></tr>
<tr><td>小组3：齐唱</td><td>小组4：齐唱</td></tr>
</table>

续表

<table>
<tr><th>歌词</th><th colspan="2">情境创设</th><th>声音处理</th></tr>
<tr><td rowspan="2">兔儿，兔儿快进来，我们手把手挽牢</td><td colspan="2">小组 1 中大鹿搭救小兔 1</td><td rowspan="2">勇敢的歌唱声音表现</td></tr>
<tr><td>小组 3：齐唱</td><td>小组 4：齐唱</td></tr>
<tr><td rowspan="2">鹿呀，鹿呀快开门，林中猎人追来了</td><td colspan="2">小组 2 中小兔 2 边蹦跳到大鹿门口，边领唱</td><td rowspan="2">更加急切又害怕的歌唱声音表现</td></tr>
<tr><td>小组 3：齐唱</td><td>小组 4：齐唱</td></tr>
<tr><td rowspan="2">兔儿，兔儿快开门，我们手把手挽牢</td><td colspan="2">小组 1 中大鹿搭救小兔 2</td><td rowspan="2">勇敢的歌唱声音表现</td></tr>
<tr><td>小组 3：齐唱</td><td>小组 4：齐唱</td></tr>
</table>

【案例分析与建议】歌曲《大鹿》是情境表演非常典型的教材之一，歌词中有“情景”“情节”“台词”，故运用部分学生造型、角色表演、群体伴唱方式来进行教学，引导学生注重歌唱声音的“情境化表现力”。这种方式在教学中普遍运用在描写自然、情境、心情的歌唱教学中，学生对于这种形式的歌唱乐此不疲。

情境营造意境，情节带动情绪，声音润色表现，运用以表达歌曲意境为主的歌唱教学案例中，这三个元素，可以单独运用，也可以混合运用，具体根据歌曲歌词内容来具体实施。如四年级第二学期《小奶牛》用天真可爱的声音表现；四年级第一学期《火车快跑》用急切的声音表现；三年级第二学期《小白船》可以运用造型与安静的声音表现；二年级第二学期《小红帽》运用情节与声音表现；二年级第二学期《萤火虫》、一年级第二学期《小树快长高》、年级第二学期《理发师》运用情境与声音表现……

三、丰富歌曲表现形式，让歌唱表演有点“戏剧化”

学会歌曲的歌唱之后，适当的伴奏加入、趣味性的音效植入、多元化的律动表演和手语辅助、一个有设计感的造型表演、展现故事情节的歌舞……从音乐剧舞台艺术表演元素中得到启发，把这些丰富的歌曲表现形式运用到歌唱表演中，也给予学生丰富的音乐体验，激发创造性思维。

1. 加入伴奏与音效，使歌唱演绎更丰富

儿童歌曲围绕生活中的情境、大自然的现象来取材，并且很多借助声音的音乐形象来表现歌曲描绘的主题特征，从旋律与歌词都会从相应主题去完成创作。根据作品特点，适当加入伴奏与音效不仅丰富歌曲的演绎，也激发学生参与编创的热情，有助于学生创造能力的提升。

【案例呈现】二年级第一学期《白雪公主的小马车》

伴奏 1：三角铁

伴奏 2：串铃

伴奏 3：串铃和拍腿

伴奏 4：拍手模拟鞭子的音效

歌词	小组 1	小组 2	小组 3
乘着北风	三角铁		
间奏		串铃	
响着银铃	三角铁		
间奏		串铃	
白雪公主的小马车在飞奔	串铃和拍腿		鞭子的音效
她呀她把	三角铁		
间奏		串铃	
冬天的童谣	三角铁		

续表

歌词	小组 1	小组 2	小组 3
间奏		串铃	
送呀送给每一个人们	串铃和拍腿		鞭子的音效

【案例分析与建议】《白雪公主的小马车》是一首节奏欢快的儿童歌曲，歌曲描绘了马车在飞奔的愉快场景。案例运用打击乐器和身体乐器进行伴奏，欢快的旋律加入了串铃的伴奏，生动演绎了马车的形象；三角铁的声音不时响起，给听众带来冬天冰雪晶莹之感；而全曲只出现两次的拍手声则模拟了白雪公主驾驶马车时手里鞭子的声音，这些伴奏与音效的加入让歌曲表演效果增色不少。伴奏与音效的节奏型创作，有两个非常实用的创作办法，一是从歌曲旋律的节奏中提炼典型的节奏型，二是根据旋律是跳跃性还是连贯性选择短音型和长音型，伴奏与音效具体使用要适度，是点缀而不能喧宾夺主。列举如下：

（1）小乐器伴奏的歌唱教学案例，如一年级第一学期《小雨沙沙》用沙球在前奏和尾奏进行伴奏；三年级第二学期《钟声》运用小铃在每一乐句开头伴奏；三年级第二学期《新疆是个好地方》用串铃与铃鼓对每一乐句进行尾部加花伴奏等。

（2）让身体也成为乐器的教学案例，如一年级第二学期《月儿弯弯》、一年级第二学期《摇篮》、二年级第一学期《拍手唱歌笑呵呵》等都可以运用拍手、拍腿、跺脚、拍肩等进行伴奏的设计，丰富歌曲的表现。

2. 加入律动与手语，使歌唱演绎更多元

针对一些节奏特征明显的歌曲，多元化地根据歌曲节奏与旋律的特点设计恰当的律动与手语的表现形式，我们也并不陌生，现在很多短视频中可以看到非常有创意的例子。

【案例呈现】《行进到普勒多利亚》

律动1：踏步走

律动2：拍手踏步走

律动3：挥右手踏步走

律动4：敬礼踏步走

<table>
<tr><th>歌词</th><th>小组1</th><th>小组2</th></tr>
<tr><td>你跟我呀我也跟着你，</td><td colspan="2">原地踏步走</td></tr>
<tr><td>我们都是在一起，我们都是在一起</td><td colspan="2">拍手踏步走</td></tr>
<tr><td>我们都在一起，你跟我唱我也跟着你</td><td colspan="2">左右两人交错踏步走</td></tr>
<tr><td>我们一起吃饭一起向前进</td><td>拍手踏步走</td><td></td></tr>
<tr><td>我们行进到普勒多利亚，普勒多利亚，普勒多利亚</td><td>挥右手踏步走向教室前方</td><td>原地立正</td></tr>
<tr><td>我们行进到普勒多利亚，普勒多利亚好啊</td><td>站好队形，原地敬礼踏步走</td><td>挥右手踏步走向教室前方站成合唱队形</td></tr>
<tr><td>第二段歌词</td><td colspan="2">集体站好合唱队形，齐唱歌曲</td></tr>
</table>

【案例分析与建议】《行进到普勒多利亚》是一首进行曲，非常适合编排行进的律动表演，学生一边歌唱一边变化队形行进，最后以小组造型结束。类似案例还有：

（1）体态律动的歌唱教学案例，如一年级第二学期《闪烁的小星》、三年级第二学期《花蛤蟆》、二年级第二学期《洋娃娃和小熊跳舞》、四年级《叶儿船》等。

（2）手语辅助的歌唱教学案例，如一年级第二学期《数高楼》、二年级第一小学期《猜冬猜》等。

3. 加入造型与场景，使歌唱演绎更鲜活

此论点区别于前面“情景贯穿、情境营造”，前者重在声音表现，后者重在运用造型与场景表现，具体运用于一些抒情咏志的无故事情节的歌曲中，通过队形、造型等舞台画面效果营造歌曲意境与歌唱氛围。

【案例呈现】三年级第二学期《夜晚多美好》

歌词	造型与场景	
夕阳、夕阳落山了，美丽彩霞满天飘	前部场景 1：小组 1、小组 2	静止的
	后部场景 1：小组 3、小组 4	静止的
鸟儿、鸟儿飞回巢，不呀不叫了	前部场景 1：小组 1、小组 2	动态的
	后部场景 1：小组 3、小组 4	静止的
间奏	集体改变成场景 2	动态的
星星、星星在闪耀，皎洁明月当空照	左部场景 2：小组 1、小组 3	静止的
	右部场景 2：小组 2、小组 4	动态的
田野四周静悄悄，夜晚多美好	集体微改动场景 3	动态的

【案例分析与建议】《夜晚多美好》是一首表现美丽黄昏田野美景的歌曲，恬静优美，用“造型与场景”演绎歌曲最为恰当。这里运用了三个场景，四个小组组合，进行动静搭配表现歌曲情境，氛围宁静。造型的设计可以从美丽黄昏田野景色的山水画中得到启发。

班级歌唱教学区别于舞台音乐剧表演艺术，前者需迎合广大普通学生的表演基础，而场景与造型是比较容易让学生熟络并掌握的歌唱表演。儿童歌曲中，适合场景演绎情境、烘托氛围的歌曲有很多，如三年级第二学期《美丽的黄昏》、四年级第二学期《叶儿船》都可以运用，并且一样的场景可以运用在类似的歌曲中，稍微改动一下都可以产生全新的美感。

4. 加入故事与情节，使歌唱演绎更灵动

除了描写自然、情境，抒发情感，描写动物的歌曲，还有一大部分是有故事情节的儿童歌曲。在理解歌曲旋律特征的基础上，根据歌词描绘的故事情节，巧妙合理地设计安排角色表演是学生乐于接受与参与的歌唱演绎方式。

【案例呈现】四年级第二学期《小老鼠找朋友》

角色：小老鼠、松鼠、白兔、刺猬、小狗

歌词	集体表演	角色扮演
小老鼠哟，四处走	站立于座位，齐唱	
间奏	坐下	老鼠悄悄走
想要找个好朋友	部分学生站立，集体齐唱	
间奏	坐下	老鼠再悄悄走
先找松鼠和白兔	集体站立，两个两个面对面齐唱	老鼠找到松鼠和白兔手拉手遭拒绝
间奏	坐下	
又找刺猬和小狗	坐下齐唱	老鼠找到刺猬和小狗手拉手遭拒绝
间奏		
这个不答应，那个直摇头	小老鼠领唱	
哎呀呀呀，哎呀呀	松鼠领唱	
看你到处干坏事呀	白兔领唱	
间奏		台词（小狗）：是啊
谁愿跟你交朋友	刺猬领唱	
谁愿跟你交朋友，嗯！	集体站立齐唱	小老鼠逃到前方摔倒
尾奏	集体笑了	小老鼠低下头

【案例分析与建议】《小老鼠找朋友》这首歌曲是一首典型的有故事情节的歌曲，但是情节涉及只是个体，在这里安排了集体的

造型与场景的群演，增加了歌唱的参与性，故事情节虽然只是几个人的表演，也运用了领唱的形式，使歌唱表演充满着戏剧化的舞台表演美感。

故事情节的表演不在多，而在凝练又有代表性，只需要适当地穿插就可以起到四两拨千斤的重要作用。歌词特征明显是"有故事"的案例还有三年级第二学期《猫虎歌》、二年级第二学期《小红帽》。歌词特征不是明显"有故事"，但是只要蕴含着可以挖掘的情况，也可以进行创设出"角色表演"以增加歌唱的表现力。

以音乐剧表演元素结合的课堂歌唱教学，不仅可以鼓励创造，激发学生的创造力，也加深理解，提高学生的音乐思考能力。在多元化的表演与体验中，更赋予学生课堂思考的机会和空间，对于作品本身会有更深刻的思考与分析，从而理解歌曲的风格特点并充分表达出来。歌唱教学毕竟是课堂的重要环节，我们不是把戏剧课程搬到课堂，我主张的歌唱教学不是"theater"式，而是具有"drama"的愉快歌唱体验！让课堂歌唱由于更注重学生歌唱表现力提升而"戏剧化"地充满趣味和游戏性，让学生在演员与观众的角色更替中，提高儿童的学习热情度和合作能力，更重要的是提升歌唱的表现力，提高学生的审美能力。

参考文献

[1][美]格雷珍·希尔尼穆斯·比尔著，杨力译. 体验音乐——美国音乐教育理念与教学案例[M]. 北京：人民音乐出版社，2009.

[2]上海市教育委员会教学研究室. 上海市小学音乐学科教学基本要求（试验本）[S]. 上海：上海教育出版社，2018.

[3] 曹晏平主编. 寻得蹊径百花开——小学音乐学科学习难点解决策略的探索[M]. 上海：学林出版社、上海教育音像出版社，2018.
[4] 曹晏平主编. 多彩的音乐课堂——中小学音乐学科课型的实践与研究[M]. 上海：学林出版社、上海教育音像出版社，2017.

基于联想与想象能力培养的音乐欣赏教学策略新探

上海市嘉定区安亭小学　黄湘程

摘　要：学生的音乐联想与想象能力，是基于聆听音乐后思维的发展，是对音乐知识与能力的积累过程，但在现如今的音乐欣赏教学中关于学生联想与想象思维能力的培养研究并不多见。本文从音乐课程核心素养视角下的联想与想象能力出发，结合二年级欣赏课课例《我是人民小骑兵》，对在教学中培养学生联想与想象能力的教学策略进行提炼，并对音乐教学中联想与想象能力综合运用展开合理展望。

关键词：联想与想象　音乐欣赏　教学策略

学生的音乐联想与想象能力是欣赏课教学中应重点关注和培养的核心能力之一，同时也是音乐思维能力培养的一个重要组成部分。在教学中应更多关注通过基于聆听，在感受乐曲不同音乐要素的基础上，展开合理的情境联想与想象，培育学生良好的音乐欣赏习惯和能力。但在现如今的音乐教育中，教师更多关注的是学生音乐表现能力的培养，对于音乐思维的培养有时会比较忽视，在实际课堂教学中有关于联想与想象能力方面的研究和可供参考的有效策略并不多。

本文力求通过欣赏课中培养学生联想与想象能力的教学策略做一些新的探索与尝试，展现对学科核心价值的关注，体现“联想与想象能力”在培育学生良好音乐核心素养中的重要性。

一、基于音乐核心素养视角，理解联想与想象能力基本内涵

（一）联想与想象能力是音乐核心能力的重要组成要素

音乐的核心能力是培养学生对音乐要素的敏锐感知能力和对音乐要素有正确的、有创造性的表达能力。音乐的核心能力由音乐听觉与联觉反应、乐感与音乐美感表现、即兴编创与音乐创作三个方面组成。其中，听觉与联觉反应能力中有一个很重要的组成部分是联想与想象能力的培养。

（二）联想与想象能力是音乐欣赏教学的关键能力之一

联想与想象能力的培养主要聚焦音乐欣赏课型教学，属于音乐的感受与欣赏学习领域。音乐感受与欣赏的重点是在听觉基础上对音乐知识进行识记、理解和运用，对音乐形成感受与体验、联想与想象等，并进行交流与分享。其中，联想与想象能力是学生在欣赏作品的过程中，通过聆听音乐后产生联想和想象的一种学习行为。

以下将以二年级欣赏课《我是人民小骑兵》为例，阐述欣赏课教学中引导学生在基于聆听的基础上激发学生的联想与想象能力，通过音乐的实践方式进一步表现对于音乐的理解和感悟，将音乐抽象的联想与想象的结果，转变为对音乐本体具象的感知、记忆和理解的教学策略。

二、基于欣赏教学课例实践，提炼联想与想象能力教学策略

策略一：创设情景，激发联想与想象创意，引导学生建立联想与想象意识

对于小学阶段特别是低年级的学生来说，他们对音乐本体的感知、记忆、理解、表达尚未达到一定的程度，但又有着宏观抽象的联想与想象能力。因此，教师如何在音乐欣赏中正确引导学生进行联想与想象十分重要。在初期，教师需要引导学生建立规范性的联想与想象意识，让学生在欣赏中想象时，有意识地要与音乐本体要素相结合，如此为培养学生良好的联想与想象能力逐步做好铺垫。

教学片段一为欣赏教学的首要环节，旨在引导学生进入情境，展开系列联想与想象。教学片段中运用的是“听动互补”的方法，引导学生感受小骑兵的心情，并展开联想与想象，进而用舞蹈动作和打击乐器表现心情与想象的情景。本环节中，学生第一次感受音乐的情绪后，他们脑海中会有很丰富的情境出现，接着，教师借助图形谱（图形谱 1）引导学生直观地感知第一段音乐以跳跃为主的旋律特点，询问学生：“你觉得小骑兵们在干什么？”此时，学生已经在教师的引导下对音乐的本体要素有了一定的感知，想象出的情境是经过与音乐要素相结合的，因此学生的回答基本围绕“骑马”“射箭”等节奏感较强的进行。

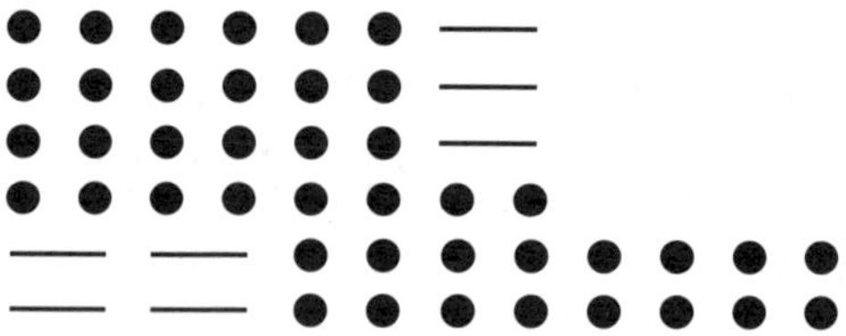

图形谱 1

再结合单元学习中已有的草原舞蹈动作能力，结合音乐表现。聆听后半段时，教师借助图片，引导学生进一步融入音乐情境，同时简单介绍大草原上小骑兵们常有的丰富活动，为学生增添具象画面，也为接下来的情境联想做铺垫。层层递进，引导学生如何从宏观到微观、从抽象到具象进行联想和想象。

策略二：层层递进，推动联想与想象思维，助力学生形成联想与想象思维

在初步建立规范性的联想与想象意识后，即要开始逐步培养学生形成自身的联想与想象思维。这种思维与音乐的本体要素（情绪、力度、速度等）是分不开的。例如在欣赏较为抒情的乐曲时，当老师询问"音乐带给你怎样的感受"时，学生能回答："我觉得音乐非常的优美动听，好像把我带入了一片朦胧美好的月色中。"这样的回答可以让我们看见这名学生已经形成了对音乐的联想与想象思维。他能在音乐中结合自身对音乐本体的感受，想象、表达对音乐的感知。如此长期累积，便能有良好的音乐素养。

教学片段二为欣赏教学的第二部分，旨在引导学生进一步建立规范性的联想与想象思维。教学片段所凸显的是基于聆听的联想与想象的丰富性，在学生体会小骑兵快乐、开心的生活时，通过聆听第二部分不同情绪特点的主题片段，想象小骑兵遭遇的困难，学生的想象自然也是极为丰富的，比如有学生说感觉小骑兵们遇到了困难。教师通过描述自身心情也变得紧张来赞同学生的想象，但未给予具象的束缚，而是通过对主题片段的再次细听，引导学生画画图形谱（图形谱 2），帮助其抓住音乐上下大幅度起伏等特点，并促进学生对音乐中"紧张感"的体验感知。在此基础上，进一步介绍作曲家的创作意图，可以使学生基于自己的想象体验和对音乐作品创作背景的了解，更好地理解音乐形象并进行表现。

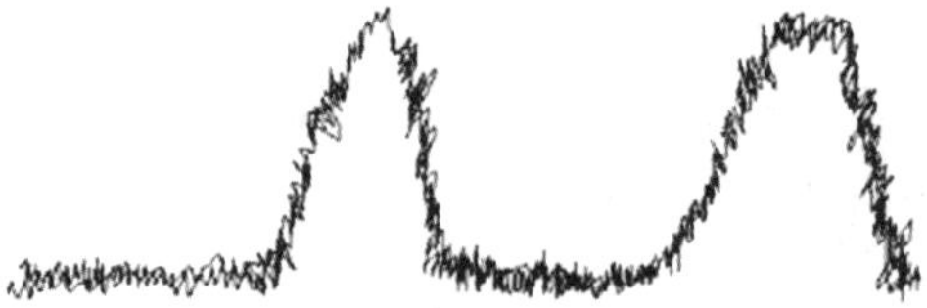

图形谱 2

策略三： 理解运用，拓展联想与想象能力，培育学生提升联想与想象能力

在学生形成了联想与想象的思维后，教师可以帮助学生结合音乐，更好地提升其联想与想象的能力，进而培育其良好的音乐素养。联想与想象的能力不光是让学生在音乐的欣赏中能对音乐的本体要素进行感知、记忆、分析、理解、表达，更是对其在音乐欣赏中综合能力（即音乐素养）的提升做扎实的铺垫。如联想与想象后的音乐表现能力、与同伴间的协作能力等等，这些都是在逐步地培育学生良好的音乐素养。我们教师只有在课堂中一步一个脚印，扎实地引导、帮助学生打好每一块地基，才能让学生真正领略音乐的魅力，真正成为一名有音乐素养的人！

教学片段三为欣赏教学的尾声环节，旨在引导学生拓展运用与音乐本体相关联的联想与想象能力，能真正地理解、运用至音乐课堂中。教学片段中的音乐是第一主题部分音乐的变化再现，由强渐弱的尾声表示小骑兵扬鞭而去的情景。教师在这一环节抓住故事主线，先让学生自由想象小骑兵的动向，并通过与本课时引子环节相对应的音乐手段进行表现，充分给予学生联想与想象的空间。接着，学生通过聆听，结合图形谱，感知尾声部分旋律是第一部分前半段旋律的变化再现，并用与引子部分相呼应的音乐活动结束对这一环节的表达，培养学生在欣赏课中的音乐记忆能力，简单形象。

三、基于音乐教育教学反思，展望联想与想象能力综合效用

（一）对文中课例的客观反思

培养低年级学生聆听音乐的能力是一个需要不断探索、不断改进并长期坚持的过程。目前在小学音乐教育中培养联想与想象能力的难点成因可主要归结于：联想与想象的环境与意境创设手段比较单一、教师的专业能力缺乏感染性、教学中联想与想象能力培养的持续性不够。

《我是人民小骑兵》课例中的三段教学情景的典型化再现，以富于乐感和美感表现力的师生互动式为引导，激发学生的音乐想象和创意思维，调动其参与集体性、多样性的合作表现的积极性，使学生在聆听中进行联想与想象、模仿互动等一系列持续性的音乐实践活动，培育学生良好的聆听音乐的联想与想象能力。同时，是对“新课标”课程理念“激发兴趣，丰富经历，培养音乐联想与想象能力”的思考，引导助力重培养，聆听联想有方法。

（二）对音乐核心能力培养的客观展望

笔者认为，对于音乐学科的教育而言，联想与想象能力的培养不仅仅局限于在“感受与欣赏”这一个学习领域开展研究，这个能力的培养还有许多展望的空间，可以在歌唱课型、器乐课型、舞蹈与律动等课型中同时关注，这样有助于促进学生音乐核心能力的全面培养。

如在歌唱教学中，首先运用到的就是反复聆听、整体感受法。新歌教学流程的第一步为整体感受歌曲，运用多种方式参与

聆听感受的教学方法，在初步了解歌曲的节拍、节奏、旋律、情绪特点后，开展合理的联想与想象，引导学生理解歌曲所表达的意思与意境，为整首歌曲的学习成功创设情境，继而更好地为歌唱服务。

笔者的研究仍在继续，本文仅为在欣赏教学领域的探索与实践，所获得的经验还有待不断完善与总结。

参考文献

[1] 上海市教育委员会教学研究室. 上海市小学音乐学科教学基本要求（试验本）[S]. 上海：上海教育出版社，2018.

[2] 曹晏平主编. 寻得蹊径百花开——小学音乐学科学习难点解决策略的探索[M]. 上海：学林出版社、上海教育音像出版社，2018.

[3] 曹晏平主编. 多彩的音乐课堂——中小学音乐学科课型的实践与研究[M]. 上海：学林出版社、上海教育音像出版社，2017.

器乐助学趣乐多

——小学音乐课堂中器乐助学的方法及活动设计

上海市杨浦区中原路小学　葛民莉

摘　要：器乐教学是音乐教育的重要组成部分，完整的音乐教育离不开器乐表现与创造的教学内容。乐器的学习对于提高学生的音乐素养具有至关重要作用，器乐教学可以说是架起一座更好体验音乐的桥梁。如何通过器乐教学让学生更好地理解音乐、学习音乐，提高其文化修养和综合素质，以达到“培养学生敏感、遵守纪律和忍耐的性格，使学生获得一颗美丽的心”。本文将结合小学音乐教材，具体描述器乐助学在小学音乐课堂中的运用，并呈现一些在实践中提炼的有效方法和活动设计。

关键词：器乐助学　活动设计

《上海市小学音乐学科教学基本要求》中明确指出小学一至二年级学会常用的打击乐器进行演奏，三至五年级学会口风琴、竖笛、口琴等课堂常用乐器进行演奏。

将这些乐器适时地运用在教学实践中，结合有效的教学方法，能起到很好的课堂辅助作用。小学音乐教材中上海市九年义务教育课本里的音乐学习内容有歌唱学习、音乐欣赏以及包含玩和创等音乐活动。器乐教学如何成为良好的音乐教学辅助手段，本文从以下几点加以探索与实践。

一、用于辅助歌唱学习的方法及活动设计

歌唱教学是音乐教学的重要学习领域、主要内容之一，也是学生最易于接受和乐于参与的音乐表现形式。进行歌唱教学，使学生在歌唱中身心获得愉悦，将从音乐听觉入手，运用多种手段引导学生唱会歌、唱好歌，器乐助学就是一种能够帮助学生唱会歌、唱好歌的有效手段。

（一）体验节拍韵律

歌曲学唱，学生必须要感受歌曲情绪，了解音乐节拍，体验其韵律特点，以此为突破，设计音乐活动让学生从中体验。

1. 捕捉趣味——“捉迷藏”

低年级歌曲《我能行》教学中，教师设计音乐活动“捉迷藏”。活动中，学生在歌曲一小节间奏的地方，用打击乐器和老师进行互动体验，以感受四分音符的韵律感，掌握四分音符的时值，同时感受歌曲情绪，熟悉歌曲旋律，了解歌曲结构，在玩玩小乐器的过程中体验音乐活动带来的乐趣。音乐活动中，看着卡片和小音符对话、用小乐器和小音符做游戏等环节，不仅能培养学生的观察能力、注意力、空间感，还能增加教学的趣味性，提高课堂的有效性。

2. 体验快乐——“课间”

三年级第二学期歌曲《哦，十分钟》，根据前后乐段不同节奏特点，巧用器乐辅助，设计音乐活动“课间”。前半部分用打击乐器创编合适的节奏型为歌曲伴奏，以体验轻松愉悦的情绪并熟悉歌曲旋律，表现出“课间”学生操场嬉戏、逗趣互动的场景。后半部分旋律舒展，节奏较为宽松，运用口风琴（口琴、竖笛等）音高乐器吹一吹、奏一奏，以感受其旋律节奏的特点，体验音乐所表现的“课间”放松心情、漫步校园的场景。

（二）感受声部和谐

1. 立足教材——“温馨的家”

基于学生的认知能力，高年级歌唱学习中运用器乐助学，更能体现有效教学。上音版《音乐》五年级第一学期第五单元“温馨的家”中的歌唱内容《可爱的家》，是一首情绪优美的二声部歌曲，前半部分是齐唱，后半部分是合唱。为了帮助学生能用优美的情绪、明亮的声音、和谐的声部，有表情地演唱歌曲，将器乐运用在教学中，不失是一种有效的教学策略。本课教学中，学生先用口风琴吹奏，熟悉歌曲旋律，在此基础上再尝试合奏，以充分感受声部的和谐，体验和声的魅力，为合唱教学做好铺垫，打下扎实的基础。通过器乐助学，学生对音高、音色、音准等有了更加准确的认识和体验，从而对合唱有了兴趣，增添了信心，这无疑是器乐助学产生的效应。

2. 挖掘教材——“快乐的牧童”

五年级第二学期捷克斯洛伐克民歌《牧童》，是一首活泼、欢快的二声部合唱曲，高低声部在音高上呈现二度、三度等音程关系。合唱教学之前，运用器乐进行音程训练，以此帮助学生掌握旋律音高，为合唱教学做铺垫。此外，这首歌曲具有四分音符八分音符组合和切分节奏相间较为固定的节奏特点，容易把握其风格，针对这个特点，设计音乐活动“快乐的牧童”，运用器乐进行轮奏，让歌曲情绪更加热烈，捷克斯洛伐克民间舞曲特点更加鲜明。

二、用于辅助音乐欣赏的方法及活动设计

音乐欣赏是一种审美活动。如何欣赏音乐，被音乐感动，这需要音乐教师在欣赏教学中运用有效的方法和策略。借助器乐助学，帮助学生感受音乐情绪，熟悉音乐旋律，体验音乐风格，了解作品结构，熟悉旋律走向，由此提高音乐课堂教学的质量，提升其品质。

（一）记忆主题旋律

1. 巧用技能——“天籁之声”

五年级欣赏曲《草原牧歌》有两个鲜明的主题，前半部分欢快跳跃，后半部分舒展悠长。口风琴吹奏技巧中具有“同音不换指”“气息控制”等方法，将这些方法充分运用于本课教学。前半部分节奏密集，听音反复较多，指导学生“小肚子有弹性”“同音不换指”，从而吹奏出短促有弹性的琴声。后半部分节奏宽松，音域较广，指导学生“气息控制”“手指弹下后一音再放前一音”，以此达到连贯、绵长的吹奏效果。根据乐器的特点，巧妙运用演奏方法，让学生在器乐辅助中加深对两个主题的记忆，感受到飘荡在广袤无垠大草原的“天籁之声”，激发学习民族音乐的兴趣和热爱美丽祖国的情感。

2. 扬长避短——“春之韵”

五年级《春之歌》，是德国浪漫主义音乐家门德尔松所创作的

深受人们喜爱的作品，是一首经典之作。根据课堂乐器“口琴”的音色特点以及乐曲的风格进行音乐教学。乐曲《春之歌》由管弦乐演奏，甜美而抒情，旋律婉转、优美，具有歌唱性，但是乐曲的第一部分主旋律有 #fa、#do，口琴中不能吹奏，于是，教师发挥其教学智慧，根据学生能力，把这部分主旋律的骨干音提炼出来让学生吹奏，不仅降低学习难度，同时帮助学生记忆乐曲的主旋律。

（二）明确乐曲风格

1. 营造氛围——“田野之声”

三年级《彩云追月》曲调优美流畅，节奏活泼明快，具有浓郁的广东音乐特点。为了让学生在欣赏中能够充分感受音乐悠扬舒展的旋律，老师运用了各种方式让学生进行体验。除此之外，老师还挖掘乐曲中主要节奏型，想象田野中的各种声响，例如风铃、青蛙叫声、风声、虫鸣声等，并用响板、串铃、三角铁等打击乐器模拟敲击，表现田野中的各种声响，创设夜色田野的意境，让学生体验乐曲清新明朗的风格特点。在此活动中，学生在看着教师指挥进行分层演奏的同时，提高关注能力、同伴合作能力，体验音响和谐。

2. 创意无限——“玩具兵小乐队”

上海市“空中课堂”一年级第二学期《玩具兵进行曲》一课中，根据学生居家学习的特殊现状，老师让学生寻找身边可以发出声响的事物，例如用筷子敲击杯子，用手敲击桌子，用自制的装着米粒的瓶子……学生听着音乐，进行创意的敲击，以体验乐曲的节拍韵律，感受其“进行曲”的风格，从而深入了解作品，激发善于发现、挖掘身边事物，积极开发其功能的思维品质。

3. 技趣相融——“快乐劳动”

课堂教学中，根据学情适时补充学习内容。例如五年级《快乐的农夫》，为了更好地体验歌曲的情绪，结合其轻快跳跃的节拍韵律特点，设计音乐活动“快乐劳动”，运用口风琴（口琴、竖笛等）在乐曲第二乐段配以伴奏型（附图表）为乐曲伴奏，让学生充分体验其韵律特点和快乐的情绪。对于五年级的学生而言，基本掌握口风琴（口琴、竖笛等）的吹奏技能。“快乐劳动”伴奏中，其节奏多为八分休止符和八分音符组合，需要指导学生运用连续的“吐音”及“音断气连”等方法来表现出短促跳跃的音符时值，从而更能表现其轻快活泼跳跃的情绪，让学生在器乐演奏中获得审美体验，体验和谐声部的魅力，激发合作表演的兴趣，感悟劳动的快乐，做到“技趣相融”。

三、用于音乐创造的方法及活动设计

小学音乐课堂教学中，“音乐创造”占有重要地位，创造活动是小学生内心最渴望、最需要的。在音乐创造活动中，充分展开想象，进行各类音乐创作表演，这对于学生来说既能激发思维，又能在表演过程中感受音乐创作表演带来的乐趣。如何在音乐创造中运用器乐辅助教学？从以下几个方法探索开展实践。

（一）创设情境

1. 挖掘人文——“阿细对话”

三年级音乐游戏“阿细对话”中，老师用生动的语言把学生带入特定的情境中，运用各类打击乐器，通过师生对话、生生对话、一领众和等方法让学生在活动中体验音乐的节拍特点，以及了解阿细人“三弦”“月琴”的音乐人文。一个简单的音乐活动，教师有效运用小乐器和阿细人在音乐中对话，带领学生参与了一场有趣的音乐盛宴，感受了阿细人特有的音乐特点。在这样的情境创设中，器乐助学是有趣而有效的。

2. 来源生活——“上海早晨”

一年级第一学期第一单元“上学”，面对的是刚入学的新生，学习常规和音乐技能都是零起点。针对这一学情，老师设计音乐活动“上海早晨”，为了丰富学生对身边事物的认识，多渠道创设情景：运用播放视频，让学生了解上海早晨发生在身边的一些情景，例如学生背着书包上学、爸爸妈妈乘坐地铁等公交上班、爷爷奶奶公园晨练等。在此基础上，让学生聆听声音，例如自行车铃声、汽车声、邮轮汽笛等。学生在老师创设的情境中，感受到上海的早晨热闹繁忙而有序，然后选择打击乐或者各种能发出声响的事物进行模拟声响，合作创编生活中的“上海早晨”。学生在丰富的音响体验中初步感知声音的美妙，合作表演中激发学习音乐的兴趣及体验初步尝试音乐创编的乐趣。

（二）激活思维

1. 模拟声响——“草原之声”

二年级活动创造内容“草原之声”，教师充分激发学生的思维想象空间：草原上有哪些自然声响？接着，引导学生运用打击乐器模拟创造草原上的各种声响，除了马蹄声，还有雷、风、雨等，生动地进行表现想象到的草原美景。学生用各种打击乐器模拟、表现草原上的各种音响的同时体验伙伴间合作、演奏的乐趣。

2. 学以致用——“超级变变变”

四年级《乒乓变奏曲》运用了变奏的手法，把非常简洁带顿音的单声部旋律反复进行五次变奏，层层递进，把一场激烈的乒乓球比赛呈现给大家。欣赏这首乐曲，运用重复和变换重复的手法，鼓励学生开展创编活动“超级变变变”，创编简洁的主题，在此基础上进行反复多次的变奏。在这个活动中，老师运用较多的音高乐器，帮助学生掌握固定音高，让学生在整个音乐活动中降低了难度，增强了信心，激活思维，更是养成学以致用的学习方法和习惯。

3. 增强自信——“旋律小火车”

课堂教学是面向全体学生的，教师必须让每位学生都参与到各种音乐实践活动中。每个学生的能力和对音乐的感受理解具有一定的差异性，教师可以根据学生的情况进行合理的设计音乐活动，特别是音乐创造活动。三年级音乐创造活动“旋律小火车”，学生即兴创编两小结旋律进行开火车，要求是用固定的节奏即兴创编音高，并做到“鱼咬尾”，也就是即兴创编的旋律开头的音和前一个学生即兴创编的旋律最后的音，要求保持一致。对于音乐能力较强，音准较好的学生来说，有趣而具有挑战，但是对于歌唱能力和音准相对弱的学生来说，困难就比较大，此时器乐教学就为学生提供了更为广阔的表现空间。在这个活动中，老师将“旋律小火车”的活动要求统一：即兴创编两小节的旋律，做到音准、和着节拍等要求。在表现形式上根据学生的能力较为开放：音准较好的学生可以唱出所创编的旋律，音准相对较弱的学生可以运用课堂常用乐器（口风琴、口琴、竖笛等）吹奏出即兴创编的旋律，也可以演奏自己擅长的乐器，例如钢琴、电子琴、长笛等，展现个性。这样的活动设计是基于对学生的理解，让学生在音乐活动中体验音乐创造的乐趣，增强自信，提升音乐素养。

结语

器乐助学在小学音乐课堂中占据重要的地位。但是，如何有效运用器乐助学，提高小学音乐课堂的品质，还需不断探索与实践，以汲取更多更有效的助学方法，开发更多的活动设计，运用在日常教学中，让学生感受到音乐学习的更多乐趣。

参考文献

[1] 上海市教育委员会教学研究室.上海市小学音乐学科教学基本要求（试验本）[S]. 上海：上海教育出版社，2018.

[2] 上海市教育委员会教学研究室，教学与评价的风向标——上海中小学各学科核心素养研究[M]. 上海：上海科技教育出版社，2008.

[3] 李亦菲著. 整体教学策略系列——三维目标整合教学策略[M]. 北京：北京师范大学出版社，2011.

[4] 曹晏平主编. 寻得蹊径百花开——小学音乐学科学习难点解决策略的探索[M]. 上海：学林出版社、上海教育音像出版社，2018.

巧用“活动任务单”，解决音乐学习难点问题

上海市静安区中山北路小学　周莺萍

摘　要：目前小学音乐课堂不断地改进教学内容和教学方法，通过各种生动的音乐实践活动，培养学生爱好音乐的情趣，发展音乐的感受与鉴赏能力、表现能力和创造能力。由于音乐教学形式多样，教学内容丰富，因此，运用哪些有效的方法来突破重难点就成了音乐教师共同讨论的问题。

“活动任务单”是以培养创新型人才为根本目标，以任务驱动、问题导向为基本方式，是发展学生自主学习能力的有效方式。本研究基于对小学音乐课堂“活动任务单”的整理与分析，探讨了以下三方面内容：第一，表明音乐学科需要解决的难点问题。第二，分析“活动任务单”的优势。第三，从理论与实践方面推进，阐述“学习任务单”在三种课型领域中的实践与运用，以及落实“活动任务单”的价值。

关键词：活动任务单　音乐学习难点　自主学习

音乐教学是音乐艺术的实践过程，所有的音乐教学领域都应强调学生的音乐实践，将其作为学生走进音乐、获得音乐审美体验的基本途径。古语说：“授之以鱼，不如授之以渔”，小学音乐教学并非简简单单的教会学生进行歌曲的演唱和表达，最重要的还是要培养学生自身对音乐的充分理解，以及音乐核心素养的形成，这就需

要音乐教育者潜心研究，寻求有效的教学策略来突破。

一、所要解决的难点问题

纵观目前的音乐课堂，有三大问题有待探讨：一是怎样的音乐实践活动是行之有效的；二是如何培养学生音乐自主学习能力；三是如何在音乐学习中培养创新精神。要解决这三个难点问题，势必需要有可行的措施来跟进，从而实现课堂教学的优质转变，从实质上提升教学质量。

（一）有效开展音乐实践活动

奥尔夫曾说："让孩子自己去寻找，自己去创造音乐是最重要的。"在小学音乐教学中让学生拥有丰富的音乐体验，让他们获得审美满足，这样才能更积极主动地投入到音乐学习中。

作为实践性很强的一门课程，应着重培养学生的音乐实践能力，而培养这种能力的主要途径是音乐实践。那么，如何在课堂上有效地开展音乐实践活动，作为音乐教师的我们正在通过一节节的音乐课不断地寻找着答案。

（二）切实提高自主学习能力

小学生对新鲜事物都充满浓厚的好奇心理与强烈的求知欲望。在小学音乐教学中培养学生的自主学习能力，对其以后的发展有着非常重要的促进意义。但是由于学生的年纪较小，思维能力弱，自控力较差，如何在潜移默化中锻炼学生的自主学习能力是需要我们思考的问题。

任何能力的培养与提升，都是在反复实践练习基础上实现的。自主学习能力也是一样，我们要在教学中为学生创设更多的锻炼机会，让音乐与联想、游戏、表演等孩子们喜欢的活动联系起来，让他们主动地参与活动，在活动中学本领、长技能，并能从中积累学习方法，从而提高自主学习能力。

（三）开发训练创新思维潜能

小学音乐教学具有很强的欣赏性和艺术性，一方面要引导学生学会音乐的基本常识，学会欣赏音乐，在音乐学习中享受艺术美，另一方面还要启发学生的音乐想象力，开启想象的闸门，激发学生的创作激情。

在多年的教学实践中发现：音乐活动对培养学生的创新思维具有明显作用。丰富多彩的活动可以激发学生的创新思维，逐步让学生形成多向思维的意识和习惯。因此，教师要善于组织开展有趣的活动，总结有效的活动策略，让学生的创造性思维品质在快乐的氛围中得到培养和发展，我想，这既是难点，也是每位音乐教师迫切想要达成的心愿。

二、预设“活动任务单”的优势

“活动任务单”是根据学生的经验、意向、需要、情感、兴趣来设计，促进有效学习，让学生在自主、合作、探究学习活动中突破重点，解决难点，从而培养学生自主学习的能力，这一教学策略在我的课堂实践中起到了积极作用。

（一）面向全体，提高课堂趣味性

一张小小的“任务单”能让全体学生都参与其中。从学生的角度说，一个任务完成了，学生获得了满足感，增强了自信心，从而激发了他们的求知欲望。伴随着一个接一个的成就感，学生对音乐学习的兴趣变得更加深厚。从教师的角度说，转变成了让学生解决问题、完成任务为主的互动式的教学理念，使学生始终处于积极的学习状态，课堂教学过程充满了民主、个性，课堂氛围真正活跃起来。

（二）以学定教，注重教学适切性

学生存在着智力、能力、喜好等方面的差异，作为教师必须充分尊重、信任每一个学生，帮助不同能力的学生，通过设计不同的学习任务引导他们吸取、探究知识，让每一个学生在不同起点上获得最优的发展。在设计活动任务前，教师对学生的音乐认知情况进行深入的了解，从学生的需求出发，开展各种切实有效的音乐实践活动，激励不同基础的学生带着问题去思考、去学习，从而在课堂中得以展现、延伸、深入，达到以学定教，成就有效课堂。

（三）融合评价，增强音乐表现性

在完成活动任务后，我非常注重总结性评价。这样做的好处分析有三：第一，通过师评、生生互评，激发学生的学习动力；第二，通过反馈，可以引导学生根据评价点来不断地完善自己，从而提高学习技能；第三，促进同学间相互学习，取长补短，提高合作能力。可见，教师对学生的音乐活动进行有效评价，能激发学生对音乐活动的参与热情，提高学生的音乐表现力与创造力。

三、“活动任务单”在音乐课堂的实践与运用

本着以生为本的理念，我在音乐课堂中创设音乐实践机会，根据三种课型特点设计适切的“活动任务单”，让学生在自主、合作、探究学习中真正成为课堂学习的主人。

（一）在感受与欣赏领域中，设计以“听”为主的活动任务单

音乐活动应遵循听觉领先，任何的活动都要基于音乐作品本

身。在感受与欣赏领域，设计以“听”为主的活动任务单，通过任务驱动，促进学生带着问题来欣赏，锻炼思维力，逐步养成良好的自主学习习惯。

1.“问题导向”型任务单，把握重点，深入作品内涵

“问题导向”型任务单重在以“听”为主，从聆听出发，在音乐中思考，在音乐中寻找答案。在制订过程中强调任务驱动、问题导向，尤其是强调把教学重点、教学难度及其他知识点化为问题，意在让学生在解决问题的追求中达成学习目标。如三年级欣赏作品《小青蛙》，这是一首二胡齐奏曲，情绪生动而活泼，描绘了一群可爱的小青蛙在绿色的田野里尽情玩耍的情景。第二主题是学习重点，其中二胡在此段的表现力相当强，可是对于三年级的小朋友来讲，二胡是陌生的，在之前的学习中没有深入了解过，所以他们听旋律想象情景并不难，难就难在要听出二胡是用什么演奏方法来呈现这些效果的，这是能力的培养，更是素养的提高。为了解决难点，我设计了如下“活动任务单”。

> ➢ **活动任务单**
>
> 边听边想，二胡和钢琴分别描绘哪些音乐形象？
>
> 二胡拨奏模仿了________________________
>
> 二胡快速抖弓模仿了____________________
>
> 钢琴的低音模仿了______________________
>
> 二胡单弦滑奏模仿了____________________

学生边听边联想，在脑海中映入一幅大自然清新画面：二胡演奏的连续拨奏和快速抖弓模拟了风雨声，钢琴的低音表现出小青蛙不畏困难，在风雨中低鸣的情景，最后二胡以单滑音模拟了

雄鸡的啼叫声，告知人们雨过天晴，新的一天来临，大地焕然一新、生机勃勃的情景。

通过任务单呈现，学生清晰地了解二胡的音色以及其丰富的演奏技巧所表现出的不同形象，理解作品的精妙之处。

2.“自主设疑”型任务单，自我发问，培养聆听思维

每每初听音乐，学生都会在脑海中出现很多问号，有时是围绕音乐展开的联想，也会有不切实际的“童言无忌”，这时，就需要培养学生的问题意识，学会向自己发问，向同学发问，向教师发问，向音乐作品发问，通过生生、师生、组组间的交流、讨论、反馈来解决问题，进而培养学生提出问题、解决问题的能力。

为了真正做到从“问”开始，调动学生动脑思考问题的积极性，教师可以运用“自主设疑”型任务单，从思想上对学生放手，大胆调整授课的模式。如作品《孤独的牧羊人》，乐曲选自美国影片《音乐之声》，以“约德尔调”风格写成，歌曲轻快活泼，描写了勤劳可爱的牧羊人辛勤的劳动，并用嘹亮明快的歌声表达自己热爱自然、热爱生活的情感。在初听前，老师就可以出示一张空白的任务单，让他们边听边思考，你对作品有什么想问的问题吗？学生能像小老师那样向大家发问，这大大激发了聆听热情。

> **➤ 活动任务单**
>
> 你对这首音乐作品有什么想要了解的吗？
>
> ______________________________
>
> ______________________________

在聆听后，有的同学会问这是哪个国家的歌曲？有的问牧羊人为什么孤独？更多的是问“雷哦嘚雷哦嘚”是什么意思？随着

问题的深入，自然导入本课的知识点——“约德尔调”。“约德尔”是源自瑞士阿尔卑斯山区的一种特殊唱法。在山里，牧人们常常用号角和叫喊声来呼“约德尔调”唤他们的羊群、牛群，也用歌声向对面山上或山谷中的朋友问候。牧羊人与成群的牛羊相伴，嘴里哼着“约德尔”，此时心情十分愉悦，不再有孤独感。当同学们迫切需要了解的疑问得到了答案，求知欲获得了满足，提高了学习兴趣，对之后开展记忆主题、表现情感等学习活动起到了积极作用。

音乐是听觉艺术，无论是带着问题听，还是在听中寻找答案，都能启发学生在音乐中有目的地展开思考，大大提高了听的效率。与此同时，任务单的呈现为学生提供了自主欣赏的好方法，在感受与欣赏领域中起到了积极作用。当然，这对于教师的要求非常高，需要老师在课前充分解读教材，理解作品本身，这样才能在课上游刃有余地解读问题，帮助学生更好地理解。

（二）在音乐表现领域中，设计以“动”为主的活动任务单

1.“情境创设”型任务单，身临其境，与乐融为一体

创设情境可以使课堂妙趣横生，是学生乐于学习的一种有效手段。在音乐表现领域设计情境型任务单，可以使学生融入其中，产生角色意识，能更投入地参与音乐活动，体会表演乐趣。

如管弦乐曲《水草舞》，它的旋律优美流畅，描绘了水草在五彩斑斓的水底世界中变化多姿的美妙画面。为了帮助学生记忆主题，感受主题的变化，本课设计了情境型任务单，请学生把自己想象成一棵随水波晃动的水草，在音乐中曼舞，并在表演中体会主题旋律的多种变化。

【活动过程】

一、创设情境，熟悉主题

1. 观看音乐视频，了解水草舞动的形象

2. 动作模仿，体验节奏韵律

指导要点：动作连贯、轻柔，舞姿优美、舒展

二、听辨主题变化

1. 复听，感受旋律变化

师：让我们静下心来仔细聆听音乐，想想主题的变化出现了几次?

2. 听辨旋律特点

师：变化出现了 5 次，有时高，有时低，有时长，有时短，就好像水草们不断地变换着自己的舞蹈动作，真是惟妙惟肖！接下来，让我们一起来做一个耳力大比拼的游戏，比比谁的听力最好。你能听出这 5 句中，哪一句最长？哪一句最短吗?

三、表现主题变化

1. 出示活动任务单

关键设问：请看活动任务单：如果你是小水草，在最长的乐句，你准备表演什么动作？在最短的乐句，你又是怎么演的？请你跟着音乐边跳边来想一想。

> **➤ 活动任务单**
>
> “我是一棵小水草”
>
> 要求：根据旋律的变化来变换身体动作。
>
> ☆在音乐中有韵律地表演
>
> ☆动作轻柔，舞姿优美
>
> ☆表演有创意

2. 听音乐表演

3. 评价

【设计意图说明】

通过"我是一棵小水草"情境活动激发联想，引导学生根据主题的变化创作不同的舞蹈动作，并在评价要点中更好地体验"水草"在水中变化多姿的舞蹈画面，获得表演乐趣。

正如案例所呈现，以任务单形式出示活动要求，并注入评价要点，这能清晰地让学生知道需要演什么，怎样才能演得好，那么，活动意识增强了，效率也就提高了。根据音乐的内容或意境，创设出色彩斑斓、灵活自由的情境，使学生在感受音乐的同时，置身于音乐情境之中，触"境"生情、随情入境，自然而然地、积极主动地去理解与感受，在全身心的音乐享受中激发探究、表现和创作欲望，从而使学生获得审美满足，得到自我发展。

2."合作演绎"型任务单，一领众和，丰富表现形式

奥尔夫曾经说过："让孩子在合作中共同实践、一起去创造音乐是十分有意义的。"小组合作学习是一种极富创意与实效的教学理论与策略，是音乐实践中重要的组织形式。但若只是泛泛而不重实质地将其运用在音乐教学实践中，容易出现一些问题，那么如何科学、合理、有效地组织学生进行小组合作学习呢?

在中、高年级的教学中，"合作演绎"型活动是深受学生喜欢的方式，小组成员共同探究、相互学习，增强学习主动性，伙伴间在一种愉悦、自由的环境中集思广益，音乐表现更富魅力。

《保尔的母鸡》是一首由挪威儿童歌曲改编的弦乐四重奏作品，乐曲的曲调短小简单且诙谐幽默，学生很喜欢。为了让学生

有充足的时间自主学习，这节课我设计了两份任务单，通过两次活动加深对乐曲的理解，并能更好地参与歌表演，抒发喜爱之情，学得扎实有趣！

任务一：合作学歌词

> **➢ 活动任务单**
>
> 合作学歌词
>
> 要求：在口风琴帮助下自学第一段歌词，做到词曲正确，演唱有感情。

在活动中，充分发挥特长生潜能，可以请一位同学担任口风琴或钢琴伴奏，其余组员学唱第一段歌词。小组活动的形式改变了以往传统的模式，课堂氛围更为轻松，特别是看到学有余力的学生脱颖而出，他们能主动指导其他同学解决难点乐句的演唱，能力得到锻炼与施展，自学效果非常好。此时的老师，更像是一位参与者，融入孩子们之中，一起唱，一起学，感觉很美妙！

任务二：合作创表演

> **➢ 活动任务单**
>
> 合作创表演
>
> 要求：根据歌词内容创作表演动作，做到角色丰富，表演生动，设计有创意。

在掌握歌词之后可以为表演配上适当的动作，以此丰富演唱形式。在以往的教学活动中，孩子们往往兴致过高，在时间上会控制不好，教师在此可以适当地引导他们不要在选角色上花费大量时间，要把更多的时间用在听音乐排练上，可以请一位同学担任“艺术指导”，带领大家一起排练，那样可以使合作更有效果。自创表演，不仅锻炼了孩子们的创作、编排、表演、协调等艺术能力，还培养了团队合作能力，使他们体会到合作表演的乐趣与魅力。

合作自主学习作为对传统教学组织形式的一种突破和补充，被越来越广泛地应用于以学生为主体的教学设计中，给音乐教学带来的优势让我们欣喜。然而在具体实施过程中，我们还要重视以下两方面内容：

（1）选择有价值的合作任务

每节课给予学生合作的时间有限，因此在设计任务单时，要选择有价值的活动让学生进行小组合作。价值体现在学生通过对学习任务的合作学习，能促进对知识技能、学习过程方法的掌握与理解，从而起到短时高效的作用。

（2）注重合作演绎的开放性

小组合作任务不应只有一个答案或一种表现形式。小组成员学情不同，有的喜欢唱歌，有的喜欢跳舞，还有的喜欢打击乐器或是吹奏口风琴，所以我们在设计任务单的时候，要具有开放性，可以根据学生的个性特点，为他们私人定制属于他们喜欢的任务，通过分组练习、综合表演，让学生探索适合自己发展的方向和方式，有自由支配、自主发挥的时间与机会，从中提高表演水平，增强自信心，发挥表演才能。

（三）在音乐创造领域中，设计以“师生互动”为主的活动任务单

音乐创造是课堂中较为高层次的领域，是学生将知识点进行

巩固与提升的过程。为了让学生在活动中锻炼技能，向更高层次发展，作为领路人的教师必须起到良好的示范作用。为此，在音乐创造领域，我设计“师生互动”型任务单，通过教师指导、师生磨炼，提高技艺水平，同时，还能在师生合作中建立良好的师生关系，教学相长，获得共同提高。

在歌曲《剪羊毛》第二课时学习中设计了用口风琴为歌曲伴奏活动，基于歌曲旋律特点以及情感内涵，课中师生反复多次地尝试，设计适切的伴奏音型，并在不断完善中获取伴奏的方法与技巧，逐步提升伴奏技能。

【活动过程】

（一）用口风琴为歌曲伴奏

1. 出示柱式和弦，尝试用二分音符和四分音符的节奏型来伴奏

2. 布置活动任务

> ➤ **活动任务单**
>
> 为歌曲设计伴奏音型
>
> 任务一：用四分音符和八分音符节奏型为歌曲伴奏。
>
> 任务二：师生合作伴奏，体会第三乐句用怎样的伴奏音型更为合适？

3. 为第三乐句选择合适的伴奏音型

（1）加连音线演奏

（2）教师示范，听辨单旋律伴奏音，体会美感

（3）学生试练

4. 演唱与伴奏合作表演

【设计意图说明】

通过师生吹练活动获取伴奏的方法与技巧，体会伴奏在歌表演中的作用，在合作表演中锻炼即兴伴奏能力。

活动中，教师注重从歌曲的情绪特点出发，引导学生根据歌曲节拍、速度、力度等音乐要素及其表现，选择伴奏音型，确定伴奏方式，并针对五年级学生的基础学情和教学基本要求，对合奏过程中声部间的速度稳定、力度均衡与乐感表现提出进一步的要求，加上评价的及时跟进，为运用课堂打击乐丰富歌曲表现、深化情感表达起到了积极的作用。

“师生互动”型任务，就像是老师的大手牵着孩子们的小手，通过教师精准化示范提高审美能力，在教师针对性点评中获得创作自信，在和教师互动表演中享受创作的乐趣。可见，音乐教师要发挥独有的专业魅力，注重自身音乐素养的提升，这样才能引导学生主动参与音乐创作，发展创造性思维，形成良好的人文素养，为学生终身喜爱音乐、学习音乐、享受音乐奠定良好的基础。

综上所述，巧用“活动任务单”，能带领每一个学生都积极参与到音乐学习中，感受作品内涵，体验音乐美感，并在音乐实践中形成一定的音乐素养。音乐教育的难点问题，就是需要教师勇于突破的关键所在，这需要教育者全情投入地参与到课堂实践中，不断尝试，不断创新，逐渐形成有效的教育策略，从而促进课堂教学。

参考文献

[1] 曹晏平主编. 寻得蹊径百花开：小学音乐学科学习难点解决策略的

探索[M]. 上海：学林出版社、上海教育音像季祥，2018.
[2] 曹晏平主编. 多彩的音乐课堂——中小学音乐学科课型的实践与研究[M]. 上海：学林出版社、上海教育音像季祥，2017.
[3] 王立杰. 小学音乐教师如何培养学生自主学习能力[J]. 新课程(小学)，2015(8)：82–83.
[4] 杨红梅. 中学音乐教学中学生创新思维能力培养[J]. 黄河之声，2019(7)：93.
[5] 吴卫军. 让“任务单”为课堂增效[J]. 学问(现代教学研究)，2011(12).

小学低年段歌唱发声训练中支架式教学的实践与探索

上海市静安区第三中心小学　汪竞依

摘　要：发声训练是师生情感共鸣的第一个音符，是优美的歌唱教学乐章的前奏，将“支架式教学”运用到音乐歌唱教学发声训练中去，对提高音乐课的教学效果，培养学生的学习兴趣和主动参与意识有着重要的意义。教师以爱为基石，为学生提供学习的支架，将歌唱技能的学习由枯燥无味的机械化训练转变为丰富有趣的音乐实践活动，引导学生用正确的方法演唱出美妙动听的歌声，让学生乘着歌声的翅膀自由飞翔。

关键词：发声训练　支架式教学　教学实践

歌唱是人类的本能，也可以说，歌唱是人类最自然的行为之一。歌唱教学作为音乐课程中的一个重要组成部分，是表现音乐、表达情感的重要方式，也是学生参与音乐实践体验最为直接的方式之一。我国著名的音乐教育家缪天瑞老师把歌唱教学分为三个目标：

（1）使儿童对歌唱产生兴趣，从歌唱中得到快乐，享受音乐的美感；

（2）使儿童养成歌唱所需要的各种技能；

（3）使儿童学会以歌唱表现自我。

可见歌唱教学是小学音乐学科，尤其是低年段最为重要的学习内容。

一、发声训练在歌唱教学中的重要性

在歌唱教学中，发声训练是一个不可或缺的重要环节，它不仅可以在歌唱之前让嗓子得到充分的调整，它还可以帮助学生纠正错误的呼吸、咬字、吐字、音准等一系列问题，帮助学生调整歌唱的状态，使他们的气息连贯、流畅，声音自然、明亮而圆润。由此可见，正确的发声训练为学生的演唱提供了科学的方法，它是歌曲演唱的基石。只有在音乐课堂中，持之以恒地进行科学的训练，才能使学生尽快地改正以往不好的发声习惯，建立稳定的、正确的发声感觉，从而运用到歌曲演唱中去，让学生们的歌声越发美妙动听，使他们真正体验到歌唱的愉悦感和成就感。

二、发声训练在低年段歌唱教学中存在的问题

虽然发声训练在歌唱教学中的作用如此重要，但在现今的音乐教学中，真正做好课前发声训练的却少之又少，尤其在小学低年段的歌唱教学中，发声训练这一环节往往被轻视，整个过程流于程式化、表面化，没能真正有效地发挥其优化教学效果的作用，主要存在以下几个方面的问题：

（一）选择的练声曲不符合儿童的年龄特征，过于成人化、专业化，学生反复进行枯燥乏味的练唱，无法提高学习的积极性和主动性，练习效果大打折扣。

（二）选择的练声曲与之后所要演唱的歌曲没有关联性，致使歌曲演唱中的重难点问题得不到有效解决，无法完成预期的教学目标。

（三）针对低年段学生的学习，教师的教学方法单一，缺乏形

象化、生动化、幽默化的教学用语；学生并不懂得用气息、力度去控制演唱的声音。

三、基于课程特征和学生认知特点，建构支架式教学的适切性

上述情景，集中反映了在发声训练中的普遍问题，面对这样的教学现状，笔者通过多年的教学实践与探索，针对低年段学生的生理、心理特征以及认知规律，积极为学生提供有利于发声训练的“支架式教学”。借助这些支架，适时、适量、适当地为学生在发声训练的过程中提供支持和帮助，做到科学、有效、自然、合理，并充满趣味性地进行发声训练，从而充分调动学生的多种感官，进一步实现对歌曲演唱的理解、体验和感悟。

那么何为“支架式教学”？支架式教学是通过提供一套恰当的概念框架来帮助学习者理解特定知识、建构知识意义的教学模式，借助于该概念框架，学习者能够独立探索并解决问题。儿童的“现有水平”与“潜在发展水平”之间的区域被称为“最近发展区”。支架式教学认为，教学应根植于儿童的“最近发展区”，只有从最近发展区入手才能设计层层递进的概念框架，这就要求教师的教要走在学生发展的前面，教师的帮助可以起到支架的作用。

四、支架式教学在发声训练中的实践探索

（一）为发声训练搭建“情境支架”，激发学习兴趣

基于小学低年级学生的生理与心理发展特点，若采用千篇一律的常规发声训练势必无法激发学生的学习兴趣，难以调动学生

的学习能动性。因此，利用各种有效的方法及手段来培养学生对歌唱的兴趣，通过正确有趣的发声方法来达到正确歌唱的目的显得尤为重要。低年级的孩子主要以形象思维为主，注意力难以长时间集中，教师要把自己当成一名导演，通过语言描述、图像展示、音响聆听来为学生创设情境，使学生身临其境，唤起他们的情绪，激发他们的学习兴趣。为此，笔者尝试在发声练习环节中为学生搭建"情境支架"，通过趣味故事情境创编，让原本枯燥机械的发声练习变得更情感化、形象化和趣味化，促使学生眼到、口到、心到，只有学生状态积极、神形兼备、满怀兴趣地投入发声练习中，发声训练才真正地发挥作用，从而使学生的歌唱兴趣得以持续发展，为他们进一步感受与学习音乐打下坚实的基础。例如，在教授二年级《白雪公主的小马车》这一课时，我用一个童话故事来导入发声练习，同时整个发声练习都贯穿在童话故事的情境中。

【案例】二年级《白雪公主的小马车》

童话故事导入：冬天像一位白发苍苍、心地善良的老爷爷，飘动着他那神奇的白发，给大地送来冬天的寒意。雪花从天空中纷纷扬扬地飘落下来，像一只只美丽的白蝴蝶，不一会儿，整个山谷都变成了白色，大地仿佛被盖上了一张厚厚的白色地毯。"呼、呼、呼"，听，是谁来了，原来是"北风先生"来了。(播放风的声音)

1. 请学生模仿风的声音。

2. 出示第一条发声练习：《北风先生》，教师示范唱。

北风先生

1 = D 2/4

5 4 | 3 – | 3 2 | 1 – ‖

呼呼　呼　呼呼　呼

3. 教师指导学生运用饱满的气息演唱，体会在“北风先生”的吹拂下，雪花翩翩起舞的情境

4. 聆听“马铃声”

关键设问：你们听，远处又传来了什么声音？（播放马铃声）

5. 学生通过演唱练声曲《小马车》来模仿马铃声

小马车

1 = D 4/4

5 5 4 4 3 3 2 2 :‖ 1 – – – ‖

叮叮叮叮叮叮叮叮　叮

6. 再次聆听马铃声

关键设问：马铃声是悠长的还是清脆短促的呢？马铃声有什么变化吗？

7. 学生通过再次演唱《小马车》来模仿由远及近、由近及远、轻快跳跃的马铃声

8. 小组交流感受，体会“马铃声”与“北风先生”不同的演唱方法

【案例分析】此教学环节在创设的童话情境中，以情带声进行发声训练。学生在聆听、模唱的过程中，产生对音乐形象的联

想，体会声音的渐强与渐弱，感受跳跃、活泼的音乐情绪。通过模仿“北风先生”的形象，学生自然而然地做到了提眉、圆口型、抬上颚的状态，这正与高位置的演唱要求相符，下一步以这样的状态去模仿风声的演唱，就水到渠成地完成了高位置发声的训练要求，同时练习了气息与音量的控制；通过演唱《小马车》，让学生感受到腹式呼吸，并能较长篇幅进行顿音的演唱，从而为学唱新歌做好节奏、气息、音色的准备。这样做既符合儿童的年龄特征又遵循音乐教学的审美原则，合理、高效地使学生达到歌唱技能的提升。

（二）为发声训练搭建“图谱支架”，加深直观感受

在歌唱教学中，教会学生有控制地演唱是极其重要的，但是发声方法和演唱技巧看不着、摸不到，低年级学生很难理解。为了解决这一难题，更好地指导学生去理解、感悟这些抽象的发声方法和技巧，教师为学生提供了另一种学习支架，那就是“图谱支架”。

何为“图谱”？顾名思义就是用图形（线条、颜色、形状、符号等）试图表现音乐的节奏、旋律、高低、长短等要素的可视化形式。这种形象化、直观化的记谱方法符合小学生直观形象的思维特点，深受孩子们的喜爱。这种教学辅助手段在音乐欣赏课中已得到广泛的运用，但在歌唱教学中并不常见。笔者尝试在歌唱发声教学中运用图谱辅助。经过实践发现，这样不仅能针对性地解决歌唱教学中存在的气息、音准、节奏等问题，还能增添学习的趣味，帮助学生感受歌曲的情趣，让学生入境生情，以情带声。

1. 用点线简笔图暗示演唱方法，辅助发声训练

通常“线条”给人的感觉是连贯悠长的，而“点”给人的感觉

是短促而富有弹性的。因此，在指导学生发声练习时，将点、线图谱巧妙地运用到教学中："点"状图谱暗示学生用轻巧短促的声音演唱，表达活泼欢快的情绪；"线"状图谱暗示学生用连贯流畅的声音演唱，表达抒情优美的情绪。通过点线图谱来辅助歌唱技能的训练，达到准确表达歌曲的情感。例如三年级第二学期的《春天来了》是一首 4/4 拍的德国民谣，歌曲旋律优美动听，描绘了春天小鸟歌唱，百鸟争鸣，小朋友们在田野上游戏歌唱的热闹场景。本首歌曲的难点在于学生不但要学会用连贯流畅的声音表现出美好的春天景色，同时要学会用短促、轻巧的声音来表现出小鸟的叫声，为了解决这一难点，我设计了一个"点线简笔图谱"来辅助发声训练。

【案例】三年级《春天来了》

创设情境：多媒体展现一幅春意盎然、百花争艳的春色图。

教师：春天来了，郊外的景色可真美啊！看，这儿有一汪湖水，水面平静得像一面硕大的镜子，湖水清澈见底，让我们用"lu"来表现这片湖水吧。

学生用手指跟随教师画出一条长线————来进行长气息音"lu"的练习。

教师：湖边是一座座连绵起伏的山峦。请我们用声音表现出山的起伏。

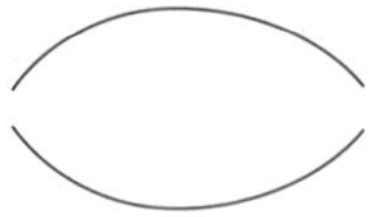

这是高高的山峰（边画边指导学生声音由弱到强再渐弱）；

这是低低的山谷（边画边指导学生声音由强到弱再渐强）。

教师：天空中飞来了一只只可爱的小鸟，它们“gu、gu、gu”地唱着歌。教师用简笔画 ˇ ˇ ˇ ˇ 来表现小鸟，并指导学生用短促的气息，富有弹性地练习“gu、gu、gu”的声音。最终，一幅图谱展示在了我们面前。

【案例分析】整个发声训练的过程，教师没有直接告诉学生连音和跳音该如何唱，学生通过眼前的这幅简笔画，自然而然地随着起伏的山峦唱出连贯悠长的音符，随着小鸟唱出短促轻巧的音符，同时还启示学生们随着连绵的山峰做出渐强渐弱的变化。教师的简笔画还可以根据每班学生不同的演唱能力，即刻做出气息长短的调整。这样的教学方法灵活又形象，深受学生的喜爱，调动了他们的学习兴趣与热情，而且丰富了课堂情趣。

2. 用旋律线图谱，把握旋律走向，突破歌唱难点

对于低年段学生来说，旋律是比较抽象的，只依靠听觉，不凭借直观、形象的东西，学生学起来会觉得枯燥无味。为了让学生有效地把握歌曲的旋律走向，同时有效地解决歌唱中大跳旋律、相似乐句等难点问题，旋律线图谱的运用就显得尤为重要。例如在二年级《白雪公主的小马车》一课中，为了让学生对歌曲的旋律有直观的感受，降低学习旋律的难度，教师设计了一条由五彩的石子构成的发声训练旋律线图谱。

【案例】二年级《白雪公主的小马车》

关键引领：

同学们看，雪地里有一条由五彩的石子铺成的山路，白雪公主的小马车就是沿着这条五彩的山路向前飞奔的。让我们也坐上小马车，沿着这条山路飞奔起来吧。(出示由五彩石子铺成的山路所构成的旋律线图谱)

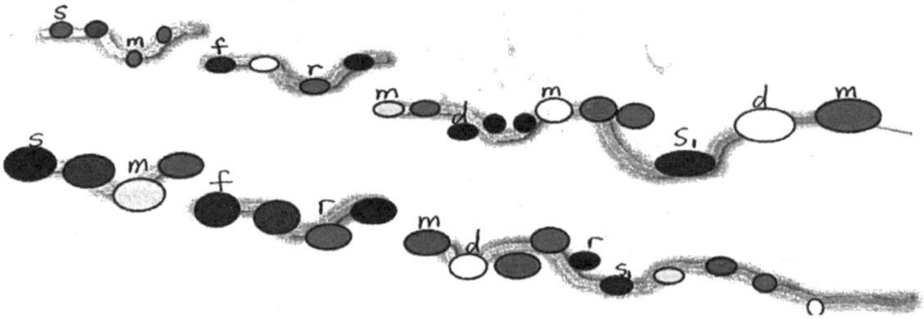

1. 视觉感受山路的起伏，石子的大小分布，交流感受
2. 教师示范哼唱旋律，提示难点
3. 学生用较慢的速度，用“叮”来哼唱旋律，同时进行难点操练
4. 用歌曲原速来哼唱旋律

【案例分析】把听觉化的旋律变为了视觉化，使学生直观形象地感知旋律的走向特点，学生们仿佛踩在石头小路上，边观察图谱，边哼唱。经过几次练习，学生们掌握了旋律何时是平行，何时是下行，何时是上行的规律了。利用可爱有趣的图形谱，把一个个高低不同，抽象的小音符化作直观的一颗颗小石子，并且利用石子由小到大、由大到小的排列，结合教师的范唱，让学生很容易就感受到了乐句的渐强与渐弱的处理，从而学以致用。这样

的学习方式，优化了学生的学习活动，激发了学生的学习兴趣，使音乐课堂变得精彩纷呈。

（三）为发声训练搭建“律动支架”，提高歌唱表现力

音乐教育家柯达伊认为：“音乐教育首先要通过音乐与身体结合的节奏运动唤起人们的音乐本能，培养学生的音乐感受力和敏捷的反应能力，进而获得体验和表现音乐的能力。”教师在课堂实践中发现，在发声训练中恰当地融入身体律动，更有利于学生控制音准、气息，更有助于学生体验旋律、节拍等音乐要素，是提高学生歌唱表现力的良好途径。

律动是一项普遍受学生们欢迎的音乐活动，尤其受到低年段孩子的喜爱。低年段孩子们天真、好动，富有好奇心，在发声训练的过程中，把律动作为辅助手段，能起到事半功倍的效果，让学生们在“动中学，学中动”中收获知识，体会到学习的乐趣。

例如在教授一年级《降落伞》一课时，教师需要引导学生唱音阶，并能随音乐唱歌谱，能唱准音阶下行时调式中的各音。但是如果只是让学生一遍一遍跟随老师模唱音阶，那么整个教学过程单一又无味，无法激起学生学习的兴趣，收效甚微。于是笔者设计了一条发声练习《身体音阶歌》：

摸摸你的小脚，do、do、do

摸摸你的膝盖，re、re、re

拍拍你的双腿，mi、mi、mi

叉叉你的小腰，fa、fa、fa

拍拍你的小手，sol、sol、sol

拍拍你的肩膀，la、la、la

摸摸你的脑袋，si、si、si

高举你的双手，do’、do’、do’

do re mi fa sol la si do’（从下往上扭一扭）

do’ si la sol fa mi re do（从上到下扭一扭）

do——do’（摸脚——举手）

学生通过运用自己的身体部位来感受音的高低，在富有趣味性的律动中理解音与音的相互联系，让学生在控制和运动的同时掌握音高音准的概念。

五、支架式教学需要注意的问题

（一）教学支架的搭建要适度

音乐教育强调的是个人体验，对音乐的感受以及相关知识的构建都是靠学生个体去亲身体验才能获得。在学习过程中，音乐教师在给学生搭建好支架，引导学生进入问题情境之后，应将学习的主动权交给学生。因此，在支架教学中，教师的作用犹如脚手架，其目的是促使儿童由潜在水平转换成新的现有水平。在学习任务中，凡是儿童能独立完成的部分，教师都要鼓励儿童独立完成；儿童不能独立完成的部分，教师再给予积极主动的帮助。可见，对实施支架教学的教师来说，搭建适度的支架至关重要，同时也有一定的挑战性，这需要教师在实践中不断提高观察和组织教学的能力。

（二）教学支架的选择要适宜

教师在为儿童搭建支架时必须因人而异、因内容而异，这样才能保证有效发挥支架的作用。支架的选择植根于学生已有的知识经验，而不同的学生因为既有水平的差异，对事物的理解也截然不同，对于基础较好的学生，提供的支架可少一些、抽象一些；对于基础较差的学生，教师应加强对他们的支持，提供多一些、具体一些的支架，让他们不至于觉得学习任务太难而不能完成。同时教师要依据音乐活动的内容选择相应的支架，不同的内容，不同的目标定位，必然需要教师选择适宜的支架才有可能取得良好的效果。

（三）教学支架的撤离要及时

促使儿童独立是支架教学的根本目的，因此支架最终是要撤离的。当儿童的能力增长时，教师逐渐撤离支架。这需要教师在教学实践中灵活把握与运用。

支架式教学强调学生主动感受音乐，又不忽视教师的引导作用，激发学生自主探索和主动构建，主张协作学习，在“教”与“学”之间找到平衡点。教师应发挥个人的聪明才智为学生提供学习的支架，使发声训练变成生动、有趣的师生共同参与的活动；充分挖掘音乐的情感因素，以情带声，让优美动听的歌声在音乐课堂回荡。

参考文献

[1] 吴文漪. 思维情感与音乐教学[M]. 北京：北京科学技术出版社，2002.

[2] 刘大巍，夏美君. 谈小学生的歌唱嗓音发声训练[J]. 中国音乐教育，2013(11).

[3] 金世余. 支架式教学模式与音乐教学[J]. 艺术研究，2006(2).

聚焦小学民族民间舞蹈教学，探索情绪和情感实践教育价值

上海市静安区大宁国际小学　吴雯婧

摘　要：探索小学课堂中关于舞蹈性情绪、民族化情感的实践教育，是优化民族民间舞蹈教学，健全民族音乐审美认识的有利方式。本文就民族民间舞蹈在音乐教学中的运用现状，探讨民族民间舞蹈课堂教学中情感与情绪的重要性。挖掘其在教学中的作用，在音乐课堂教学中创造多元目标的价值，以及情绪培养与情感交流的融入对体会且表达乐感与美感的意义。最后就情绪与情感培养的方法与策略，简述民族民间舞蹈教学中情绪培养与情感表现的基本要点和实践策略

关键词：民族民间舞蹈教学　舞蹈情绪培养　课堂情感交流

音乐是情感的艺术，音乐作品本身就包含着丰富的情感。学生可以在作品中体会到不同层次的情感体验，并且在此基础上展开联想和想象，感受音乐美，并且创造出音乐美。音乐实践活动缺少情感的体验就毫无意义。情感发展模式侧重培养学生对音乐作品的内心感受。民族民间舞蹈的教学内容贯穿小学音乐课程的始终，而小学阶段的舞蹈律动课堂的特点之一就是学习各民族的基本舞蹈动作。通过学习这些民族民间的舞蹈元素、基本律动，学习感受音乐情感内涵、风格特点、地域文化和人文特点。

因此注重学生舞蹈律动学习心理环境的营造，是达成音乐情感情绪体验的关键。尤其在民族民间舞蹈中，情绪的渲染起到了关键的作用，是民族民间舞蹈审美表现的关键组成部分。所以，探索小学课堂中关于舞蹈性情绪、民族化情感的实践教育，是优化民族民间舞蹈教学，健全民族音乐审美认识的有利方式。《上海市小学音乐学科教学基本要求（试验本）》中的学科能力矩阵对乐感以及音乐美感提出了明确要求。情绪和情感的教学实践，对于音乐课堂中感受和表现音乐的乐感与美感也起到十分关键的作用。

一、民族民间舞蹈在音乐教学中的运用现状

民族民间舞蹈展现的是民族的人文情怀、风俗礼仪，其在小学阶段的教材中，主要以基本舞步教学、代表性舞姿模仿、简单舞蹈动作组合为主要学习内容。这对培养学生的节奏感、协调性和音乐表现力都有重要帮助。有助于了解民族文化，树立正确的民族音乐文化观念，激发学生学习的积极性。但在实际课堂教学中，民族民间舞蹈律动教学还有许多仍待解决的问题。

（一）学生对民族民间音乐日渐丧失持续学习的兴趣

民族音乐对于现在的学生来说有些距离，生活中众多的媒介使他们接收到更多的流行文化的影响，认为民族音乐不具有时尚感，从而无法产生学习兴趣。由于无法进入相对应的“情景语境”及“文化语境”，对于陌生的民族文化无法产生共鸣，对于树立起对民族艺术的热爱之情就显得有些艰难。

在有限的民族音乐学习的课堂时间内，既要融入对民族文化的讲解，又要关注基本的知识技能学习要点，如基本律动的

动作准确性等。教师可能面临教学时间大量使用在解决舞蹈律动这个教学难点上，在民族“语境”培养上无法投入足够的时间和精力，从而使得学生距离民族艺术的体验及表现氛围就渐行渐远了。

无法正确认识和感受民族文化语境下的音乐观念，课堂上的学习热情甚至是对于民族音乐的持续性学习兴趣都将大打折扣。

（二）民族民间舞蹈在课堂运用中教学趋于程式化，目标单一

如前文所述，受到教学时间的限制，使得在一些舞蹈律动课型中，解决问题的重点就放在了动作的教与学上，如弄清楚舞步，摆正确舞姿等一些基本教学要求上。对于舞蹈教学的心理环境建设，以及民族民间舞蹈对于舞者情绪情感的培养，显得有些缺乏。而机械单调的模仿和练习，使得民族民间舞蹈教学有些枯燥呆板。学生也无法在这个过程中激起舞蹈的热情，仅仅只是机械化地完成动作，也无法体会动作蕴含的具有民族文化特征的内涵价值，以及具有强烈情感交互过程的心理体验。对于情感价值观的目标落实，是无法得到真正满足的。

（三）课堂舞蹈教学中乐感与美感的缺失

由于民族民间舞蹈课型中缺乏情绪培养和情感表现，只有客观形式与内容的输入，没有融入教师和学生的主观情感参与，将会不同程度有损民族音乐作品的艺术美感和音乐感受。民族民间舞蹈更注重外化的情绪和情感表现，这也是民族音乐作品中乐感和美感集中体现的部分。综合以上现象，缺少了对于文化语境的认识理解，激发不起学习热情，学生便无法体会音乐中的美感价值，继而无法实现价值观渗透的教育目标。

二、民族民间舞蹈课堂教学中情感与情绪的重要性

（一）情绪培养与情感交流在民族民间舞蹈教学中的作用

舞蹈教学在小学音乐教育中有着重要的地位，舞蹈本就是长于抒情的艺术形式，情感表现可以加深学生对音乐的内心体验和理解，培养学生良好的音乐素养。但是我们往往只单向性关注通过舞蹈律动能够帮助学生对民族文化的理解和体验，感受音乐的真善美。但是反过来，良好甚至充分的情绪准备和情感培养，可以在民族民间舞蹈律动中，提升学生主动的内心学习状态。将基于作品内容的情感激发及体验贯穿始终，把艺术体验的价值发挥到最大。民族音乐的魅力在于情绪体验和抒发的过程中产生的情感共鸣，文化距离产生的陌生感，可以借由情感上的移情和联想，进行消解和转化。对于理解民族音乐文化，对其做更适当的理解和表达有着促进作用。

（二）情绪培养与情感交流在音乐课堂教学中创造多元目标的价值

在设计民族音乐学习目标时，通常注入丰富情感的体验，注重音乐文化内涵的挖掘和音乐文化视野的拓展，形成审美价值的认知。但是在民族民间舞蹈律动教学过程中，小学阶段大部分的民族民间舞蹈的情绪表达是热情欢快的，这是一种正向积极的情绪情感，这些情绪可能来源于劳动实践，可能来源于传统节日庆祝，还有些来源于民族情怀的抒发等。课堂实践中，关注的不仅仅是技能性动作模仿的目标实现，依靠舞蹈律动过程中的情绪情感，将舞蹈律动化为一种主观的体验活动。在课堂实践过程中，形成健康向上的审美观，实现教学目标多元价值的落实和拓展。

（三）情绪培养与情感交流的融入对体会且表达乐感与美感的意义

艺术体验与艺术表现始终伴随着情感的参与，当我们关注培

养学生的乐感与美感，需要及时建立起艺术学习的内在心理环境，只有在恰当地唤起、投入、表达后，对于民族民间舞蹈的学习才能事半功倍。乐感伴随着肢体得到体现，美感则借由情感的润色进行表现。

三、民族民间舞蹈教学中，情绪与情感培养的方法与策略

（一）民族民间舞蹈教学中情绪培养和情感表现的实现途径

在课堂实践中，民族民间舞蹈教学需要按照一个阶梯式的心理氛围营造，这里涉及学生学习过程中影响情绪获得和体验的四个心理因素：一，原有知识储备；二，生活经验与艺术作品的经验转换；三，学生音乐感知水平；四，自我情感与作品情感的差异。考虑到以上这些因素，我们需要用适当的方法和策略去引导学生在学习民族民间舞蹈时能够充分且积极投入。

1. 兴趣培养

学生的原有知识储备部分决定了其对于学习作品的兴趣，尤其是民族文化的内容，在舞蹈中是起到渗透性作用的。比如，每个民族地方的舞蹈律动的肢体特征通常与其所处的地理环境，生活方式、服饰文化有着极大关联。了解这些背景文化，是提高学生学习兴趣的首要条件。若出现文化陌生感，或是与生活经验不符，无法与自我情感产生联结，就会产生学习时的负面情感和情绪，从而破坏兴趣的培养。

2. 移情联想

舞蹈律动活动首先是能引起学生兴奋和愉悦的一种音乐实践活动。通过舞蹈引起强烈的快乐的情绪感受。而情绪作为桥接生活经验的桥梁，通过主体获得的实在感受，链接艺术作品中的情

感，将这种移情作用在对作品的理解和表达上。通过自我情感对音乐作品中民族情感的联想，就能够更好地诠释作品。民族民间舞蹈的情绪虽然来源于不同的主题，但是其本质都是一种属于内心原生对于生命的热爱和表达。这与在实践活动中获得的情绪体验是同根同源的。故而，对于课堂舞蹈律动的激情和趣味性，就提出了一定的要求。

3. 情感传递

情绪与情感传递能弥补一部分感知力差异所造成的理解性差异。情感传递的引导者是教师，教师的外化的情绪，包括神态、表情、语言、肢体动作，都是在舞蹈过程中，引起学生兴奋的关键因素。再者，学生之间的情绪传递也很重要，在感受过程中，学生的音乐感知力差异将影响他们对音乐作品感受及表达的差异。但是情绪的感染性是快速和强烈的。以个别扩散到全部学生的辐射效应，学生能够快速进入预期希望达到的情感沸点，相互促进和影响，这比教师直接用语言去引导和解释要快速有效得多。

（二）民族民间舞蹈教学中情绪培养与情感表现的基本要点和实践策略

1. 信任——营造课堂情绪，自由释放

教师在建立舞蹈律动互动关系的过程中要展现出对学生的信任，相信学生们能够完成舞蹈律动的各种要求，使学生感受到教师对其行动的鼓励，使其一开始就燃起对肢体律动的基本兴趣。先不去关注学生的动作规范性，调动舞蹈的积极性是最为重要的。建立起课堂舞蹈的氛围，从简单的热身律动开始。在《我的家在日喀则》这一课中，藏族民间舞的律动涉及简单的颤膝，笔者会设计在热身环节，先不带入民族语境的学习，在简单律动模仿中，将屈膝的律动，按照从慢到快进行编排，运用明快节奏和旋律，释放肢体的自由度，解放紧张情绪，使学生的身体对律动具有基本感知，并且能够自如运动。

笔者不用过多去关注动作的准确性，只需要关注舞蹈热情和身体准备是否充分到位。观察学生是否具有在课堂继续自信舞蹈的精神状态，为后续铺垫动作要求和融入民族情感做情绪上的准备。在这样一个情绪基础上的舞蹈律动课堂，是对音乐作品做更优化演绎的最佳心理环境营造。

2. 热情——教师积极带动，全情舞动

在教师示范和带领舞蹈的过程中，首先动作到位是必要的，教师必须释放出百分之一百二十的热情和能量，才能引导学生做到百分之一百。师生情绪的传递是直接且有效的，就如前所述，情绪传递能弥补一部分感知力差异所造成的理解性差异。生生之间的情绪传递，源头自然是来自教师。

笔者曾在执教《阿细跳月》一课中，在示范彝族五拍舞步的时候，穿戴好完整的彝族服装进行表演，表现高兴的情绪时动作和表情尽量夸张和明显，试图让学生对彝族文化特征和劳动收获后的喜悦有充分认识。让学生喜爱教师的示范和表演，也是引起兴趣的关键一步，若是在初次观看后就对这种形式的舞蹈式样没有任何兴趣，那之后的学习就无法使课堂真正进入学生的内心，也无法引起主动学习的兴趣。感性认识是艺术体验的第一步。所以教师在舞蹈示范时所起到的作用是不容忽视的。

3. 自信——及时评价激励，建立自信

学生对于学习民族民间舞蹈本就有一些放不开手脚，在此过程中，教师的及时鼓励和情感互动显得尤为关键。情感性交流体现在教师的眼神、语言、表情等一些细节举止之中。关注每一个学生的表现，不让学生在舞蹈律动的过程中产生失落的情绪。在这里移情和通感也起到很大作用，课堂的情绪基调也影响了作品的情绪情感体验。一个正向积极的情绪状态是教师应去努力营造和调整的。

尤其要注意的是，在教学过程中分层设计，分组展示，尽量让每一个学生了解自己的学习状态在教师心里的评价，不要让学生感受到被遗忘、被忽略或不被关注。

4. 交互——促进合作表演，相互激发

合作舞蹈律动是民族民间舞蹈教学实践中常用的模式。鉴于生生情绪传递的特点，合作模式的优势不言而喻。在《采茶舞曲》一课中，笔者让学生以合作的模式展现在茶园采摘茶叶的画面。在学会了基本的采茶舞律动后，学生可以发挥想象，对空间进行编排，对动作进行简单设计，构建和小伙伴一起劳作的场景。这里涉及配合音乐进行律动，同时又要兼顾画面感的和谐。这是乐感和美感在舞蹈创编中的直接体现。学生在最终呈现的合作作品中，不仅展现了音乐本身的特点，而且组员之间有互动和配合，甚至还加入了简单情节的演绎，使得观看者和表演者身心都得到极大的愉悦。大家在欢笑声中结束了这一节课的学习。

笔者发现，这种合作使得课堂情绪氛围达到高潮。情绪产生交互后，一种趣味性增加了。外部作品情绪以及学生内部的情绪达成统一，相互呼应，作用在最终呈现的表演中，使得表演效果得到加强和优化。

关注情绪情感在民族民间舞蹈课堂的实践，可以融化文化距离产生的隔阂，将内外部的情感体验统一，从而实现对民族文化价值的充分理解和认同。构建一个良好的课堂心理环境，将情绪和情感一直维持在一个水平基础上，有利于课堂上一些共情移情效果的作用，使得学生对民族民间舞蹈课不产生畏惧害怕和无感的心态。最重要的是，教师还应该积极提升自我的人格魅力，关于民族民间舞蹈的常识基础要稳固扎实，才能在课堂上做到游刃有余。

参考文献

[1] 上海市教育委员会教学研究室. 上海市小学音乐学科教学基本要求（试验本）[S]. 上海：上海教育出版社，2018.

[2] 吴锐淼主编. 中小学音乐教学案例专题研究[M]. 浙江：浙江大学出版社，2005.

[3] 席恒主编. 栉风沐雨 砥砺歌行——上海市中小学音乐课改 30 年[M]. 上海：华东师范大学出版社，2018.

提升低年级学生歌唱能力的教学方法与策略研究

上海市静安区闸北实验小学明德校　沈雯怡

摘　要：小学音乐课堂学习中，歌唱是小学阶段比较重要的部分之一。歌唱是表达情感的艺术，是传递音乐作品情感的桥梁。因此歌唱能力从低年级开始要尤为重视，其歌唱能力需关注四个方面，分别为音色、音准、情感、词曲准确的培养，这就需要教师在教学时针对四个能力点结合有效的教学方法与策略，使得教学能够充分展现有效性，从而提升低年级学生的歌唱能力。

关键词：歌唱能力　教学策略　教学方法

一、问题的提出

音乐是听觉的艺术，感官的体验，歌唱是能够表达传递音乐作品的背景意义与内涵。在小学阶段五年的音乐课堂中歌唱始终是音乐课堂学习的重要内容之一，但在长达五年的歌唱学习中，学生所表现的现象是低年级的学生演唱较为“个性”，例如大声歌唱、音准欠佳、“歌唱”认知的缺乏；歌唱时的情感表达显得比较“平淡”，缺乏歌曲的感染力，演唱作品却不理解作品。学生所反映的原因是音乐教师对于歌唱教学中面对学生歌唱能力的培养缺少针对性的方法和策略，因此教师必须结合有效的教学方法与策略“提升学生歌唱能力”要从低年级抓起，从音色、情感、词曲准确方面着手。

二、提升低年级学生歌唱能力的方法策略

（一）通过统一音色的培养，提升歌唱能力

人声的音色是音色种类中的一种，是每个人与生俱来的，最具天然的。在领唱、独唱中可以散发个人音色的魅力，但在齐唱或合唱中要讲究声音的和谐、统一。歌唱的基础是声音，在班级中与小伙伴们一起歌唱时，讲究的就是声音和谐、音量统一，音高位置的准确，是集体通过以声传情，以情带声，不然每人都是“个性”的独唱者，难以感受一起歌唱的魅力。

1. 借助趣味练声，增强音色的统一

练声是歌唱前重要的一项练习，能通过发声的练习给予学生歌唱前的开嗓准备，使学生能进入较好的歌唱状态。大部分老师在歌唱前也都会选择给予学生一些发声练习，发声练习的形式多样，最重要的还是要适合学生。对于低年级的学生，在选择方面应该符合低年级儿童的年龄、喜好、接受能力的特点，因为适合的才是有效的，选择或设计一些有趣的、简单易学的发声练习有助于提高学生参与歌唱的兴趣指数。例如在执教《在遥远的森林里》这课的时候，教师通过媒体的辅助播放一些猫头鹰和布谷鸟有关的图片和视频，使学生了解到它们的叫声，然后通过教师设计带有音高变化、较为简单易学的旋律，请学生跟着琴声来集体模仿它们的声音进行发声练习。

2. 学会倾听同伴，增强音色的统一

倾听是一种了解别人的方式，倾听同伴的歌声是融入他人歌声的一种方式。在一个班集体或在一个团队中齐唱，需要把

自己的歌声融入集体中去，并且要注意歌唱时的音量、音高、音准的问题。因此低年级阶段的孩子需要培养他们倾听伙伴的歌唱，教师可以通过一些正确引导的语言，例如：小朋友们我们小耳朵在音乐课上有着很厉害的本领，两只耳朵的功能可是不一样的，一只耳朵要听自己的声音，另一只耳朵要听伙伴的声音，当你唱歌时声音超过伙伴了，当你只听见自己声音了，它就会来告诉你哦，那时请你慢慢调整自己声音，变得和同伴一样。

（二）强化歌唱中词曲准确度，提升歌唱能力

歌唱不仅是语言化的艺术，也是音乐化的艺术。歌曲是词曲作者所表达作品的情感和内涵与灵动的旋律相结合，词曲演唱中做到一字多音、节奏、歌词演唱准确，有利于学生更准确地歌唱和诠释作品的内容。

1. 借助教师示范，唱对歌词

教师在教学中的范唱是歌唱教学中的重要环节。教师的示范就如同一座桥梁，连接着学生与学习内容，教师的示范帮助学生更准确地掌握学习重点，也是帮助学生解决歌唱中的学习难点，从而能唱对歌词。例如歌曲《一对好朋友》中，学生在歌曲学唱的难点介于以下两点，第一点是歌曲开头“小丫丫，小妞妞，我放小鸭你放牛”的音高位置较高，学生出现音准问题，第二点是歌词“嘎嘎嘎，哞哞哞”的节奏，学生在歌唱时容易唱错。当发现学生歌唱时出现了以上问题，教师的即时示范很关键。正确的音高演唱示范，示范歌唱时小眉毛像小月亮挂的高高的，小嘴巴微微笑，请学生模仿老师一起唱一唱。教师在指导学生歌唱时按节奏正确演唱，示范的速度要慢，并且教师示范一次，请学生跟

着练习一次，这样能加深学生对正确演唱的印象，从而能记住，唱对歌词。

2. 借助歌词朗读，唱会歌词

歌词是歌曲学唱中重要的学习环节之一，不仅要清楚歌词表达了什么，而且咬字吐字也很关键。每句歌词都有特定的节奏，都有着自身的发音规律，因此正确、有节奏地朗读歌词对于下一环节唱会歌词是有重要作用的。响板的音色清脆，比较适合于在朗读歌词时作为辅助，教师可以通过借助响板有节奏地边敲击边念歌词，这不仅能够提高唱会歌词的准确性，并且能够对于歌词重难点地方问题的解决也有着有效的作用。

3. 借助趣味游戏，记忆歌词

游戏中的儿童会产生极为愉快的情绪体验，在低年级的唱游教学中，能够让学生玩中学，学中乐。作为教师，采用合适的游戏有序地开展教学，不仅能为教学增添学习的乐趣，并能够以较快速度帮助学生记忆歌词。Seewo 白板中有较多的教学游戏，例如在游戏中有自带的填空小游戏，，可将歌曲的内容进行编辑，设计填空部分记忆歌曲的游戏，让学生通过填补空白处来巩固歌词内容。还有可以运用其本身的软件功能帮助老师设计小游戏，例如通过蒙层功能、拖拽功能。在这环节中，学生积极踊跃，都想尝试小游戏，这样的游戏方式也带动了平时课堂比较内向的学生，都积极地想把答案告诉同伴。

案例一：

在歌曲《小红帽》中，教师使用 Seewo 功能中的拖拽功能，以图片排列的小游戏，根据歌曲中表现的内容来正确排列图片，并且请学生能够跟着正确图片的顺序记忆歌词，思考这时小红帽

这一音乐形象的心理变化，同时能够通过歌唱时的力度和表情来表现出来（快乐的小红帽——小心翼翼的小红帽——着急的小红帽）。设计小游戏让学生去互动、操作，不仅激发了学生都想参与的积极性，也反馈了孩子对于这首歌曲内容的掌握情况。不仅如此，通过游戏来正面引导学生进行歌唱的处理，这也是激发学生理解音乐形象，用声音表现作品的美感。

（三）通过培养歌唱的音准，提升歌唱能力

歌唱中所发的音高能和一定律制的音高相符，称为音准。而歌唱中的音准是通过演唱者的控制来解决的，当演唱者出现音准演唱偏差，偏离了正确音高的位置，一首歌曲演唱的准确性有所缺失，将是无法完整并且准确演绎一首歌曲的，为此音准是学生歌唱能力培养的重点之一。

1. 结合听辨与模唱，纠正歌唱音准

低年级阶段的学生还未形成较好固定音高的感觉，当学生产生“走音”现象时，教师可以借助固定音高的乐器，来纠正歌唱音准。钢琴是常见的固定音高乐器，钢琴能够表达不同风格的歌曲，表现性强。在音乐课上教师可使用钢琴，可以将学生的歌唱训练围绕听琴音、唱旋律相结合，来纠正歌唱的音准。

2. 借助范唱与模仿，巩固歌唱音准

当学生在歌唱中出现“走音”现象时，教师的范唱以及音频的范唱给予学生正确的示范。作为有声乐特长的教师，借助自身的歌唱技能，通过声音来进行传授。低年级的孩子正值模仿力较强的时候，通过聆听来模仿教师的声音，并能够进行模仿并能区分出与老师声音的不同。范唱的形式当然不是仅有教师，在歌唱学习中音频也能做很好的示范。音频的特点在于有音乐背景的丰富性，人声与背景音乐相结合，激发学生的兴趣，因此也不妨多让学生跟着音频来歌唱，也是巩固歌唱音准的好办法。

（四）通过歌唱情感的表达，提升歌唱能力

唱是声音的艺术，引发情感共鸣的歌唱不仅只是用歌唱技巧的表达，因为那仅仅只是凸显歌唱的技巧，然而当你真正理解作品，紧抓歌曲音乐形象，歌唱有了情感支架，才能做到声音传递情感。

1. 紧抓音乐形象，传递情感

案例二：

在歌唱课《小红帽》中，小红帽是孩子们所熟悉的童话人物，歌曲塑造了她善良、勇敢、有爱心的音乐形象，在教授时一放出音乐，很多孩子都能唱了。现在听歌曲能够通过不同的渠道，不完全是音乐课堂上才能听到，大多孩子都有听过这首歌曲，但孩子对于音乐旋律中所表达的小红帽理解不深。因此在实施本节课的歌唱教学过程中，我教授学生学唱旋律与歌词时紧抓音乐形象。教师通过故事方式讲述渲染情境激发学生，在演唱“我要当心附近是否有大灰狼”时，用了演唱加入力度记号以及有表情的动作表演把小红帽小心翼翼和警惕表现出来，并加入动作表演，另外教师邀请个别学生来扮演森林，营造森林中的小红帽，孩子在演唱这句时就容易表现，声情并茂。“当太阳下山岗，我要赶回家”，演唱中我们应该急促些，提升演唱速度，加入表情以及小跑的动作，送完糕点担心自己的妈妈还在等她，表现出了小红帽的有孝心。教师这一系列细致的处理，是围绕音乐形象来适当地进行，体现了“音乐表现”，在《上海市小学音乐学科教学基本要求》中有说到，音乐表现则是对于音乐乐感和美感的实践方式，是帮助学生在体验音乐情绪、理解音乐形象的基础上，能够模仿表现，来表达音乐情感。

2. 借助情境创设，体验情感

情境是遵循孩子们的年龄特点而来的，小学生活泼好动，想象力丰富，音乐的美感来源于多聆听、欣赏，通过创造一种氛围、情境来营造学生能够想象的画面感从而理解，并能够被带入一定情感氛围中来感知作品，感知音乐形象，用歌声来表现现作品的美。

案例三：

歌曲《大鹿》是一首具有故事性的歌曲，教师通过一层层情境创设，环环相扣，帮助学生感知歌曲中热心的大鹿、被大灰狼追赶着的非常焦急的小白兔这两个不同的音乐形象在大森林中发生的故事。

片段一：情境表演，导入铺垫

【教学环节】情境搭设《大森林》

师：小朋友们，还记得上节课我们一起表演的大森林吗？有许多可爱的小动物、植物、小房子、小花朵等等，让我们跟着音乐再一起来表演美丽而又快乐的大森林吧。

【意图说明】此环节是师生通过情境创设大森林的造型以及肢体律动感受，为新课教学《大鹿》一课的森林故事情境作铺垫。

片段二：引入情境，创编动作

师：小朋友们，今天大森林里发生了怎样的故事？

生：一只小白兔被大灰狼追赶，它寻求大鹿的帮忙。

师：原来是小白兔遭遇了危险，大鹿来救小白兔了呀。

师：你能用什么动作来表现遭遇危险的小白兔？

生：着急敲门的动作、小碎步。

师：那让我们一起来模仿小白兔。

师：小白兔的心情是怎么样的呢？歌词中哪句表现了小白兔的心情？

生：害怕的、着急的、焦急的。歌词“鹿呀鹿呀快开门，林中黑狼追来了！”而且还反复了一遍。

师：那加上着急、害怕的表情再来模仿小白兔，那就更生动了。

师：歌曲中的大鹿是怎样做的？哪句歌词表现了大鹿？

生：歌词“兔儿兔儿快进来，咱们手把手挽牢”展现了大鹿的热心、善良。

师：那你们能用什么动作来表现大鹿呢？

生：可以模仿开门、招手、挽着手的动作。

师：你们的想象力真丰富，让我们跟着音乐一起表演吧，请每小组同学选出扮演大鹿、小白兔的角色各一位，其他同学还是搭设大森的造型一起表演。

【意图说明】此环节是师生通过关键设问，今天大森林里发生了怎样的故事？小白兔的心情是怎么样的呢？你能用什么动作来表现遭遇危险的小白兔？你们能用什么动作来表现大鹿呢？首先引导学生聆听音乐，聆听大森林里发生的故事，初步感知歌曲内容和情境，在教学中再次通过聆听歌词，深入大森林中发生的故事，教师进行了即时的指导，辅助学生进行动作设计，创编合适的动作，借助情境的创设，从而帮助学生进行了音乐环节的情感体验，为歌曲演唱情感的表达作为铺垫。

3. 借助图形谱例，深化情感

图形谱在小学低年级学段中占据了重要的位置，能化无形为有形，变抽象为具象。图形谱主要侧重用于节奏与歌唱教学，作为一种有效的教学手段，给予学生多重的感官刺激，帮助学生更好地理解音乐、掌握音乐，提高学生学习音乐的兴趣和积极性。

图形谱可分为点线图谱和色块图谱。点线图谱是通过点的大小、疏密和线条的长短、粗细来表现音乐旋律的高低、节奏的快慢等。色块图谱是通过冷段色调或者颜色浓淡对比，展示音乐的强弱，带给人听觉的感官刺激。

案例四：

在二年级第二学期第四单元第七课歌唱课《萤火虫》中以“萤火虫”这一音乐形象为主线，歌曲的第一、第二乐句采用了旋律的变化重复，乐曲中多次八分休止符的运用形象地描绘了萤火虫晶莹可爱的形象。低年级的学生对于音乐形象的了解比较浅层，了解萤火虫，是小小的，会发光，通过教师引导，导入生命教育，萤火虫虽小可是它能为黑夜照亮一丝光芒，为路人点路。但如何能够从歌唱中能把它的美表现出来呢？我在歌曲学习环节中，采用了图谱相结合的方式中的点线图谱，用●●●︵断与连的演唱方式，将乐句一与乐句二的前半句用●●●的演唱，表现出可爱灵动的萤火虫在一闪一闪地飞舞，演唱时轻巧有弹性，所以教师给出的图形比较小，在后半句用︵的方式，能够表现出，萤火虫一只只串起来，散发了更多的光亮为人们照亮前方的路，在这句演唱中做到声音、气息的连贯，并伴有渐强的推进感，就像一条弧线一样。

三、对于高年级学生歌唱能力递进性思考

歌唱的能力是指演唱歌曲的本领，歌唱能力在小学阶段是呈递进的关系，从低年级阶段到高年级阶段的歌唱能力是有所不同的，低年级学生歌唱能力的掌握程度直接关系了高年级的歌唱能力，对于高年级的学生歌唱学习的自主性、合作学习歌曲、解决歌曲中演唱难点部分、歌唱表现等能力，教师在平时的教学中应注意方法的渗透以及有效策略的研究，将有效的策略方法潜移默化，培养学生的歌唱能力，在进入高年级后能够在歌唱学习中有所提升。

参考文献

[1] 杨立颖. 小学音乐节奏训练教学策略[J]. 中华少年，2020(12).

[2] 陈梅真. 最美的童声最美的歌——小学音乐课堂歌唱教学有效策略[J]. 北方音乐，2017(21).

[3] 贾洪成. 在小学音乐教学中如何解决音准和节奏问题[J]. 北方音乐，2017(20).

[4] 张磊. 浅析如何进行小学低段学生的音准训练[J]. 科技经济导刊，2017(26).

[5] 蔡敏. 情感魅力——浅谈小学音乐教学中的情感体验[J]. 小学时代(教育研究)，2010(10).

小学音乐课堂中合唱教学有效性的实践研究

上海市静安区和田路小学　林育骢

摘　要：近年来随着我国教育事业的发展，音乐教育在基础教育中得到了更高的重视，很多教学改革工作也逐渐推广开来，而合唱教学作为小学音乐中较为特殊的重要内容，其教学的有效性也需要进一步提升。本文结合实际教学工作，对小学音乐合唱教学的作用与优势进行了分析，并提出了一些提高合唱教学有效性的策略。

关键词：小学音乐　合唱教学　有效性　音乐素养

合唱作为一种集体艺术形式，其在小学音乐教学中有着十分特殊的意义，现阶段合唱教学仍存在着一定的问题，给小学音乐教学的实效性造成了影响，因此，提高合唱教学的有效性对于小学音乐教育来说也是非常必要的。

一、开展小学音乐课堂合唱教学的重要作用

（一）提高学生音乐核心素养

相比其他音乐课程内容，在合唱教学中学生的参与度更高，教学内容的覆盖也比较广，不仅会包括基本的乐理知识，如能力训练、乐器学习、听力训练乃至音乐史都是合唱教学中的重要内容。因此通过合唱教学，学生的音乐视野会更加广阔，掌握的音

乐知识、技能更加全面，能够对自身音乐素养实现全面的提升，各项综合能力也会得到一定的增强。同时，在合唱教学中学生能够得到更多的实践机会，通过实践更好地实现对所学知识的深入理解以及灵活运用，避免出现“眼高手低”的情况，这对于学生音乐素养的提升同样很有帮助。

（二）培养学生团队合作意识

合唱是一种由多人共同协作完成的团队音乐活动，想要完成精彩的合唱表演，不仅需要个人的精彩发挥，更重要的是团队间的协调合作、密切配合，实现多声部和声效果的和谐、统一、均衡，体现出个人演唱无法达到的立体感。因而通过合唱教学，学生就能够充分认识到团队合作的重要性，进而树立正确的合作意识。同时在学习合唱的过程中，学生必须时刻关注指挥的要求、服从指挥，并学会尊重其他成员，这些都是合唱表演中所必须具备的意识，而通过合唱教学，学生在这些方面会逐渐提升，从而学会如何与人合作，如何更好地在团队中扮演好自身的角色。

（三）促进学生身心全面发展

合唱教学的作用不仅可以体现在学生知识基础、能力等方面的提升上，同时对于学生的身心健康发展也有着很大的促进作用，这对于小学阶段的学生来说是非常重要的。一方面，合唱作为艺术的一部分，本身就具有陶冶情操的作用，同时，合唱教学离不开表演，而在多次的合唱表演活动中，学生的进取心、自信心、集体荣誉感都会逐步建立起来，这对于学生未来个人成长来说是十分重要的，另一方面，在合唱活动中学生的大脑以及耳、眼、口等多个器官都能够得到充分的调用，因此合唱教学对于学生的智力发展与各身体器官的发育也是十分有利的。

二、当前小学音乐课堂合唱教学存在的问题

（一）难以统一的音色差异

从目前小学音乐教学的实际情况来看，学生个体间在各方面的巨大差异给合唱教学的开展带来了很大的困难。首先，合唱要求个体间的协调合作，而以班级为单位小学合唱教学在学生数量上是比较多的，这使得不同学生间会不可避免地出现音色、嗓音条件等方面的生理差异，这对于合唱教学会产生一定的影响。其次，随着人民生活水平的提高以及艺术教育的兴起，很多家长对于儿童音乐教育越来越重视，从小就会让孩子学习声乐知识与技巧，这使得学生间的音乐基础方面同样产生了差异，拥有一定基础的学生会在课堂上更加活跃、乐于表现自己，而没有基础的学生则很可能会因此而打消学习的积极性，甚至会因为对比而产生自卑心理，这对于合唱教学的影响是非常大的。

（二）容易迷失的声部意识

现阶段的小学生虽然有很多都经过了简答的声乐训练，拥有了一定的音乐知识基础，但由于家长以培养孩子个人能力为目的，因此很少接触合唱领域，而学生也普遍不具备声部意识，这也为教学工作的开展增添了难度。在实际教学中，在单独训练或知识、技能讲解时，学生会有比较好的表现，但一旦进入到合唱阶段，由于缺乏声部意识，因此学生往往各行其是、各唱各的，不会考虑与他人的配合，也不会控制自己的声音，而合唱也远远做不到统一与协调，甚至会在合唱过程中产生矛盾，降低了合唱教学的效率。

（三）缺少效率的教学时间

合唱教学中，对于教学时间的准确把握会直接影响到教学效

果。小学音乐课的课时为三十五分钟，想要在这一时间内完成合唱教学任务对于教师来说是具有一定难度的，因此很多教师在教学中比较着急，想要将每一分钟都利用起来进行知识讲解与合唱训练。但实际上，小学生比较活泼好动，因此注意力集中的状态一般只能够持续十五分钟到二十分钟左右，如果超出这一时间，学习效果就会大打折扣。

（四）略显不足的教师素养

合唱教学在对学生提出更高要求的同时，对于教师个人音乐素养的要求也比较高。合唱教学虽然只是小学音乐教学中的部分课程内容，但仍然需要教师具备一定的合唱水平与经验，然而从目前的实际情况来看，我国小学音乐教师队伍中的专业合唱音乐教师并不多，大多数教师都为钢琴、声乐等专业，这些教师虽然在音乐素养上符合教学要求，但却没有经历过合唱训练，因此无法很好地完成合唱教学。同时，在有限的课时内想要完成合唱教学任务，对于其他专业的教师来说也是比较困难的。此外，在农村等教育落后的地区，有些音乐教师甚至是非音乐相关专业毕业，在合唱方面的经验、水平更加不足，合唱教学也很难发挥出应有的效果。

三、提高小学音乐课堂合唱教学有效性的策略

（一）有趣的练声曲

1. 传统练声曲单一枯燥，学生失去兴趣

在日常的合唱教学中，我们声乐传统的练声方式，虽然能更快地找到发声的状态及喉头位置，但大多都是单音或母音演唱，歌词并没有实际意义。这种练声方式更适合成人或有一定声乐学

习基础的学生，对目前小学阶段的大部分学生来说比较枯燥乏味，很难激发学生的学习兴趣及热情。

2. 设计富有童趣的练声曲，贴近学生生活

兴趣是驱动学生参与到学习之中的最大动力，尤其是对小学生来说，兴趣培养更是激发学生学习热情的主要手段，因此在合唱教学中，培养学生学习兴趣是非常必要的。在实际教学中，可以尝试创作一些有趣且贴近生活的练声曲来辅助教学。例如在学习《火车快跑》这首歌曲的时候，可以配合歌曲主题创编小火车爬坡的练声曲，用长音“呜”来模仿火车的汽笛声，从而使学生找到演唱长音的感觉。配合练声曲《蚕宝宝吐丝》，演唱短音“嘶”，并连续有弹性演唱，找到演唱短音的感觉。从而使学生在演唱歌曲时，对歌曲中长音、短音的连续变化演唱更加游刃有余。

3. 改编学生熟悉的歌曲，激发学习热情

现代社会网络十分发达，学生接触音乐作品的机会其实非常多，在内容上也比较丰富，这给学生的音乐课程学习打下了良好的基础。但对于合唱教学来说，由于学生生活中接触的大多为独唱的流行歌曲与儿童歌曲，因此对合唱了解非常少，这使得学生对于合唱学习既缺乏兴趣，也缺乏基础。因此，想要提高合唱教学的有效性，就必须从学生们熟悉的歌曲入手。例如将教材中《钟声》这一歌曲作改编，改编为轮唱作品，并对班级学生进行分组，并作双声部演唱，学生对教材中的歌曲较为熟悉，旋律、节拍都了然于胸，演唱双声部时也更游刃有余。另一方面在低年级的音乐教学中也要对合唱歌曲进行渗透，以培养学生兴趣，树立合唱意识，为之后的教学打下基础。

（二）伙伴的优美歌声

小学生的声乐基础一般都比较薄弱，对于合唱也不够了解，因此在合唱教学中，需要注意加强合唱基础训练，帮助学生规范在合唱时的行为，养成良好的歌唱习惯，为之后的教学工作打下良好基础。首先重中之重就是要养成良好的聆听习惯。不光是聆听伴奏，更重要的是学会聆听演唱伙伴的优美歌声。合唱是一种集体的艺术，讲究声部的平衡、音量的平衡、音色的平衡。因此聆听伙伴的歌声就尤为重要，在聆听伙伴歌声的同时，调整自身的音量、音色，以达到最好的契合度。试想一下，如果一个班级在演唱一首歌曲的时候，有一个学生的声音特别响亮，从整体的音色中“冒出头来”，势必会影响全班的音响效果，大大降低听觉美感。在教学中我会让学生先把音量放弱，仔细去聆听身边伙伴的歌声。例如在歌曲《夜晚多美好》的教学中，让学生先感受歌曲平静、温婉的意境，再引导学生仿佛在夜晚演唱歌曲，把音量尽量放弱，感受歌曲气氛的同时，聆听伙伴的歌声，从而改变自己的歌声，做到声部的平衡、音量的平衡、音色的平衡。

（三）充实的音乐课堂

教师在教学过程中可以选择教学内容中的重点作为练习内容，并将练习时间控制在二十分钟以内，以最大化教学效果，而其他时间则可以用于课前放松活动、课后总结评价、课堂导入等工作，从而实现对教学时间的合理把控。同时，在合唱教学中还经常会有不同声部的划分与训练，这对于学生来说难度较大，也比较容易产生畏难、消极等负面情绪，教师可以将不同声部的综合训练转为同一声部的统一训练，或是将二声部与一声部的学习顺序进行调整，以有效降低学习难度，帮助学生更好地学习。

音乐是听觉上的艺术，而音乐教学自然也离不开对音乐的鉴赏，合唱教学同样不例外。在开始合唱练习之前，教师可以先将学习的歌曲用多媒体设备播放出来，让学生对歌曲进行赏析，感受歌曲中表达的情感及歌曲的意境，从而加深对歌曲的理解，为之后的演唱打下基础。例如在学习《摇船调》这首台湾船歌时，如果学生能够在赏析的过程中想象出摇船时的情境，感受到悠扬漂浮的感觉，合唱时的演唱效果就会更好。同时，教师还可以引导学生在听歌的过程中对歌曲的不同声部进行对比，找到不同声部间的共同点与差异，从而加深对歌曲的整体把握。此外，在录音播放后还可以让学生尝试单独演唱或分组演唱，让其他同学在仔细倾听，从中发现他人优点和不足，并与自身进行验证，实现有效的自我提升。

（四）多才多艺的老师

教师的个人音乐素养对于合唱教学工作的开展有着非常直接的影响，合唱教学本身只是小学音乐教学的一部分，专门设置合唱音乐教师也不太现实，但对于教师在合唱方面音乐素养的提高同样是十分必要的。因此，学校可以为教师提供一些合唱、指挥方面的学习机会与实践机会，提高教师的指挥能力、演唱功底与知识水平，从而更好地开展合唱教学工作。

例如老师可以使用一些课堂上经常使用的乐器（如口琴、课堂打击乐器等）进行教学，帮助孩子们更好地找到副声部音高。乐器辅助训练是音乐教学中比较普遍的一种教学策略与手段。在合唱教学中，学生难以解决的问题就是对音准、音高的准确把握，同时这也是合唱中最为重要的一点。而通过乐器演奏，学生则能够从宏观的角度对歌曲各不同声部的音准、音高进行形象的体会，并对把握音高、音准的技巧进行总结与认识。因此，利用乐器辅助训练对于合唱教学来说是非常必要的。在合唱训练时，教师可以将学生分为两组，分别演唱一声部与二声部，并选择其中的一组利用钢琴、口琴等乐器进行伴奏，让学生随着乐器伴奏来把握音准与音高，并逐渐加大乐曲难度，从而对学生起到良好的锻炼效果。同时，如果条件允许，也可以组织学生用乐器对歌曲进行分声部演奏，体会不同声部的音高变化，之后再进行合唱，以提高学生的合唱技巧。例如在学习《丰收的节日》这一歌曲时，教师就可以先让学生跟随着录音慢唱，在利用钢琴等乐器伴奏带领学生逐渐加快速度演唱全曲，在这样循序渐进的训练下，学生就能够准确地把握住音准，并通过快节奏的演唱来表达出歌曲中欢快活泼、热情奔放的丰收喜悦之情。

（五）丰富多彩的社团活动

合唱作为一种歌曲演唱形式，必然要与社团、舞台表演产生紧密的联系，而学生对于合唱内容的学习成果也需要舞台表演来展现。因此，教师可以组织学生开展班级、社团内部的音乐会，或带领学生参加各种条件合适的演出活动，而学校也可以经常组织开展各种形式的演出活动，如合唱比赛、节日文艺汇演等，甚至还可以通过校园合唱队，参加专业的演出与比赛。这样一来学生拥有了更多展现自己的舞台，更能够感受到学习合唱的乐趣。同时在演出活动的激励下，学生会主动对自身进行约束，严格要求自己，提高自身合唱水平。

合唱教学对于小学音乐教育有着十分重要的作用，虽然当前阶段合唱教学出现了一些问题，但只要在基础训练、合唱练习、舞台实践等方面采取有效的教学策略，合唱教学的有效性就必然能够实现进一步的提升。

参考文献

[1] 孙红琴. 新课改下提高小学音乐合唱教学有效性的探究[J]. 小学生（教学实践），2016(11)：51.

[2] 王洁. 声乐律动，心随我动——论小学音乐课堂合唱教学的有效性研究[J]. 黄河之声，2016(10)：37.

[3] 沈辰. 小学音乐课堂中合唱教学的有效性研究[J]. 启迪与智慧（教育），2015(02)：65.

[4] 张传凤. 科学开展合唱教学提高小学音乐教学有效性[J]. 成才之路，2014(20)：82.

核心能力视野下，小学音乐学科舞蹈与律动教学策略的探索

上海戏剧学院附属新世界实验小学　周艳

摘　要：在教育全面关注核心素养培育的当下，音乐教育应该凸显其独有的教育价值，特别是在“五育并举”鲜明旗帜下，音乐学科应彰显其美育教育的内涵本质。本文主要从音乐教育理论层面阐释音乐学科核心能力与舞蹈律动之间的关联，舞蹈律动在音乐教学中的独有价值和作用；从音乐学科教育层面客观理解舞蹈与律动的特征和差异；从音乐课堂教学实践层面结合具体教学案例提炼舞蹈律动教学有效策略，并在实践运用中归纳音乐核心能力培养的实效。

关键字：舞蹈与律动　音乐核心能力　教学策略

舞蹈律动作为一种以人体动作为基础的表现性艺术活动，是孩子们非常喜爱和乐于接受的。几乎所有的孩子在开心时都会手舞足蹈来表达自己的情感，在聆听音乐时会情不自禁地随音乐舞动。这说明舞蹈这种直观性、表现性的艺术，非常符合孩子们天真活泼、好动好奇、模仿性强等生理和心理特点。

音乐教学的目的是引导学生在学习音乐中感受美、体验美、创造美。在音乐教育中利用舞蹈律动视觉和听觉结合的特点，使身体的动激发音乐的动，音乐的动又调节身体的动，使动更富有

节奏感和旋律感，人的各种“感官”活动起来，就能促进人身心的全面发展。

一、音乐核心能力与舞蹈律动内在关联的理解与解析

在音乐活动中对学生进行有效的舞蹈律动的培养，能促进学生在富有感染力的教学情境中形成一定的音乐学习能力。舞蹈与律动不是单纯地学习舞蹈动作或律动表演，而是运用这一种音乐学习方式，让学生参与到音乐的实践中，聚焦核心能力培养，提高他们自主学习的能力，提升他们的音乐素养，培养合作参与的创新能力。而有美感的舞蹈与律动是音乐核心能力“乐感与音乐美感表现”的具体化要求之一。

（一）音乐核心能力理解与解析

音乐的核心能力：

1. 音乐听觉与联觉反应能力——音乐感受与欣赏
2. 音乐乐感与美感表现能力——音乐表现
3. 音乐编创与创作能力——音乐创造

三个核心能力分别侧重指向三个音乐学习领域，三者之间相互联系，相互依托，相互发展，构成了立体的音乐教学框架。听觉与联觉反应是基础，而音乐的创作是最高体验。想要将两者连接起来就需要加强音乐的审美。

音乐在生活中的实践体现为载歌载舞的形式。比如各种民族舞蹈（维吾尔族、蒙古族、傣族等），就是将音乐与舞蹈完美融合。小学音乐教育是孩子们音乐的启蒙教育。在音乐教学中把听觉与动觉结合起来设计音乐体验活动，对学生体验音乐要素的变化、感受旋律的起伏、体会不同的音乐风格往往有着很好的效果。

乐感和音乐美感的感受，是对听觉与联觉反映的一个提升。音乐展现的完美形式就是将听到的内容，结合自身的心理感受，以肢体语言的形式表现融为一体。想要做到这一点需要对音乐背景、作曲家想要表达的精神内涵及情感体验有一个较为深刻的了解，然后把这些体验变成音响及技巧动作，即将感情转化为一种感官外部表达方式，来宣泄内心情感。同时通过肢体语言的进行体现作曲家的意图，使音乐表演艺术更便于欣赏者的理解、接受、领悟。教师在理解教材内容的基础上编排合适的舞蹈动作是学生能有美感表现的重要因素。

在有了音乐感受，提高了音乐审美后，就可以开始对学生进行音乐创造的训练。即兴创编与音乐创作是音乐教育中急需解决和提升的问题，教师应尝试性地找寻一条有效引导学生进行即兴创编的途径，以吸引更多的孩子参与到音乐创作学习中来，并以此来唤起他们的创作欲望。

（二）舞蹈律动教学的理解与解析

小学生正处于对艺术培养的萌发期，通过开展舞蹈律动教学，在一定程度上能更好激发学生学习音乐的兴趣，启发他们的想象力，调动他们的一切感知能力。舞蹈律动是学生体验音乐、感受音乐、表现音乐的一种重要方式和手段，学生在舞蹈律动中无拘无束地用身体来表达自己的亲身感受，不仅能深刻体会音乐的节奏和韵律感，还可以结合人文特点、音乐形象感受音乐所表现的不同情感，在富有感染力和有效的教学情境中培养核心能力，提高学生的音乐综合能力。

由于我校是舞蹈特色学校，所以在以舞蹈、律动为切入的教学中，更能激发学生的学习热情，学生自主参与到学习中，用肢体语言感受音乐的情感，表现对音乐的理解，创造音乐的美。

1. 律动的基本形式及其课堂教学意义

律动是指有节奏地跳动，有规律地运动，常表现为身体伴随音乐舞动，是人类天生自然的身体运动。小学音乐课中的律动主要分为两类：原地律动和空间律动。

在律动教学中，我根据音乐节奏引导学生运用肢体进行旋律拍打，最常见的就是拍手和跺脚等动作，让学生轻松掌握音乐中最简单的舞步。学生可以根据歌曲内容自行切换肢体动作律动拍打以配合音乐中的旋律。音乐感和节奏感较强的学生也可以根据自己对音乐歌曲的理解设计相应的律动表达出自己对歌曲的认知，增加学生对音乐旋律的理解，更加深了学生对音乐情感的认知和理解力。律动教学还应根据学生年龄特点和教材特点，按阶段设计，循序渐进地安排，逐步发展学生的自我表现能力。

2. 舞蹈的基本内容及其课堂教学意义

舞蹈是一种形体语言，用形体来感受音乐，舞蹈是音乐的体现，而音乐则是舞蹈的灵魂。奥尔夫说过："原始的音乐不是单独的音乐，它是和动作、舞蹈、语言紧密结合在一起的。"

舞蹈表演是由一个带有主题性的动作以及其他的配合性动作构成的动作组合。与律动有很大的不同点，律动只是根据音乐做一些简单的、有规律的肢体动作。舞蹈由一个个动作组合而成，而节奏就是将一个个动作有秩序有组织地组合起来的线，正如泰德肖恩所说："在舞蹈的全部成分中基础是节奏，没有它一事无成，而且一切都依赖它。"小学阶段所学的舞蹈主要分为民族民间舞蹈和儿童舞蹈等，音乐课中的舞蹈学习有助于促进三大核心能力的发展。

二、律动——跟着音乐用肢体动作表达音乐本体特征

小学阶段的音乐课主要聚焦一个个鲜活音乐作品中的音乐本体特征展开教学，而律动对于某些音乐本体特征的感知与理解有着直接的教学价值与作用。

（一）即兴律动，聚焦音乐听觉与联觉反应能力

1. 根据音乐要素特点进行律动

音乐是一种时间的艺术，它的节奏、速度、力度都在不断地发生着变化，具有运动的特点。因此，节奏、节拍、速度与力度共同构成了音乐的骨架，它们对于音乐的表现、塑造音乐形象有着不容忽视的巨大作用。例如：在欣赏乐曲《野蜂飞舞》的教学中，我要求学生根据乐曲的速度特点、密集的节奏特点以及旋律高低起伏的特点，模仿一群野蜂上下回旋、快速飞舞的场景。在认知了以上特点后，学生能准确地用飞的律动表现出自己对音乐的理解，教室里顿时呈现出一群野蜂飞舞的画面。

2. 根据音乐情绪特点进行律动

在教学活动中运用语言、实物、音乐、画面等多种手段，创设一种生动、真实的教学环境，对于小学生来说可以根据音乐情绪的变化做有规律的韵律动作，以身体各部分的动态来感受音乐、理解音乐、表现音乐。轻快活泼的舞曲，动作的设计必然干脆利落，表现出欢快的情绪；柔和优美的抒情曲，其动作就应该突出舒展。

（二）有目的的律动，聚焦音乐乐感、音乐美感表现

有目的的律动对音乐的理解是具有指导性的，并且因为有目的的理解已经是对音乐有了一定的了解，有助于提升对音乐的审美力。

1. 根据音乐形象与情境进行律动

在教学过程中可以根据歌（乐）曲的音乐形象与情境特点来创编律动。如在学唱《洋娃娃和小熊跳舞》一课中，初听完歌曲，我问学生们："这首歌曲表达了什么感情，我们可以搭配什么动作？"学生们："洋娃娃和小熊两个人欢快地跳舞，可以手拉手转圈圈来展现可爱的洋娃娃和小熊形象。"在音乐学习中我们通过音乐的意境理解和确定音乐中的音乐形象，选择合适的动作进行律动，这就是音乐要表达的含义。

2. 根据音乐风格特点进行律动

在小学音乐教材中有很多不同风格的音乐，如进行曲、舞曲、摇篮曲等，还有不同民族的音乐风格也各不相同，如藏族、傣族、彝族、蒙古族等。课堂中的律动设计一定要在把握音乐风格和音乐要素特点的基础上进行。例如：歌曲《新疆是个好地方》是一首新疆维吾尔族民歌。歌曲轻快、活泼，简单上口，便于演唱。在学唱歌曲时我引导学生先分析新疆民歌的节奏、旋律特点，然后带领学生感受维吾尔族舞蹈的典型动作韵律感，随后学生的律动明显表现出了新疆维吾尔族载歌载舞的风格特点。

（三）律动教学的渐进式规律

律动教学的特点是把音乐的感受和身体的运动密切地结合起来，让它产生更好的教学效果。律动的设计应在分析教材内容和音乐情绪的基础上，根据教材的特点渐进式设计。

1. 律动中模仿

对于低年级学生来说，律动以模仿为主，在教学中可以采用一些生动形象、情节简单的音乐进行律动。例如学唱歌曲《欢乐的小雪花》中，我引导学生想象雪花的形态，有的雪花唱着歌飘落，有的雪花跳着舞落下，以及小朋友们在雪地里堆雪人的场景进行模仿，学生们很快喜欢上了这首歌曲，在动作的辅助下记住了歌词。

2. 律动中互动

律动教学中更要注重学生之间的合作意识和能力培养。例如在学唱《小树快长高》这首歌时，根据一年级学生以形象思维为主、模仿能力较强的特点，我设计了活泼可爱的直观动作，引导学生模仿小树长高的样子，使整节课更加生动有趣。我对小朋友说："大家想一想，小树长高是什么样子呢？小树长高了我们还能和小树一起玩耍么？"启发学生展开想象——"小树迎风飘扬，快乐地舒展着自己的枝叶，表现了小朋友对小树要快快长大的期待和祝福"。在教学过程中，我让学生分组分角色表演，有的扮演小种子，有的扮演小树，有的扮演小朋友的角色，让学生讨论想象如何通过律动的形式表现小种子长成小树，小朋友对小树轻轻说话的音乐情节。学生仿佛长出一对富有想象力的翅膀，在音乐情境中创编动作，通过肢体语言展示自己对歌曲的理解与表达，在歌唱和表演中积极愉快地进行音乐学习。通过演唱、律动式互动，引导学生用心体验感悟音乐，激发学生的音乐潜能，又培养了学生的小组合作能力。

3. 律动中创造

创造性音乐活动的基础是体验音乐，而体验音乐又以"听"为基础。因此，我在律动教学中以"听"为主线，在听的基础上用简洁、准确、生动并具有启发性的语言，去揭示音乐的思想性、艺术性，启发学生的想象力，帮助他们了解音乐、感受音乐、创造音乐。在学生熟悉音乐的过程中，逐步引导他们跟着音乐做拍手、点头、踏脚等简单的即兴表演，让他们投入到自己创编的律动中。

《花仙子之歌》是一首课外歌曲，活泼欢快，我把它作为一首课前律动曲，为孩子们虚拟了一个童话的音乐世界，让他们沉浸在欢乐中，跟着音乐跳进教室，开启音乐模式的状态。学生心目中的花仙子是个有翅膀的小仙女，有神奇的魔法棒，我让他们按照自己的想法设计动作，合着音乐自由律动。他们很陶醉地跳着自己设计的动作进音乐教室，开心极了，上课的兴趣被完全激发了，也提高了教学的时效性。这对于培养学生自主学习、创新实践起到了积极的作用。

三、舞蹈——跟着音乐用肢体动作表达内心的感受与情感

音乐是情感的艺术，在教学过程中只有让学生对音乐产生情感，才能使学生在音乐活动中获得丰富的情感体验。舞蹈动作从肢体到表情，表达着对音乐的理解，表达着内心的感受。通过音乐与舞蹈的结合，激活学生对音乐的感受力和想象力，从而更好地享受音乐，热爱音乐。

（一）聚焦核心能力培养，学习基本动作与组合

1. 模仿各类示范，体验并学会基本动作之意

民族音乐就得根据不同民族的习俗和风格来设计，应借助民间的舞蹈语言使舞蹈动作渗透民族特色。

例如《我的家在日喀则》这一课中，我先引导学生感知藏族人民翻身得解放，感谢共产党，对北京首都的向往等思想情感，并让学生了解藏族音乐的特点。然后带领学生随着音乐的起伏拍打节奏，恰当地教学生一些简单的藏族舞步，鼓励他们随韵律再

创造，用优美的舞姿表现乐曲的情绪，这样教学活动进入高潮，“听”和“动”，“感受”和“表现”就密切地结合起来。

“动”是手段，“学”才是目的。通过“听赏”“感受”“表现”三个阶段的教学，增强了学生对音乐的兴趣，达到了“从听入手，动在其中，诱发情感，培养素质”的目的。

2. 在音乐中舞蹈，感受与表现音乐形象之美

每一种舞蹈都有它的风格特点，教师要分析音乐作品的背景，把握舞蹈风格和动作要领，才能体现乐感与美感。

例如在教学《草原就是我的家》时，这是一首原汁原味的内蒙古民歌。我从蒙古舞入手，调动学生对这首歌曲的学习兴趣，掌握蒙古舞蹈舒展、豪迈的特点。在这里，我不对蒙古舞的动作加以统一的要求，学生们可以按照自己理解的草原舞蹈进行，从而顺利过渡到歌曲演唱时气息的控制，唱出草原的辽阔壮丽和对家乡的自豪感。通过蒙古舞加深学生对音乐的联想体验，也了解了内蒙古人民的草原生活和风土人情，表现了热爱蒙古草原生活的内在情感，更是活跃了课堂的学习气氛，激发了学生对蒙古舞的喜爱之情，为歌曲教学中找到了很好的突破口。

（二）聚焦创新能力培育，鼓励学生自编与自创

舞蹈家多尔·雅各布指出：“舞蹈运动的过程并非像大多数情况下人们默认的那样由意志力决定，相反，它是由想象力所决定的。”在音乐教学中让学生通过舞蹈动作来模仿身边的人或事物，就是一种很好的培养想象力和创造力的活动。

在舞蹈的强大表现力之下，音乐中所蕴含的情感和思想都能充分地以一种具象化的方式表现出来。在舞蹈教学中，我始终鼓励学生进行创造，即不按照固定的舞蹈动作开展，而是按照自己

的想象自由表演。

1. 鼓励开展规定动作的排列组合

舞蹈表演中，老师作为领舞人一般会涉及一连串连续的动作（比如设计 4 个连续动作）。但在课堂上，我鼓励学生将舞蹈动作进行排列组合，这个排列组合可以是随机的，只要搭配出来具有美感。例如在《老爷爷赶鹅》这首歌曲中，我先带着孩子们按照我设计的动作进行表演，然后鼓励他们将动作随机排列组合。

2. 鼓励开展部分动作的创编表演

除了自愿进行排列组合，另一方面，学生们还可以选用老师教的 3 个动作加上自己创新的一个动作进行展示，这就是部分进行自编自创。例如在《老爷爷赶鹅》这首歌曲中，我鼓励学生选择老师教的 3 个动作和自选一个动作进行表演，看看谁的最生动形象。

3. 指导开展舞蹈合作编创与演绎

奥尔夫说："让孩子们自己去寻找、创造音乐，是最重要的。"教师作为引导者，应充分调动学生的积极性，鼓励他们进行自主创编，用舞蹈动作来丰富自己对音乐作品的理解。例如在欣赏《鸭子拌嘴》的教学中，我设立的教学目标是在欣赏音乐的基础上创作舞蹈音响故事，发挥学生丰富的想象和创造力，合作创编塑造出一群小鸭子的音乐形象。首先我自创了鸭子拌嘴的动作，但是我要求学生可以不按照我的舞蹈来表演，而是从我的舞蹈中找到鸭子拌嘴的动作特点，合作创编舞蹈动作进行展示。在展示过程中，有的同学面对面模仿拌嘴，有的同学背对背嬉戏玩耍，通过不同的高低组合，动静结合的舞蹈表演，演绎了一群鸭子有趣生动的"拌嘴"画面。

四、综合——舞蹈律动与其他音乐表演形式的融合

音乐学习的方式主要由演唱、演奏、舞蹈、律动、歌表演等形式组成，如何将舞蹈律动与其他音乐表演形式有效融合，从而提高音乐学习实效至关重要。

（一）唱、奏、舞融合，体现音乐学科特质

在仔细聆听、感知音乐的基础上，关注“如何随音乐”“怎样做肢体动作”，结合表情、神态、造型、队形的变化来更深入地体验音乐。通过挖掘音乐中有特点的节奏和旋律，引导学生在聆听中关注音乐中力度和速度的变化，设计一些简单的、能表现音乐要素及其变化的肢体动作体验音乐，提高学生的音乐核心素养。在音乐教学中，除了授予学生基础的音乐知识和歌唱技巧，还需要注重学生的情感体验和表现。利用舞蹈、律动活跃课堂氛围，引发学生积极思维，把听、唱、奏、舞有机融合，从中渗透创作能力的培养。

例如在教唱歌曲《四季的问候》一课中，通过欣赏、歌唱、介绍歌曲知识、乐器演奏、情景表演，多种形式有机结合进行，激发孩子们对四季的喜爱之情。

（二）舞、演、创融合，体现素养培育方向

音乐教学中，舞蹈律动是学生学习、表现音乐的重要手段之一，借助舞蹈律动对音乐的旋律、节奏等进行深入的感受。而情景表演和造型创编的开展有赖于学生的舞蹈律动的基础与能力。舞蹈律动中含有的一系列艺术性和审美价值，其与音乐课程的融合能够使得学生的艺术素养得到进一步的提升。丰富音乐教学的实践内容与方式，充分利用课堂场地，调动学生的积极性，通过舞蹈律动激发学生探索音乐，让学生的音乐个性在一定的舞台中

得到展示，让学生领悟到音乐世界中充满着快乐与情趣。在这过程中逐渐形成对音乐情绪的感知与理解，这是在音乐教学过程中培养学生“乐感与音乐美感”这一核心能力的有效途径。

在目前核心素养培育的教育时代，每一门学科的核心能力培养是关键。音乐学科中的舞蹈与律动是音乐核心能力培养的重要途径之一，需要我们在每一节课中关注和实践，真正将舞蹈律动的教育教学价值挖掘与培养。

参考文献

[1] 邹长海著. 声乐艺术心理学[M]. 北京：人民音乐出版社，2010.

[2] 曹晏平主编. 寻得蹊径百花开——小学音乐学科学习难点解决策略的探索[M]. 上海：上海教育音像出版社、学林出版社，2018.

[3] 石惟正著. 声乐学基础[M]. 北京：人民音乐出版社，2012.

[4] 陈高兰. 浅析音乐欣赏教学中“联觉”的运用[J]. 科学咨询(教育科研)，2018(7)：104.

[5] 任恺. 音乐课堂教学中几个重要环节的心理学诠释与启示[J]. 中国音乐教育，2018(1)：4-8.

[6] 杨梦瑶. 视听联觉：突破小学音乐欣赏课的樊篱[J]. 艺术评鉴，2017(23)：121-122，130.

运用联觉促进小学音乐欣赏中感知能力提升的研究

上海师范大学附属卢湾实验小学　刘晓薇

摘　要：音乐欣赏是用听觉对音乐加以感受，在这个过程里获得美的享受。联觉是借助听觉而引发的一系列的感官活动。本文以小学音乐欣赏为载体，对运用联觉促进学生感知能力提升进行了实践研究，围绕音乐特征，探索有效教学策略，梳理出低年段与中、高年段运用联觉感知音乐特征的方法与途径，有效提升学生的音乐感知能力。

关键词：小学音乐欣赏　联觉联动反应　音乐感知能力

音乐是听觉艺术，学生在听觉和联觉的联动反应下，通过活动体验提升对音乐的感知能力，呈现音乐中对“听觉”的理解。但由于小学生的知识范围较为狭窄，因听觉引发的联觉反应去感知音乐的能力较为薄弱，还需教师正确的引导与启发。因此，笔者希望通过研究，探索联觉与音乐感知的关系与路径，能够围绕音乐特征，积累较为丰富的教学策略，促进学生音乐感知能力的提升。

一、音乐感知能力和联觉的概念及其关系

（一）音乐感知能力

音乐感知能力包括音乐感觉与知觉能力两个层次。音乐感觉能力是对音高、音强、音色和音值个别要素认知。音乐知觉能力是对不同音高、音强、音色、音值以及节奏、速度、音调等内容的整体认知。

（二）联觉

音乐是听觉艺术，音乐欣赏是借助听觉而实现的艺术活动。学生在听音乐时会感觉到音乐美妙动听，同时似乎又难以捉摸表达内心的感受，从而引发了一系列的感官活动，这种通感也就是联觉。各种感觉之间产生相互作用的心理现象，即对一种感官的刺激作用触发另一种感觉的现象，在心理学上被称为“联觉”现象。

（三）音乐感知与联觉的关系

音乐教学中，我们最熟知的理念就是“听觉为先，动觉切入，视觉辅助”。在欣赏作品时，学生首先在听觉基础上获得一系列感官活动，其次在音响刺激下，根据器乐、人声等音色特点，围绕音乐特征，聚焦音乐要素，获得较为丰富的心理活动，建立音乐形象，创建音乐情境。这些多元的联觉反应都建立在对音乐的感受与认知基础上，从局部到整体，从浅入深，由感性到理性。因此，笔者认为在听觉作用下，联觉的联动反应促进了音乐感知的发生与发展。

二、联觉联动反应促进音乐感知提升的发生与发展过程

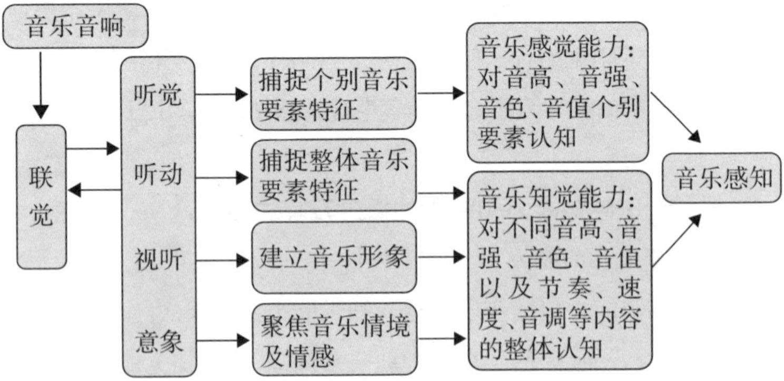

联觉联动反应促进音乐感知提升的发生与发展过程

过程一：听觉反应，捕捉个别音乐要素特征

初听乐曲，学生在音响刺激下，引起感官的共鸣，捕捉个别音乐要素来表现内心的感受。如：高音感觉明亮，低音感觉较暗；强感觉较近，弱感觉较远；明亮高亢的音色感觉灵巧，浑厚低沉音色感觉笨重；音长感觉宽阔，音短感觉急促。

过程二：听动联觉，捕捉整体音乐要素特征

深入聆听，学生在分段赏析中，逐渐从感性聆听过渡到理性聆听，从对个别音乐要素的认知逐渐转向对整体音乐要素的认知。音响、旋律、和声、配器等构成的音乐作品在听觉作用下，产生不同情绪变化。

过程三：视听联觉，聚焦作品中的音乐形象

反复聆听，运用声音与视觉形象的类比，学生在视听通感中获得联动反应，音乐风格、形式、表现要素产生有一定指向范围的心理活动并开展合理的聆听想象与联想，建立音乐形象，将音乐变得更加立体和丰富了。

过程四：意象联觉，聚焦音乐情境及情感

聚焦音乐情境及情感，学生开启创造性思维空间，将获取的知识内容整体迁移，寻找更新颖的交结点，开展范围较大的想象和具有一定指向性的联想心理活动，用语言描述音乐情境，表达音乐情感，用模仿、律动舞蹈、演奏等综合表演呈现对音乐内涵的理解。

三、围绕音乐特征，运用联觉促进学生音乐感知能力提升策略的实践研究

（一）听觉与动觉联动反应，促进聚焦音乐要素特征的感知能力提升

听觉与动觉的联觉反应核心在于“听觉领先，动觉切入”，我们不仅要对音乐有理解的听，还可以通过律动、舞蹈、模唱、视唱以及乐器演奏等丰富的音乐体验活动，感知节奏、力度、速度、音色等音乐要素的变化，从而更加形象地感受音乐作品，理解音乐组成的基本要素，将“乐感与美感”表现出来，提升学生的音乐感知能力。

1. 聆听与律动、舞蹈相结合

音乐教育是需要通过学生对音乐认知的内化来实现的，律动是听觉与动觉联动反应的结果。瑞士著名作曲家达尔科罗兹创立的“体态律动教学法”以自己身体作为表现音乐的“乐器”，在低年级课堂中，老师就采用这样的方式，让学生通过身体动作来体验节奏感和旋律特征，产生对音乐的共鸣。除了采用聆听与律动感知音乐之外，聆听与舞蹈同样能产生听觉与动觉的联动反应。小学音乐欣赏从一年级开始，就陆续接触了不少我国少数民族舞蹈音乐。这些舞蹈音乐都有着各自鲜明的民族舞蹈特征。例如：傣族音乐非常委婉，柔美，老师采用“ 三道弯 ”身体造型让学生体验傣族音乐特征。蒙古族音乐有着悠扬柔和的长调以及节奏鲜明的短调，学生通过抖肩、翻腕来体验草原气息浓厚的蒙古音乐特征。朝鲜族音乐有着明朗、轻快的旋律和丰富多彩的“长短”节奏特点，学生尝试跳起长鼓舞来体验朝鲜族三拍子韵律特征。

2. 聆听与模唱、视唱相结合

学生从听觉中感受旋律的起伏变化，把握音乐中的节奏、节拍、速度、力度等音乐要素感知音乐。在熟悉主题旋律的过程中，结合模唱、视唱能加深记忆，表达情感。四年级第一学期欣赏《幸福年》，这首乐曲的主题旋律前后共反复了6次，作曲家运用丰富的乐器音色表现人们多姿多彩的幸福生活。学生通过模唱、视唱主题旋律，感受农民们庆祝丰收的快乐心情。在板胡演奏的主题旋律中，学生用明亮、上扬的声音再一次模唱、视唱主题旋律，进一步了解流传于北方的拉弦乐器板胡的音色，体会具有浓郁地方色彩的北方音乐特征，加深主题记忆。

3. 聆听与演奏相结合

聆听与演奏相结合是音乐欣赏中较为常见的体验活动，学生在听觉中获得对音高、节奏、旋律等音乐感知。运用打击乐器或固定音高乐器演奏，探索生活、自然界中各种音响。三年级第一学期欣赏《森林铁匠》，学生从音响中听到了叮叮当当金属发出的声音并选择合适的打击乐器为乐曲伴奏，体验铁匠不同的打铁方式，体会铁匠快乐劳动的心情。除了打击乐器的演奏，还可以借助固定音高乐器如：竖笛、口风琴等吹奏主题旋律，感知旋律中音的强弱、速度快慢、节奏的长短、声音高低变化，培养学生良好的节奏韵律感和音准概念。

（二）听觉与视觉联动反应，促进聚焦音乐形象特征的感知能力提升

黑格尔曾说过："艺术形式就是诉诸感官的形象"。听觉中的音高与视觉中的亮度具有联觉上的对应，频率越高的声音越明亮，频率越低的声音越低沉，一年级第一学期欣赏《可爱的动物》低音区域的演奏描绘出狮子、大象笨重的音乐形象，高音区

域的演奏表现出小鸭、兔子、小鸟等灵活敏捷的音乐形象。运用声音与视觉形象的类比，让学生在视听通感中产生联动反应，从视觉中得到听觉的感受。

听觉与视觉的联动反应，聚焦音乐形象特征，鲜明地反映出音乐家对作品创作的思想情感。四年级第二学期第四单元《天山之春》第二乐段，学生借助多媒体琵琶独奏的视频来聆听乐曲，感知与第一乐段不同节拍、情绪的变化，了解琵琶演奏“扫”、“摭分”和“快夹弹”等技巧。在听觉与视觉联动反应下，调动学生的通感反应，在视觉基础上充分得到听觉感受，从而建立音乐形象。

（三）意象联觉，促进聚焦音乐情境与情感的感知能力提升

意象联觉是听觉与联想、想象的联动反应，具有多种心理活动现象。著名哲学家康德说：“想象力是一个创造性的功能。”在音乐欣赏中，想象是初次聆听音乐之后产生的心理活动，其心理活动空间较大，内容较为宽泛。随着老师出示标题并介绍作品文化背景之后，学生再次聆听，这时的心理活动有了一定的音乐指向范围，产生的心理活动是联想，其内容指向与作品有关。

人民音乐出版社五年级欣赏《飞翔的女武神》是歌剧《女武神》第三幕开场曲。初次聆听，学生围绕音乐特征开启想象，描述听到主题乐段的情境。当学生了解作品相关文化背景，演奏形式及故事概括后，老师截取部分音乐中具有主要特征的旋律，学生小组合作通过“寻找匹配线条”的音乐活动来激发对“女武神”故事的细节联想，进一步描述“女武神在干什么？”在碰撞、激烈的音乐情境中，开展音乐表演，在体验中提升联想与想象的创造性思维能力，呈现学习成果。

四、运用音乐联觉促进小学生音乐感知能力提升的实效与思考

（一）运用联觉促进小学生音乐感知能力提升的实效

1. 通过研究，梳理出低年级中、高年级感知音乐特征的方法与途径

	音乐及其特征	联觉联动策略	学生表现	音乐感知能力
低年段	·故事情节音乐 ·中国民族舞蹈音乐	听觉与动觉联动反应聚焦音乐要素	·能够聆听音乐开展即兴或简单的肢体律动和舞蹈动作 ·能够模唱简单的旋律或唱名组合 ·能够用单纯音符进行拍击节奏与演奏	·感知音的强弱、长短、节拍、单纯音符构成的节奏 ·会模唱简短唱名与乐句 ·能正确地节奏拍击，有节拍韵律感
		听觉与视觉联动反应聚焦音乐形象	·能够通过视觉与听觉的联动反应建立简单的人物形象关系	·能根据音的高低、长短、强弱感受，初步建立音乐形象
		意象联觉联动反应聚焦音乐情境与情感	·听音乐初步感知音乐的情绪，感受音乐作品故事情境	·简单表达音乐的情感 ·用简短语言描述音乐情境
中、高年段	·描绘形音乐 ·标题形音乐 ·中、外民族舞蹈音乐	听觉与动觉联动反应聚焦音乐要素	·感知音的强弱、长短、节拍、速度、旋律等音乐要素，理解音乐特征 ·能结合五线谱、简谱进行模唱与视唱 ·能够用表现性律动或简单舞蹈组合开展综合表演，肢体动作能根据音乐节拍、节奏、速度表演	·简单分辨主题乐段，把握个别音乐要素，感受旋律 ·能分辨速度、力度、节拍的变化，整体感受乐曲旋律 ·结合五线谱简谱模唱与视唱能，有调内单音音高 ·肢体动作能表现音乐节奏、旋律特点

续表

	音乐及其特征	联觉联动策略	学生表现	音乐感知能力
中、高年段	· 描绘形音乐 · 标题形音乐 · 中、外民族舞蹈音乐	听觉与视觉联动反应聚焦音乐形象	· 能用打击乐器简单创编节奏并演奏 · 能根据音乐作品体裁建立音乐形象 · 能根据旋律特点、乐器音色特点建立音乐形象	· 舞蹈能根据音乐节拍、节奏、速度表演 · 能够听辨并知晓音乐作品体裁 · 能够听辨民族乐器及西洋乐器音色并知晓音色特点
		意象联觉联动反应聚焦音乐情境与情感	· 根据音的强弱、长短、节拍、速度、旋律等音乐要素变化，感知音乐情绪变化 · 通过听觉与想象、联想的联动反应建立情感体验	· 分辨旋律、节奏变化，用语言描述旋律特点 · 通过想象产生心理活动，描述音乐情境 · 通过联想进行有音乐指向性的音乐情境故事描述

2. 通过研究，提升了学生音乐要素感知以及对音乐整体感受的理解

学生从音乐的感觉到音乐的知觉，能较准确地捕捉到音乐作品中的音乐要素。低年级以捕捉个别音乐要素为主，如音的长短、高低、强弱，情绪的欢快、抒情，速度的较快、稍慢等，并能简单描述音乐感受，高年级能较完整地对音乐要素进行整体认知。如主题乐段之间不同的情绪、速度、力度变化；旋律走向平稳柔和、跌宕起伏的分辨；结合音乐特征开展想象与联想，创建音乐形象与情境，情感的表达等，通过语言具体描述音乐感受。

根据不同年段学情特点，学生通过丰富的音乐活动展示他们对音乐内涵的理解。低年级身势律动识读乐谱，感受节拍的韵律，模仿与模唱感受音乐特征。高年级小组合作创编节奏，打击乐器演奏，创编简单舞蹈与律动进行表演，运用统一音色模唱或视唱旋律、歌词。从表现形式上看，因听觉产生的联动反应提升了学生对音乐整体感受的认知，让学生更乐于参与到音乐活动中，愿意与老师互动，与同学合作，在此过程中，不断提升他们对音乐学习的兴趣，建立自信，获得一定的收获和成就感。

（二）运用联觉促进小学生音乐感知能力提升的思考

1. 如何在梳理出的低年段和中、高年段感知音乐特征方法途径的基础上合理创新与运用？

通过梳理，运用联觉联动策略，对不同年段学生的音乐感知能力的培养有了比较明确的指向。在之后的课堂教学实践中，要打破固有的模式化教学，使学生在音乐欣赏中认知、能力以及情感同步发展。在听觉领先基础上，调动听觉与联觉联动反应，在活动体验帮助学生理解音乐，提升对音乐审美的感知，对音乐风格及文化的理解。

2. 借助不断发展的新媒体技术，如何更好促进学生音乐感知能力的发展？

时代在变化，如今的教学也在悄然发生变化，我们也要不断探索网络平台信息技术与教学专业相结合方法，从教学整体设计到教具制作将音乐性和教育性有机融合，设计思维含量较高的问题，调动学生听觉上的联觉反应，培养学生音乐感知能力并不断加以提升。

参考文献

[1] 阎林红. 音乐感知能力的研究——音乐表演艺术从业者的心理基础[J]. 中国音乐，1995(04).

[2] 许群. 论音乐感知能力的培养[J]. 音乐时空，2014(1).

[3] 邹敏华. 音乐审美中的视听联觉与创造性思维[J]. 新教育时代电子杂志(教师版)，2014(22).

音乐教学评价与检测

小学音乐课堂教学有效实施评价的困惑与思考

上海市青浦区庆华小学　陈薇

摘　要： 教学评价是研究教师的教和学生的学之价值的过程。在课堂教学中，教学的有效性一定是“评价”之价值最大体现。本文针对广大青年教师在音乐课堂教学中普遍遇到的“评价该不该一味点赞、一团和气”“评价需不需面面俱到、多多益善”及“评价能不能凭借经验、跟感觉走”等三种困惑，结合案例探讨小学音乐课堂教学中评价实施的有效策略，以期帮助青年教师走出评价的误区。

关键词： 小学音乐　教学评价　有效性

教学评价是依据教学目标对教学过程及结果进行价值判断并为教学决策服务的活动，是对教学活动现实的或潜在的价值做出判断的过程。长期以来，评价一直是国际教育改革的一个焦点领域。近年来，随着我国教育行政部门多个纲领性文件的颁布，评价改革更是成为我国实施素质教育的必然要求，对学生实施全面素质评价也成为教学评价的基本取向。

在小学音乐课堂教学过程中，评价是贯穿始终的重要组成部分。它好比一面镜子，用于帮助学生参照评价的要点或标准，不断调整学习过程，完善学习方法。当然，它不仅发挥着通过诊断学习效果来促进学生改进与完善学习方法的功能，同时也是帮助教师及时掌握学生学习状态并不断进行教学调控的必要手段。

近年来，广大教师对评价的重要性有了较为清晰的认识，在教学中也能有意识地融入评价活动。然而，笔者在日常的听课调研、教学指导、师徒带教中发现，教师们对课堂教学中如何有效实施还是面临着诸多困惑。在此，笔者通过教师们遇到的三个比较具有普遍性的困惑，结合案例与大家共同探讨小学音乐课堂教学中评价有效实施的对策。

一、评价该不该一味点赞、一团和气——把准“方向”，凸显“诊断”功能

下面的情景大家也许不陌生，因为这是发生于真实课堂中的一幕幕由评价而生发的“热闹景象”：“你真聪明”“你很棒”的程式化赞美接二连三，小手卖力拍出的掌声整齐划一，“表扬他——棒，棒，你真棒”的师生上下句配合严丝合缝……一节课上完，孩子们的嗓子干了、小手酸了，老师的表情肌笑僵了、溢美之词穷尽了，而课堂的学习效度和目标达成度究竟有没有因为这些“你好我好大家好”的热闹评价而有所提高呢？我们不禁担心，听着这一遍遍机械重复的赞美，学生心中究竟会升腾起多少获得成功的喜悦？说着这一声声言不由衷的表扬，教师眼中又究竟能捕捉到多少学生进步的实证？

很多老师认为，家庭教育中“好孩子是夸出来的”的道理迁移到学校教育中便是“好学生是夸出来的”；也有很多教师片面地把激励性评价理解为“只表扬、不批评”或“多表扬、少批评”。诚然，“只表扬、不批评”或“多表扬、少批评”确实能保护学生的自尊心，使他们在心理上较易获得自信和成功的体验，从而充

分调动起音乐学习的积极性和主动性。但是，激励性评价必须建立在实事求是、科学合理的基础之上。比如表扬学生的“好”，应该说出“为什么好”“好的程度如何”，如果有必要还应让学生知道“怎样做还能更好”。这种具有针对性的、让学生能发现自己的不足并明晰今后努力方向的激励性评价，才能使学生的音乐学习行为继续向更高层次需要付出积极努力。因此，教师应把准“方向”，在保护学生音乐学习积极性的同时，凸显评价的“诊断”功能。

案例1：《哦，十分钟》课堂评价（人民音乐出版社《音乐》四年级上）

片断1：复习演唱歌曲

在钢琴伴奏下，学生齐唱歌曲。

师：听到下课铃声响起，你们的心情是怎样的？

生齐：开心！

师：为什么呢？

生1：因为我们可以到操场上去做游戏。

生2：因为这是我们放松心情的时刻。

师：对啊！课间十分钟虽然短暂，但给我们紧张的学习生活带来了轻松与快乐。我们和小伙伴们走出教室，在校园里唱着、跳着、奔着、跑着，这份满满的喜悦，是多么需要用歌声来尽情表达啊！可是，刚才的歌声似乎还没有达到如此喜悦的程度。来，舒展眉头、展开笑容，把课间十分钟的欢呼雀跃用歌声传递给我！

听琴再次演唱，学生的感情明显投入了很多。

师：谢谢你们快乐的歌声！记住，当你把快乐分享给大家时，你就能收获更多的快乐。

片断2：听音乐创编律动

活动要求：创编表现性律动，呈现快乐十分钟的热闹景象。

1. 第一小组创编了“跳皮筋”的律动，动作虽整齐划一，但缺少节奏的变化。

师：你们的创编很形象，动作体现出了跳橡皮筋的特点。我小时候也很喜欢跳皮筋，可我记得它的跳法不是一成不变的。你们能不能结合跳皮筋的一些不同跳法，让律动表演因为节奏的变化而更加灵动有趣呢？

2. 第二小组以“老鹰抓小鸡”游戏为题材创编了律动，角色表演形象生动，但是脚步未能踏准音乐的节拍。

师：同学们，你们喜欢他们的创编成果吗？

生齐：喜欢！

师：他们的创编有点意思，把我们最熟悉和喜爱的课间游戏以律动的形式搬进了音乐课堂。可是我觉得，律动表演的音乐性还有提升的空间。你们有没有什么改进的好建议，让这个课间游戏更符合音乐游戏的特点呢？

生1：动作可以再舒展一些。

生2：表情可以再丰富一些。

生3：我总觉得他们的脚步比音乐要快。

师：对啊，你说在了点子上。律动表演时必须聆听好音乐的节拍，做到动作与节拍相符。来，我们都在小组里试一试！

音乐学习体验是一种个性化行为，评价的目的于学生来说，是为了促进其对学习的反思，促使其更明智、更理性地学。教师确实应尊重学生在学习过程中的独特体验、实际成效与表现水平，但是一旦发现学生在目标达成过程中的差距，比如，“律动表现”天马行空、和美感根本不沾边，“即兴创编”不知所云、毫无音乐性可言，“聆听体验”与众不同、负能量甚至不健康……教师必须在第一时间进行正确的诊断，并纠正学生认知或技能操作上的偏差。当然，这一定是建立在对学生真诚、友善和尊重的基础上，同时，也要把评价的重点放在未来如何改进方面，并因势利导循循善诱。这样的评价才是顺应学生身心发展和社会发展需求的真正意义上的评价。

二、评价需不需面面俱到、多多益善——把握“时机”，指向“目标”达成

既然评价至关重要，那么在课堂实施时，我们是否理所应当地将评价实施于每一个教学环节？我们能否以评价次数的多寡来衡量其对教学的促进作用？答案当然是“不”。从课堂观察中我们不难发现，缺少目标导向的“撒胡椒面”式的评价，只是流于形式的“为评价而评价”。这样的评价，不仅白白浪费了宝贵的教学时间，久而久之还会使学生对评价产生厌烦，甚至由此减弱对音乐学习的兴趣，实在是要不得。

日常教学中的评价应该是真实的情境化评价。多元智能理论认为，评价的情境化意味着教学和评价“一体两面”，应有意识地模糊两者的界限，使评价更有效地融于日常教学活动之中。这与上海市教委教研室在音乐学科《基于课程标准评价指南》与《单元教学设计指南》中提出的将评价“嵌入教与学的过程”和“融入单元教学活动与具体音乐学习情境”异曲同工。那么，评价应该“融”或“嵌”于教学过程的何时何处呢？这就要求教师懂得把握好评价的“时机”，指向“目标”达成。

“目标”是教学评价的起点和归宿，它制定了学生在相应的学习内容上基本的达标要求。在此基础上，应当形成哪些具体的、不同水平的学业成果表现，《上海市小学音乐学科教学基本要求》（以下简称《教学基本要求》）给出了明确的界定。它罗列的各学段学生在三大音乐学习领域的学习内容与水平以及具体要求，正是一线教师开展课堂教学与评价的依据。依据“要求”，配合“时机”，聚焦教学核心内容的学习理解与表现来确立评价内容、制定评价要点、整体规划评价的途径与方法，并预设将得到哪些评价反馈，便于及时给予有针对性的指导，以促进教学目标的达成。

案例 2：《快乐的歌》课时评价设计（上海音乐出版社《音乐》三年级第一学期）

【教学目标】

1. 在对比聆听、肢体律动中[行为条件]，感受歌曲《快乐的歌》2/4拍的节拍韵律及进行曲风格，体验歌曲欢快的情绪以及少年儿童队列行进时的生动形象[行为表现+意义指向]。

2. 在教师示范、师生合作中，结合旋律视唱、肢体律动等方式[行为条件]，尝试运用饱满的情绪、自然明亮的声音[表现程度]，初步学会[表现程度]演唱歌曲《快乐的歌》[行为表现]。

3. 结合歌曲欢快的情绪以及少年儿童队列行进时的生动形象创设情境，在教师的引导和指导下[行为条件]，即兴[表现程度]创编、设计队列变化进行歌表演[行为表现]。

【教学重点】

能用自然的声音、饱满的情绪演唱歌曲，表现歌曲快乐之情。

【教学难点】

唱准附点、二分音符等节奏；为歌曲创编队列行进。

【评价内容及其要点】

教学环节	评价内容	评价要点	目标指向
一、对比聆听,熟悉歌曲	了解歌曲情绪与进行曲风格	● 踏准节拍 ● 用适切的语言描述情绪	1、2
二、唱歌曲	正确演唱歌曲	● 音准到位 ● 节奏正确	2
三、歌表演	边唱边队列行进表现歌曲	● 歌声明亮,情绪饱满 ● 踏准节拍,队列整齐 ● 控制脚步音量	3

【教学过程与评价示例】

教学环节与过程	评价时机	指导要领	实施意图
一、对比聆听 1. 聆听录音范唱,随音乐律动 2. 师生交流感受 3. 播放歌曲视频,随音乐原地踏步律动 4. 总结归纳,揭示课题 5. 随音乐节拍整齐地踏步律动	在第三环节过程中,提出活动要求:"跟随2/4拍节拍韵律,整齐地踏步律动" 在第五环节前,出示评价要点:"①合着2/4拍节拍韵律;②精神抖擞,步伐整齐"	1. 在聆听录音范唱,随音乐律动时,引导学生初步感受歌曲的节拍韵律 2. 在师生交流感受环节中,对比《小白鸽之歌》的节拍韵律,引导学生说出2/4拍的节拍韵律 3. 依据活动要求,请学生观看视频,学一学视频中学生的踏步动作 4. 依据评价要求对踏步动作进行指导 5. 交流归纳,总结出歌曲欢快的情绪以及进行曲风格。再次以本环节评价要点做出要求,学生跟随音乐律动整齐地踏步回座位	本环节评价主要指向目标1、2中"通过教师示范、师生合作,结合肢体律动方式感受2/4拍歌曲的节拍韵律以及进行曲风格,体验歌曲欢快的情绪以及印尼儿童行进时的快乐形象"的学习要求。

续表

教学环节与过程	评价时机	指导要领	实施意图
二、学唱歌曲 1. 聆听教师范唱，了解歌曲结构 2. 学唱歌曲旋律 ①师生合作，视唱相似乐句旋律 ②完整视唱相似旋律 3. 学唱歌词 ①学唱相似乐句歌词 ②师生合作，演唱歌曲 ③学唱歌曲第一乐句 ④自主学唱歌曲第二段歌词 4. 完整演唱歌曲	在第三环节“学唱歌词”的过程中，出示评价要点：“与钢琴伴奏速度保持一致，歌声明亮，情绪饱满”	1. 在学唱相似乐句歌词时，在钢琴伴奏的提示下，提醒学生在二分音符处歌词的正确演唱 2. 师生合作演唱歌曲时，教师通过对八分音符和附点音符歌词的对比演唱，引导学生知道歌曲中附点音符的运用对歌曲情绪的推动作用，附点的运用使歌曲二、三乐句的情绪更加饱满。 3. 依据评价要点，学生自主学唱第二段歌词以及完整演唱歌曲。	本环节评价指向目标2中“运用饱满的情绪，自然明亮的声音演唱歌曲”，落实学习要求
三、歌表演 1. 创设情境，学生用椅子摆放图形 2. 活动1：小组随音乐队列行进 3. 请一组学生展示，生生、师生互评 4. 活动2：小组合作进行歌表演，教师巡视指导 5. 小组展示，生生、师生互评	在第二环节“活动1”的学练活动前出示评价要点：“能合着音乐节拍韵律行进，步伐整齐、精神抖擞” 在第4环节“活动1”的学练活动前出示评价要点：“①能合着音乐节拍韵律行进，步伐整齐、精神抖擞；	1. 教师邀请一组学生展示时，引导其他三组学生开展互动评价，引导学生从评价要点出发进行观察，对小伙伴进行评价，并提出改进建议 2. 在师生互评中生成好的改进建议的基础上，让学生在能合上音乐节拍韵律，步伐整齐的同时，小组合作交换行进路线	从为本环节两个活动设计的不同评价要点可以看出，评价真正促进了学生学习要求的达成与学习能力的不断提升

续表

教学环节与过程	评价时机	指导要领	实施意图
	②能用自然的声音，情绪饱满地演唱；③适时控制脚步的音量，并与歌唱的音量保持均衡”	3. 教师对小组合作交换行进路线做出指导后，再依据评价要点采用小组帮唱、合作表演的方式进行师生互相评价 4. 在完成评价结束后，教师及时对学生进行进一步的能力培养要求，请学生在小组变换路线的同时，边走边唱进行歌表演	

由上述案例可见，其实评价不必“面面俱到”，也绝非“多多益善”。只有以单元、课时目标为依据，明确评价标准或评价要点，确定学习中的评价环节，选择合适的评价时机，有意识地将评价有机融入教与学的过程之中，并针对学生学习中的真实情况进行反馈与指导，那么，评价就能真正发挥促进教学目标达成的作用。

三、评价能不能凭借经验、跟感觉走——把控“全局”，注重整体“规划”

纽约大学音乐博士戴维·埃里奥特说：“实现音乐教育的目的依赖于评价，评价的内容是一个复杂的工程。”在音乐学习中，我们评价的不仅仅是学生的单项音乐能力，而是听、唱、演、奏、律动等多项音乐综合实践能力；我们也不能凭借一个活动、一节课或某一教材内容来全面评价某一学生的音乐学习水平与能力，而是应该在单元目标导向下对评价维度、内容、观测点、标准、途径与方法等做出整体的规划与预设。只有这样，才能避免凭借主观经验与感觉的“脚踩西瓜皮，滑到哪里是哪里”式的评价。

华东师范大学课程与教学研究所所长崔允漷教授在《指向学科核心素养的教学即让学科教育“回家”》一文中指出，一个单元就是一个完整的学习故事；一个单元就是一种课程，或者说微课程。……以单元为站位，看到的目标才是学科育人的关键能力、必备品格与价值观念。因此，评价的设计应聚焦单元作品的艺术表现特点，挖掘相关作品的音乐本体特征以及学习过程与人文情感内涵的教育价值，分析、整合关键学习内容，梳理理解线索，建立起单元内容重点及结构，架构起单元课时与课时之间的学习关联，达成“单元教学”的整体效应，以落实《教学基本要求》规定的学科主题内容及其学习水平，从而更好地体现导向评价的整体目标导向原则，彰显夯实“音乐体验与认知”的基础、培养“音乐实践与表达”的能力、强调“音乐审美情趣”的培育的音乐学科育人价值。

案例3：《古桥流水　宣卷传唱》单元评价设计（少年儿童出版社《绿韵之声——青浦乡土音乐文化》五年级第一学期）

【单元学习目标】

1. 感知金泽宣卷的表演形式、基本调旋律与数板节奏特点及音乐风格，联想与想象江南第一桥乡“金泽古桥甲天下”的盛景，体验水乡人民热爱家乡的自豪感行为。

2. 结合模唱、视唱和欣赏要点提示，继续学习运用听觉、联觉感知音乐要素的方法，巩固演唱、演奏、创编表演的习惯。

3. 运用多形式的聆听、模唱与肢体律动，感受宣卷表现形式、旋律形态与节奏特点，了解金泽宣卷的艺术特征，并能用语言对《古镇金泽多古桥》和《螳螂娶亲》中的相关特征进行描述。

4. 感受与理解作品内容、感知基本调音调特征与数板节奏特点，结合教师示范或录音提示，学会与教师合作用方言演唱宣卷《古镇金泽多古桥》片段。

5. 选择、运用适合表现宣卷作品形象与情景的打击乐器与人声等音响素材，合理组合、创编节奏音型、音效，较为连贯地合作进行《螳螂娶亲》的创造性表演。

【单元评价活动】

（一）欢天喜地迎亲去

1. 评价目的：评价学习兴趣、情感的生成

2. 评价活动：表演《螳螂娶亲》中“蚌船迎亲”片段

3. 评价目标：参与音乐表演的意愿

4. 评价方式：自评

5. 评价工具：李克特量表

6. 评价活动过程：

（1）复习：聆听《螳螂娶亲》中“蚌船迎亲”片段

（2）回顾：说说创编表演的要求

（3）分工：全班分为 A、B、C、D 四组，A 组跟录音说唱“蚌船迎亲”片段；B 组扮演螳螂和众“动物小帮工”；C 组选择乐器担任“迎亲小乐手”任务；D 组搭“蚌船”。

（4）排练：先分组再全体

（5）集体表现

（6）评价：快速完成以下评价量表

问　题	选　项				
活动中需要即兴表演符合动物形象的动作，我对此	非常愿意	愿意	一般	不太愿意	很不愿意
活动需要小组合作完成节奏的创编并用打击乐器演奏，我对此	非常愿意	愿意	一般	不太愿意	很不愿意
活动需要小组合作搭建蚌船的造型并随音乐节奏律动，我对此	非常愿意	愿意	一般	不太愿意	很不愿意
活动需要跟着录音一起说唱宣卷“蚌船迎亲”片段，我对此	非常愿意	愿意	一般	不太愿意	很不愿意
当需要我独自当众表现动物的形象时，我	非常接受	接受	一般	不太接受	很不接受
对青浦乡土音乐“宣卷”的学习，我	非常喜欢	喜欢	一般	不太喜欢	很不喜欢

（二）宣卷知识“直通船”

1. 评价目的：评价知识与技能的掌握

2. 评价活动：基于听觉理解的单元音乐知识的举牌测试

3. 评价目标：能聆听音乐完成以下音乐知识问答

4. 评价方式：师评

5. 评价工具：举牌测试（A 为红色，B 为黄色，C 为绿色）

6. 评价活动过程：

师：同学们，开往金泽古镇的“直通船”马上要出发了。怎样才能得到船票呢？下面，我们来举行一项关于宣卷知识了解情况的举牌测试。谁能通过测试，谁就能获得船票。

（1）聆听宣卷开场白。开场白开讲之前所击的乐器是

A 木鱼　　B 堂鼓　　C 梆子

（2）聆听《古镇金泽多古桥》数板。数板的节拍一般为

A 二四拍　　B 三四拍　　C 不限

（3）聆听《古镇金泽多古桥》的基本调。宣卷基本调的旋律特征为

A 起伏较大　　B 比较平稳

（4）聆听《古镇金泽多古桥》的伴奏。宣卷伴奏所用的乐器为

A 民族打击乐　B 江南丝竹乐　C 不限

（三）你唱我和宣卷调

1. 评价目的：评价歌唱习惯的巩固

2. 评价活动：师生合作演唱宣卷《古镇金泽多古桥》基本调

3. 评价目标：能随着音乐与教师合作演唱

4. 评价方式：自评、互评、师评

5. 评价工具：简单核查表

6. 评价活动过程：

师：同学们，祝贺你们全部通过测试。现在，我们已经乘着"直通船"来到了金泽古镇。听，悠扬的宣卷伴奏开始了。快快随着乐声一起用宣卷歌唱"江南第一桥乡"的丰姿吧！

（1）复习聆听《古镇金泽多古桥》基本调

（2）演唱分工：师演唱主唱乐句，生演唱帮衬唱的拖腔

评价维度	观测指标	学生自评	伙伴互评	教师评价
歌唱习惯	接唱正确	1 2 3 4 5	1 2 3 4 5	1 2 3 4 5
	音量均衡	1 2 3 4 5	1 2 3 4 5	1 2 3 4 5
	速度稳定	1 2 3 4 5	1 2 3 4 5	1 2 3 4 5
	气息连贯	1 2 3 4 5	1 2 3 4 5	1 2 3 4 5
	表情合宜	1 2 3 4 5	1 2 3 4 5	1 2 3 4 5
1= 不能做到；2= 有时能做到；3= 一般；4= 经常能做到；5= 总是能做到				
老师的话：				

在上述案例中，基于预先设定的单元目标，围绕学科核心素养的“音乐审美情趣”“音乐实践与表达”与“音乐体验与认知”三个维度，设计了“学习兴趣”“学习习惯”与“学业成果”三个评价维度的具体内容，运用多样化的评价工具，对学生通过整个单元的学习后达成目标的程度即学习效果进行评价。为了体现评价融于具体学习情境，整合教材，提炼线索，特意设计了“欢天喜地迎亲去”“宣卷知识直通船”和“你唱我和宣卷调”三个具体情境以丰富课堂学习内容，激发学生通过参与学习情境“轻松”地完成单元测评，以促进其在学习兴趣、习惯和学业成果上的均衡发展，最大限度地激发学生高层次的音乐思维能力和审美情趣。

当前，教育评价领域正发生着从“对学习的评价”（assessment of learning）到“为学习的评价”（assessment for learning）的转变。

随着评价的核心功能定位从对学习的"判断"转向对学习的"促进"，评价的地位和作用日益凸显，教师对评价的正确认识、有效实施尤为关键。希望本文能为广大教师提供一些有益的启发与思考。

参考文献

[1] 上海市教育委员会教学研究室. 中小学音乐单元教学设计指南[S]. 北京：人民教育出版社，2018.

[2] 席恒主编. 栉风沐雨　砥砺歌行——上海市中小学音乐学科课改30年[M]. 上海：华东师范大学出版社，2018.

多元视角下的小学音乐评价方式探索

上海市嘉定区安亭小学　杨麟

摘　要：多元的评价视角，包括评价主体、维度、方式、工具等方面的多元。本文从多元的评价方式出发，通过多元评价方式的探索实践、探索成效、探索续研三个方面，阐述在小学音乐课堂中不同评价方式的探索与实践，通过多方面、多角度地对学生音乐学习成果进行评价反馈，促进师生日常教与学的提升。

关键词：多元视角　小学音乐　评价方式

一、小学音乐多元评价方式探索源起

1983 年，美国心理学家霍华德·加德纳提出了多元智力理论，他认为人类思维和认识的方式是多元的。由此观点来看，智力测验和教学评价应该采用多元的方式，在实际生活及学习情境下进行。教师应从多方面观察、记录、分析和了解学生的优势和弱点，给予评价，以帮助学生扬长补短、发挥潜能。

（一）多元评价视角的内涵

多元评价，是在课程标准的基础上，力求通过多维度、多主体、多方式、多内容等方面的评价，帮助学生了解自身学习成果、提高学习自信、全面提升综合素养的一种评价理念。

（二）多元视角下的评价方式

1. 实施多元评价方式的意义

《音乐课程标准》(2011 年版)中提出:“对学生的评价应全面考查课程内容所涉及的情感态度与价值观、过程与方法、知识与技能方面的要求。”多元评价方式的实施,是以课程标准为依据,及时发现学生音乐学习中存在的问题,通过改进教学、加强反馈等多种方式,给予有效建议与针对性指导,使评价真正起到完善、激励学习和促进素养形成的作用。

2. 探索多元评价方式的目的

《音乐课程标准》(2011 年版)中提出:“音乐课程评价应充分体现全面推进素质教育的精神,贯彻本标准所阐述的课程理念,着眼于评价的诊断、激励与改善的功能。通过科学的课程评价,有利于学生了解自己的进步,增强学习的信心和动力,促进课程教学质量的不断提高。”因此,实施多元评价方式的目的不是为了对学生进行分级分类,而是为了通过科学的方式方法,对学生的学习做及时有效的反馈,以促进学生更好地全面发展。

二、小学音乐多元评价方式探索实践

(一)口头评价——把握即时生成

在小学音乐课堂中,口头评价无处不在,通过师生、生生之间的交流,促使教师对学生的学习情况进行即时诊断,形成有效的生成资源,这也是现今小学音乐课堂教学中常见的评价方式之一。在进行口头评价时,教师要发挥教学智慧,把握好课堂导向,快速、准确地辨别学生的学习反馈是否正确或合理,并予以及时的激励、引导,在一个个口头即时评价生成中,让学生清楚地知道自己对于音乐课堂中音乐感受体验、演唱演奏技能、音乐知识等方面的掌握情况,促进其音乐学习水平的提升。

例：二年级《我是人民小骑兵》中，听辨第一主题部分前后两段音乐要素的变化，很多学生会将节奏疏密的变化感受成是速度发生了变化。鉴于此，教师根据学生的回答，通过口头评价、交流，引导学生准确感受听辨音乐要素的变化。

师：听听看，后半段音乐中的情绪发生了什么变化？

生：情绪变得优美抒情了。

师：你的感受非常敏锐。那情绪的变化是因为音乐中的什么发生了变化？

生：速度发生了变化。

师：老师的感受和你不太一样。我们再来听一遍音乐，跟着老师拍一拍。

（再次聆听，教师引导学生拍手感受）

师：速度发生变化了吗？

生：没有变化。

师：那到底是音乐中的什么发生了变化呢？听着音乐，跟着老师画一画图形谱吧！

（再次聆听，跟随音乐画一画图形谱）

师：通过观察，对比前半段音乐的图形谱，你有什么发现吗？

生：点变少了，线变多了。

师：对！所以是跳跃的声音变……

生：变少了！

师：非常好！那连贯的声音就变……

生：变多了！

师：你们的观察很仔细！所以说明节奏密集的部分变少了，

节奏宽疏的部分变多了。也就是说，这两段音乐的节奏疏密发生了变化，所以让我们感受到情绪发生了变化。

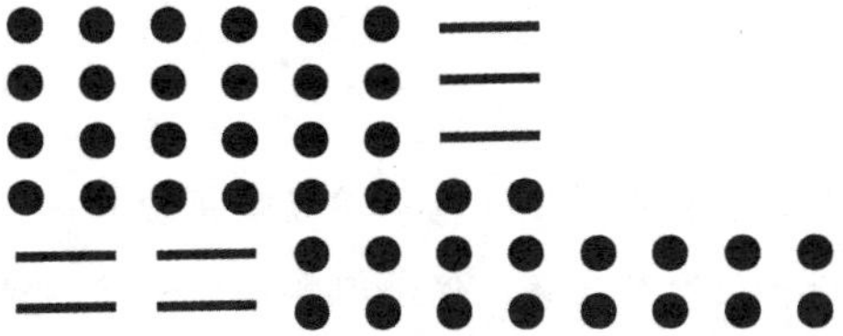

（第一主题前半段图形谱）

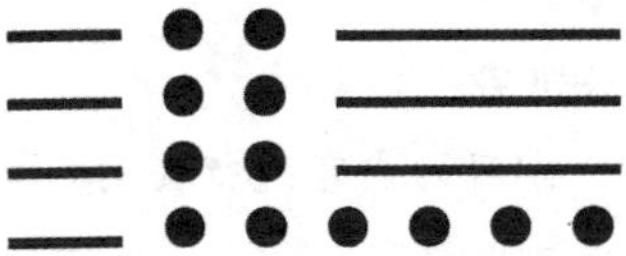

（第一主题后半段图形谱）

（二）积星评价——激发学习热情

积星评价是一种过程性评价方式，学生根据既定规则，通过对每课时中相关音乐活动的学习掌握，为达到规则中相应的学习目标，督促自己在学习过程中始终保持良好的学习热情与状态。在小学音乐课堂中，部分学生因学习态度、能力等的差异，造成其学习成果有所差异，且对音乐的学习热情不一。积星评价的规则中，教师可通过一定的奖励机制鼓励学生，特别是部分学习能力薄弱、学习热情不高的学生，以激发其学习兴趣和学习热情，提升学习主观能动性，促进其养成良好的学习习惯，培养良好的音乐素养。

笔者在对小学音乐课堂积星评价的探索实践中做了一些尝试。在学期初，师生共同商定积星规则（详见“三年级音乐课堂积星规则"），并在实施过程中认真落实，形成了良好的学习氛围。

三年级音乐课堂积星规则

一、积星原则

为了激发同学学习音乐的兴趣和增加学习收获的成就感，以课堂积星的形式进行个人积星记录，促进同学们以饱满的精神状态认真听课，学习歌乐曲的听赏演唱、音乐的律动、创作表现等。

二、评价方法

1. 按时上课，坐姿挺拔，认真听讲，积 1 星。

2. 每节课末，老师根据课堂中学习的内容进行提问，全班同学抢答，答对一题，积 1 星，以此类推。

3. 主动愿意上台将课中所学技能进行展示，积 2 星。（根据每堂课所学内容，由老师决定表演形式，可以是演唱歌曲、跟随音乐演奏小乐器、律动等，可以个人展示或小组展示，每堂课最多展示 3 组，先抢先得）

三、评价手段

根据同学们各自的得星数量，可以用相对应的积星兑换相应奖励：

15 颗星："音乐个性小舞台"表演机会

30 颗星：点一首自己喜欢的课外歌曲，与大家一起欣赏

45 颗星：让音乐老师为同学们表演节目

（三）核查评价——找准提升方向

核查评价是在单元结束、期中或期末实施的"总结性评价"，

也是对学生学习情况的阶段性反馈。通过评价知识与技能的掌握、学习习惯的形成、学习兴趣与情感的生成三个维度，帮助学生了解在学习中的实际成效与表现水平，明确学习中存在的不足，并在今后的学习中参照相应的建议进行改进与提高，以促进学生在学习兴趣、习惯和学业成果上的均衡发展。

1. 评价知识与技能的掌握

此项核查评价内容基于听觉理解，通过对阶段所学内容的聆听，运用纸笔测试的方式，由教师对学生的测试结果进行评价。

2. 评价学习习惯的形成

此项核查评价内容，主要针对音乐学习中演唱、聆听等“学习习惯”维度进行，通过具体观测内容与指标的设计，例如观测内容：演唱歌曲《洋娃娃和小熊跳舞》，观测指标：①坐姿挺拔；②音量适中 ...... 并由学生自己、同学、教师三方面根据被评价者的实际表现水平，予以等级评价，帮助学生了解自身的实际学习情况。

3. 评价学习兴趣、情感的生成

此项内容主要用于评价学生参与音乐表演的意愿程度，通过一些问题的设置，学生根据自身实际意愿，进行等级选择。例如欣赏二年级《我是人民小骑兵》的第二主题中，学生即兴设计抵抗暴风雨的动作，并跟随音乐表现。针对此评价活动，可设置相应问题供学生进行自我评价，例如：①即兴设计动作抵抗暴风雨，并跟随音乐动起来，我对此活动——；②课堂上需要我独自上台进行展示，我对此活动——。并在每个问题之后附以自我评价的选项：非常愿意；愿意；不太愿意；很不愿意。通过这样的评价方式，促使师生对被评价者的音乐学习兴趣和情感程度有清晰的认知。

（四）等第评价——明确能力层级

等第评价是近年来一种新型学业评价方式，它是根据孩子在学科上的学习兴趣、学习习惯和学业成果三个维度的表现，依次予以相应等第评价的一种方式。等第评价遵循学生身心发展规律和教育规律，注重培育学生学习能力、兴趣、习惯等综合素养。

笔者认为，在小学音乐教学中实施等第评价时，教师不能只是简单地给出 A、B、C、D，而是要结合评价维度，将各标准细化，帮助学生明确自身在各维度的学习中能力所达程度。以下"音乐等第评价表"，是笔者结合歌唱课《洋娃娃和小熊跳舞》，在实施等第评价过程中所设计实施的，该表主要围绕评价内容、观察点、评价建议三个版块进行，最终形成每个维度的不同评价结果，以此促使教师更有针对性地对学生进行指导，以促进学生音乐素养的提高。

音乐等第评价表

评价纬度	评价内容	观察点	评价建议	评价结果
学习兴趣	音乐表演兴趣	·音乐表演中自我表现的积极程度 ·参与课内集体表演与交流活动的积极程度	优秀（A）：在课堂中积极与伙伴交流，在集体表演中积极表现自己。	
			良好（B）：在老师的引导和伙伴的带动下，能与伙伴交流，在集体表演中表现自己。	
			合格（C）：在老师的引导和伙伴的带动下，愿意聆听伙伴交流，跟随集体进行表演。	
			须努力（D）：经提示，偶尔愿意与伙伴交流、参与集体表演。	

续表

评价纬度	评价内容	观察点	评价建议	评价结果
学习习惯	音乐表演习	·唱、奏、演时聆听音乐的情况 ·模仿正确演唱状态的情况 ·用合适的音量演唱的情况	优秀(A):能积极、主动模仿正确演唱状态,用合适的音量演唱歌曲,表演时仔细聆听音乐。	
			良好(B):能在老师的引导下,积极模仿正确演唱状态,用合适的音量演唱歌曲,表演时仔细聆听音乐。	
			合格(C):能在老师的全程引导和提示下,基本正确地模仿演唱状态,聆听音乐,用较合适的音量演唱歌曲。	
			须努力(D):能在老师与同伴的多次提示下能模仿老师的歌唱状态。	
学业成果	演唱	·正确填唱歌词的情况 ·演唱歌曲时音准和节奏的情况	优秀(A):能正确填唱歌词,音准到位,节奏准确。	
			良好(B):能在教师引导和提示下,正确填唱歌词,音准基本到位,节奏准确。	
			合格(C):能在教师的全程引导和提示下,基本正确地填唱歌词,音准基本到位,节奏基本准确。	
			须努力(D):经提示后能背唱歌曲,词曲对应出现少许错误。	
	演奏	·正确使用课堂打击乐器演奏方法的情况 ·按音乐节拍和节奏演奏乐器的情况	优秀(A):演奏姿势正确,并准确按歌曲节拍和节奏演奏乐器。	
			良好(B):能在教师引导下,用正确的演奏姿势,准确按歌曲节拍和节奏演奏乐器。	
			合格(C):能在教师的引导下,用正确的演奏姿势,基本准确地按歌曲节拍和节奏演奏乐器。	
			须努力(D):经提示后能演奏乐器,偶有节拍和节奏出现错误。	

续表

评价纬度	评价内容	观察点	评价建议	评价结果
	舞蹈、歌表演	· 模仿舞蹈的正确程度 · 舞蹈、歌表演时节拍韵律感的表现情	优秀(A)：能完全正确地模仿舞蹈动作，舞蹈、歌表演时能准确表现出歌曲节拍韵律感。	
			良好(B)：能在教师的引导下，正确地模仿舞蹈动作，舞蹈、歌表演时能基本表现出歌曲节拍韵律感。	
			合格(C)：能在教师的全程引导和提示下，基本正确地模仿舞蹈动作，舞蹈、歌表演时能基本表现出歌曲节拍韵律感。	
			须努力(D)：经提示后能模仿动作，偶有节拍与韵律感的错误。	

(五)评语评价——助推个性发展

评语评价法是以一篇简短的书面语来对学生进行评价的方法，针对性较强。教师通过总结性的语言论述对每位学生进行点评，指出学生在学习中的优点和不足，帮助其发挥优势，弥补短板，以鞭策学生在日后学习中形成个性化发展，不断进步。

笔者认为，在小学音乐教学中，评语评价可以与上述的等第评价相结合进行。教师根据学生在不同维度等第评价中的评价结果，肯定学生在音乐学习中的优势，并提出针对性的建议，帮助学生提升其音乐素养。

三、小学音乐多元评价方式探索成效

(一)以评促学——促进学生素养有效提升

在教育教学中，评价的首要目的是为了学生的发展，有效的多元评价方式，通过多维度的评价、诊断，关注学生多方位、整体性的发展，促进学生更好地掌握音乐相关知识技能、领悟音乐内涵，提升音乐素养。

1.激发学习兴趣，丰富情感表达

兴趣是可以推动人们求知的一种内在力量，学生对学习有了兴趣，学习效果自然就会提升。在小学音乐学习中，通过多元方式的评价，能引导学生多方面了解自己的学习情况，找到自身优势，树立自信，更好地激发学生对音乐学习的兴趣与求知热情，使其乐于在课堂中表达、表现自己对音乐的感受与理解，丰富音乐情感体验与感悟。

2.保持学习习惯，奠定学习基础

养成并保持良好的学习习惯，有利于发掘学生学习的内在能动性，形成有效学习策略，提高学习效率，为更好地掌握学习内容打下基础。在小学音乐学习中，通过多元的评价机制，帮助学生在听、唱、奏、演等方面保持良好的表现习惯，为最终音乐综合能力的形成奠定扎实的基础。

3.夯实学习过程，助力技能提升

学习是一个不断积累的过程，在学习的过程中，学生的知识、能力在不断提升。因此，一步一个脚印、稳扎稳打地学习，是教师要引导学生去坚持的。小学音乐学习的过程，也是学生各项音乐技能水平不断提升的过程，师生在教与学中，融入多样化评价方式的设计与实施，能促进教师更准确地对学生的已有技能水平做出评价，诊断问题所在，更好地帮助学生夯实所学内容，提升音乐学习成果。

（三）以评促教——促进教师专业稳步发展

教师在日常教学中，要以评价作为手段，融入教与学的过程，及时发现学生音乐学习中存在的问题，通过改进教学、加强反馈等多种方式，给予有效建议与针对性指导。从发现问题到改进教学，教师的专业能力也在逐步提升，向更高的平台发展。

1. 多角度反思，促进教学提升

教师通过对学生的评价，可以帮助学生了解自身所学成效，反之，教师也能从学生的反馈中反思日常教学。多元的评价方式，能让教师更清晰地掌握学生学习情况，以此多方面、多角度、更有针对性地对教学进行反思，及时调整教学策略，在帮助学生不断提升音乐素养的同时，促进自身专业教学能力水平。

2. 细微处着手，突破教学短板

每位教师在教学中，都有各自的教学特长与教学短板，在日常教学中，都会规避自身短板。笔者认为，面对教学中的不足，要迎难而上，敢于挑战与突破。多元评价方式涉及面广、针对性强，能帮助教师从细小的地方着手，针对学生反馈的学习成果，明确教学中存在的不足或是比较薄弱的具体问题所在，继而思考突破策略，弥补教学短板。

四、小学音乐多元评价方式探索续研

（一）目前存在的问题

通过一段时间、一定程度对小学音乐多元评价方式的探索实践，笔者反思了目前存在的两个问题：

1. 多元评价方式的实施贯穿于教学过程之中，需要多角度、多维度地进行落实，需要花费一定的时间。而小学音乐学科的课时量有限，多样的评价方式会占用较多时间，影响课时进度。如何把握好教学与评价的占比，是笔者需要继续思考研究的问题。

2. 多元评价方式的实施需要教师掌握较多相关专业知识，继而促成科学的多元评价方式体系。但由于多元评价方式的内容较多，如何做到科学、规范、严谨，仍需不断学习、探索、实践。

（二）日后探索的展望

笔者认为，对于小学音乐学科而言，多元评价方式的探索，还需在师生教与学的过程中结合实际，不断摸索实践，汰劣留良。此外，对于多元评价的思考，不应仅局限于对一堂课、一个阶段、一个学期内，更要放眼从学段思考，探索适合低年段及中、高年段，甚至是整个小学阶段的多元评价体系，从而形成由不同学期、不同年段评价内容所组成的整个学段的多元音乐学科评价体系，从而更好地落实提升教与学，促进学生音乐核心能力的全面培养。

以上是笔者在小学音乐教学过程中对于多元评价方式的所做、所思。笔者的研究仍在继续，还需不断积累学习，以求不断革新。

参考文献

［1］中华人民共和国教育部．义务教育音乐课程标准（2011 年版）［S］．北京：北京师范大学出版社，2012.

［2］上海市教育委员会教学研究室．中小学音乐单元教学设计指南［S］．北京：人民教育出版社，2018.

[3] 上海市教育委员会教学研究室 . 教学与评价的风向标——上海中小学各学科核心素养研究[M]. 上海：上海科技教育出版社，2018.
[4] 李凤华. 多元智力理论与多元评价[J]. 教学与管理 2003(2).

小学音乐教学评价校本化的实施

上海市宝山区江湾中心校　张丽莲

摘　要：教学评价是教学过程的重要组成部分，它以教学目标为依据，按照科学的标准，运用一切有效的技术手段，对教与学活动的过程及其结果进行测量，并给予价值判断的过程。音乐教学评价是利用所有可行的评价技术，对音乐教学所预期的一切效果给予价值上的判断。本文是笔者在小学音乐教学评价校本化实施过程中的一些思考和体会。

关键词：音乐教学评价　核心素养　校本化

小学音乐教学评价以学生为评价对象，指在音乐学习活动中对学生的音乐素质发展、音乐才能成长及审美能力、艺术情操的形成给予价值上的判断。小学音乐教学实施有效评价能促进学生综合素质与审美能力的发展；促进教师不断地改进教学模式，提高小学音乐教学的质量。

一、基于标准意识，理解音乐学科教学评价方向

《上海市中小学音乐课程标准》在“评价意见”中指出：“学生学习评价应以音乐课程目标为准绳，以音乐基础能力为基点，在审美情感和审美实践两个方面进行评价。”基于课程标准，教师应转变观念，围绕培养学生的音乐核心素养来开展教学评价，评价

的立足点不单单限于音乐技能、乐理知识上的评价，还要关注于学生的学习兴趣、学习习惯和价值观。因此，评价方式也相应发生转变，由原来的单一性向多元化、个性化的综合评价发展。聚焦学生核心素养，从教书走向育人，让学生成为有独立价值的、具备终身享受艺术美的人。

二、聚焦素养培育，实施音乐教学校本化评价探索

“核心素养”是指学生能够适应终身发展和社会发展需要的必备品格和关键能力，是所有学生应具有的最关键、最必要的共同素养，是知识、能力和态度等综合表现。聚焦学生核心素养的培育，关注学生在课堂学习中持久兴趣的养成、审美情趣的提高以及审美必备的音乐知识技能的获取，是我校音乐教学评价校本化探索和实施的方向。

（一）追求以激励性和连贯性为主要内涵的过程性评价

教学评价对于音乐教学具有非常重要的导向作用，如果教师无法科学展开课堂教学评价，便难以确保音乐教学目标的实现，也难以促进小学生音乐素养的提升。小学音乐教学过程性评价主要关注的是学生的学习过程以及过程中学生音乐能力的变化。课堂上，教师不仅注重自己的“教”，更要关注学生的“学”，教师要时刻注意观察学生在课堂学习时的各种状况，并针对具体表现和变化及时做出激励性和指导性的评价。学生的音乐能力就在每堂课中不断地积累，良好的学习习惯也在学习过程中潜移默化地逐步养成。适时适度将评价融入教学之中，让课堂教学更具有实效性。以下是低年级课堂教学中过程性评价的两个案例。

1. 借助评价，养成学习好习惯

教学片段：

师：经过一个月的音乐学习，我们学到了哪些本领呢？

生 1：我知道要用耳朵学习音乐。

生 2：我们学唱了一首《上学歌》。

生 3：我知道了唱歌时坐的姿势。

师：你能上来为大家演示一下吗？

（生 3 上前坐在老师事先预备的一张小凳子上）

师：小朋友觉得她坐得怎样？

生 4：她坐得很有精神。

生 5：她小手放在腿上，腿并拢，只坐半个小凳子。

师：你们也能像她一样坐吗？

（全体学生都马上调整自己的坐姿）

师：让我们人坐端正，有表情地复习歌曲——《上学歌》。注意唱歌时，小耳朵还要帮忙噢。

对于刚进入音乐课堂学习的一年级新生来说，学习习惯的培养是关键。在经过了一个月的学习准备期后，学生已经初步了解音乐课堂的一些学习习惯，那如何帮助学生养成这些良好的学习好习惯呢？在这个教学片断中，教师结合学生的年龄特点，通过师生间的亲切对话，借助师生、生生之间的语言评价，教师把第一阶段所要建立的课堂常规的要领帮学生梳理了一下，学生在忆忆、说说、坐坐中进入了学习状态，养成音乐学习中的好习惯，为后面的学习任务做好充分的准备。

2. 巧用评价，激发学习主动性

教学片段：

师：竹子长大了，可以做什么？

生 1：可以做成筷子。

生 2：可以做成各种工艺品。

生 3：还可以做成小竹排。

师：你们知道什么是竹排吗？

（出示竹排的图片，简单说明其构成和作用）

师：让我们边听音乐边学做划竹排的动作。

（在三拍子的音乐中，学生在老师的带领下学做划竹排的律动）

师：老师邀请划得好的小朋友上老师的竹排。

（学生听着音乐，很有韵律感地做着划竹排的律动，希望被邀请）

这是一堂一年级的歌唱课——《竹子冒尖尖》，执教教师除了拥有扎实的个人基本功，对教材也理解得很透彻，而且凭借丰富的教学经验，善于抓住孩子心理特点，巧妙地运用评价，激发学生学习主动性。听似简单的一句课堂用语，却隐藏了教师的教学智慧，这句带有评价性的语言大大激发学生的学习主动性。为了能被老师邀请，学生仔细地观察老师划竹排的动作，专注地聆听三拍子的音乐，律动和音乐很好地配合起来。在看似放松的律动游戏中，学生明确了动作的要领，较好地掌握了这首 3/4 拍歌曲的节拍韵律感，为后面的学唱内容打下了扎实的基础。

（二）追求以关键能力和必备品格为主要内涵的阶段性评价

当学生经过一单元、一学期或者是一学年的音乐学习以后，教师需要通过阶段性评价来了解学生在一个阶段学习中发生的各种变化，通过分析这种变化，反思自己的教学，从而促进下一阶段的教学工作；学生也能在阶段性评价中了解自己与同伴的差距，找到自己的优势和不足，看到自己的成长轨迹，从而更有利于学生下一阶段的学习。与过程性评价相同，阶段性评价同样不但要注重学生音乐能力的变化，也要关注到学生学习兴趣、学习态度等方面。评价的手段应该是多样化的，评价的内容更具综合性。教师可以通过学生学期初与学期末各项指标的对比，看出学生成长的轨迹，以及音乐能力的提升。

1. 建立音乐表现评价卡，促进学生阶段性能力提升

阶段性音乐表现评价卡（一、二年级）

评价表情记号 / 评价内容				
乐于聆听				
勇于表演				
勤于交流				
善于合作				
备注：学生采用自评和互评的方式，根据评价指向，在相应的表格内画上表情记号。				

阶段性音乐表现评价卡（三、四、五年级）

评价内容	评价指标	自我评价	同伴评价	教师评价
感受与聆听	能感受音乐要素在音乐中的表现力。	★★★	★★★	★★★
演唱与表现	节奏、音高准确并有表情地演唱。	★★★	★★★	★★★
情感态度	乐于将所学的音乐知识和能力运用于音乐实践之中。	★★★	★★★	★★★

续表

评价内容	评价指标	自我评价	同伴评价	教师评价
合作交流	主动参与，和小伙伴愉快合作。	★★★	★★★	★★★
我的个人才艺				★★★
我的努力方向				★★★

评价说明：阶段性评价可采用“音乐表现评价卡”（设计低年级和中、高年级不同的音乐表现评价卡）对学生进行评价。在一至二个单元教学之后进行一次，在每次开展阶段性评价中，低年级小朋友获得😃和高年级同学获得★最多的学生可以得到一枚“小小音乐章”，集满 2 枚可以被评为本学期的“音乐之星”，在各个班级推选后可以参加学校湾湾电视台的表演。

2. 搭建音乐小舞台，展示学生阶段性成果

由于学生个体的差异性，不同学生的音乐表现各不相同，一些学生擅长演唱，一些学生擅长表演，一些学生的音乐理解能力较强。因此，在每学期的期末也可组织开展一些音乐实践活动，例如“舞蹈达人赛”“班级歌唱秀”“音乐知识竞赛”等；也可以结合学校各种主题活动，例如艺术节、庆“六一”节汇演、英语节等，为学生搭建好各种平台，让他们通过参与这些实践活动来充分展示自己的才艺，培养音乐特长与爱好。活动中可采取学生自评、互评的方式，在学生自评、互评的过程中教师也应当适时给出意见和建议，引导学生对自己的问题和进步予以总结，让学生学会主动纠正自己的错误，促进音乐素养的提升。

（三）追求以个性发展和价值观念为主要内涵的终结性评价

每个学生都是一个不同的个体，都有自己独有的特长和爱好，如何将学生与音乐这个大的文化概念相融合？我们以课堂教学为主，面向全体学生，在课堂中采用多种活动方式，注重及时评价；以第二课堂活动和学校各类主题为辅，面向特长生，两者相结合，以点带面促进学生综合音乐素养的提升，为小学阶段的终结性评价奠定良好的基础。比如将课堂上的点滴和阶段性评价融入终结性评价当中；参加学校各级各类活动或第二课堂的音乐类成绩与终结性评价的有机融合等一系列评价方式。对于小学生来说，五年的小学时光不算短暂，在这段美好的学习生活中让学生喜欢上你的课堂，爱上音乐，成为具有审美情趣、审美能力和表现能力的学生，是终结性评价所要达成的目标。

三、展望学科未来，思考音乐教学校本化评价发展

随着教育改革不断深入，如何科学有效地对师生的教与学做出客观正确的评价具有非常重大的意义。做好学科评价工作不仅能激发学生的学习主动性，促进学业发展，还能调动起教师们的工作热情，增强教师责任心。在探索音乐教学校本化评价的过程中，我们依据新课程标准，聚焦核心素养的培养，把握音乐学科的美育功能，也借鉴了其他音乐学科教师们的经验做法，从情感态度价值观、知识与技能、过程与方法这三个方面具体量化评价标准，初步构建出我校音乐学科校本化评价。在研究探索构建音乐教学评价的过程中我们也面临了一些困惑。比如每位任课教师面对的学生众多，每周课时量有限，学生个性及音乐素养差异大等诸多问题，如何在评价中找到更为简单、合理、科学、可操作

性强的评价方式，真正使音乐教学评价促进学生的音乐学习，规范教师的教学行为，还需要我们广大的音乐教师一起共同努力，在教学实践中不断地去探索和总结。

参考文献

[1] 曹晏平著. 乐海拾贝——课改实践中的启迪[M]. 上海：上海大学出版社，2014.

[2] 赵建红. 基于学生核心素养的小学音乐课堂教学评价思考[A]. 2016年江苏省教育学会学术报告文集[C]. 2016.

[3] 顾瑾. 促进学习的小学音乐课堂评价探析[J]. 江苏教育研究，2019(431).

优化研训相融，探索音乐学科新型线上教研方式

——第四期“双名工程”小学艺术攻关计划基地云培训启示

上海市静安区蕃瓜弄小学　曹晏平

摘　要：本文主要阐述在互联网环境下通过教研和培训相结合的方式，实现以研促训，以研促教的经历与启示。主要介绍如何通过线上教研，探索优化研训融合的教研内容。在开发教师培训课程、研究专项课题以及提供学习资源的过程中，保障线上教学和答疑互动的有效性。通过线上教研，探索多元、互动的教研形式，利用大数据、多平台的信息技术优势，体现变单向为多向，一元为多元的新型方式，提升网络教研的功效。为音乐学科教研新路径的探索提供来自一线名师基地的实践经验。

关键词：线上教研　新型方式　研训融合

在疫情期间，所有的教育教学活动都无奈地从线下搬到了线上，上海市第四期“双名工程”小学艺术攻关计划基地和静安区小学音乐学科实训室的研训活动从 2020 年 2 月下旬也正式在线上拉开了帷幕。起初所有人都感到不适应和不习惯，但大家深信“莫道春寒尚料峭，危中有机天地宽”。或许我们可以探索出一种新型的线上研训之路，实现培训、教学、教研三不误。

一、探索研训融合的线上教研内容

为了尽快适应特殊时期的线上教学和答疑互动，尽快提升信息技术应用的能力，确定线上教研的内容是关键，并通过研训结合的方式不断完善与优化，使其发挥最大功效。

（一）开发信息技术运用的教师培训课程，适应线上教学需要

线上教学对教师的信息技术运用能力提出了较高的要求，应尽快在短时间内使教师成为线上教学的胜任者。于是，基地着手开发“互联网 + 音乐”教师培训课程。本课程是上海市电教馆教师能力提升项目指定开发课程之一，旨在寻求信息技术解决问题或优化音乐教学的方式，通过软件介绍以及基于技术与课堂深度融合的案例，提高音乐教师信息技术与课堂教学融合的教学活动设计能力，提升教师的信息技术应用能力，增强基于教学目标的教学应用等信息技术手段的选择能力以及教学资源、技术、知识等的整合、运用能力。

在课程开发的过程中，两位基地学员集体学习 NOTE WORKS、快乐钢琴家、乐器总动员、酷乐队等智能软件的操作方法，以及如何运用这些软件解决音乐学习中歌唱、欣赏、器乐演奏等关键问题。同时学以致用地将这些软件技术及时应用到线上教学中。充分体现了“学习——研究——培训——运用”四位一体的特征与功效。基地学员杨浦区中原路小学课程部主任葛民莉老师和静安区小学音乐实训室学员、中山北路小学周莺萍老师成功拍摄了多节线上教学课，效果良好。

（二）拓展教学资源补充的云端教研实践，提供线上学材选择

集中录制的音乐网课，主要以问题引领的方式贯穿音乐学习全过程，以单向输入的方式，给学生提供了基于教材和基本要求

标准的保底类学习资源。由于是没有学生参与的网络环境授课，音乐学习最为重要的即时互动特征不强。鉴于以上问题，通过云端教研的方式，为学生提供可以选择的学材，用以对现有线上统一教学资源进行有效补充，使学生的音乐学习兴趣更浓厚，音乐文化视野更开阔成为线上教研又一重要内容。

1. 选择、提供可拓展音乐视野的学习资源

音乐学习除了基本的知识与技能之外，更应关注对音乐的情感体验以及对音乐文化的感悟与理解，从而才能不断拓宽学生的音乐视野。而教材之外的经典音乐作品、音乐大师课堂、趣味乐器课堂等应该成为线上提供给学生选择学习的重要资源。

基地在线上教研时着重为学生选择、提供了以下学习资源：

（1）“朗朗讲音乐故事”：朗朗化身教师讲解各种中外名曲，如《黄河大合唱》《蓝色多瑙河》《土耳其进行曲》《茉莉花》等。通过适合小学生理解的话语，结合亲自钢琴示范演奏，将一首首名曲背后的故事娓娓道来，引导孩子们在欣赏音乐的同时，拓宽音乐文化的视野。

（2）基地学员代表青浦区庆华小学副校长陈薇带领种子计划团队录制了“云享音乐春之声”系列微课。内容涉及《春之声圆舞曲》《四季》《春晓》《小鸟小鸟》等，通过可供选择的作品介绍、人文拓展、乐器学习、知识反馈等内容，为教材人文主题进行作品补充，丰富学生的音乐人文素养。

2. 选择、提供可同步参与实践的学习资源

实践性是音乐学习的三大特征之一，学生必须在唱、奏、舞、演等音乐实践中体验、表现音乐的情感。本次统一录制的音乐网课，在为学生提供充分音乐实践经历方面相对比较欠缺。

基地选择了《多彩的音乐课堂——中小学音乐课型的实践研究》和《寻得蹊径百花开——小学音乐学科学习难点解决策略的探索》两套音乐项目研究成果中100节正式出版的优质音乐录像课作为学习资源。截取与线上统一教学内容一致的，并适合学生居家看着视频就能一起开展音乐实践的教学片断，课后提供给学生。让孩子们能真正唱起来，跳起来，奏起来，在实实在在与小朋友共同的音乐实践活动中丰富音乐情感体验经历。

（三）开展音乐内涵理解的专项课题研究，把握线上互动标准

市教委要求网络录播课学习之后，教师与学生应进行互动答疑。如何通过互动答疑把握好教学要求和标准成为基地教研又一项重要内容。结合双名攻关课题《小学音乐学科基于〈教学基本要求〉三类活动设计的实践探索》的研究，深入开展《上海市小学音乐学科教学基本要求（试验本）》文本研究，指导学员理解音乐各学习领域、学习内容以及具体教学要求的内涵。根据自己所在学校和所教年级学生的实际学情设计体验性活动、表现性活动、创造性活动。分析网络录播课内容的教学重难点，寻求以活动方式突破和解决的策略与方法，并将这些活动设计的思路运用到各自课后线上互动答疑中，使其能更好地基于学情，基于教学要求，基于标准。

二、探索多元互动的线上教研形式

教师目前都习惯于线下教研，对于线上教研都是摸着石头过河，处于实践探索的阶段。但我们基地经过近两个月的实施发现，线上、线下教研虽然有差异，但线上教研有着大数据和互联网支撑的诸多优势，可以形成多元互动的教研新形式。

（一）多种信息手段综合运用，实现教研时空灵活可变

网课开播以来，由于手机、平板、电脑同时上阵，老师们都戏称自己是“十八线主播”，也正是这些多元信息手段给线上教研时空创造了灵活可变的空间。

线下教研往往是在设定的一个统一时间和地点，大家前往参与，如需更改时间和地点就比较麻烦。而线上教研相对比较灵活，可以运用相关软件以视频会议方式举行。手机、平板、电脑都可以应用，而且会议场所在网络上，空间完全不受限制，有的教师甚至在车上都能进行。如果教研时间需要调整也比较方便，这相较于线下教研具有一定优势。

（二）多种应用软件综合运用，实现教研形式有效互动

一般线下的大型教研活动以单向输入型为主，教师作为一个被输入者以单向接收信息为主，如聆听讲座、观看教学示范课、聆听专家点评等，较少有互动交流的机会与经历。而基地这一阶段的线上教研试图打破这种单向传输的教研形式，积极探索互动型线上教研新形式。下面以攻关课题教研为例：

1. 按需分组建群，利用不同软件促进互动

目前被广为使用的线上教学、教研软件有微信、钉钉、腾讯会议、晓黑板等，我们基地教研主要运用微信和钉钉这两款应用软件。根据确定的线上教研内容和攻关课题研究需要，共组建了12个群：1个名师攻关基地群、9个基地成员研究团队群、1个强校工程团队群，以及1个静安区小学音乐实训室群。将根据不同的教研需求，运用相关软件开展视频、音频的互动研讨。

2. 分类、分层研讨，根据不同要求开展互动

基地线上教研的互动性主要体现在以下五方面：基地主持人

与基地学员的互动交流；基地主持人与各团队群的互动交流；各团队群内的互动交流；各团队群之间的互动交流；以及基地主持人与每一位教师的互动交流。力图通过分类、分层的互动，提高线上教研的实效性，提升每位教师的音乐专业能力和专业素养。

在第一次全体基地成员线上视频教研时，基地主持人介绍了这一阶段线上教研和培训的主要意图、内容和安排。并以专题讲座的方式对攻关课题最近的研究作了分析，抛出四个问题：三类活动是否必须明确划分？文本中如何体现？如何理解“三类核心活动”的特征？学法指导究竟如何表述比较规范？随后全体成员以线上研讨的方式进行即时交流，最终对这些问题达成共识，为下一阶段的课题推进奠定了基础。

接下来的一周，各位基地学员在各自团队群内开展主题教研，针对各自负责的研究内容，开展《上海市小学音乐学科教学基本要求》文本研讨和活动设计。围绕三个问题展开：活动设计的主要环节和意图是什么？本活动的创新点和创意点在哪里？本活动以学生为主体地位的学法指导如何开展？在研讨过程中初步确定活动设计方案。

再接下来的两周内，基地主持人分别与各团队群进行两轮分组教研。从课题研究视角，对所有活动的教学内容指向和活动种类分配，以及活动设计思路进行互动式教研。由基地学员（各团队负责人）主持线上研讨，各成员逐一进行活动介绍，基地主持人逐一线上给予指导。在此次研讨后各位老师可以通过微信、电话等方式与基地主持人就修改中遇到的问题开展及时沟通交流，在第二轮团队研讨后确定活动设计思路，进入课堂教学实践准备阶段。

例如在强效工程团队研讨中，六位老师分别针对《上海市小学音乐学科教学基本要求》中 3.4 律动和 4.1 歌表演两个模块，就前期准备的教学设计逐一进行交流。接着，基地主持人曹晏平老师详细阐释了歌表演、综合表演、律动三个模块内容的不同概念定义，帮助大家理清思路，找准方向。并强调，在做教学设计之前一定要正确理解、精准把握各模块所指向的内容与要求，最终的活动设计要直指教学基本要求是否达到，切勿混淆和过分放大活动所要达成的教学目标。同时，对如何做好学法提炼作了进一步指导。最后还布置了下一次教研的内容。

把教研从线下搬到了线上，大家都感到网络大数据时代信息技术给教研方式带来的新突破。我们可以很方便地将视频会议录制下来反复观看，加深理解，我们也可以及时通过音频或视频的方式开展互动讨论。及时性、便利性、互动性使线上教研的效率得到了很大的提升。

（三）多种网络平台综合运用，实现教研成果及时分享

网络环境、信息时代最大的特点就是信息传播与分享的快速、便捷。在线上教研的过程中，各类教研成果的及时分享为教研有效推进起到了积极的促进作用。多平台综合运用，及时分享教研成果已经成为每一位成员的“拿手好戏”。

在开发“互联网 + 音乐”的教师培训课程中，老师们会将边学习、边运用软件制作的音频、视频在抖音和个人微信朋友圈中进行分享。在进行课题研究的过程中，基地和各团队群会将每一次的研讨活动用图文并茂的通讯稿，通过微信公众号及时发布，将教研成果与同行及时交流与分享。在选择教学拓展资源过程中，随时随地通过网络将文字、图片、音频、视频资料在钉钉群

中传输分享。

网络多平台的教研成果分享体现了及时性、快捷性，大大提高了教研活动中交流和互动的频次，同时也翻开了教研方式变革的崭新一页。

三、展望音乐学科的未来教研方式

21 世纪是信息化时代，网络已成为人们生产、生活不可或缺的重要组成部分，通过本次疫情期间的教研和教学，不得不使我们对未来音乐学科的教研进行新的思考与展望。

（一）将线上教研机制纳入教育管理体系，未雨先绸缪

线上教学、线上教师培训其实早就被广泛运用，而教研却以线下为主。目前虽说也有网络教研，但仅仅停留在每位老师在网上浏览资料，发表一些文字观点和学习体会为主。如何改变、提升线上教研的方式和效益，将线上教研形成机制纳入市、区、校三级层面的教育管理体系，这是大势所趋，应该未雨先绸缪。

（二）将线上线下教研真正有效融合运用，优势可互补

在未来的音乐学科教研中应该将线上教研和线下教研进行有效融合，合理划分比例，这样既能节省因人员出行带来的人力、物力、时间等成本，同时也能让更多的教师通过网络参与教研学习，可以起到优势互补的作用。

本文中主要介绍了线上教研的一些具体做法，只代表上海市第四期“双名工程”小学艺术攻关计划基地和静安区小学音乐实训室在疫情居家期间，开展线上教研的探索性实践，以及线上教研所获得的点滴启示，所列各种观点仅供大家参考。

参考文献

[1] 赵才欣著. 有效教研——基础教育教研工作导论[M]. 上海：上海教育出版社，2008.

[2] 上海市教育委员会教学研究室.上海市小学音乐学科教学基本要求(试验本)[M]. 上海：上海教育出版社，2018.

[3] 五问专家——经历疫情，他们的感悟与思考[J]. 上海教育，2020(4A).

线上教研，从“有模有样”走向“有滋有味”

——疫情时期参与组织浦东新区小学音乐学科线上教研的“思”与“行”

上海市浦东新区新时代小学　严茵茵

摘　要：教研工作是保障基础教育质量的重要支撑，是深化教育教学改革的重要助力。2020年的春天，受新冠肺炎疫情影响，学校开学时间延期，教研工作也面临新挑战。传统的教研方式如现场培训、集中研讨、学科调研等均无法实施，为更好地服务师生，浦东新区小学音乐学科中心组在教研员的带领下及时调整思路，多措并举，推进线上教学，深化线上教研，助力基层教学。

关键词：线上教研　教研形态　音乐学科

2020年初的新冠肺炎疫情来势汹汹，全国的学校延迟开学，原本要回到学校的中小学生们，都不得不开始了线上学习。疫情之下的特殊阶段，既要确保学生的健康，又要指导学生居家学习和生活，还要为新学期开学之后的教育教学活动做好衔接，打好基础。在这特殊时期下的网络学习，尤其是像音乐这样的美育类课程的学习，课程要怎样设计才能更符合疫情之下的音乐教学呢？笔者作为区学科骨干以及区学科中心组成员，探索网络环境下教研活动的新形态已经成为必要且必须，顺应时势要求，线上教研应运而生，并成了疫情时期教研工作的常态化方式。

一、“停课不停学”背景下教师教研形态的转型

（一）教研角色发生了新的变化

在传统教研活动中，“走过场”的现象比较突出，而且活动的话语权往往集中在少数人手里，教研活动更多体现的是专家的“话语特权”、教研活动的“自我热闹”，教师只是一个安静的“听众”和忠实的“观众”。新冠肺炎疫情的爆发，使线上教研从边缘走向了中心。线上教研突破了层级和部门，让一线教师有了更多的参与机会，让一线教师承担教研活动的组织和实施；把展示权交给教师，让教师自发报名参与课堂教学展示和经验分享；把评价权交给教师，让教师如同研究者一样去听课和思考。老师们甚至还自发发起教研活动，他们通过钉钉群、微信群、QQ 群发起教研，开展“群”中教研，我们的教研变得更丰富、更直接、更有效，老师们成为教研活动真正的“主角”。

（二）教研形式打开了新的时空

浦东新区体量大、教师人数多，传统教研活动存在“组织难”“参与难”“评议难”的“三难”问题，这三个问题集中体现在“时空的约束”上。比如，组织一次教研活动，浦东的老师首先需要考虑的主要是“出行”时间。大多数情况下，浦东远郊的老师参与两个课时的教研，基本要花费四个甚至是六个课时的“出行”成本——而且，这还是在本区教研的情况。再比如，即便成功组织一次教研观摩，受制于传统组织模式的“时空”限制，参与者的“课后评议、交流也并不充分”。更多时候教研变成了观摩为主体，课后评议基本很难深入进行，更无法形成长久的讨论过程，这限制了教研活动的效果。因为无法深度的评议互动，也就无法评估教研活动的效果。“三难”问题在开启在线教研之后

全部解决。线上教学教研，最大的好处就在于“时空”成本的节约——传统教研，教师花费半天时间，也就是去听一堂课；现在，半天时间可以听两三堂课，或者有更多时间做课后总结和在线讨论。原有模式花在路上的时间，在线模式下可以被高效利用。

（三）教研评价实现了新的突破

传统的教研活动评价存在“过度依赖经验、拍脑袋下结论”和“课堂师生行为数据采集困难”等问题，而线上教研评价从凭主观评判的方式，转变为可以借助多种工具进行更为丰富的数据采集和评估。用技术手段让“数据”发声、让“事实”说话，为教研从关注教师的“教”过渡到学生的“学”提供了强有力的技术支持。教研是为解决教师教学中的真问题而开展的，故教研的核心就是发现问题并解决问题，让教师在研究中把握教学的难点、关键点，并循此制定教研内容，让教研有深度、有效度。

二、浦东新区小学音乐学科开展线上教研的探索与实践

（一）技术培训，提高浦东小学音乐教育之品质

1. 迅速高效，组建团队

此次延期开学期间，对广大教师而言，最大的挑战就是学生的学习从学校环境转移到家庭环境，从现实的班级教学转变为虚拟的网上教学，这无疑对教师们的现代教育技术应用能力提出了巨大的挑战。为解决广大教师的技术难题，区教研员第一时间挑选了一些业务能力强，工作认真的老师学习了视频剪辑制作、文章撰写排版等新媒体技术，创立微信公众号，这个微信公众号就

是为传播浦东新区小学音乐教育成果以及方便教师学习教育技术而成立。技术团队的老师们积极研究摸索，选择适用性强、电脑配置要求低的实用录课软件，用图片详解加视频介绍的方式，用微信推送传递给每一位一线的音乐教师，以帮助他们能尽快适应线上教学。所谓“工欲善其事，必先利其器”，上战场空谈兵法没有作战工具是不行的。这个时候，多掌握一点技术，就能多一种临时变通的方案，在不稳定的网络、不确定的开学时间面前，就能多一点信心底气。

2. 统筹规划，精心准备

线上教研，线上活动，是一门线上技术。如何在钉钉平台上，让全区将近500位小学音乐老师能够同时在线视频会议？如何切换PPT、如何视频播放、如何进行观点分享？什么时间网络更流畅、什么形式签到更方便、什么拍摄光线更清晰等一系列的问题，教研员提前和中心组成员进行不断的调试，争取在最短的时间开展最精准的线上教研活动。有了前期的统筹规划，线上教研的进程十分有序。形成了由教研员统领，学科中心组引领，青年教师技术支持的强有力团队，做到有引领、有指导、共承担。真正体现出了浦东新区小学音乐学科团队的快捷与高效的工作作风。各个团队无论分工还是分批，有规划善统筹，加班加点录制专题讲座及微课。大团队，大智慧；小团队，巧谋划。争分夺秒，有质有量，团队拼搏，创造累累硕果。

（二）经验分享，提升浦东小学音乐教育之品位

1. 以解决实际问题为导向的经验分享

根据区教研室的整体部署，教研员带领我们中心组老师从学科实际出发，制订了学科线上教学期间的教研活动方案，方案细

致到时间、主题、内容、负责人等。同时为充分发挥疫情期间老师的主动性，调动老师的积极性，教研员听取意见，让更多的基层老师承担研修活动的主讲，而每位主讲教师结合自己的兴趣点与能力点，以及老师们关注的学科困惑点和教学实践中的成功点，确定自己在研修活动中的主讲内容，利用钉钉直播或录制微课的方式，同老师们分享交流。

2. 以核心素养提升为导向的专题讲座

教师专业素养提升是学生发展的根本保证，只有通过教师的发展才能促进学生的发展。教师专业素养不是一蹴而就的，它是一个不断发展、不断提升、不断创新的过程，是教师个体和群体共同追求奋斗的历程。笔者的《心有“谱”，教有“序”，学得“法”——在线教学备课建议》《“量规”评价，让自主学习真正发生》等专题内容，都从教师素养的角度谈及学生核心素质的培养。笔者指出，从事教育教学，心中一定要有“谱”，这个“谱”是课标、是教育规律、是对教育教学的认识、是对儿童的理解……当我们心中有“谱”了，我们的教就自然而然会变得有“序”，学生的学就会得“法”，教学的效果一定不会差。但线上教学在师生隔着屏幕看不到彼此的情况下，如何保证学生的在线学习与线下课堂教学质量等效？怎样督促学生线上自主学习？如何检测学生学习的效果？进行过程性评价应该注意哪些问题？这也是每一位教育工作者在进行线上教学期间都不可回避且必须要做出回答的问题，因为这些问题直接关系着学生线上学习的质量。教师要清晰地知道从哪些维度去把握学生的学习目标完成程度，并为下一步的教学行为找出根据；另一方面，也让学生知道自己目前的学习状态处于哪一个水平，并朝向更好的方向努力。

（三）课例研究，促进浦东小学音乐教育之品学

1. 遴选优质资源，促进学生的有效学习

在线上教学刚开始的前两周，大部分教师都反映虽未强求“打卡互动”，但学生的学习热情还是很高的，学生不仅对所学内容积极发问，还积极参与教师在“思考与讨论环节”组织的各类小活动。但很快，因为互动内容和方式的单调——多是文字问答的方式复习“空中课堂”的教学内容，活动群里逐渐冷寂下来。针对此情况，中心组的老师迅速调整并积极尝试新的教学策略，并把落实后的实际成效录成视频，分享给区内老师。比如可以先鼓励学生在互动群里分享自己在“空中课堂”里的学习状态、精彩瞬间和学习成果。教师积极肯定学生的表现，增强学生的表现欲与自信心。同时老师还可以亲自“出镜”，录制各种教学小视频，亲自示范“唱、奏、演”的细节过程。如此一来，不仅学生，就连家长看到学校老师亲自上阵，都连连称赞其专业功底过硬，对群里发布音乐活动的关注度即刻提升。尤其录制的小视频要依据自己班级的学情，细化教学重难点的讲解。既体现音乐学科的实践性特征，又切实促进了学生的有效学习。

2. 精选教学内容，关注线上学习量和效

无论是线上教学还是线下教学，教学内容永远是支撑教学质量的第一要素。学习方式变了，相应的学习内容也要跟着变。需要教师关注教育本质，根据课程内容和性质，以真实的学习为价值取向，培育学生健康生活、生命观念、责任担当，建立文化自信。因此，要基于疫情、学情按学期教学计划和课程标准要求，统筹安排好线上课程内容。

“鼓要打到点上，笛要吹到眼上”，线上教学的备课尤其要关

注课堂的学习“量”，力求少而精，指向教学内容的核心知识，教师能够在“空中课堂”后的15分钟内讲解清楚，学生有所获。在线上教研活动中，有位青年老师谈到三年级在欣赏男高音歌曲《在那桃花盛开的地方》一课中，由于“空中课堂”中呈现的舞蹈动作对于她的学生来说难度过大，所以她录制了自己跳的简易版本，并与教学原版放在了一起，让学生自由地选择学习。她鼓励学生“能唱多少、能跳几个动作都可以”，学生们也积极反馈——有的选择跟着老师一起舞蹈，有的学唱了前两句歌词，还有的深情朗诵了几句歌词。同时，老师还用视频剪辑软件将自己为学生伴唱或伴舞的视频剪辑在了一起，发在讨论群里，进一步激发了学生的学习热情。这次活动直到讨论时间结束还有家长私信学生的舞蹈视频，都想让老师为自己的孩子伴奏、伴唱。

3. 摒弃单向灌输，鼓励学生的自主学习

在线教学活动的好坏，在于教的行为是否有效地促进学的行为。因此在线教学的关键难点是转变教学理念，从以教师为中心转变为以学生为中心，采用多种方法让教的行为对学的行为真正起到促进作用。

疫情期间再次验证“正式学习”和“非正式学习”的边界将更加模糊，传统的“灌输”与“盯人”的教学方式已经不适应互联网时代的师生交流与教育资源共享。架构“教师指导下的自主学习能力培养”教学模式，应当成为我们开展线上教学所秉持并实践的共识。可以通过设计课前导学单、提供文本或微课学习材料、项目学习等使学生在获取知识的同时，自主开展学习，让学习真实发生。

4. 做好归纳梳理，将智慧教学落到实处

为帮助一线教师进一步做好低年级的线上教学和复课后高年

级的线下摸底与巩固，学科中心组根据“空中课堂”的教学内容整理出了“教学实录”和“教学知识点梳理（含教学策略）”两份资料，并在这两者基础之上，针对区内的基本学情和线上教学情况，提炼出一份“单元知识点梳理”，最终形成了一套《浦东新区小学音乐学科空中课堂复课后学业评估方案和教学建议》。

“空中课堂”授课老师均为成熟型、经验型教师，甚至在教学上颇有建树、特色鲜明。这样的精品教学课对职初教师来说犹如“饕餮大餐”，每一堂课都有明确的教学目标、教学手段和教学成果呈现。中心组详尽的“听课记录”供新教师开展研究与反思，在落实课堂教学内容的同时，明确自身的努力方向。而“教学知识点梳理”则是对每堂视频课的“知识点”“教学策略”进行了详尽地罗列和分析。最重要的是还有贴心的教学建议，让老师们可以在复学后根据各校实际学情进行整合，组织学生开展有效的复习与巩固。“单元知识点梳理”是建立在每一课“教学知识点”基础上的，提纲挈领、可视化的教学目标，是“空中课堂”教学、音乐教学基本要求和教学参考内容的整合。其中，“知识点掌握”倾向于人文素养的培养和音乐学习的感受与体验，“技能的掌握”则更注重学生对音乐要素学习与音乐理解的表现。方便复课后老师们用自己擅长的教学方法与手段，引导学生开展丰富多彩、形式多样的表达与表现活动。

三、对线上教研的思考

疫情的来势凶猛，使线上教研由应急走向常态，成为新型教研方式。互联网、云平台的出现，让我们有了足不出户也互联互通的效果，线上教研使“人人皆教研、时时能教研、处处可教研”

成为可能与现实，极大地拓展了教研活动场域。随着科技与时代的发展，让我们在非常时期对未来学校转型、未来教研方式改良、未来教学形式多样化等问题有了展望！

笔者认为，“线下 + 线上 + 研修平台”的混合教研模式应该是大势所趋，毕竟“线上”的“群教研”弥补了“线下”缺乏日常随时交流的不足。“研修平台”完成了数据留存、资源共享、系统性强的功能。因此，“线下 + 线上 + 研修平台”混合式教研需要推广、需要规范、需要思考！

教学实践篇

音乐感受和欣赏
音乐表现领域
音乐创造领域

音乐感受和欣赏

课题：《美丽的草原我的家》

执教：陈　薇　点评：曹晏平

【教　材】上海音乐出版社九年义务教育课本《音乐》

【课　题】三年级第二学期“乡情”——欣赏女中音独唱《美丽的草原我的家》

【执教者】上海市青浦区庆华小学　陈薇

【教学任务分析】

1. 教材分析

《美丽的草原我的家》，创作于20世纪70年代，由火华作词、阿拉腾奥勒作曲。歌曲为4/4拍，宫调式，抒情优美，委婉悠长，按“起承转合”的音乐结构将旋律分为四个乐句，描绘了美丽富饶的草原景色，表达了蒙古族儿女对草原的深沉的爱和赞美之情。1978年由著名女中音歌唱家德德玛演唱，受到歌唱界的极大关注。《美丽的草原我的家》于1980年被联合国教科文组织以“世界优秀歌曲”编选入教材，并收录于《亚太歌曲集》中。

2. 学情分析

在以往的音乐学习中，三年级学生已欣赏或学唱过多首蒙古族歌曲或乐曲（如《我是人民小骑兵》《草原就是我的家》《民族舞曲联奏》等），对蒙古族风俗、音乐舞蹈特点有了初步的感知。但是本课要求通过欣赏歌曲《美丽的草原我的家》，感受歌曲抒情、宽广的旋律，体会歌曲所描绘的美丽、富饶的草原景色，并能在女中音的歌声中自主体验出音色特点，表达对草原的热爱、赞美之情，这对离内蒙古大草原特定情境和蒙古族牧民生活非常遥远的学生来说,要理解音乐的情境并激发思考和探索的源泉，具有一定的挑战。此外,《美丽的草原我的家》由女中音演唱，柔和、浑厚的音色表现了草原辽阔、宽广的景色和深沉、醇厚的情感。对于首次接触女中音的三年级学生来说，女中音音色特点仅仅靠单一作品的欣赏,较难清晰感知,需要教师循序渐进地加以引导与适切的实践体悟。

【教学目标】

1. 欣赏由女中音演唱的歌曲《美丽的草原我的家》，体会歌曲所描绘的美丽、富饶的草原景色，激发对草原的赞美与热爱之情。

2. 能感知人声分类中“女中音”的音色，并初步了解其特点；能运用歌曲欣赏时的肢体和造型等学习成果，随音乐即兴表演；能哼唱歌曲最能抒发情感的乐句；能选择合适的打击乐器即兴为歌曲伴奏。

3. 在互动交流、对比聆听、模仿体验、演唱感受、乐器伴奏、综合表现等音乐活动中，感受歌曲抒情、宽广的旋律，感知歌曲意境，体验歌曲女中音独特音色以及所表现的抒情优美、委婉悠长的情绪和丰富意境。

【教学重点与难点】

1. 教学重点：体验歌曲所描绘的内蒙古大草原的美丽宽广，感受蒙古族人民对家乡的眷恋与热爱之情。

2. 教学难点：感知与理解女中音柔和、浑厚的音色特点；与伙伴合作，用演唱、肢体律动、打击乐伴奏等形式表现歌曲意境和情感。

【教学过程】

一、导入

1. 听音乐《我是人民小骑兵》片段，做骑马和蒙古舞律动。

2. 欣赏“草原风光”视频

关键设问：听着音乐，骑着骏马，我们来到美丽的内蒙古大草原。请欣赏视频，你能将看到的情境用优美的语句向大家介绍吗？

3. 反馈交流

4. 即兴模仿体验

在音乐声中用肢体动作或造型，即兴表现“骑马”“射箭”“摔跤”“挤奶”“跳舞”“拉马头琴”等蒙古族人民生活劳动场景。

小结过渡语：美丽富饶的大草原上，世世代代生活着热情豪迈、勤劳善良、能歌善舞的蒙古族人民。每当他们提起自己的故乡，总会自豪地拉起马头琴，唱起一首动人的歌曲——《美丽的草原我的家》。

> 教学说明：
>
> 学习要点：①用优美的语句描绘内蒙古大草原的美景和蒙古族人民的生活；②用肢体动作或造型即兴模仿草原劳动生活场景。
>
> 设计意图：在已有音乐课程资源的基础上，借助网络资源，让多媒体声像俱佳的素材拓宽学生的音乐视野。教学资源的拓展与丰富，满足学生学习音乐的需求，弥补生活经验的局限，激发学生学习音乐的兴趣。

二、欣赏歌曲《美丽的草原我的家》

（一）初步聆听，感受歌曲情感

1. 感受歌曲情绪

关键设问：歌曲的情绪是怎样的，抒发了蒙古族人民对大草原怎样的感情？

2. 了解歌词内容

① 听赏、交流

关键设问：说说歌中描绘了哪些草原美景？

② 出示歌词，有感情地朗读

（二）对比听赏，感知女中音音色

1. 聆听女中音音色

关键设问：歌曲由谁在演唱？音色有什么特点？

2. 对比人声音色，复习《斑鸠调》片段

关键设问：与我们欣赏过的《斑鸠调》对比，你能用哪些比较恰当的词语来形容这首歌演唱者的音色特点？

3. 交流反馈，小结音色特点

歌　名	《斑鸠调》	《美丽的草原我的家》
人声分类	女高音	女中音
音色特点	明亮、清脆、华丽	柔和、浑厚、宽广

4. 结合媒体，介绍德德玛

小结过渡语：著名的女歌唱家德德玛是土生土长的蒙古族女儿。让我们继续从她的歌声中领略草原的美丽和奶茶的芳香，感受蒙古族人民对草原的深深热爱。

教学说明：

学习要点：① 聆听歌曲，感受情绪，对比聆听，感知音色；② 了解女中音歌唱家德德玛的艺术成就和音色特点。

设计意图：本环节采用对比聆听的方式，与前一单元欣赏过的歌曲《斑鸠调》进行比较，在复习女高音音色基础上，归纳总结女中音的音色特点；再引出对蒙古族著名歌唱家德德玛的介绍，帮助学生对女中音的音色和其独特的艺术表现力形成较为具象的感知，并且初步了解歌曲音色的选择与歌曲所描绘的内容息息相关。

（三）主体参与，激发情感表达

1. 唱一唱

① 交流歌曲中最能抒发情感的乐句

② 跟琴尝试演唱

③ 指导与改进

2. 演一演

① 随音乐即兴表演草原生活劳动场景

② 指导、评价与改进

3. 奏一奏

① 选择合适的打击乐器创编两小节伴奏型

②即兴为歌曲伴奏

③指导、评价与改进

教学说明：

学习要点：在“唱”“演”“奏”等多样化、综合性的实践活动中，采用师生互动、伙伴合作、创编表现、评价改进等方法，丰富歌曲情感体验。

设计意图：本环节旨在引导学生创造性地参与各项音乐实践活动，并将此作为学生获得音乐审美体验的基本途径，并从“生成学生的审美经验，使知识技能转化为能力”的目的出发，以“即兴表演是否符合音乐情感和韵律的美感”为依据，关注学生对音乐知识与技能的掌握以及学生的想象力和创造力的发展。

三、课堂小结

师：德德玛演唱的《美丽的草原我的家》，把我们带入了辽阔无垠的内蒙古大草原。其实，歌颂草原风光与草原人民生活的音乐作品还有很多，大家可以在课后进行搜集。老师期待聆听你们喜欢的优秀作品！

【教学流程图】

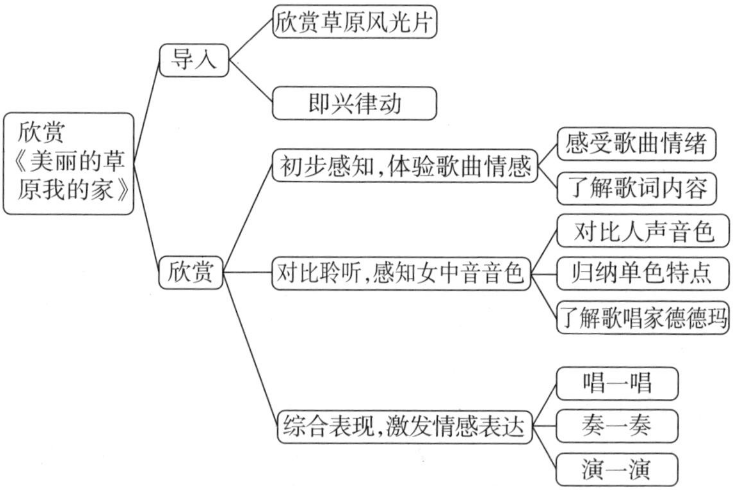

（注：本课于2013年被中国教师研修网录用为教育部“国培计划”远程培训项目视频课例。）

【课例评析】 上海市音乐特级教师、正高级教师、基地主持人　曹晏平

要使学生真正成为音乐学习的主人，教师必须根据教学内容的特点，给予学生适切的学法指导，从而使音乐课程“以情感人、以美育人”的审美内涵和审美价值得以展现和落实。在本课教学活动中，为了有效达成教学目标，教师从以下三个方面架构教学，收到了显著的教学效果。

一、理解起点——引人入“境”，生发音乐情感

内蒙古大草原及蒙古族牧民的生活离学生的实际生活非常之遥远。如何创设便于学生理解音乐的情境，激活学生已有的生活经验，并激发学生思考和探索的源泉？教师运用了丰富教学资源与开展模仿体验两种方法，让多媒体声像俱佳的素材拓宽学生的音乐视野，并通过模仿骑马、射箭、摔跤、挤奶等内蒙古草原劳动生活的动作还原草原生活场景，拉近音乐与生活的距离，为学生体验音乐情绪与情感起到了积极的作用。

二、找准支点——听赏比较，搭设学习支架

对于首次接触女中音的三年级学生来说，柔和、浑厚的女中音音色特点仅仅靠单一作品的欣赏，很难分辨和体会。学生的学习支点在哪里？音乐学习梯度如何架设？教师巧妙运用人声音色对比法，与前一单元欣赏歌曲《斑鸠调》中的女高音进行比较，归纳总结女中音的音色特点，并启发学生思考“女高音和女中音哪种人声音色适合表现歌曲情感”，既巩固了以往的学习内容，又为本课学习重点架设了学习支架，使学生提升欣赏的内涵与品质。

三．突破难点——主体参与，丰富审美经验

在学生了解了作品相关文化、经历了音乐情感体验之后，如

何把知识转化为能力，这是本课的难点所在。教师主要通过“参与表演，激发情感表达”与“重视评价，关注整体反馈”两大策略：将音乐学习的多样化体现在“听、动、演、赏、创”等综合实践活动中，充分体会草原人民自豪、愉悦的心情，展示蒙古族牧民能歌善舞、勤劳勇敢的美好品质；将学习评价从“生成学生的审美经验，使知识技能转化为能力”的目的出发，以“即兴表演是否符合音乐情感和韵律的美感”为依据，不仅关注了学生对音乐知识与技能的掌握以及学生的想象力和创造力的发展，更注重培养学生学会对自己和他人的学习过程及其成果进行分析和评价，发展音乐学习自我教育的功能。

总之，教师从研究学生的主体学习条件入手，在深入了解学生的知识经验、学习储备、心理状态等因素对音乐学习的影响后，设计出相适应的学法指导和提供有效的学习辅助材料，通过模仿、体验、比较、归纳、探究、合作等途径对学生进行音乐学习方法的传授与引导，并及时把握课堂教学的最佳时机，将学法指导渗透于教学的各个环节之中，真正体现了“教”与“学”的有机统一。

课题：《古镇金泽多古桥》

执教：陈　薇　点评：张蔚芹

【教　材】少年儿童出版社音乐特色教材《绿韵之声——青浦乡土音乐文化》

【课　题】四年级第二学期第四单元“古桥流水　宣卷传唱”——《古镇金泽多古桥》

【执教者】上海市青浦区庆华小学　陈薇

【教学任务分析】

1. 教材分析

本课教学内容选自由少年儿童出版社出版、陈薇老师主编的中小学音乐特色教材《绿韵之声——青浦乡土音乐》第四单元“古桥流水 宣卷传唱”。金泽宣卷，上海市非物质文化遗产，是一种古老的民间艺术形式。它以唱白相间，韵散结合的表达方法，奠定了中国戏曲唱念并用、韵散结合的文学结构。

《古镇金泽多古桥》是一曲由宣卷传承人诸留云先生根据宣卷基本调创作而成的金泽宣卷。作品以质朴明朗并带有浓郁乡土音乐色彩的音乐语言，歌颂了“金泽古桥甲天下”的盛景，表达了小镇人民对家乡的热爱。由于本课的教学对象为小学四年级学生，故仅选取了作品的片段。该片段主要由三个部分组成：第一部分为开场白，在梆子的起拍中干脆利落、掷地有声；第二部分为演唱部分，包含四个长短不一的乐句，旋律悠扬流畅，迂回起伏，“一人主唱，二人帮衬，小乐队伴奏”的表现形式近似苏州评弹又不尽相同，更具特色；第三部分为数板部分，在固定节奏型的伴奏下细数金泽的多座历经沧桑依然矗立的古桥（由于原作的数板部分篇幅较长，本课选取了一个片段）。数板后接一句尾声，是第一部分最后一句的再现。全曲用金泽方言演唱，一气呵成，充分抒发了人们发自内心的幸福和自豪感。

2. 学情分析

四年级的学生音乐思维日趋成熟，语言表达也日趋完整，且具备了一定的演唱能力，能通过欣赏与学唱，较为准确地表达、表现自己的音乐感受。但绝大部分学生对青浦乡土音乐的了解知之甚少，对金泽宣卷的知晓率更是几近空白。因此在本课学习中，需要教师提供多样的素材，丰富学生对于水乡生活的了解，并设计多样的音乐实践活动，鼓励学生主动参与，积极体验，在学生的学习反馈中进行帮助和指导，让学生能理解作品所表达的情感，激发起学生对于乡土音乐学习的积极性，以及对民族民间音乐的喜爱之情。

【教学目标】

1. 在欣赏与学唱《古镇金泽多古桥》中，感受宣卷浓郁的乡土音乐风格特点，体验古镇人民歌唱美丽家乡的喜悦心情，激发学生对民族民间音乐的认同感和喜爱之情。

2. 认识金泽宣卷并了解其表演方式、曲调特点、民间传人；能听辨出《古镇金泽多古桥》的基本曲调构成特点；初步唱会其中的拖腔乐句，能按节奏表演其中的数板部分，并与教师合作表现。

3. 结合多形式聆听、基本调模唱、模拟演奏等手段，理解宣卷作品所表达的内容，师生合作表现《古镇金泽多古桥》。

【教学重点与难点】

1. 教学重点：欣赏与学唱金泽宣卷《古镇金泽多古桥》片段，体验水乡人民热爱家乡的自豪感；了解金泽宣卷的表演形式，感知宣卷基本调的旋律与演唱特点。

2. 教学难点：能基本学会演唱“帮衬唱”所承担演唱的悠长起伏、连绵不断的拖腔部分，并与教师合作演唱《古镇金泽多古桥》。

【教学过程】

一、导入，学习宣卷数板部分

1. 欣赏视频《桥乡金泽》

关键设问：古镇金泽给你留下了哪些印象？

2. 交流，教师归纳小结

师：在青浦最西端，有一座千年古镇，名为“金泽”。她河流交错，古桥遍布，在0.8平方公里的土地上，曾有过42座古桥。至今还完好保留着宋、元、明、清的七座风格独特的古桥，被誉为“江南第一桥乡”。著名书法家钱君匋先生曾写下“金泽古桥甲天下”七个大字。

白石桥，香花桥。　迎祥桥，塔汇桥。

太平桥，安乐桥。　观音桥，庙湾桥。

寺西桥，如意桥。　延寿桥，增福桥。

林老桥勒百家桥。　东归桥，西归桥。

3. 学习用方言有节奏感地“数古桥”

4. 揭示课题

师： 在古镇金泽，能与“古桥”之美名相提并论的，便是传承千年的民间说唱艺术——宣卷。

> **教学说明：**
>
> 学习要点：①初步感知桥乡风韵，了解古镇特点；②学习《古镇金泽多古桥》的数板部分，为后续学习打下基础。
>
> 设计意图：在背景音乐——笛子独奏《水乡船歌》中欣赏教师自制的视频，带领学生走入特定的音乐情境之中，自然流畅地引出“金泽宣卷”这种民间说唱艺术形式，并为后续探究与学习乡土音乐做好心理与环境准备。

二、感知宣卷表演形式特点

1. 了解“宣卷”的字面含义

2. 欣赏金泽烙画，初步了解宣卷表演形式

关键设问：从民间艺人创作的金泽烙画中，你发现了哪些金泽宣卷的表现形式特点？

3. 互动交流，完成表格

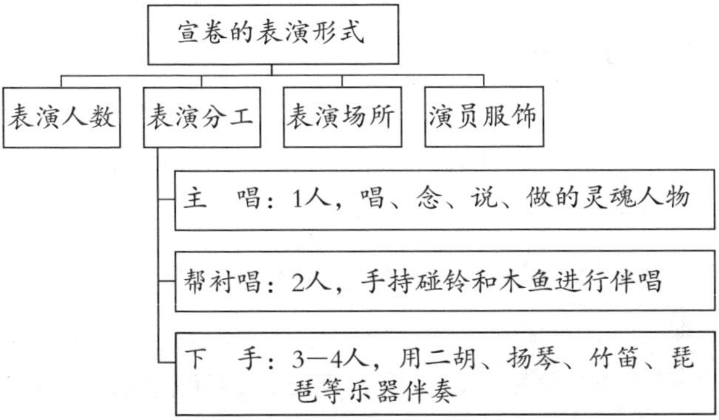

4. 归纳小结

师： 古色古香的宣卷，以其独有的表演形式，从民间的农家客堂登上了城市的大舞台。2007 年，金泽宣卷被列入上海市非物质文化遗产名录。下面，我们通过聆听宣卷代表作《古镇金泽多古桥》片段，来领略金泽宣卷的艺术魅力。

> **教学说明：**
>
> 学习要点：带着问题欣赏同为上海市非遗项目的金泽烙画，结合教师介绍，探究并发现宣卷表演形式的基本特点。
>
> 设计意图：自主探究与发现的学习方式，学习效果远胜于教师的灌输与说教。此环节，通过师生间的和谐互动，在交流活动中既帮助学生直观了解知识点，又使学生在探究与发现的过程中萌发对宣卷的学习兴趣。

三、学习宣卷《古镇金泽多古桥》片段

（一）认识宣卷传承人诸留云

1. 欣赏视频片段

关键设问：视频中长衫艺人的表演给你带来怎样的艺术感受？

2. 教师简介宣卷传承人诸留云

（二）学习开场白

1. 模仿学习

注意方言的咬字、声音的洪亮以及眼神、表情、动作的配合等。

2. 即兴表演

3. 师生合作，采用上下句分工的形式进行表演

师：　　　生：　　　师：　　　生：

（梆子声响）起拍一响，眼目清亮，润润喉咙，宣卷开——场——！

> 教学说明：
>
> 学习要点：认识宣卷传承人诸留云，学会表演宣卷开场白。
>
> 设计意图：此环节的设计意图有二。一是通过对宣卷传承人所作贡献的了解，激发学生传承与弘扬祖国民族民间音乐的责任心和使命感；二是采用口传心授的方法学会表演宣卷开场白。

（三）学唱基本调部分

1. 聆听教师范唱

关键设问：你听出这曲宣卷的哪两句旋律是相同的？

2. 唱一唱第二、第四相同乐句的旋律

3. 再次欣赏，找出帮衬唱部分

关键设问：哪些是帮衬唱的部分？这部分旋律有什么音乐特点？

4. 学唱帮衬唱部分的旋律

5. 师生合作演唱

教学说明：

学习要点：采用师生合作的形式（教师主唱、学生帮衬唱），演唱《古镇金泽多古桥》基本调。

设计意图：宣卷的旋律悠长曲折，音准、气息等均较难控制。此环节由简到繁，循序渐进，用问题为导向，再次启发学生自主发现与探究，寻找学习难点的突破点，减轻学习难度，提升对乡土音乐的学习自信心。

（四）表演《古镇金泽多古桥》数板部分

1. 师生、生生对读
2. 用碰铃、木鱼演奏节奏型为数板部分伴奏
3. 边哼唱旋律边模拟演奏，注意动作的准确规范
4. 全班学生分成三声部进行练习，注意声部间的和谐统一

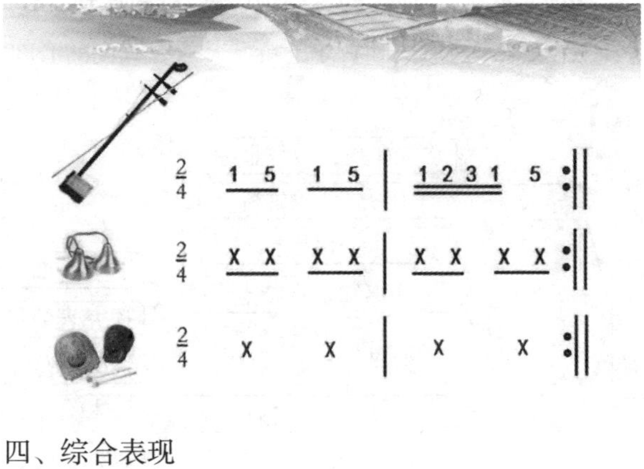

四、综合表现

1. 分段练习，即兴创编
2. 自主编排，即兴表演
3. 综合表演，情感升华

教学说明：

学习要点：选择自己喜爱的活动内容，与伙伴自由组合，用自己的方式进行音乐即兴表现；能对伙伴的音乐表现做出较为准确、合理的评价。

设计意图：通过前几个环节的学习活动，学生的说白、演唱、数板能力都已经初步具备。此环节旨在通过综合表现，鼓励所有学生积极参与表演与实践，一来对本课的学习成果进行评价，以检验教与学的成效，二来为下一课时开展进一步的音乐表现打下扎实的基础。

五、课堂小结

师：今天，我们用歌声唱出了“古镇金泽多古桥”的丰姿，用心灵感受了上海市非遗项目“金泽宣卷”的魅力。在今后的学习中，让我们了解、体验更多的青浦乡土音乐，如青浦田山歌、练塘评弹、白鹤沪剧等，让乡土音乐这朵中华民族民间音乐的奇葩开放在我们的心间。

【教学流程图】

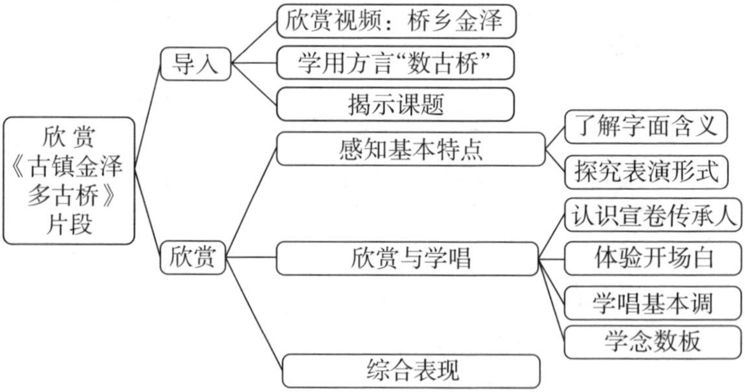

（注：本课于2018年4月24日在上海市中小学德育骨干教师实训基地组织的“德育名师流动站”活动中进行教学展示。）

【课例评析】 上海市德育特级教师 张蔚芹

《古桥流水 宣卷传唱——〈古镇金泽多古桥〉》是一节四年级乡土音乐欣赏课。教学内容选自由陈薇老师主编、少年儿童出版社出版的特色教材《绿韵之声——青浦乡土音乐文化》。

乡土音乐是我国民族民间音乐的重要组成部分。中小学音乐课程具有传承民族优秀文化的价值功能，是实施学科德育的重要载体。青浦乡土音乐资源丰富，教师能基于四年级学生的音乐视野与基础能力，充分挖掘上海市非物质文化遗产项目——金泽宣卷《古镇金泽多古桥》的思想与情感内涵，引领学生理解它的时代与创作背景，通过认识宣卷、了解宣卷、学唱宣卷、表演宣卷的音乐认知与实践活动，体验民间艺人运用质朴的音乐语言表情达意的意图，揭示音乐作品隐含的德育价值，激发起学生对优秀民族民间音乐文化的喜爱之情。整节课很好体现了本次“乡音乡曲育乡情——美育中的学科德育”展示活动的主旨。

在教学中，教师以生活化的情境呼唤音乐情感，以形象化的语言丰富音乐联想，以美观实用的媒体渲染音乐画面，以循序渐进的手段突破学习难点，以生动有效的合作创编推进音乐表现。随着环环相扣的指导层层推进，学生学得快乐主动、唱得用心投入，最后以一曲融歌唱、念白、合奏、肢体表演等多种表现形式为一体的师生版《古镇金泽多古桥》博得满堂彩。整课教学以一气呵成的教学进程、和谐精彩的教学互动、春风化雨的学科育德智慧，显示了一位学科带头人纯熟扎实的学科素养、润物无声的育德能力与传承乡土音乐文化的坚定信念，给听课教师带来很大的启示。

课题：《美丽的农村》

执教：严茵茵　点评：陈　璞

【教　材】上海音乐出版社九年义务教育课本《音乐》

【课　题】四年级第一学期第三单元“美丽的农村”

【执教者】上海市浦东新区新时代小学　严茵茵

【教学任务分析】

1. 教材分析

本课的教学内容是《天鹅》和《老爷爷赶鹅》，选自上音版四年级《音乐》第一学期第三单元“美丽的农村”。该单元用六至七课时完成。第一课时让学生学会齐唱和轮唱罗马尼亚歌曲《老爷爷赶鹅》；第二课时口风琴齐奏和轮奏歌曲；本课时为第三课时，通过欣赏法国作曲家圣桑的大提琴独奏曲《天鹅》(片段)，让学生感受乐曲缓慢的速度，抒情的情绪，了解速度等音乐要素对乐曲情绪及呈现乐曲形象的重要性，从而能自主探究如何处理歌曲《老爷爷赶鹅》，并能根据《老爷爷赶鹅》的情绪选择适当的节奏型为歌曲伴奏。通过学习这些内容抒发学生热爱农村、热爱生活的美好愿望。

2. 学情分析

该班学生有两年口风琴学习经历，具备一定的识谱能力，也逐步积累了一些音乐欣赏经验，能够感知音乐主题，体验不同的音乐情绪，能听辨节奏、速度、力度、旋律。在前一课时初步学唱《老爷爷赶鹅》时，他们就表现出对“美丽的农村”这一主题的浓厚兴趣，这样易于对作品产生丰富的联想和情感上的共鸣，这些都是引导学生进入本课时教学的优势。

【教学目标】

1. 欣赏乐曲《天鹅》(片断)及处理歌曲《老爷爷赶鹅》，充分感受速度、力度等音乐要素以及不同的演唱方法对音乐情绪的影响，体验乐曲所描绘的美丽景象及歌曲所描绘的农村快乐的生活；在音乐实践活动中积极参与，乐于与伙伴合作探究。

2. 用体验、探究、合作等方法，在听、唱、奏、创等多种形式的音乐实践活动中，感悟速度、力度等音乐要素和不同的演唱方法对表现乐(歌)曲情绪的重要性。

3. 能根据歌曲《老爷爷赶鹅》的情绪，选择合适的伴奏音型为歌曲伴奏。

【教学重点与难点】

1. 教学重点：感知速度、力度等音乐要素以及不同的演唱方法对音乐情绪的影响，体验音乐所要表现的意境。

2. 教学难点：以小组探究的形式处理歌曲《老爷爷赶鹅》，选择适当的节奏型为歌曲伴奏。

【教学过程】

一、导入

关键设问：根据音乐的提示，猜猜这辆火车的目的地是哪里呢？

1. 媒体创设火车行进时的场景

2. 听音乐，猜目的地

教学说明：

学习要点：聆听一段音乐旋律与家禽叫声合成的音乐，体验本课主题所要表现的情境。

设计意图：通过媒体创设情境，把学生带到了富有乐趣的农村情境之中，激起学生对美丽农村的向往之情。

二、欣赏《天鹅》（片断）

关键设问：乐曲的速度、情绪是怎样的？表现了天鹅怎样的形象？

1. 观看以《天鹅》为背景音乐的芭蕾舞《天鹅之死》片段

请学生根据音乐及舞蹈家的肢体语言说说表现的是何种动物形象？

2. 介绍作曲家及作品

3. 初听乐曲《天鹅》

（1）乐曲的速度、情绪是怎样的？表现了天鹅怎样的形象？

（2）教师归纳

（3）介绍大提琴

4. 教师指导学生用口风琴吹奏乐曲的主题旋律

（1）第一遍要求学生在吹奏时速度缓慢、气息连贯。

（2）第二遍要求学生在吹奏时速度加快、气息跳跃。

（3）请学生对比两次吹奏，谈谈感受。

（4）加入渐强记号后又有怎样的感受？

5. 复听

部分同学跟着老师模仿天鹅的舞蹈动作，部分同学模仿演奏大提琴的动作。

6. 师小结：不同的速度会产生不同的音乐情绪，对所呈现出来的音乐形象也会有所影响。而力度记号的加入会使音乐形象变得更生动丰满。

教学说明：

学习要点：尝试用不同的速度以及气息吹奏乐曲主题旋律。

设计意图：让学生在一系列的听赏之后，先用口风琴以不同的速度和气息吹奏主题旋律，感受速度的变化对音乐形象的作用。然后再用形体动作来表现音乐形象，让学生做出发自内在的对音乐直觉的动作反应，使原本对音乐无意识的“听”进入对音乐内涵的感受与理解。

三、复习歌曲《老爷爷赶鹅》

关键设问：用怎样的演唱方法在不改变演唱速度的情况下表现出不同的歌曲情绪？

1. 学生复习演唱及演奏歌曲

2. 小组探究活动

● 探究主题：如何处理歌曲《老爷爷赶鹅》

● 探究方向：①用怎样的速度来演唱歌曲，表达出怎样的歌曲情绪？

②在歌曲适当处添上“渐强渐弱记号”

注：各小组探究活动方向用抽签方式决定

3. 师生探讨交流

4. 教师示范

学生思考：老师用怎样的演唱方法来表现不同的歌曲情绪？

5. 学生根据情绪上的变化演唱歌曲《老爷爷赶鹅》

6. 歌曲力度记号的处理

7. 完整演唱歌曲

教学说明：

学习要点：通过小组探究进一步了解速度、力度、演唱方法等音乐要素在表现歌曲人物形象中的作用。

设计意图：在生生、师生间交往互动的氛围中，通过梳理歌曲音乐要素、小组讨论、反馈演唱、评价提升等音乐实践活动，让学生逐步掌握运用断连对比的气息、中等的速度、有层次的力度控制演唱歌曲。

四、为歌曲伴奏

关键设问：根据歌曲前后的不同情绪，选择相应的伴奏音型，分别为歌曲的前后两个部分伴奏。

1. 选择你认为合适的伴奏音型并说说理由

2. 小组练习并表演

学生自评，提出需要改进的地方。

3. 全班展示，师生评价

教学说明：

学习要点：运用打击乐器根据歌曲的情绪特点选择合适的伴奏音型为歌曲伴奏。

设计意图：在合作排练的过程中，给予学生充分自主的权利，特别是每个组的小组长充当起了组织者的角色，引导组员进行练习。由于这一环节主要以打击乐伴奏为主，全班同学人手一件乐器，学生情绪比较高昂，在演奏时不注意轻重，可能会显得比较吵闹。因此教师要随时给予适时的指导，强调力度在音乐表现中的重要性：一方面让学生了解除了速度能改变音乐情绪之外，力度也可以；另一方面正确掌控力度可以让音乐表现更具有层次感。

五、课堂小结

【教学流程图】

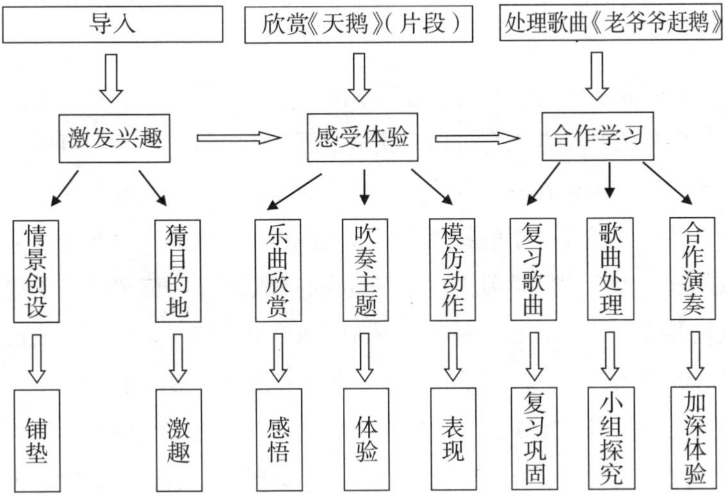

（注：2010年上海市中青年教师教学评选活动小学音乐学科二等奖）

师：今天我们在课上欣赏了大提琴曲《天鹅》，了解及感受到了不同的速度会产生不同的音乐情绪。在处理歌曲《老爷爷赶鹅》当中，我们也感受到了在速度不变的情况下，如果改变了演唱方法，歌曲的情绪也会有所变化。当然力度也很关键，它能使我们的歌曲情绪更丰满、更有层次感，在以后的课中我们还要学习更多的音乐要素，了解它们在音乐作品中的不同作用。

【课例评析】上海市音乐特级教师、正高级教师　陈璞

这是一节较为典型的小学音乐综合课，这里的“综合”指的是音乐学科自身三大教学领域中内容、方法、手段等的综合。本节课中，严老师将欣赏、演唱、演奏、创作等内容有机地结合起来，围绕“速度、力度的感知与体验”这两个音乐元素，通过《天鹅》和《老爷爷赶鹅》两个作品以及多种教学形式的融合，加深了学生对音乐的审美体验。在本课中，能够呈现如下的教学逻辑和特点：

1. 课堂主线清晰，凸显音乐本体

常见的综合课大部分以人文性主题来组合教学内容，可以这么说，这些组合在一起的作品虽然在标题、表现内容等方面具有联系性，但是在音乐的特点上是缺乏内在统一性的。而严老师执教的这节综合课的学习内容并不是我们常见的学习演唱以及欣赏表演某几个作品，而是感受和体验“速度和力度”这两个音乐要素。我们可以看出“速度和力度”这两个要素是将课中两个不同类型的作品紧密组织在一起的核心原则。在这种组织原则下，学生通过反复聆听、体验感受不同作品中共同存在的音乐要素，从而对它们留下极为深刻的印象，有效地提高与发展了学生对于

“速度和力度”的感知能力。

2. 教学形式综合，强化实践体验

在教学中严老师注重创造让学生体验感受、参与表现与创造音乐的机会，既有身体四肢的“身动”的参与，又有心灵、思维的“心动”的参与，引导学生将自己所获得的音乐体验充分表达出来。在欣赏《天鹅》环节，通过哼唱以及用不同的速度对比吹奏同一条主题旋律，学生思考速度与音乐的联系，感受速度变化带来的音乐形象上的变化。在复习演唱歌曲《老爷爷赶鹅》环节，学生又在老师的引导下，思考用怎样的演唱方法在不改变速度的情况下，表现出不同的歌曲情绪。如果再加入力度记号又会产生怎样的变化？学生在老师设计的一系列音乐实践活动中，动口、动脑、动身体，感受和体验音乐，多种感官在愉悦中铸就了音乐的记忆，加深了他们对“速度和力度”的理解。学生在老师巧妙而又丰富的设计中，在探寻、感受、模仿、体验等层次递进的音乐活动中，读懂了音乐语言，收获了音乐的情感体验。

3. 鼓励合作探究，提高综合素养

音乐是灵动的，课堂是双向的。音乐课堂需要充分激发学生的主观能动性，老师的有效提问、合理评价和给学生个性化的表现机会尤显重要。如在歌曲处理环节，严老师仅抛出问题：你想用怎样的速度来演唱歌曲，表达出怎样的歌曲情绪？学生通过尝试用不同的速度演唱来选择适合歌曲表现的速度。有的同学认为老爷爷卖了鹅着急回家，心情急切，所以要用较快的速度演唱。有的同学认为这位老爷爷特别悠闲自在，目的就是到集市上和人聊聊天而已，因此演唱速度用中速就可以。在这样的交流讨论中，学生的主体作用得到了极大的发挥，团队成员相互合作，激发了学习热情，学生在互相促进中共同提高。包括在为歌曲伴奏环节中，老师也给予了学生充分展示自我的机会，学生将已有能力与本节课所获得的能力结合运用在创编环节，综合呈现学习成果，达到能力累积巩固的目的，学生在积极自主的学习中感受到音乐的魅力和自我价值。

总体而言，这是一节教学设计逻辑清晰、教学环节设置合理、教学设问贴切有效、教学实施三维俱全的小学音乐综合课！

课题：《各国儿童心连心》

执教：黄湘程　点评：曹晏平

【教材】上海音乐出版社九年义务教育课本《音乐》

【课题】五年级第二学期第四单元"快乐的少年"《各国儿童心连心》

【执教】上海市嘉定区安亭小学　黄湘程

【教学任务分析】

1. 教材分析

本课时中的教学资源主要包括本单元中的教材内容歌唱曲《牧童》、欣赏曲《各国儿童心连心》。

《牧童》是一首捷克斯洛伐克民歌，歌曲趣意盎然，旋律自然、质朴、流畅，表现了一群牧童欢乐、勤劳、爽朗的形象。本课时用于复习演唱，并用轮唱的形式进行，进一步感受、体验牧童劳动与生活的情景和心情。

《各国儿童心连心》是一首曲调短小精炼、情绪欢快而又热烈的儿童歌曲。4/4 拍，羽调式。歌曲在带有歌唱舞蹈性的音调中不时插入间奏中的拍手声，表现了各国儿童为友谊而歌唱的欢乐气氛。全曲主旋律分为两部分，前一部分演唱形式为齐唱，声音富有弹性，每一句中伴以跳跃的衬词"啦啦啦"，使音乐更为欢快热烈；后一部分演唱形式为合唱，声音由跳跃变为连贯，歌颂各国儿童间深厚的友谊。歌曲最后的尾声部分把欢快热烈的情绪推向高潮，表达了各国儿童难舍难分、期待再次相逢的情感。全曲主题即为各国儿童的一个共同心声——“和平友谊”。

2. 学情分析

本课时为借班上课，该教学班具有良好音乐基础及素养，有静听音乐的良好习惯，对音乐活动具有较浓厚的兴趣，愿意与伙伴交流、互动。他们在歌曲演唱中的音准、气息控制能力较好，但在高音的演唱上仍存在音不准的情况，需要在教师的指导下通过对气息、咬字等做调整以达到音高要求。同时，本班学生对音乐形象与歌曲情感的把握和表现能力也较强，并已经较好地形成了合作的意识与协同表演的基本能力。

鉴于以上的学情分析，本课根据学生的实际音乐学习能力，力求让学生在感知作品音乐要素的基础上，运用歌唱、打击乐伴奏、身体律动等表现方式，表达自己的情感体验，表现歌曲的情感内涵。

【教学目标】

1. 欣赏歌曲《各国儿童心连心》，体验热情、奔放、喜悦的情绪特点和少年儿童间纯真的友爱之情；积极与同伴合作演绎，交流、表达对歌曲情绪情感的感受，分享音乐活动的快乐。

2. 在律动表演中创造快乐的课堂氛围，感受同学间深厚的友谊；在聆听感受、师生交流、歌曲演唱、律动体验、打击乐伴奏等音乐活动中，感受歌曲情绪，感知歌曲声音特点的变化，体验少年儿童的欢乐心情，感悟友谊的珍贵。

3. 能清晰地感受齐唱、轮唱、合唱的不同演唱形式特点；能创编合适的动作、律动、造型表现歌曲“和平友谊”的主题；能根据歌曲前后部分声音特点及演唱形式的不同为歌曲划分段落，并通过相应的音乐活动感受体验。

【教学重点与难点】

1. 教学重点：能够正确地运用符合歌曲韵律感的演唱、律动、造型等方式，表现歌曲的内在情感。

2. 教学难点：能为歌曲第二部分创编表现连贯的声音特点和各国儿童深厚友谊的身体律动；能为歌曲尾声创编富有层次感、美感的造型。

【教学过程】

一、组织教学

律动表演《问候歌》

> 教学说明：
>
> 学习要点：在轻松愉悦的氛围中感受同学间珍贵友谊。
>
> 设计意图：本课时歌曲的主题是“和平友谊”，通过跟着《问候歌》音乐，班级同学间合作律动表演的方式，引导学生在欢快、愉悦的情绪和氛围中感受到同学间的默契与珍贵友谊，为接下来对歌曲中情感的体验做铺垫。

二、复习歌曲《牧童》

（一）复习齐唱歌曲

1. 齐唱歌曲

2. 针对演唱，教师做指导

（二）尝试体验轮唱歌曲

1. 师生合作分段轮唱歌曲，回顾轮唱要领

关键设问：轮唱时要注意什么？

2. 完整轮唱

教学说明：

学习要点：复习演唱歌曲《牧童》。

设计意图：通过轮唱的方式演绎歌曲，对已有的演唱形式进行复习巩固；《牧童》是捷克斯洛伐克的儿童民歌，通过对“牧童”这一少年的形象描写，引申出我们中国的儿童，再引入至本堂课要欣赏、学习的歌曲《各国儿童心连心》，也是体现出“快乐的少年”这一单元主题。

三、欣赏歌曲《各国儿童心连心》

（一）整体欣赏与感知

1. 静听全曲，感受歌曲情绪

关键设问：歌曲的情绪和速度是怎样的？

2. 复听歌曲，师生交流

关键设问：按演唱形式划分，歌曲可分为几部分？

3. 复习“合唱”定义，了解“童声合唱”

4. 再次完整欣赏歌曲

关键设问：歌曲表达了一种怎样的情感？

教学说明：

学习要点：整体感受歌曲热烈、欢快的情绪；复习巩固合唱的形式特点。

设计意图：通过完整聆听，引导学生在静听中对歌曲的情绪、速度等有初步的感受与了解；通过聆听对比演唱形式的不

同，将歌曲划分成两部分，复习巩固合唱的基本含义，也为接下来的分段聆听做铺垫。本环节中的关键设问，均指向音乐的本体要素，突出了对学生欣赏过程中的音乐思维的培养引导。

（二）分段欣赏

1. 欣赏歌曲齐唱部分（1、2 乐句）

（1）教师范唱 1、2 乐句

关键设问：老师是用怎样的声音来演唱的？歌词中哪里能看出各国儿童亲密的形象？

（2）学生为“连一起”编创一个造型

（3）师生合作演唱 1、2 乐句，师示范拍手填充伴奏

关键设问：老师在什么位置加入了拍手的伴奏？

（4）师生合作，演绎歌曲齐唱部分

教学说明：

学习要点：感知歌曲 1、2 乐句欢快、跳跃的声音特点，并进行简单学唱；为“连”字创编表演动作。

设计意图：通过教师范唱让学生进一步感受歌曲第一部分情绪特点，并通过简单学唱，用跳跃的声音来表达；歌词中的“连一起”最能表现出各国儿童之间亲密的形象，引导学生尝试寻找并创编表演动作，就好比自己是这群儿童中的一员，能让其进入歌曲情境中，更好地感受歌曲主题。

2. 欣赏歌曲合唱部分（3~5 乐句）

（1）聆听 3~5 乐句，感受连贯的歌声特点

关键设问：合唱部分歌声的特点与齐唱部分有什么不同？

（2）学生尝试创编动作，个别交流

（3）选择合适的打击乐器伴奏

关键设问：还能用什么方式来表现这段旋律呢？

（4）教师哼唱旋律，加入动作和小乐器表现

（5）小组合作，创编集体律动

（6）生生、师生互评

（7）完整表演合唱部分

教学说明：

学习要点：感知歌曲3~5乐句连贯的声音特点，体验各国儿童间深厚的友谊。

设计意图：通过简单律动，对比第一部分，感受两部分声音的断、连特点；通过小乐器的演奏，进一步感受旋律的连贯；通过想象、联想，创编动作、律动进一步体验各国儿童间深厚的友谊。环节的设计有层层递进的意识，本环节也体现了对学生在音乐欣赏课堂上创编意识与能力的培养。

3. 欣赏歌曲尾声部分

（1）聆听尾声部分旋律，跟教师画一画旋律线

关键设问：歌曲最后一段的旋律有什么特点？

（2）加入力度记号，表现尾声部分

关键设问：为了表达一层比一层强烈的情感，可以加入什么力度记号配合表现？

（3）完整演绎

教学说明：

学习要点：感知体验各国儿童间难舍难分的心情。

设计意图：通过画一画旋律线感知尾声部分上行的旋律特

点，再回忆已有知识，能知道加入渐强的力度记号来表现，并用五个小组通力合作的方式进行。五个小组成员一组一组叠加进入演唱，将整堂课带入一个高潮。

四、完整表演，小结下课

【教学流程图】

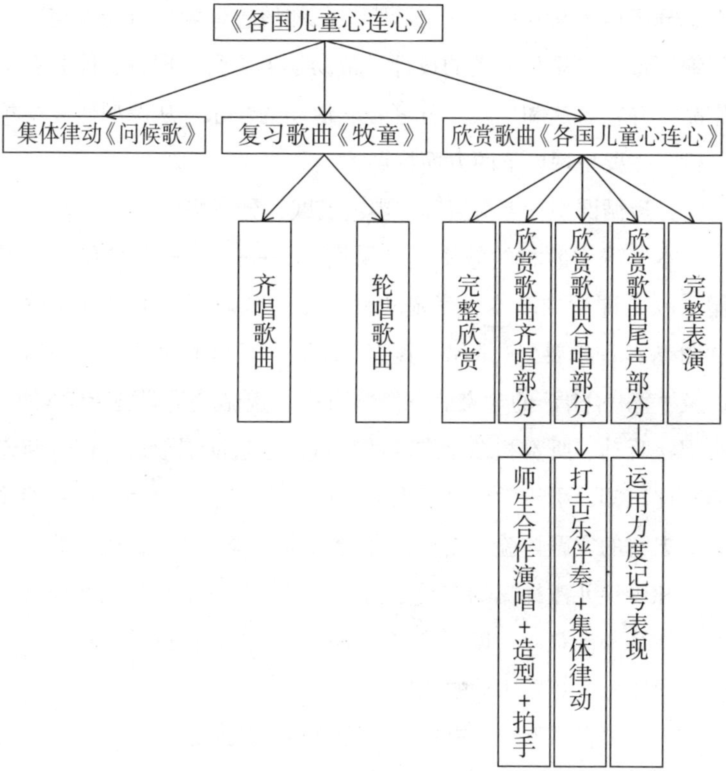

（注：此教学设计在2015年嘉定区教学研讨活动中作公开教学）

【课例评析】 上海市音乐特级教师、正高级教师、基地主持人 曹晏平

2014年底由我主持研究的项目“上海市中小学音乐课型的实践与研究”正式拉开帷幕。全市11个区参与项目研究，其中嘉定区参与度很高。这节《各国儿童心连心》，是黄湘程老师在参与课型研究的过程中所执教的一节五年级欣赏课。主要基于欣赏课型的基本特点与五年级学生的学情，通过听音乐律动、打击乐伴奏、分组展示与互评、基于聆听想象和情感体验进行动作与造型创编等形式与系列活动的设计，帮助学生感受、理解、体验音乐作品，并在表达和实践中分享音乐活动的快乐。从课型研究视角分析，主要呈现以下两方面特点：

1. 遵循课型特点与流程，丰富实践，分享快乐

本节课主教材的教学设计采用“总——分——总”结构，遵循了欣赏课型的基本教学流程。首次完整聆听，引导学生感受歌曲基本音乐要素（情绪、速度）特征，了解歌曲所表达的情感以及“童声合唱”的含义。分段聆听中，遵循欣赏课型听觉领先，听唱、听动、听奏相结合实践的特点，通过演唱形式、声音断连的对比感知，引导学生基于反复聆听，在演唱、律动、小乐器伴奏等丰富的实践体验中更好地体验歌曲热情、奔放、喜悦的情绪特点和少年儿童纯真的友爱之情。尾声部分五个小组以叠加演唱的方式演绎渐强的力度，将课堂推向了高潮，促进学生很好地感受与同伴分享音乐活动的快乐。

2. 关注音乐思维与表达，有效设问，促进交流

本节课中，基于对音乐的聆听感知、实践体验，师生之间发生了很多在音乐学习中的各种交流。教师通过一系列有效且具有

教学引导层次的关键设问及师生间的即时交流，为学生体验少年儿童的欢乐心情，感悟与老师、同伴间珍贵的友谊，营造了紧扣音乐主题的学习情境，帮助学生感知并表现了歌曲的情感内涵。例如在分段聆听中设问："老师是用怎样的声音来演唱的？歌词中哪里能看出各国儿童亲密的形象？"既从音乐的演唱技能上引导学生关注思考其所要表现的音乐情感，又在师生的交流中，帮助学生提高在理解音乐的基础上的有效表达，培养学生基于聆听，在互动体验中音乐思维与表达的意识和能力。

课题：《飞来的花瓣》

执教：林育骢　点评：张莉珉

【教　材】：上海音乐出版社九年义务教育课本《音乐》

【课　题】：三年级第二学期第三单元“课间”《飞来的花瓣》

【执教者】：上海市静安区和田路小学　林育骢

【教学任务分析】

1. 教材分析

《飞来的花瓣》为一首艺术歌曲，由著名作曲家翟希贤创作于1982年。语言淳朴，感情真挚，寓意深刻，抒发了师生间的深情厚谊。歌曲的后半部分以级进旋律为主，通过男中音演唱及和女高音的对唱，歌颂了美好的师生之情，表达了学生对老师的深厚情谊和无比崇敬的心情。

2. 学情分析

三年级学生已具备良好的聆听习惯；能辨识男、女高音及女中音的人声类别；能掌握基本的发声方法；视唱五线谱简单旋律。由于歌曲采用的是男中音独唱和男女声二重唱相结合的演唱形式，因此要重点引导学生仔细辨别歌曲的演唱形式。

【教学目标】

1. 欣赏歌曲《飞来的花瓣》，感受歌曲委婉感人、意蕴含蓄的旋律，理解歌曲所表达的对老师的感激之情以及师生间的深情厚谊。

2. 在听赏、朗诵、演唱和动手操作等音乐实践活动中，辨析不同的人声分类和演唱形式，感受歌曲所表达的对恩师的深情厚谊。

3. 欣赏歌曲《飞来的花瓣》，听辨歌曲中男中音浑厚深沉及女高音清澈明亮的嗓音特点，掌握不同人声分类及演唱形式。

【教学重点与难点】

1. 教学重点：欣赏歌曲《飞来的花瓣》，感受歌曲所表达的对老师的赞美之情以及师生间的深情厚谊。

2. 教学难点：听辨男中音浑厚饱满及女高音清澈明亮的音色特点。

【教学过程】

一、组织教学：师生问好歌

> 教学说明：
>
> 学习要点：跟钢琴模唱师生问好歌。
>
> 教学意图：通过演唱师生问好歌，以此作为练声曲来调整学生的演唱声音和习惯，使其嗓音从下课松散的状态调整到歌唱所需的兴奋状态，为接下来的歌曲演唱做准备。

二、复习演唱歌曲《我给太阳提意见》

过渡语：同学们，让我们在欢快的歌声中开始今天的音乐之旅。

（一）齐唱《我给太阳提意见》（教师点评，演唱中需注意口型、气息、强弱对比等）

关键设问：我们的演唱运用了哪种演唱方式？（齐唱）

我们还接触过那些演唱形式？（独唱、合唱、轮唱）

（二）歌曲处理：启发学生为歌曲设计不同的演唱形式，丰富表现形式。

关键设问：我们还能使用那些演唱形式表现歌曲，让太阳公公更能接受我们的意见呢？

1. 分组讨论，学生使用电子琴预录的旋律进行练习

2. 分组反馈（教师点评）

（三）完整演唱

第一段：领唱 + 齐唱　　第二段：齐唱 + 轮唱

教学说明：
学习要点：与同伴在小组里讨论设计演唱的方式并自主练习，增强对歌唱的浓厚兴趣。 教学意图：不同的演唱形式可以使歌曲在表现上更为丰富，学生在自主讨论的过程中，设计出合适的轮唱方式，进一步提高学生的学习兴趣。

三、欣赏歌曲《飞来的花瓣》

（一）初听歌曲《飞来的花瓣》

关键设问：歌曲是唱给谁听的，表达了怎样的感情？

（出示课题）

教学说明：
学习要点：初步感受欣赏全曲，了解歌曲所要表达的情感及对象。

教学意图：完整欣赏歌曲，初步感受歌曲对恩师的深情厚谊，了解歌词内容，帮助学生在之后的学习过程中更直观地了解作品。

（二）听辨歌曲中的男中音音色

1. 教师范唱歌曲《飞来的花瓣》

关键设问：歌曲中男声与林老师属于同一种人声分类吗？

（欣赏《飞来的花瓣》男中音部分）

男中音：低沉浑厚

2. 欣赏并辨别歌曲中女高音音色

（欣赏《飞来的花瓣》女高音部分）

关键设问：歌曲中的女声音色有什么特点？

女高音单色特点：清澈明亮

教学说明：

学习要点：聆听不同的音频及教师范唱，对比各种人声分类的音色特点，分辨出不同的人声分类。

教学意图：掌握男中音与女高音的音色特点，并区别本单元的男高音、女中音音色特点是本节课学生需要重点学习的内容，通过教师范唱和原唱作对比，能够让学生更直观地感受不同人声的音色特点。

（三）情感体验

过渡语：刚才歌曲中的男声是我国著名的男中音歌唱家廖昌永先生。

1. 介绍廖昌永的小故事

（观看视频《老师，我总是想起你》，感受廖昌永对其授业恩师

周小燕教授深深的感激之情）

关键设问：廖昌永先生演唱的这首歌曲表达了对恩师怎样的情感呢？

2. 复听廖昌永演唱的《飞来的花瓣》

（四）听赏童声合唱版《飞来的花瓣》

关键设问：刚才听到的这个版本《飞来的花瓣》是哪一种音色？是哪种演唱形式？

教学说明：

学习要点：对比男女声二重唱与童声合唱，了解不同的演唱形式所产生的不同听觉体验。

教学意图：聆听不同版本《飞来的花瓣》，进行感知对比，再结合视频，进一步体会演唱者对老师那深深的感激之情，激发学生情感的共鸣。

（五）学生有感情地朗读歌词

过渡语：相信同学们从幼儿园到小学一定也有自己非常喜爱的老师，让我们有感情地朗读歌词，献给他们。

1. 学生自由朗读歌词，体会歌词中蕴含的深情厚谊

2. 个别反馈，评价

3. 与老师合作朗诵，再次体验歌曲的感情

教学说明：

学习要点：带着深情的、亲切的语气，有感情地朗读歌词，进一步体会歌曲所表达的思想感情，同时也抒发自己对喜爱的老师的一片深情。

教学意图：在多次的歌曲聆听后，让学生带着感情朗读歌词，可以很好地抒发学生的情感，更好地感受歌曲的情感，使学生对老师的敬爱之情得以升华。

（六）模唱歌曲《飞来的花瓣》（机动）

四、拓展游戏

《耳力大比拼》（使用 iPad 完成连线题）

教学说明：

学习要点：运用 iPad 完成随堂小练习，将听到的六段音频分别与合适的选项连线，巩固学习到的人声分类、演唱形式的相关知识。

教学意图：利用互动课堂技术，老师可以让学生全员参与到音乐知识的小练习中，并且能及时反馈出每一位同学的学习情况，有利于对课堂知识的及时运用和巩固。

五、课堂小结

【教学流程图】

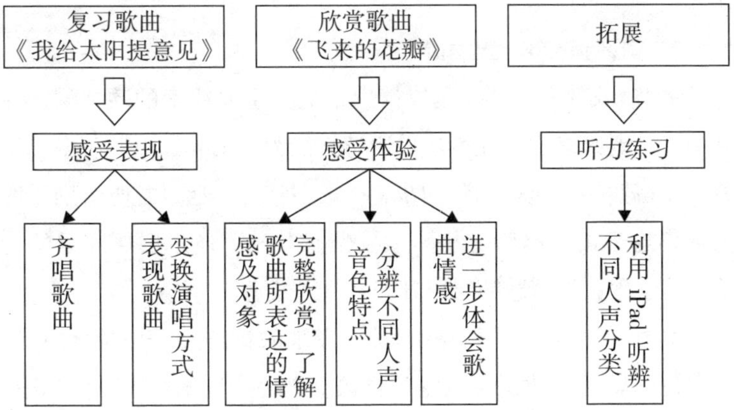

（注：2016 年 5 月区级公开教学展示）

小结语：同学们，今天我们通过不同的方式来聆听了歌曲《飞来的花瓣》，歌曲表达了学生对恩师浓浓的感激之情。希望同学们有机会可以把这首歌曲唱给你最喜爱的老师听，表达对你的老师的感激之情。

【课例评析】 上海市第四期“双名工程”小学艺术攻关计划基地学员　张莉珉

一、对比示范、直观体验

本堂课的教学目标之一，是学生能够听辨不同人声分类及不同演唱形式。在听辨人声阶段，林老师运用个人专业特长，通过自身范唱与录音播放同一首歌曲《飞来的花瓣》，向学生分别展示了男高音和男中音两种不同人声。在课堂中，教师示范往往能够起到事半功倍的效果，学生在同一首歌曲中进行人声辨别，不容易被其他外在因素影响，从而能够更直观、更客观、更准确地作出判断，并通过听辨进一步巩固对不同人声音色的认知。

二、聆听感知、激发情感

本节《飞来的花瓣》是以情感审美为主要线索的欣赏课，课堂中，林老师多次关注学生聆听感知能力的培养，以聆听激发情感、获得共鸣。通过初听初步感受歌曲情感，通过复听辨别不同人声，通过拓展聆听进一步激发情感共鸣。通过层层递进的聆听，使学生获得情感的层层升华，值得鼓励。

本节课通过聆听童声合唱版《飞来的花瓣》，引发学生对辨别音色的思考，建议可以趁热打铁，进一步挖掘在同一作品中，利用不同演唱形式——独唱、合唱，有何不同？会产生怎样不同的情感？因为演唱形式是为歌曲情感服务的，不同演唱形式一定有其存在的特征性，可以进一步帮助学生去挖掘更深层的情感内涵。

音乐表现

课题:《童年的摇篮曲》

执教:张莉珉　点评:郜　方

【教材】上海音乐出版社九年义务教育课本《音乐》

【课题】四年级第一学期第四单元“可爱的童年”《童年的摇篮曲》

【执教者】上海市徐汇区汇师小学　张莉珉

【教学任务分析】

1. 教材分析

本课选自上海音乐出版社《音乐》四年级第一学期第四单元,是一首小调式、四乐句、一段体原创歌曲,通过对童年校园生活的回忆,表达了儿童对美丽校园的依恋之情,同时又对未来充满了希望与向往。整首歌曲旋律时而舒缓轻柔,时而活泼跳跃,并运用了大量的衬词,表现童年生活的多姿多彩。

2. 学情分析

我校四年级学生,天真活泼,喜爱音乐,经历了三年的唱游音乐课学习,已养成了良好的音乐学习习惯,并掌握了五线谱 c1-c2 的音位,并能视谱演唱短小旋律。在歌唱方面,已初步掌握了齐唱、轮唱的要领,在齐唱、轮唱时基本能做到控制音量相互合作,演唱声音和谐优美。本节课预设学会齐唱歌曲第一声部,感受歌曲的意境,并能初步达到气息与音色的控制。

【教学目标】

1. 学唱歌曲《童年的摇篮曲》，感受歌曲优美抒情的情绪，体会童年校园多姿多彩美好的生活，建立对美好未来的憧憬与向往。

2. 在感知体验、聆听、模仿、游戏、自学、听唱结合、师生合作等音乐活动中学会歌曲《童年的摇篮曲》(第一声部)的演唱。

3. 认识五线谱音位 g、a，知道 4/4 拍指挥图示，初步学会演唱歌曲《童年的摇篮曲》(第一声部)。

【教学重点与难点】

1. 教学重点：学唱歌曲《童年的摇篮曲》(第一声部)，感受歌曲情绪、体验歌曲意境。

2. 教学难点：能唱准歌曲附点节奏、一字多音，认识 g、a 在五线谱的音位。

【教学过程】

一、组织教学

二、复习欣赏

1. 复习欣赏作品：《牧童短笛》

关键设问：这首乐曲的作曲家是谁？是由什么乐器演奏的？

2. 游戏活动：听辨主题，感知主题变化

(1)第一主题听赏

要求：哼唱主旋律

(2)第二主题听赏

要求：随主旋律模仿吹笛子。

3. 完整聆听理解作品形象与情感

小结语：你们知道吗，这首乐曲是中国钢琴音乐作品中最为杰出的作品。它最成功之处是将中国的旋律与西方的音乐完美地结合起来，惟妙惟肖地表现了牧童幸福的童年生活。

教学说明：

学习要点：通过哼唱主题旋律，模仿乐器演奏等游戏活动，感知主题变化，理解音乐形象与情感。

设计意图：通过复习欣赏《牧童短笛》帮助学生进一步做好作品的巩固与复习，让学生在多次复习巩固中增强作品的理解度与熟悉度，增强记忆，并起到承上启下的作用，为后面教学做好情感铺垫。

三、歌曲学习：《童年的摇篮曲》

（一）歌曲感受

1. 教师有感情地范唱

关键设问：歌曲是几拍子的？歌曲的情绪是怎样的？

2. 学习五线谱音位 g、a

（1）介绍引子作用

（2）出示第一乐句五线谱

关键设问：第一乐句的节奏有怎样的特点？

（3）跟随音乐拍打节奏

（4）学习五线谱音位 g、a

（5）全体学唱第一乐句五线谱

（6）用 lu 哼唱第一乐句

3. 介绍歌曲背景与歌名

过渡语：这首歌曲名叫《童年的摇篮曲》，歌词的创作者君慧是一位即将毕业的五年级学生，曲作者阿昌是一位小学老师。歌曲表现了小朋友对校园生活的留恋和依恋。我们五年级的同学也即将毕业，五年的小学生活是令人难忘的。

4. 播放动画《童年的摇篮曲》

关键设问：你能说出歌曲的情绪与拍号吗？

5. 学习 4\4 拍指挥并做小指挥为音乐指挥

教学说明：

学习要点：通过多次聆听音乐，感受音乐情绪与拍号；在视听结合中学习 g、a 音位；知道 4/4 拍指挥图示。

设计意图：以听觉为先导，动视觉切入。整合多媒体在多种形式的聆听和律动活动中，感受歌曲音乐形象，体验歌曲风格，熟悉歌曲旋律。在一系列体验活动中，知道 4/4 拍指挥图示，初步认识五线谱音位 g、a，为歌曲学习打下伏笔。

（二）学习旋律

1. 教师出示歌谱并示范演唱五线谱

关键设问：歌曲分为几个乐句？你能找出相似乐句吗？

2. 学习第三乐句

（1）出示第三乐句

（2）学唱第三乐句旋律

3. 师生合作演唱歌谱（五线谱）

4. 完整演唱歌曲五线谱

5. 用 lu 完整哼唱旋律

教学说明：

学习要点：在聆听中辨别歌曲乐句；伴随老师的单旋律伴奏慢速哼唱歌曲旋律。

设计意图：五线谱视谱教学一直是歌唱教学中的难点，由于四年级学生已经掌握一定五线谱视谱基础，教师可从学生已有的知识技能着手，通过帮助学生复习已学过的知识，逐步解决本歌曲中的难点，在不断的复习巩固中加强学生的视谱和节奏能力。

（三）歌词学习

1. 有感情地朗读歌词

关键设问：歌词表达了怎样情感？

2. 初步学唱第一声部歌词

3. 教师和特长生共同指导学生易错环节

4. 教师歌曲处理

关键设问：歌曲的高潮出现在哪个乐句？旋律有什么特点？表达什么情感？

5. 学生可以根据自己的感受来尝试歌曲处理

6. 有感情地完整演唱歌曲

7. 师生合作演唱歌曲（合唱版）

关键设问：师生合作演唱的形式是怎样的？

教学说明：

学习要点：在朗读歌词中感受歌曲情景、理解歌曲情感；能根据自己的感受，有感情地演唱歌曲。

设计意图：在教学中采用发挥学生的主导作用，让他们自己来设计情感处理。教师则不断引导，正确把握好音乐知识技能的科学观，及时正确指导，解决当下普遍存在的知识技能与音乐审美这一对矛盾体。

小结语：今天，我们一起学习了歌曲《童年的摇篮曲》，通过演唱，我们体会童年校园多姿多彩美好的生活，下节课我们学习合唱部分，用合唱进一步唱出对美好未来的憧憬与向往吧。

【教学流程示意图】

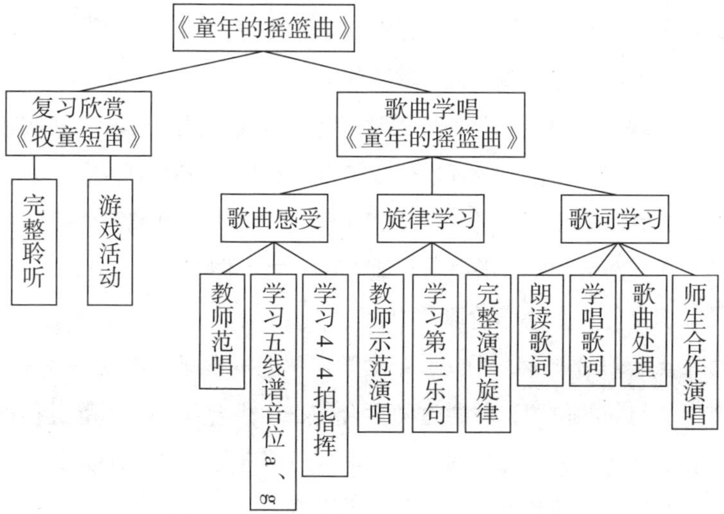

（注：本课在2009年上海市中小学音乐教研“新课程、新教材、新理念”展示活动中进行公开展示）

【课例评析】 上海市音乐特级教师　部方

1. 关注有效提问，给予学生留白

新课程理念下的音乐课堂，以学生发展为立足点，以培养学生的音乐综合素养为目标。通过有效提问给予学生留白，旨在激发学生学习音乐的积极性和主动性，提供学生思考的机会，鼓励学生自主探究，从而培养学生的自主学习能力，全面促进学生音乐思维的发展，为音乐课堂生成精彩。

本堂课歌词学习环节，请学生根据自己的感受尝试歌曲处理，发挥学生的主导作用，让他们自己来设计情感处理，教师则适当引导，及时正确指导，整个过程教师留出了充足的时间与空间，避免流程如水，蜻蜓点水。给予学生留白，有利于学生学习的自主体验与深度实践，促进对音乐的理解。

2. 关注学习实践，提升歌唱能力

新课标提出音乐学习要关注学生的亲身实践与体验，在实践活动中学习音乐，提升音乐核心能力。实践活动通过聆听、演唱、表现、游戏、创编等方法，激发了学生对作品的共鸣和学习的渴望，在实践活动中，潜移默化地提升了学生歌唱学习的能力。

识谱能力是小学阶段需要重点掌握与培养的能力，本堂课通过重点学习分析第一乐句，帮助学生掌握本堂课的难点——五线谱上 g 与 a 的位置，并通过师生合作、生生合作、聆听等过程进行扎实巩固，在亲身实践中，使学生的识谱能力得到有效提升。

3. 知识与情感融合，培养音乐审美

课程标准提出，音乐学习过程中应正确处理好音乐知识技能与审美体验的关系。歌唱是音乐情感的表达方式，歌曲的旋律、歌词都能够使人产生情感的激荡。良好的歌唱技能支撑着情感的表达，情感体验过程同时也是柔化知识技能学习的好途径。因此，教学过程中不仅关注学生歌唱技能的培养，更要关注歌唱情感体验和审美培养，使知识技能与审美体验相辅相成。

本节课通过播放动画《童年的摇篮》，丰富学生的歌曲情感体验，使学生在观看过程中受到潜移默化的感染和熏陶。同时在观看过程中也初步了解了歌曲的拍号与情绪特点，从而建立起对于歌曲学习的兴趣。又在“我是小小指挥家”的实践活动中，进一步学习了歌曲的节拍、速度、旋律特点。在知识和情感的相互融合中，体验与理解歌曲的感性特征与精神内涵，感受歌曲中表现的对美丽校园的依恋之情。

综上所述，这堂课体现了当前所提倡的“新课程、新教材、新理念”，依据四年级学生的实际学习情况进行了全方位的设计。在短短的三十五分钟内，利用层层递进的教学环节，使学生在欣赏、感受、体验、歌曲学唱、歌曲合作演唱中，体会对美丽校园的依恋之情，感受对未来的希望与向往，使学生在“学中唱”“唱中学”。

课题:《京韵新篇》

执教：张莉珉　点评：曹晏平

【教　材】上海教育出版社出版京剧拓展教材《京韵润童心》

【课　题】五年级第一学期《京韵新篇》

【执教者】上海徐汇区汇师小学　张莉珉

【教学任务分析】

1. 教材分析

《京韵新篇》是汇师小学校本课程学材《京韵润童心》五年级第二单元教学内容。主要围绕现代京剧开展学习，分为三个课时完成，即：现代的京剧；多彩的京剧；我心中的京剧。学生将通过欣赏、演唱、模仿、表演、讨论、实践等活动了解现代的京剧丰富的表演形式，感受京剧在发展过程中集大成、吸收优化、海纳百川的精神，激发学生对于京剧艺术的热爱及传承发展之情。

2. 学情分析

汇师小学实施京剧进课堂多年，我校五年级学生对于京剧并不陌生，经过多年的京剧学习经历，对京剧有一定的兴趣，并已了解一定京剧常识。通过学习与欣赏经典京剧作品，能知晓不少京剧名家名角，也初步学习了不少经典唱段与京歌。同时学生具有京剧表演的习惯，有小组合作学习的能力及自主创编学习的经历，有一定的京剧表现能力。

【教学目标】

1. 在复习演唱《甘洒热血写春秋》中进一步理解作品的情感与内涵，感受杨子荣临危不惧的英雄人物形象，同时感受京剧舞台上的人物魅力。

2. 在连线游戏、观看视频、教师示范、模仿学习、角色表演等游戏活动中了解现代京剧的表现特点，以及京剧集大成的包容精神。

3. 在小组探究中与伙伴合作一起改编、模拟、演绎，对《甘洒热血写春秋》进行再创造，提升对京剧学习的兴趣与自豪感。

【教学重点与难点】

1. 教学重点：与伙伴一起对《甘洒热血写春秋》进行再创造，演绎“我心中的京剧”

2. 教学难点：了解现代京剧的特征

【教学过程】

一、组织教学

在锣鼓声中师生跑圆场进教室

> 教学说明：
>
> 学习要点：能在京剧武场伴奏中，用跑圆场步伐进入教室，感受京剧武场节拍。
>
> 设计意图：在京韵锣鼓声中，学生走着京剧圆场、带着精气神进入教室，创设京韵学习氛围。

二、快乐竞猜：小小戏迷会

关键设问：大家能连一连京剧的伴奏乐器、服饰、行当与唱段名称吗？

1. 开展竞猜游戏巩固复习京剧小常识

（1）猜乐器

（2）猜服饰

（3）猜行当

（4）猜唱段名称

2. 表演唱《甘洒热血写春秋》

教学说明：

学习要点：在连线活动中，巩固已学过的京剧乐器、服饰、行当、唱段等相关京剧知识点。

设计意图：学生在他们喜闻乐见的游戏中复习巩固所学的京剧基础知识，能又快、又准确地回答。增强京剧小常识的记忆，累积京剧学习经历，提升学生对京剧艺术的了解与热爱，为下面学习打基础。

三、京韵传声：学做小小杨子荣

关键设问：作品段选自哪个剧目？杨子荣属于生、旦、净、丑中的哪个行当？

1. 欣赏京剧唱段《甘洒热血写春秋》

2. 复习演唱唱段《甘洒热血写春秋》

3. 学做小小杨子荣

（1）教师加上身段动作声情并茂地表演唱

（2）学生根据自己对人物形象及唱段的体会与理解进行情感

处理，唱出杨子荣勇敢、机智、临危不惧的英雄形象。

（3）为唱段创编动作进行表演唱

4. 归纳现代京剧特点：

服装：时代生活

化妆：靠近生活化

乐器伴奏：加入西洋乐器

内容：反映时代现实生活（写实性）

主题：歌颂美好生活与讴歌典型人物

教学说明：

学习要点：通过复习演唱唱段、模仿唱段人物身段、创编身段动作等实践活动，感受人物形象与表达的情感内涵。从表演中能了解现代京剧的特点。

设计意图：在学做小小杨子荣活动中，学生根据自己的体会来设计唱段的演唱情感及表演动作，能表演出杨子荣勇敢、机智、临危不惧的英雄形象。同时，活动中学生潜移默化地对“现代京剧”的特点与风格有进一步的理解，并能简要归纳现代京剧的特点。

四、星光小舞台：实践与创编“我心中的京剧”

过渡语：京剧具有集大成的包容性，所以京剧能包容很多艺术元素，使之不断创新发展。我们也可以用自己喜欢的方式来表现心中的京剧。

1. 思考：我们还可以用哪些方法来创造表现《甘洒热血写春秋》？使作品的形式更丰富创新呢？

2. 小组实践创编活动：我心中的现代京剧

要求：在小组活动中，和小伙伴一起根据自己的设想用各种形式来表现我心中的京剧。

> 教学说明：
>
> 学习要点：在京剧创编活动中，感受京剧多元性及其创新性，体验国粹的魅力与大气包容的精神。
>
> 设计意图：星光小舞台是为学生创设大胆表达自我想法的舞台，也是实践自我想法的舞台。学生在这个舞台中积极参与、勇于表现、大胆交流、尽情想象，和小伙伴一起努力把自己的想法化为实践，把理想化为现实与行动。让学生快乐地浸润京剧艺术之中。

五、精彩一刻：展示与评价

1. 汇报展示活动：以小组为单位汇报展示“我心中的京剧”

2. 总结学生展示成果进行评价

3. 评价要点：能表演、能探索、能创新、能合作

> 教学说明：
>
> 学习要点：在展示与评价活动中提升学生综合表演能力，鼓励学生协同表演的自信心。
>
> 设计意图：精彩一刻是展现学生创作成果的舞台，展现学生能力的舞台。也许学生的成果并不完美，也许学生的成果很稚嫩，但是只要学生能大胆、自信地展现自己心中的京剧，能和伙伴快乐地学习京剧、表演京剧、传承京剧，为京剧艺术发展贡献自己绵薄力量而自豪，此时的舞台就是最精彩的一刻。

小结语：在表演中老师看到了你们对于国粹京剧的热爱，也体会到传统京剧艺术与你们的创新精神所碰撞出的火花。相信在

这种精神的指引下我们的国粹京剧会更加发扬光大。

【教学流程示意图】

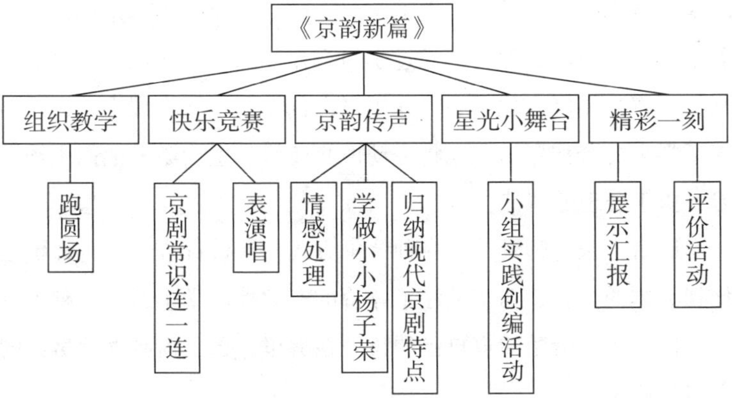

（注：本课在上海市艺术教育重点课题《小学阶段京剧进课堂》展示活动中进行公开教学）

【课例评析】 上海市音乐特级教师、正高级教师、基地主持人　曹晏平

本堂课的设计，不管从单元整体还是单课时来看，都紧紧围绕“通过多种方法，启发学生对于不同京剧表现形式的探索，引导学生努力去传承和发展京剧艺术”。

首先，从单元设计来看，张老师将本单元的内容进行了很好的提炼与融合：一首《甘洒热血写春秋》，让学生在学唱唱段的活动中，体会人物形象，感知西皮唱腔所表现的坚毅、顽强、刚劲的精神；其他三个作品，张老师将它们设计成对比欣赏，让学生从中感受京剧的多种风格，加深对京剧艺术发展的了解。

其次，张老师在教学活动的设计上，结合本校孩子的学情，充分考虑到如何发挥学生的主观能动性，如何激发学生的学习兴趣。例如，“扮演小小杨子荣”，让孩子们亲身感受英雄气质，不仅激发了孩子的表演兴趣，对于演唱和体会唱腔的风格也有很大的帮助；“听听、猜猜、连连”的环节，通过游戏的方式，再次加深学生对作品的熟悉，寓教于乐；“星光小舞台”为学生创设了勇敢表现自我想法的舞台，通过小组合作与探索，让孩子们将对京剧的了解与拓展内化于心，并用自己创设的方式表现出来，既培养了学生的合作意识，也将主动性交还给学生，激发他们主动学习、勇于表现的精神。

最后，张老师设计了多种评价方式与评价标准，且将评价细化到具体的内容，切实关注了评价的有效性。学生通过各种评价与反馈，能够清楚知道自己的长处在哪里，自己需要继续努力的方向是什么。

本课充分让孩子在丰富多彩的京剧课堂上，了解了京剧艺术的多种表现手法，体会京剧多元的艺术风格，将传统文化的精神潜移默化地感染于内心。

课题：《上学歌》

执教：葛民莉　点评：陈　璞

【教　材】选自上海音乐出版社出版的九年义务教育课本唱游

【课　题】一年级第一学期第一单元“上学”唱《上学歌》

【执教者】上海市杨浦区中原路小学　葛民莉

【教学任务分析】

1. 教材分析

歌曲《上学歌》是一首由四个乐句组成的单乐段歌曲，2/4 拍，宫调式。曲调活泼、欢快，表现了一年级新生愉快进入小学学习生活的情景。歌曲以简明的歌词来启发学生热爱学生生活，尊敬师长，友爱同学。

2. 学情分析

本节课是开学的第一课，学习对象是一年级刚入学的孩子，他们对于同伴和老师都是陌生的，常规和认知处于零的原始状态。教室在哪里？教室是什么样子的？老师是什么样子的？座位在哪里？边上的伙伴是谁？如何听音乐？怎么唱歌？……这所有的一切，都要通过老师的引导，帮助学生建立对“唱游课”的基本认识。

【教学目标】

1. 新生在一系列音乐活动和音乐游戏中感受良好交往氛围，

建立积极的交往态度，树立健康的群体意识，提高音乐学习的兴趣，养成良好的学习习惯。

2. 音乐中玩玩游戏《交朋友》，在轻松的氛围中感受体验音乐的韵律，同时认识身边的新伙伴；用轻松、愉悦的歌声初步学唱歌曲《上学歌》。

3. 在师生合作、同伴合作中认识彼此，在愉悦中感受体验音乐，进行丰富而愉快的音乐实践活动。

【教学重点与难点】

1. 教学重点：用轻松、愉悦的歌声初步学唱歌曲《上学歌》。

2. 教学难点：在合作中玩玩音乐游戏《交朋友》

【教学过程】

1. 听音乐进教室

教学说明： 学习要点：听音乐小碎步律动表演。 设计意图：在老师的带领下，听着音乐小碎步进教室。在这个环节中，注重培养学生安静进教室、聆听音乐、表现音乐的能力和习惯，并在表演中通过相互点头问候建立良好的师生、生生关系。

2. 音乐游戏《交朋友》

（1）彼此认识

① 师导入：你是怎样和朋友打招呼的？

② 练习操作

（评价:走的时候轻轻地,不触碰凳子,寻找的是附近的朋友）

③ 跟着音乐游戏

（评价：表演时耳朵听音乐；找朋友的时候要文明）

教学说明：

学习要点：自主编创动作合着音乐的节拍律动表演。

设计意图：①在音乐游戏中感受愉悦的情绪，建立起良好的交往氛围，养成聆听音乐的良好习惯。②学生在自由寻找新伙伴及用自己喜欢的方式进行打招呼的时候，观察力、创造力及空间感得到锻炼。

3. 学唱歌曲《上学歌》

（1）导入

（2）聆听录音范唱

关键设问：请你听一首歌曲，听了这首歌曲，你的心情是怎样的？

（3）歌曲感受

① 出示四幅图片（小鸟、背书包、敬礼、手拉手）

② 分别做一做

（评价：动作美，配合好）

③ 看图表演

（评价：随着音乐表演）

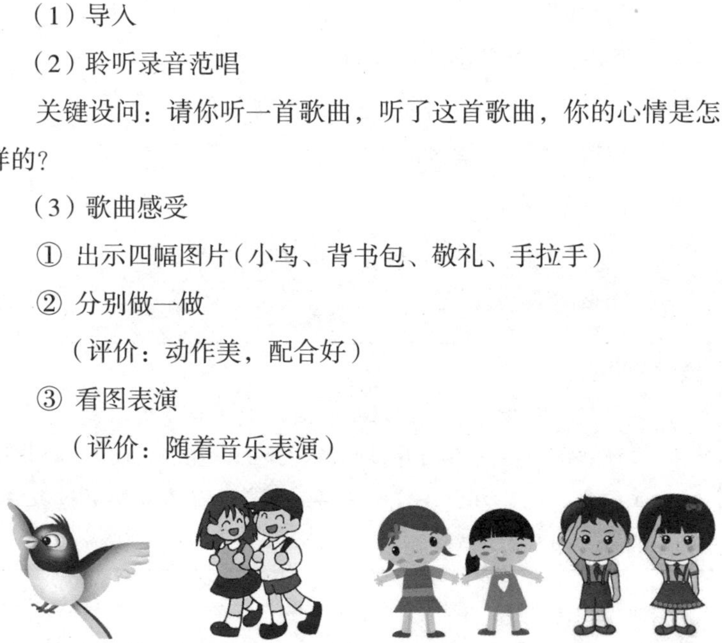

教学说明

学习要点：在律动中感受歌曲的情绪，熟悉歌曲旋律。

设计意图：①在律动中学会聆听音乐，感受歌曲情绪，熟悉歌曲旋律和分句。②结合教师的评价自觉形成良好的音乐学习习惯和掌握音乐课堂的常规。

（4）学唱歌词

① 老师示范演唱

关键设问：听听老师唱了什么？

② 学生交流

③ 出示课题

④ 看图片，按节奏朗读歌词

要求：声音像小鸟一样轻盈，位置高高的

⑤ 跟着钢琴，轻轻地演唱

⑥ 接唱歌曲

（评价：歌声轻松、自然；和着音乐接唱。）

⑦ 完整演唱歌曲

教学说明：

学习要点：指导学生用轻松、自然的声音演唱歌曲。

设计意图：运用看图片接唱的方式，学生在记忆歌词的同时，注意力、观察力和合作能力得到培养，还在接唱的过程中学会了倾听别人的演唱。

4. 听音乐出教室

【教学流程图】

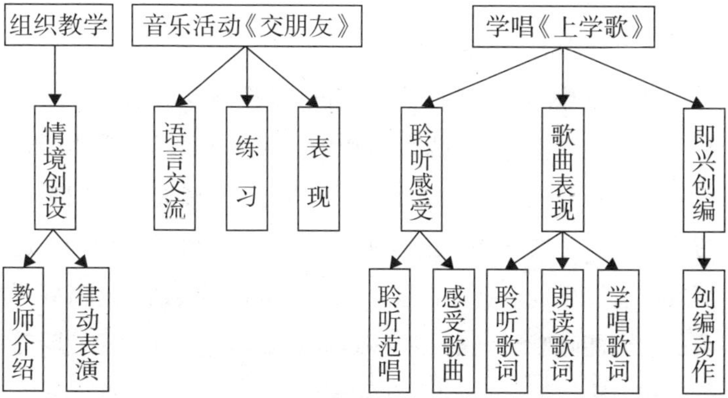

（注：本课在开学第一周接受上海市音乐教研员学习准备期调研，并在全区公开展示）

【课例评析】 上海市音乐特级教师、正高级教师 陈璞

本节课是开学第一课，葛老师在本课教学中针对一年级刚入学的孩子，常规和认知处于零的原始状态，尝试运用一些方法和策略，让他们尽早地融入学习环境，获得同伴的认同。

葛老师基于对课程标准的解读，基于对学生的了解，运用多元的评价方法作为切入口。葛老师创编了《交朋友》，精心设计了“用自己喜欢的方式，听着音乐和老师打招呼，和同桌打招呼，自由找朋友打招呼”三个环节。在此过程中，葛老师将“评价前置”和“评价伴随”运用其中。

一、活动前的评价策略

“评价前置”就是将评价的要点先行提出。小朋友在音乐中踏着音乐的节拍，边拍手边走步去寻找“朋友”，葛老师提出要求：“寻找有着音乐小耳朵的小朋友交朋友”“寻找带着亲切笑容的小朋友交朋友”等，巧妙地将“有韵律地表演”等要点以评价先行的方式传递给学生。

二、过程中的评价策略

活动过程中，葛老师运用“评价伴随”策略。学生在随着音乐拍手自然进入下一个环节的过程中，教师巧妙地将学生听着音乐轻轻走路、寻找朋友的过程中互相谦让、正确把握空间感等学习习惯、行为习惯不断在教学过程中进行即时评价，例如：这个小朋友有着音乐的小耳朵；这个小朋友走路轻轻的；这对好朋友表演的地方能呼吸新鲜空气……以此激励学生，并让他们明确哪些行为和做法是正确的，从而逐步养成音乐学习的习惯。

本课充分体现葛老师“基于课程标准的教学与评价”中“评价前置和评价伴随”的具体做法。葛老师在教学实践中用眼睛去发现，用耳朵去倾听，用心去思考，从孩子们的眼神、体态等信息中捕捉到评价点，及时有效地运用“评价”策略，激发孩子们对音乐学习的渴望，为他们打开音乐学习的一扇门。

课题:《深深的祝福》

执教:葛民莉　点评:曹晏平

【教　材】上海音乐出版社九年义务教育课本《音乐》

【课　题】五年级第一学期第一单元“深深的祝福”唱《雨花石》

【执教者】上海市杨浦区中原路小学　葛民莉

【教学任务分析】

1. 教材分析

《妈妈教我一支歌》,2/4 拍,由杨涌作词,刘虹作曲,歌曲创作于中国共产党成立 60 周年前夕。旋律融入歌曲《没有共产党就没有新中国》主题乐句,成功地突出了作品的主题。歌曲旋律委婉深情、亲切感人,引发人们感情共鸣。

歌曲《雨花石》,2/4 拍,羽调式。歌曲节奏变化丰富,旋律婉转起伏,富有歌唱性。歌词使用第一人称,表达平凡、不起眼的“我”甘做铺路石,为祖国的独立富强、繁荣昌盛作贡献的真挚感情。

2. 学情分析

执教对象是五年级学生,歌唱、表演能力较强,对音乐也有着浓郁的兴趣,善于情感表达。我结合中华人民共和国成立 70 周年之际,对学生开展爱国主义教育,激发学生的爱国情感和使命感。

【教学目标】

1. 用优美、柔和的声音演唱歌曲《雨花石》，表达“我”愿意为祖国的繁荣昌盛无私奉献的精神

2. 能用连贯的气息、断连结合的唱法深情歌唱

3. 在师生交流、聆听歌曲、深情演唱中，感受到祖国繁荣的今天因为有许许多多美丽的“雨花石”甘做铺路石，激发强烈而真挚的爱国情怀

【教学重难点】

1. 教学重点：在听赏和演唱歌曲中激发热爱祖国的情感和使命感

2. 教学难点：能用连贯的气息，断连结合的唱法深情歌唱

【教学过程】

一、组织教学

1. 听音乐《少年进行曲》进教室

2. 师生问好

> 教学说明：
>
> 学习要点：踏着进行曲的步伐进入教室。
>
> 设计意图：创设学习环境，学生踏着神气的进行曲步伐，像人民解放军一样精神抖擞地进入教室，为本课“爱国主题”的学习增设氛围。

二、复习聆听《妈妈教我一支歌》

1. 导入

关键设问：妈妈教了哪支歌？

2. 师生交流

关键设问：中国美在哪里？好在哪里？

3. 教师总结

教学说明：

学习要点：聆听歌曲，再次感受歌曲表达的情感。

设计意图：①回忆上节课的学习内容，再次感受“中国美”“中国好”，从而产生对于祖国的热爱之情。②在总结的时候运用视频播放（纪录片《航拍中国》片段，为祖国奉献智慧和生命的英雄画面浏览，还引申到学生身边的英雄，例如为教育奉献的老师等），配以背景音乐（同一个单元欣赏作品《我和我的祖国》小提琴版本的音频片段），让学生从视觉上感叹，听觉上感动，从而有效地激发学生发自内心的感动，真切感受到祖国的强盛离不开各个领域的“英雄”的付出，为接下去的歌唱教学做情感铺垫。

三、新授《雨花石》

1. 出示课题

2. 感受歌曲情绪，体验节拍韵律。

3. 学习歌谱

①找出旋律的特点

要求：观察聆听。

②指导练习

③合作视唱

④完整视唱

要求：乐句连贯；

休止符地方音断气连。

自评：乐句连贯
音断气连

4. 学唱歌词

①导入

②朗读歌词

要求：满怀深情声音明亮。

③教师示范演唱，学生即兴编创造型

要求：造型各异、神情庄重。

④学生轻声唱歌词

⑤指导一字多音

⑥完整唱歌词

教学说明：
学习要点：学唱歌曲，掌握歌曲旋律，初步学唱歌词。 设计意图：①在观察聆听（歌谱色块提示，合成器制作音

频）中找出旋律特点，运用“音断气连”的方法唱好歌曲。②通过即兴编创英雄（有烈士，也有学生心目中英雄的形象）的造型，激发报效祖国的激情，并在此过程中帮助学生了解分句，记忆歌词，使歌曲学唱和情感激发紧密相连。

四、复习表演

1. 复习演唱歌曲《祝福祖国》

2. 全体舞蹈《春风朝阳》

【教学流程图】

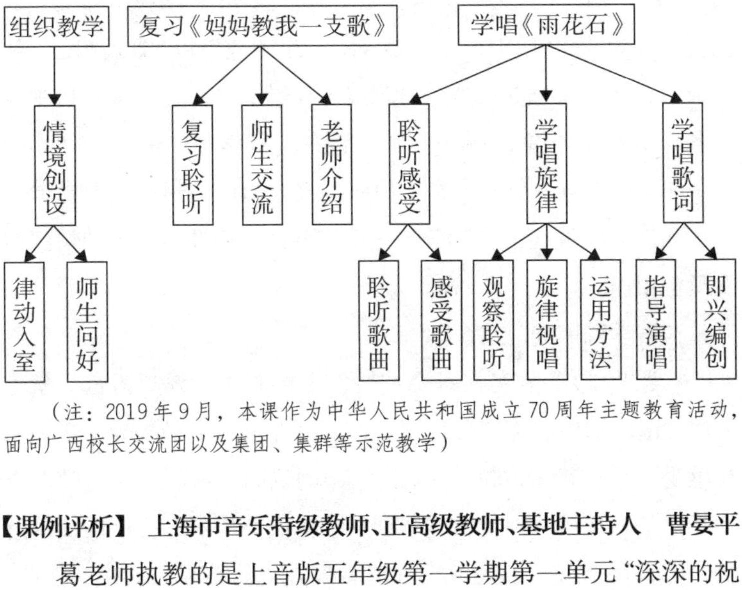

（注：2019年9月，本课作为中华人民共和国成立70周年主题教育活动，面向广西校长交流团以及集团、集群等示范教学）

【课例评析】 上海市音乐特级教师、正高级教师、基地主持人 曹晏平

葛老师执教的是上音版五年级第一学期第一单元“深深的祝福”，新教材教学内容相比以前有了较多的变化和调整。本课教学中不仅关注单元整体设计，还将学科育德巧妙渗透在每个音乐活动设计中。

一、单元主题凸显育德

本单元主题“深深的祝福”，本课将单元里《妈妈教我一支歌》《我和我的祖国》《雨花石》等作品有效地利用，让学生在丰富的音响中感受优美抒情音乐情绪表达的深切爱国情感，激发强烈的国家自豪感。这些作品有的在导入部分运用，有的作为师生交流的背景音乐，还有的是学唱内容，环环相扣，层层递进，将学生带入“爱国”的情境中。

二、活动设计渗透育德

课堂是由一个个活动组成的，每个精心设计的音乐活动成就精彩课堂。本课呈现的音乐活动让学生多角度体验、感受、表现音乐。歌曲学唱中，老师针对“音乐表现”和“即兴编创”两个板块，让学生通过即兴编创英雄（有烈士，也有学生心目中各种各样英雄的形象，例如老师、警察、科学家、医生、外卖小哥……）的造型，激发感恩之情以及报效祖国的情感，并在参与表现和创造的过程中了解分句，记忆歌词，使歌曲学唱和情感激发紧密相连。

三、学科审美落实育德

本课将“美”落实在每个细节，媒体制作、教师语言、学生表演、演唱歌声，都充分体现“美”，学生和在场的领导、老师们在感受音乐“美”的同时，得到“德”的认同。这源于葛老师对于音乐课堂的理解，因此，整节课从整体的架构到每一个活动的落实，再到每个细节的关注，都能看出教师的精心和用心。因此，本课是一节能充分体现学科育德内涵的示范课。

课题:《摇船调》

执教:严茵茵　点评:曹晏平

【教　材】人民音乐出版社义务教育教科书《音乐》

【课　题】三年级第二学期第二课“美妙童音”《摇船调》

【执教者】上海市浦东新区新时代小学　严茵茵

【教学任务分析】

1. 教材分析

本课选自人民音乐出版社义务教育教科书三年级第二学期《音乐》教材中的第二课“美妙童音”。《摇船调》是一首流传于台湾的汉族客家民歌，这首歌曲吸收结合了客家民歌《撑船调》和《猜调》中的素材。采用4/4拍，中速，五声宫调式。歌曲运用了比喻的手法，采用了幽默风趣的猜谜方式展开，歌词结构借鉴了民间对唱的形式，充满了浓厚的生活气息。歌曲旋律的节奏展开方式完全是跟随语言的需要，非常口语化，衬词“嗨呀罗的嗨哟”生动地刻画了“摇船”的人物形象。歌曲旋律也朗朗上口，便于记忆，也方便演唱。其中的切分、附点节奏看似有一定难度，但是只要在教学中把握住了歌曲的语言规律，这些节奏难点都会迎刃而解。

通过这首歌曲的学唱，意在使学生初步了解客家民歌，认识“对唱”的演唱形式，并能用良好的音准、节奏和气息控制准确而有感情地演唱歌曲；以及能尝试用自己家乡的方言二度演绎歌曲。

2. 学情分析

该教学班的学生在歌曲演唱中对音准的把握和气息控制能力都较好，其中一部分学生由于参加了少年宫到我校下校授课的琵琶班和二胡班，因此大都具备识读简谱的能力，只有个别孩子识谱能力还有待提高。他们在音乐形象的把握与歌曲情绪的表现上总是比较内敛。因此在本课教学设计上，我以客家大迁徙为切入点，希望为学生打开一扇通往客家的大门，激发出他们学习的热情，从而能有声、有情、有味地演唱客家民歌《摇船调》。

【教学目标】

1. 学唱歌曲《摇船调》，感受歌曲幽默风趣的情绪，体验歌曲所表现的客家儿童在猜谜、逗趣时欢乐的心情；初步了解客家相关知识，开拓音乐视野以及重建对祖先所创造、积累的文化的崇敬之情，并确立发扬传承的责任感与使命感。

2. 结合歌曲学唱，了解“对唱”这一演唱形式，能用良好的音准、节奏和气息控制准确而有感情地演唱台湾客家民歌《摇船调》；尝试用沪语重新演绎歌曲，进一步体会民歌所体现的浓郁的生活气息。

3. 在视频赏析、聆听对比、交流反馈等不同形式的音乐实践活动中，通过模仿、律动、探究等学习方法感受客家民歌的韵味，体验“对唱”形式的特点，唱准歌曲中的切分、附点节奏，准确表现音乐形象，体验台湾客家民歌的风格特色。

【教学重点与难点】

1. 教学重点：初步了解客家相关文化，体验“对唱”形式的特点，能用良好的音准、节奏和气息控制准确而有感情地演唱台湾客家民歌《摇船调》。

2. 教学难点：唱准相似乐句、切分节奏、附点节奏。

【教学过程】

一、复习江西民歌《斑鸠调》

关键设问：这首歌曲中的“马格”是什么意思？“里格”“咿呀咿子哟”这类歌词是什么？

1. 师生合作演唱《斑鸠调》第一段

2. 师生交流歌词中有关方言和衬词部分

3. 介绍《斑鸠调》是一首江西客家民歌，引出客家的起源

> 教学说明：
>
> 学习要点：通过演唱《斑鸠调》，复习衬词和方言在民歌中的作用；知道客家是一个汉族的分支，而不是少数民族。
>
> 设计意图：“客家”对于学生来说是一个陌生的认知区域，因此通过复习一首学习过的客家民歌《斑鸠调》进行导入，一方面复习衬词和方言的作用，另一方面引出客家大迁徙这段历史，拓宽学生视野的同时让他们了解一下所学歌曲的相关背景。

二、欣赏客家民歌《撑船调》

关键设问：《撑船调》中能体现出划船动作的歌词是什么？

观看视频介绍客家人的第二次大迁徙。

师：客家人的第二次大迁徙是来到了今天的江西、福建、广东三省交界地带，大迁徙带给客家人不仅是生活环境的改变，还有文化上的融合，客家民歌同样在迁徙与日常交往中不停地与当

地民间音乐进行相互吸收、相互影响。

1. 欣赏客家民歌《撑船调》

师：这首《撑船调》是吸收了福建民间小调《桃花过渡》的旋律，因此客家民歌中“撑船歌调”又被称为“桃花过渡调”。

2. 模仿演唱《撑船调》中的衬词

加上划船律动模仿演唱。

教学说明：
学习要点：边模仿划船动作，边演唱衬词。为歌曲《摇船调》中的衬词部分学习做铺垫。 设计意图：在常规音乐课堂中，每当涉及所学民歌的相关文化，大都是以山水风光图片或视频加上民族风情介绍匆匆带过，导致学生对作品的时代背景、相关的音乐历史脉络完全没有概念，因此对民族音乐作品的感受不深刻，音乐表达也较为单一。本节课中尝试以史为线，以歌曲知识点贯之，在追溯客家先民迁徙的足迹中“水到渠成”地学会歌曲。

三、欣赏客家民歌《猜调》

关键设问：歌曲的演唱形式是怎样的？他们的演唱内容表现的是什么样的场景？

1. 观看视频介绍客家的第三次大迁徙

师：客家人的第三次迁徙把他们带到了今天广东的梅州、惠州一带。客家人每一次的迁徙所到之地，好的土地都是当地人所拥有的。作为外来人，他们只能定居到荒山野岭之地，他们披荆斩棘，开辟田园，辛勤稼耕，在山上开垦田地时，唱山歌就是他们最喜爱的娱乐活动。

2. 欣赏广东梅县客家山歌《猜调》

边听边思考：歌曲的演唱形式是怎样的？他们的演唱内容表现的是什么样的场景？

小结：对唱一般为两人或两组演唱者对答式的演唱，形式较为活泼，演唱的是单声部歌曲。

3. 模仿对唱的形式按节奏念普通话版本的歌词

（1）老师边拍节奏边念出谜面

（2）学生模仿老师的节奏回答谜底

注意：特别注意切分、附点节奏的准确性。

教学说明：

学习要点：模仿对唱的形式，按老师的节奏念歌词，潜移默化地解决新授歌曲中关于切分和附点节奏的难点。

设计意图：在体验客家民歌情趣的同时让学生认识到客家民歌具有很高的艺术性，它凝集了浓郁的生活气息与厚重的文化底蕴，并且随着客家群体的迁徙，客家民歌流传到了全国甚至是世界各地，进而激发出学生学习民歌的兴趣。

四、新授歌曲《摇船调》

关键设问：歌曲怎么会有两个结束句？应该用怎样的顺序演唱？

1. 简单介绍客家第四次大迁徙

师：客家民歌也随着客家移民传入台湾，由于民歌都是口口相传，因此在迁徙过程中很多歌曲的旋律和歌词内容都会出现误差，客家音乐文化在反复不断的迁徙过程中，早已进入了你中有我、我中有你、你我难分的境况。我们今天所要学习的台湾客家民歌《摇船调》就是一首融合了《撑船调》和《猜调》素材的歌曲。

2. 教师范唱

提问：《摇船调》吸收融合了《撑船调》和《猜调》中的哪些素材？

3. 学唱歌曲前半部分

（1）模仿对唱的形式，老师演唱问句，学生模仿老师的曲调演唱答句

（2）演唱第一、二乐句歌谱

（3）完整加歌词演唱

注意：一字多音。

4. 学唱歌曲后半部分

（1）请学生先说说歌曲有两个结束句该如何演唱？复习“反复跳跃记号”

（2）齐唱后半部分歌谱

（3）填词演唱

提问：后半部分的两个乐句全是由衬词组成，我们应该用怎样的演唱方法来表现这两句衬词呢？

①用短促的气息、有弹性的声音演唱前一句衬词

②用连贯的气息、优美舒展的情绪演唱结尾句衬词

（4）演唱后半部分歌曲

5. 用对唱的形式完整演唱歌曲

教学说明：

学习要点：①模仿对唱形式学唱歌曲第一、二乐句，牢牢抓住歌曲的语言规律，类似一字多音的难点都会迎刃而解。②复习反复跳跃记号，知道歌曲演唱顺序。③能够用断连对比的演唱方法演唱歌曲衬词部分。

设计意图：以体现音乐文化为主体，以情感体验为核心，在师生互动过程中，心随曲动，情随曲出。不以专业的音乐知识技能为线索，也没有将音乐人文、情感作为单一的教学内容，而是强调学生的实践体验，强调在探索人文的过程当中，运用各种方法不断地渗透音乐知识，不断地引领学生来提升音乐技能。

五、拓展演唱《摇船调》

1. 请同学用家乡方言尝试演唱歌曲中的“什么”这个词

2. 请个别同学教大家说方言，并尝试模仿演唱

3. 模仿老师用沪语演唱歌曲《摇船调》

教学说明：

学习要点：本环节主要是在完整演唱歌曲的基础上，尝试用自己家乡方言演唱歌曲。

设计意图：当下大多数孩子都不太会说方言，但是民歌其实就是建立在地方语言的基础之上的，假如没有方言作支撑，这些中华文明的瑰宝就会逐渐消亡。希望通过这堂课，纠正孩子们认为方言“俗”“土”的偏见，方言也是先辈留下的文化遗产，我们每个人都有责任担起保护和传承方言的重任。

六、课堂小结

师：客家第五次的大迁徙让客家人走出了国门，走到世界各地，特别是东南亚地区，新加坡、马来西亚、越南、泰国都有客家族群。今天我们一起了解了这个命运多舛但永远保持着乐观积极生活态度的客家族群，学唱了客家的民歌。我们中国民歌源远流长，丰富多样，它是我们各族人民在生活、劳动中产生的智慧结晶。希望大家能多听多唱，热爱民歌，让我们中国的民歌能世代传承并发展下去。

【教学流程示意图】

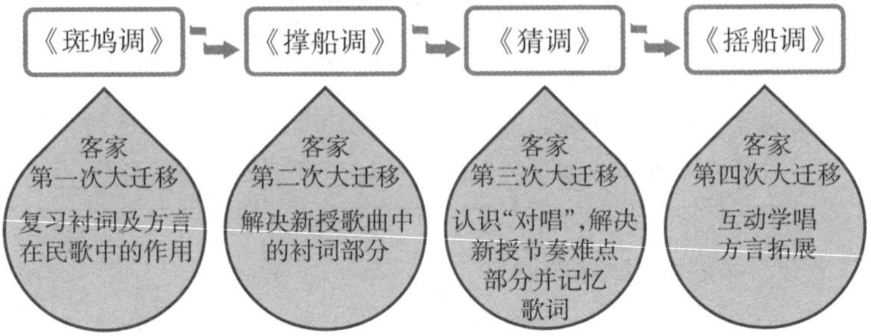

（注：本课在2019年“把握基本要求，关注学科德育，培育核心素养”上海市第四期“双名工程”小学艺术攻关计划基地、静安区小学音乐实训室——浦东站研修活动暨浦东新区小学音乐学科德育专场研修活动中公开教学）

【课例评析】　上海市音乐特级教师、正高级教师、基地主持人　曹晏平

在音乐教育中弘扬民族音乐具有十分重要的意义和价值。小学阶段是让孩子尽早了解民族音乐的关键时期，如何能在当今这个网络特别发达、新鲜事物特别繁多的时代背景下激发起孩子对中国传统民歌的兴趣，把民歌唱进孩子们的心里？严老师的这节课给广大音乐老师们提供了一个值得借鉴的范例。

本节课中，严老师以历史人文“客家大迁徙”为线索贯穿整堂课，精选多部客家民歌作品，把教学的重点、难点巧妙地融合在客家几次迁徙的介绍中，使学生在追溯客家先民迁徙的足迹中“水到渠成”地学会歌曲《摇船调》，体现了多首共学，多元体验的教学效果。

1. 内容丰富，构思巧妙，凸显民族音乐特色

根据教学的实际需要，教师可以有目的地对教材内容进行重组，可以选择课外的音乐作品补充现有教材，拓宽学生的音乐文

化视野。为了完成主教材《摇船调》的教学内容，严老师有目的性地选择了《斑鸠调》《撑船调》《猜调》三个作品，这三个作品首先都是客家民歌，其次每一个作品的出现其实都是为了解决《摇船调》歌唱教学上的一个问题。每首歌曲相对独立，但又紧密连在一起，严老师以大迁徙为主线，将这三首作品自如地过渡，不留痕迹。由此看出教师很有创造力，几个作品巧妙运用，充分调动学生参与其中。让学生不但在作品中得到充分的音乐体验，而且也解决了本课的教学重难点，使课堂极具民族特色，又不失音乐性与艺术性。

2. 方言新唱，乡韵浓浓，增强民族文化自信

民歌艺术精髓在于地方性，特别是方言的运用。从课堂导入部分起，严老师通过师生复习演唱歌曲《斑鸠调》，然后在一问一答中师生共同归纳出了衬词和方言在民歌演唱中的重要性。在接下去的教学中，严老师也总是不失时机地提点学生每首作品中的方言演唱部分，到最后当学生顺利学好歌曲《摇船调》之后，老师就顺水推舟提出让学生用自己的家乡方言来试唱《摇船调》，并且让同学互相学习对方的方言。虽然学生有的发音可能不标准，表达很稚嫩，但就在这种参与中体验到了民歌语言的魅力。在这种愉悦的课堂情境下，老师在评价学生精彩的表现时，也会用方言“侬老来赛额！”来代替普通话。整堂课的设计首尾呼应，完整性比较强。

通过这节课例的研究，希望老师们不仅要引导学生学唱民歌，更重要的是要带领学生去体会民歌教学的价值与意义，思考民歌的传承与发展。学生理解音乐作品文化内涵，产生价值认同，从而增强民族自豪感，坚定民族文化自信，升华课堂教学意义。

课题:《摇船调》

执教：张丽莲 点评：张　菊

【教　材】上海音乐出版社九年义务教育课本《音乐》

【课　题】五年级第一学期第四单元“丰收之夜”《摇船调》

【执教者】上海市宝山区江湾中心校　张丽莲

【教学任务分析】

1. 教材分析

歌曲《摇船调》是一首流传于台湾的汉族客家民歌，4/4 拍，五声宫调式。歌曲运用了比喻的手法，采用了幽默风趣的猜谜方式展开，歌词结构借鉴了民间对唱的形式，充满了浓厚的生活气息。歌曲旋律的节奏展开方式完全是跟随语言的需要，非常口语化。衬词“嗨呀罗的嗨哟”生动地刻画了“摇船”的音乐形象。

2. 学情分析

所任教的班级学生经过四年多的音乐学习，已经系统地掌握了基本的音乐基础知识和音乐技能，具有较好的歌唱习惯和歌唱表现力，演唱的声音自然、明亮、和谐统一，并且能进行简单的两声部演唱。鉴于以上的学情分析，本课中根据学生现有的音乐学习能力，主要在学唱歌曲聆听和体验教学环节中，设计了“摇船”的律动感受，表现歌曲中的音乐形象；采用猜谜、问答的形式掌握歌曲旋律中的切分节奏与附点节奏；再运用听唱法、比较法来区分和唱准歌曲旋律变化重复的乐句，使学生在轻松的学习氛围中学会歌曲。

【教学目标】

1. 学唱台湾汉族客家民歌《摇船调》，感知歌曲童稚、风趣和欢乐的情绪，激发学生热爱民族音乐文化。

2. 在聆听、体验、律动等多种音乐实践活动中，运用师生、生生合作等方法，感知和表现歌曲的情绪以及歌曲中所表达的活泼、欢乐的对歌情景。

3. 学会用欢快的情绪、明亮饱满的声音、自然的气息演唱歌曲《摇船调》；并初步了解"对歌"这一民歌的风格特点，用对唱的演唱形式表现活泼、欢乐的对歌情景。

【教学重点与难点】

1. 教学重点

能用欢快的情绪，明亮、饱满的声音演唱歌曲《摇船调》，并能理解和表现歌曲中的对歌情景。

2. 教学难点

掌握歌曲《摇船调》中多次出现的切分节奏，并且唱准歌曲中旋律变化重复的乐句以及一字多音。

【教学过程】

一、复习导入

（一）复习歌曲《夏天来了》

1. 学生演唱歌曲《夏天来了》

演唱形式：齐唱。

2. 学生交流歌唱体会

3. 学生再次演唱歌曲《夏天来了》

演唱形式：轮唱。

教学说明：

学习要点：本环节是对已学内容的复习，重点在于要求学生把握6/8拍歌曲的韵律感、节奏、音准以及良好的气息控制，用两种不同的演唱形式表现歌曲。

设计意图：整堂课以一首学生非常喜欢的，欢快、活泼的英国民歌《夏天来了》复习导入，很好地激发了学生的歌唱兴趣；并且让学生体验外国民歌和中国民歌的不同风格特点。

二、新授歌曲《摇船调》

（一）聆听与感受

1. 初听歌曲

关键设问：这是来自哪个地区的一首民歌？歌曲带给你一种怎样的感受？

2. 复听歌曲

关键设问：歌曲中“客家人”在做什么？

3. 聆听歌曲第一段，律动“摇船”

4. 根据歌词内容，师生有节奏地进行猜谜游戏

教学说明：

学习要点：本环节重点是了解歌曲的音乐形象和风格特点，并对歌曲的旋律有初步记忆。

设计意图：学生聆听与感受歌曲这个环节，结合高年级学生的年龄特点，采用“问题引领、问题启发”的方式整体聆听歌曲，让学生对歌曲的旋律、歌词有一个初步的音乐记忆；再通过“摇船”的律动和猜谜问答的形式来感受和表现歌曲的音乐形象和风格特点。

（二）体验与学唱

1. 学生演唱歌曲第一段的前半部分

要求：唱好歌曲中旋律变化重复的乐句以及一字多音、切分节奏。

2. 学生学唱歌曲的衬词部分

3. 学生演唱歌曲第一段歌词

4. 学生学唱歌曲第二段歌词

5. 学生完整演唱歌曲

教学说明：

学习要点：本环节重点是掌握歌曲中的切分节奏，唱准歌曲旋律变化重复的乐句以及一字多音。

设计意图：从学唱歌曲第一段歌词——自主学唱歌曲第二段歌词——完整演唱歌曲，这一系列由部分到整体，由浅入深的学唱过程，通过听唱法、比较法准确地掌握切分节奏和演唱歌曲旋律变化重复的乐句，使学生在轻松的学习氛围中学会歌曲。

（三）表现与创作

1. 介绍“对歌”

2. 欣赏电影《刘三姐》片段《心想唱歌就唱歌》

3. 学生对歌

> **教学说明：**
>
> 学习要点：本环节是在认识和理解“对歌”演唱形式后，能以这样的形式表现歌曲活泼、欢乐的对歌情景。
>
> 设计意图：在这教学环节中引入经典对唱选段，适时地运用媒体资源，让学生从一个直观、形象的感性视觉中认识“对歌”这一民歌的特点，促进学生对“对歌”这个音乐知识的理解，进一步地促使他们把音乐知识转化为能力。

【教学流程图】

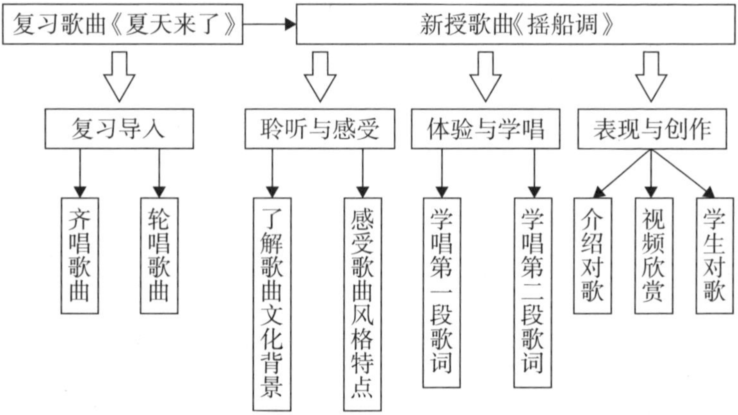

（注：本课例2014年获上海市中小学中青年教师教学评选活动一等奖）

【课例评析】 上海市音乐特级教师、正高级教师　张菊

一、重视对学生歌唱习惯的培养

本课反映了执教老师对歌唱有效教学策略的日常研究，学生具有良好的歌唱习惯和能力，班级歌声明亮统一，复习导入歌曲《夏天来了》两声部轮唱音准和谐自然，歌声富有6/8拍的韵律感和美感。歌曲学唱能从整体感知入手，以律动体验为辅助，巧妙融合音乐相关文化，积极启发学生动情歌唱。

二、学习过程体现学生视角，设计多样化音乐体验活动突破学习难点

本课歌唱教学活动以学生的视角，教师准确分析学情，充分预设学生在学唱歌曲时会遇到的困难，以维护学生音乐学习兴趣为前提，培养和提高学生音乐能力为目标，设计了富有创意的歌唱教学策略：视听结合，借助多个音像视频来引导学生整体感知歌曲的情与境；由摇船律动、师生 RAP 节奏对话来突破歌曲的节奏难点；以动态的旋律线、字体大小不同的歌词呈现来帮助学生正确歌唱；歌词填唱与歌谱视唱交替进行，启发学生根据歌词未达的内容和情境来学习歌谱；在歌唱、创编、表演各个环节中提供学生相互评价的明确要求，促进学生有理解、有情感地歌唱、创作与表现。

三、传承优秀民族音乐文化，鼓励学生联系生活经验进行音乐创造

本课拓展欣赏部分进一步帮助学生了解民间对歌的表现形式，深入体会人们在劳动之余相互斗智逗趣的音乐情景。建议执教老师在下一课时把此内容作进一步的延伸，与歌曲《摇船调》进行对比，启发学生歌唱的情感表达，鼓励学生尝试模仿创编歌词，“什么圆圆”可变化为“什么长长”“什么弯弯”等，激发学生的创作欲望，启发学生去观察生活、展现智慧。

课题：《牧童》

执教：张丽莲　点评：曹晏平

【教　材】上海音乐出版社九年义务教育课本《音乐》

【课　题】五年级第二学期第四单元“快乐的少年”《牧童》

【执教者】上海市宝山区江湾中心校　张丽莲

【教学任务分析】

1. 教材分析

本课选用上海音乐出版社九年义务教育《音乐》课本五年级第二学期第四单元“快乐的少年”，主要教学内容是用多种歌唱形式演唱《牧童》。歌曲《牧童》是一首天真烂漫的外国童谣，趣味盎然，旋律自然、质朴、流畅，表现了一群牧童欢乐、勤劳、爽朗的音乐形象。歌曲四乐句一段体结构，第一乐句旋律以级进为主；第二、四乐句作了第一乐句节奏的重复；第三乐句是歌曲的高潮，抒发了牧童内心涌动的欢乐情感。

2. 学情分析

笔者所执教的这个班级是从一年级任教至今，学生在歌曲演唱中的节奏、音准、气息的控制等各方面的能力较好，能进行简单的两声部演唱，并且对歌曲中音乐形象和音乐情绪有一定的理解和把握。鉴于以上的学情分析，本课中根据学生现有的音乐学习能力，用齐唱、轮唱、合唱等多种演唱形式表现歌曲《牧童》，体验和表现牧童劳动时的欢乐、勤劳、爽朗的音乐情境。

【教学目标】

1. 学唱歌曲《牧童》，感受歌曲活泼、欢快的音乐情绪，体验牧童欢乐、愉悦的心情。

2. 在聆听表现、体验实践、合作探究等音乐实践活动中，感受和表现牧童欢快活泼的音乐形象。

3. 能用自然明亮的声音、稳定的速度、均衡的音量轮唱和合唱歌曲《牧童》的第二、三段歌词。

【教学重点与难点】

1. 教学重点

能用跳跃有弹性的声音，连贯舒展的气息，以齐唱、轮唱与合唱三种演唱形式表现歌曲《牧童》。

2. 教学难点

掌握两声部中三度、六度音程音准的基础上用合唱的演唱形式表现歌曲《牧童》第三段。

【教学过程】

一、复习演唱《牧童》第一、二段

（一）齐唱——歌曲第一段

关键设问：这首捷克斯洛伐克的儿童民歌《牧童》情绪如何？可以用怎样的声音来表现这样的音乐情绪和音乐形象？

教学说明：

学习要点：本环节为复习部分，学生能用跳跃有弹性的声音齐唱歌曲第一段，表现歌曲活泼、欢乐的情绪。

设计意图：指导学生用欢快、活泼的情绪，自然的声音复习演唱歌曲，激发学生歌唱热情，表现歌曲情感，为本课对歌曲演唱处理做好铺垫。

（二）轮唱——歌曲第二段

1. 关键设问：在进行轮唱时，你有哪些歌唱小提示？

歌唱要求：演唱歌曲第二段，分别尝试用间隔一小节和两小节来进行轮唱。

2. 学生演唱后交流两种不同方式轮唱的体验

教学说明：

学习要点：本环节重点是轮唱时要注意两个声部音量的均衡，歌曲每一乐句第一个词强拍演唱的突出，表现歌曲中牧童与牛儿在湖边嬉戏时你追我赶的音乐情景。

设计意图：复习歌曲，用间隔一小节和两小节的方式轮唱歌曲第二段，感受两种轮唱所带来的不同体验，丰富学生内心的情感体验和提升学生音乐的表现力。

二、新授歌曲第三段

（一）合唱——歌曲第三段

1. 出示歌曲第三段旋律

2. 聆听两个声部的单声部旋律

3. 演唱歌曲二、三乐句的低声部旋律

4. 歌曲旋律二、三乐句纵向读谱演唱，每个音唱两拍

5. 分成高、低声部演唱歌曲二、三乐句旋律

6. 完整演唱歌曲第三段歌曲旋律

7. 分成两个声部，小组自主学习歌曲第三段歌词

8. 小组交流演唱体会

9. 完整演唱歌曲第三段

（二）综合表演

1. 用三种不同的演唱形式表现歌曲《牧童》

演唱形式：第一段——齐唱　　第二段——轮唱

第三段——合唱

> **教学说明：**
>
> 学习要点：本环节重点是在掌握三度、六度音程的基础上唱准歌曲两声部旋律，运用自主学习的方式学唱歌曲第三段歌词，用三种演唱形式表现歌曲不同的音乐情境。
>
> 设计意图：用纵向读谱的方式去体验和掌握歌曲旋律中三度、六度音程；在学生已有音乐能力的基础上分小组自主学习歌曲《牧童》第三段歌词，培养学生自主学习的能力，并且用三种不同的演唱方式表达歌曲情境，提升学生音乐歌唱表现力。

【教学流程图】

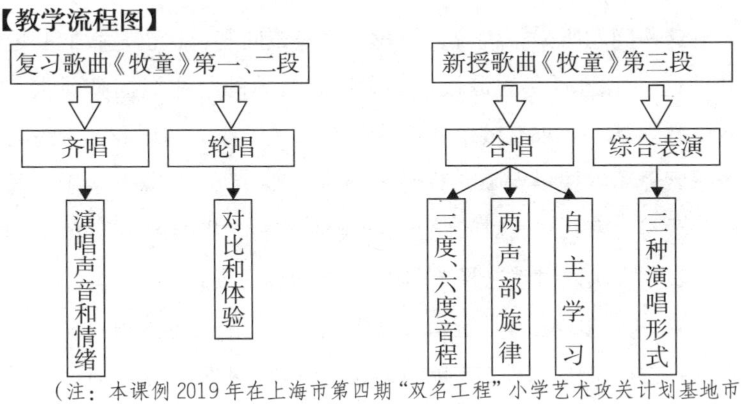

（注：本课例2019年在上海市第四期“双名工程”小学艺术攻关计划基地市级展示活动中作公开教学展示）

【课例评析】 上海市音乐特级教师、正高级教师、基地主持人 曹晏平

张老师的这节课是我们上海市第四期“双名工程”小学艺术攻关计划基地成立后第一次面对全市范围的公开展示活动中的一节歌唱教学展示课。作为基地主持人借这节课的评析机会，主要阐释一下本次活动的意图和想法。

1. 基地要围绕“培养音乐素养、落实基本要求、关注学法指导”这个主题开展系列研究的意图

这个主题是因为一连串的问题而产生的，我想把这些问题与大家分享一下，看看是否能引起共鸣。

课程改革在持续推进，但现在上海小学生的音乐素养与以前相比有明显提升吗？学科的课程标准也好，教学基本要求也好，评价指南也好，有多少一线教师认认真真去研究过，并在日常的课堂教学中得到落实？我们都把“以学生为本，学生是课堂的主体”挂在嘴边，但在教学中有没有真正站在学生的角度去研究适合不同学情的学习方法？

这些问题听来很尖锐，但我们不应该回避，这也是我们基地开展这一主题研究的最根本的原因。有效的学法能提高课堂实效，教学基本要求有效落实能促进学科关键能力的培养，最终为音乐素养培养提供保障。我们愿意站在第一线，从课堂入手，通过实践与大家共同面对问题，寻求解决路径，助推课程改革。

2. 第一次研讨就选择“歌唱”这一内容的设想

第一，歌唱能力是音乐素养中至关重要的关键能力之一，歌唱内容占比最大。第二，宝山区长期致力于歌唱教学的研究，积累了一定的经验。第三，张丽莲老师以及江湾中心校在歌唱教学

以及合唱团建设方面有一些自己的做法，希望通过研讨有新的突破与提升。今天执教的这个班级学生有着较好的音乐素养和歌唱能力。学生的歌唱非常深情、投入，富有乐感和美感。可见，在平时的歌唱教学中，张老师非常关注歌唱的乐感和美感以及学生歌唱能力的培养。

3. 多种演唱形式有效融合的歌唱教学范式

教学内容《牧童》是一首天真烂漫的外国童谣，趣味盎然，旋律自然、质朴、流畅，表现了一群牧童欢乐、勤劳、爽朗的音乐形象，并且是可以用多种歌唱形式演唱的歌曲。本堂课是这首歌曲歌唱教学的第二课时。第一个教学环节：复习歌曲教学环节由齐唱和轮唱两种演唱形式来呈现。学生齐唱歌曲的音色自然、明亮，富有很强的表现力，从他们演唱中能感受到歌曲所描绘的音乐形象；通过用间隔一个小节和两小节两种不同的轮唱方式，让学生在演唱中感受着两种轮唱所带来的不同的音乐情境，丰富了学生内心的情感体验和音乐想象力、表现力。第二个教学环节：用合唱的形式表现歌曲第三段。从歌曲旋律的音程到乐句的演唱，再到自主学习歌词，整个合唱教学步骤循序渐进，学生表现出了扎实有效的歌唱能力。整节课的设计以齐唱、轮唱的形式复习歌曲第一、二段，合唱的形式学习歌曲第三段，通过三种不同的演唱形式来体验和表现歌曲的音乐情景。三种演唱形式在一节课中得到了有效的融合和表现，充分体现了学生现有的歌唱能力，以及教师对教学内容的深度理解和挖掘，是一节综合性歌唱课的有效范式。

课题：《剪羊毛》

执教：周莺萍　点评：陈　薇

【教　材】上海音乐出版社九年制义务教育课本《音乐》

【课　题】五年级第二学期第二单元“异国风情”《剪羊毛》

【执教者】上海市静安区中山北路小学　周莺萍

【教学任务分析】

1. 教材分析

歌曲《剪羊毛》是一首澳大利亚民歌，表现了牧场工人紧张的劳动场面和火热的劳动热情。歌曲 2/4 拍，C 大调，二段体结构，各由四个乐句组成。歌曲旋律优美欢快，尤其是附点节奏的运用，更赋予歌曲活泼跳跃之感。前半部分的旋律活泼，仿佛在描述着人们在剪羊毛时愉快的场景；后半部分前两个乐句的音区移高，适合用连贯的气息演唱，仿佛在由衷地赞美幸福的生活；最后两句又回到了轻快活泼的情绪。本课是歌曲学习第二课时，在唱好歌曲的基础上，开展实践与创造活动，运用口风琴和课堂打击乐等学具，丰富歌曲表现形式，增添童趣与美感，并能在多种音乐实践活动中提高学生编创、表现、鉴赏等综合能力。

2. 学情分析

五年级学生的生活范围和认知领域都向高一层发展，体验、感受与探索创造的能力不断增强。在音乐学习中，学生已掌握初步的演唱与器乐演奏的技能，但音乐表现力不强，究其原因分析有二：一是对音乐表现的热情度较低年级有所下降；二是对音乐作品理解不够深刻，情感不能很好体现。基于以上学情，本课注重学生音乐表现力的培养，在引导学生理解音乐的基础上，通过编创活动丰富学习经历，在音乐实践与创造的过程中注重方法指导，从而更好帮助学生在音乐中理解、表现与创造。

【教学目标】

1. 用饱满的气息、有弹性的声音演唱歌曲《剪羊毛》，表现农场工人辛勤劳动时热闹喜悦的劳动场面。

2. 在演唱、合奏、编创等音乐活动中丰富情感经历，感受歌曲活泼愉快的情绪。

3. 巩固课堂打击乐器的音色特点，能根据歌曲的情绪变化即兴编创打击乐伴奏，锻炼即兴编创及演奏能力，体会合奏的乐趣。

【教学重点与难点】

1. 教学重点：在多种音乐活动中表达歌曲情感。

2. 教学难点：在编创活动中，能选用合适的伴奏型、运用适当的力度处理为歌曲伴奏。

【教学过程】

一、复习表演

用欢乐的舞步随音乐《单簧管波尔卡》表演

> **教学说明：**
>
> 学习要点：综合表演《单簧管波尔卡》。
>
> 教学意图：在欢乐的波尔卡舞步中导入“异国风情”单元学习，进一步熟悉、记忆旋律，体会捷克民间小曲活泼欢快的风格特点。

二、学唱歌曲《剪羊毛》

（一）复习第一段

1. 跟钢琴演唱

2. 情绪指导：用歌声表达出劳动丰收的喜悦之情。

关键设问：《剪羊毛》这首歌曲表现了澳大利亚牧场上工人们火热的劳动场景和积极乐观的精神面貌，那我们应该用怎样的歌声来表现呢？

> **教学说明：**
>
> 学习要点：复习歌曲第一段。
>
> 教学意图：用弹性和连贯的声音演唱歌曲，体会前半部分和后半部分的不同，帮助学生有感情地歌唱，为之后学习第二段做好铺垫。

（二）学习第二段

1. 出示歌词，轻声跟唱

2. 难点指导：一字多音

3. 跟伴奏音乐演唱

要求：弹性和连贯的气息控制，做到有感情地演唱。

> **教学说明：**
>
> 学习要点：学习歌曲第二段。
>
> 教学意图：第二段歌词以自主学习为主，通过多种形式练唱，帮助更好掌握。在初步唱会的基础上，尝试跟着伴奏音乐歌唱，提高演唱及表演等综合能力。

三、活动与编创

（一）口风琴伴奏

1. 出示柱式和弦，尝试用二分音符和四分音符的节奏型来伴奏

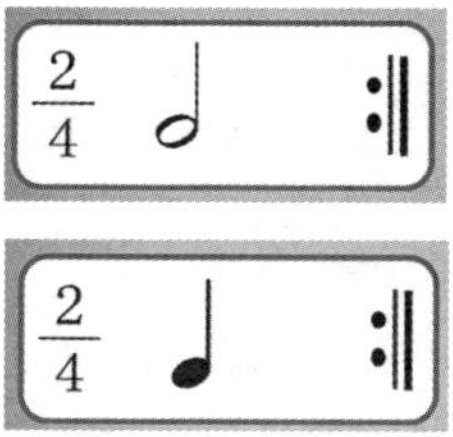

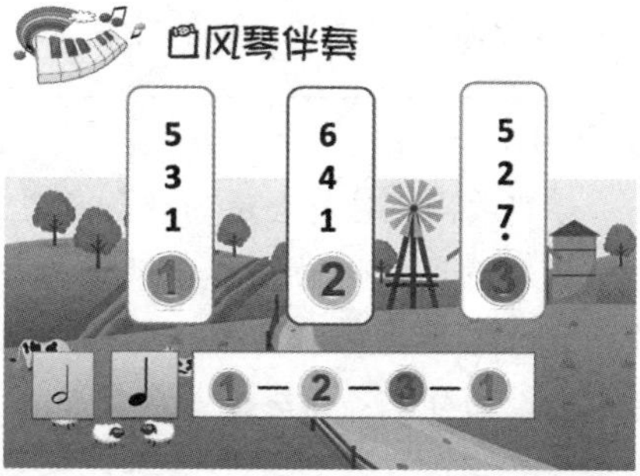

关键设问：尝试用这两种节奏型来为歌曲伴奏，体会哪种节奏型更符合歌曲的情绪特点呢？

2. 选择合适的伴奏音型来伴奏

3. 为第三乐句选择合适的伴奏音型

（1）加连音线演奏

（2）师生合奏，听辨单旋律伴奏音

（3）学生试练

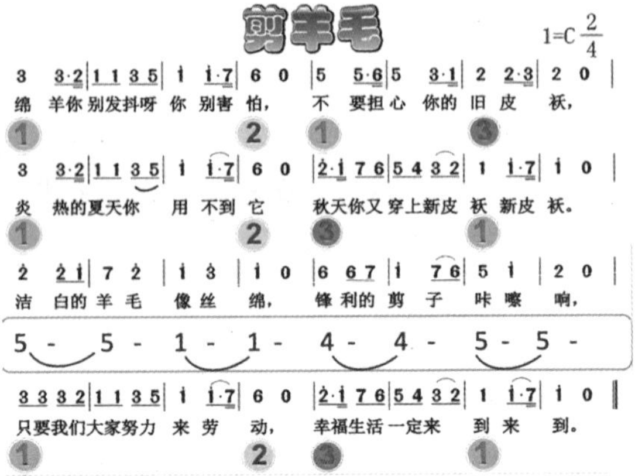

4. 演唱与伴奏合作表演

吹奏要求：气息和音量的控制。

> 教学说明：
>
> 学习要点：选择合适的伴奏音型为歌曲伴奏。
>
> 教学意图：借助学具口风琴为歌曲伴奏，进一步熟悉旋律；在吹练活动中获取伴奏的方法与技巧，能选择合适的伴奏音型为歌曲伴奏；体会伴奏在歌表演中的作用，在合作表演中锻炼即兴伴奏能力。

（二）打击乐伴奏

1. 出示节奏

任务要求：根据歌曲情绪及打击乐器的音色特点，选择合适的节奏型为歌曲伴奏。

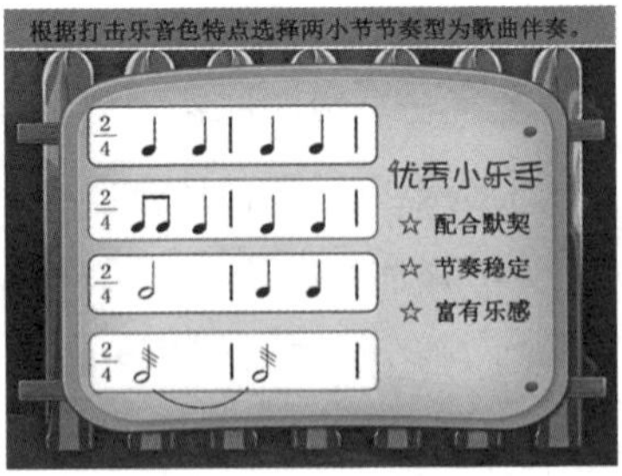

2. 分组活动与展示

评价点：配合默契、节奏

稳定、富有乐感。

3. 邀请“优秀小乐手”示范演奏

4. 组建小乐队：口风琴和打击乐合作表演

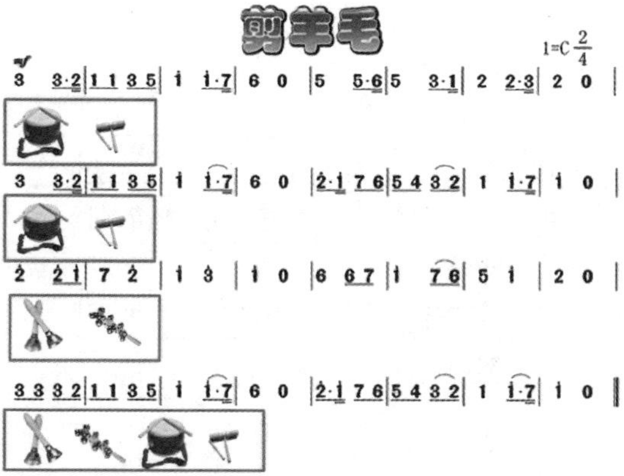

> **教学说明：**
>
> 学习要点：打击乐伴奏。
>
> 教学意图：运用课堂打击乐丰富表现形式，增添趣味；通过小组活动的形式锻炼自主学习能力；尝试根据歌曲的情绪特点和小乐器的音色特点进行即兴伴奏，在合奏中感知声部间的均衡感，体会合奏的魅力，获得审美愉悦。

四、综合表演

1. 歌曲演唱《剪羊毛》：演唱全曲 + 口风琴伴奏

2. 小乐队演奏：口风琴演奏主旋律 + 打击乐伴奏

> **教学说明：**
>
> 1. 学习要点：综合表演。

> 教学意图：将本课的学习内容串联起来进行综合表演。通过多种形式表演，表现出学生对农场小羊的喜爱之情以及对劳动丰收的赞美之情，这既是能力的提高，同时也是情感的升华。

【教学流程图】

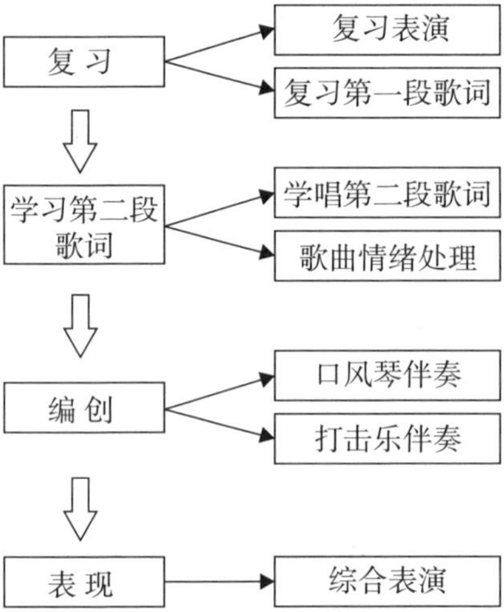

（注：本课在 2019 年 11 月 12 日上海市教育系统“音乐教育研究”劳模创新工作室、静安区小学音乐学科实训室联合研讨活动中进行公开教学展示）

【课例评析】 上海市第四期“双名工程”小学艺术攻关计划基地学员 陈薇

这是一节以歌唱作品为学习载体，凸显学生“有目的的创作”能力培养的五年级音乐课。在《上海市小学音乐学科教学基本要求》中指出，“有目的的创作”是在理解音乐的基本表现特点和创作活动基本规则与要求的基础上，运用创作素材所开展的创造性音乐活动。本课的创作活动聚焦于“编配伴奏”，主要体现在以下两个方面：

一、运用固定音高乐器编配伴奏，丰富情感表现

在本课中，口风琴发挥了多重作用：它既是学生在第一课时初学歌曲基础上，进一步唱准音高、唱美歌曲的“小帮手”，又是学生在吹练活动中不断巩固吹奏方法与技巧的“小助手”，更是丰富歌曲情感体验、助推歌曲情感表现的“小乐手”。教师通过由简及繁、循序渐进的指导，引导学生关注歌曲不同乐句中音乐要素的变化所带来的情绪情感变化，并通过伴奏音型的不同与吹奏技巧的不同加以烘托表现，不仅培养了学生的音乐想象力、表现力与创造力，还更好地理解了歌曲的音乐意境与情感内涵。

二、运用课堂打击乐器编配伴奏，深化情感表达

美国著名的音乐教育心理学家詹姆士·莫塞尔曾说过：“打击乐教学可以说是通往更好体验音乐的桥梁。”本课教学中，教师注重从歌曲的情绪特点出发，引导学生根据歌曲节拍、速度、力度等音乐要素及其表现，选择伴奏音型，确定伴奏方式，并针对五年级学生的基础学情和教学基本要求，对合奏过程中声部间的速度稳定、力度均衡与乐感表现提出进一步的要求，加上评价的及时跟进，为运用课堂打击乐丰富歌曲表现、深化情感表达起到了积极的作用。

总之，这是一节教学策略有效性较强、教学目标达成度较高的音乐课，希望能给广大青年教师的教学实践带来有益的启示。

课题：《静夜思》

执教：汪竞依　点评：严茵茵

【教　材】人民教育出版社义务教育课本《音乐》

【课　题】五年级第二学期第五单元“古韵新声”第二课《静夜思》

【执教者】上海市静安区第三中心小学　汪竞依

【教学任务分析】

1. 教材分析

《静夜思》是作曲家黎英海为唐代诗人李白的五言绝句谱写的一首抒情歌曲。曲调以唐代琴歌音调为素材谱写而成。节奏是建立在古诗吟诵的自然节奏上，其旋律线的起伏亦与诗歌吟诵的音韵及情绪的发展保持了一致，表达了深沉细腻的思想感情，其起伏有致、略带伤感的曲调，所表现的诗情画意能给学生留下完整美好的回忆。

2. 学情分析

本班学生活泼、开朗，学习积极性高，敢于表达自己的想法，探索与创造欲强烈。通过近五年的音乐课学习，学生已掌握基础识读乐谱知识，在以往的课堂上已经进行过初步的二声部训练，音准及声部和谐度都完成得较好。能够做到轻声、高位置、声音统一地演唱。

基于学生目前的学习状态，本堂课预设采用聆听、读词、欣赏、体验以及观察比较、合作探究、展示的方法，培养学生养成“倾听”“模仿”“想象”的习惯。教学设计力求符合科学性原则，突出音乐的本体性，以情感为基础，以审美为核心，以兴趣爱好为动力，以面向全体学生，促进全面发展和个性生成为主旨，把这首歌曲设计成融欣赏、歌唱、演奏、创造为一体的综合课。

【教学目标】

1. 演唱歌曲《静夜思》，感受歌曲与诗歌的意境，体验多声部合唱的美感，用歌声表现出古诗歌曲所表达的眷恋亲人、热爱家园的情感，从而更加深入地体会我国优秀传统文化的深刻内涵。

2. 在参与学唱歌曲和探究合作的过程中，运用聆听、模仿、比较、听唱结合、自主学习等方法，唱好歌曲《静夜思》，进一步感受古诗内涵与歌曲情感的联系。

3. 能用悠长、连贯的气息，和谐、均衡的声部，富有感情地演唱歌曲《静夜思》。

【教学重点与难点】

1. 教学重点：指导学生有感情地演唱歌曲，着重感受节奏、速度等音乐要素对作品音乐形象的塑造所起到的作用。

2. 教学难点：能够在二声部学习过程中，做到音准到位、音量均衡、声部和谐。

【教学过程】

一、组织教学

二声部发声练习《半个月亮爬上来》。

> **教学说明：**
>
> 学习要点：准确进行声部练声。
>
> 设计意图：通过双声部发声练习，不但为下阶段的歌唱教学做好气息、位置的准备，也为本课的合唱教学部分打下了基础。同时，由“月亮”自然地导入新课的教学。

二、新授歌曲《静夜思》

（一）吟诵古诗

1. 创设情境，引出《静夜思》

2. 全班朗诵诗歌

> **教学说明：**
>
> 学习要点：体会古诗诵读的韵律。
>
> 设计意图：创设一种宁静、幽美的音乐课堂氛围，并伴随着古朴、典雅的音乐旋律，来激发学生的内心情感。

（二）整体感受歌曲

1. 聆听歌曲。教师有感情地范唱，学生闭目体验

关键设问：说说你联想到怎样的画面？歌曲表达了怎样的情感？

2. 介绍作品背景

3. 完成音乐要素的选择题

> **教学说明：**
>
> 学习要点：仔细聆听范唱，熟悉曲调。
>
> 设计意图：音乐是听觉的艺术、情感的艺术。完整聆听音乐，使学生能够感受、体验歌曲中的音乐要素在表现歌曲情绪，刻画音乐形象方面所起的作用。

（三）学唱歌曲

1. 跟琴演唱歌曲第一部分的旋律

2. 用"Wu"轻声哼唱旋律

关键设问：通过哼唱，你觉得歌曲中有哪些应该注意的音符或音乐符号？

哪些地方演唱有困难呢？

3. 简单讲解"八分休止符""前双倚音"

4. 教师范唱，学生听辨想象

关键设问：作曲家为什么要这样创作？想表达怎样的情感？

5. 学生分句学唱，情感体会

关键设问：想象一下，诗人想到了故乡的哪些情景？

此刻诗人的心情是平静的还是思绪万千的？

6. 有感情地演唱歌曲第一部分

教学说明：

学习要点：学唱歌曲第一部分的旋律与歌词。

设计意图：本环节设计了一个"登高望月"的活动。让学生在情境中学习双声部。同时，登高的过程也是低声部旋律由易到难的过程。这种层层递进的教学，克服了学生学习双声部的恐惧感，激发了他们学习合唱的热情，让学生在轻松、愉悦的氛围中，水到渠成地学会演唱双声部。

（四）二声部教学

1. 情感导入：在月色如霜的秋夜，让我们一起"登高望月"

2. 古楼第一层，出示谱例 1

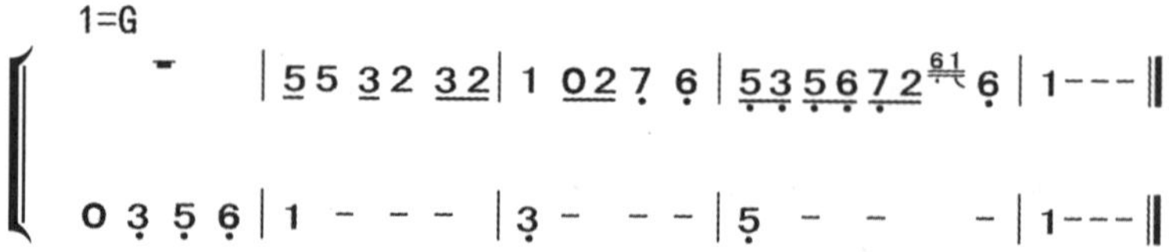

（1）演唱低声部的旋律

（2）用“Wu”哼唱低声部

（3）高声部唱词，低声部用“Wu”，合唱谱例 1

3. 古楼第二层，出示谱例 2

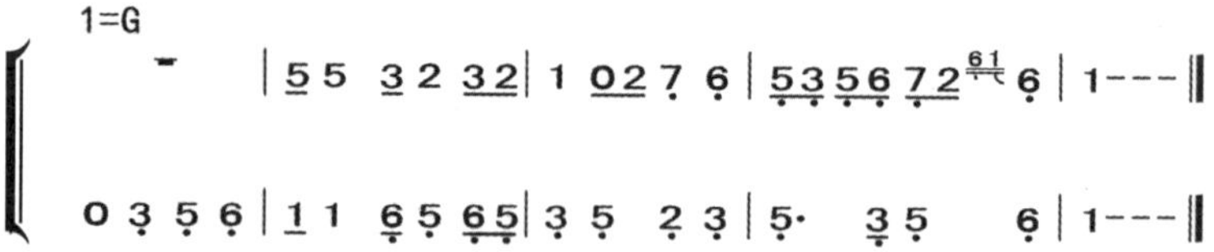

（1）演唱低声部的旋律

（2）用“Wu”哼唱低声部

（3）高声部唱词，低声部用“Wu”，合唱谱例 2

4. 古楼第三层，出示谱例 3

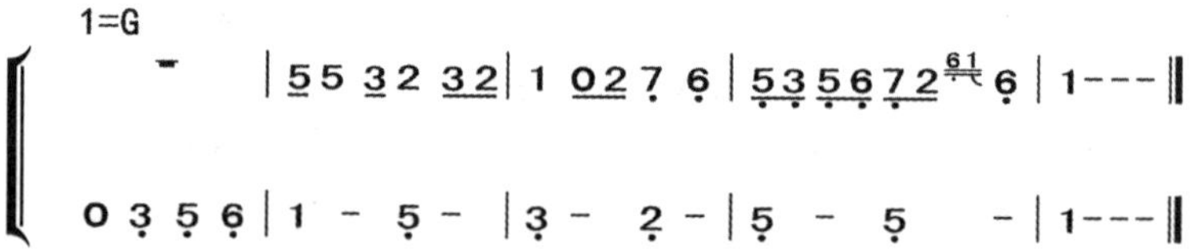

（1）演唱低声部的旋律

（2）用“Wu”哼唱低声部

（3）高声部唱词，低声部用“Wu”，合唱谱例 3

教学说明：

学习要点：学唱歌曲第二部分二声部的合唱。

设计意图：本环节设计了一个“登高望月”的活动。让学生在情境中学习双声部。同时，登高的过程也是低声部旋律由易到难的过程。这种层层递进的教学，克服了学生学习双声部的恐惧感，激发了他们学习合唱的热情，让学生在轻松、愉悦的氛围中，水到渠成地学会演唱双声部。

5. 完整演唱第二部分

三、器乐编创

1. 编创节奏型为歌曲伴奏

2. 选择合适的打击乐乐器进行演奏

教学说明：

学习要点：为歌曲配上合适的打击乐伴奏。

设计意图：结合音乐形象的体验、感受和想象，有目的选择乐器为歌曲伴奏，进一步表现出歌曲古韵古风的独特韵味。

四、完整演绎歌曲

五、课堂小结

【教学流程图】

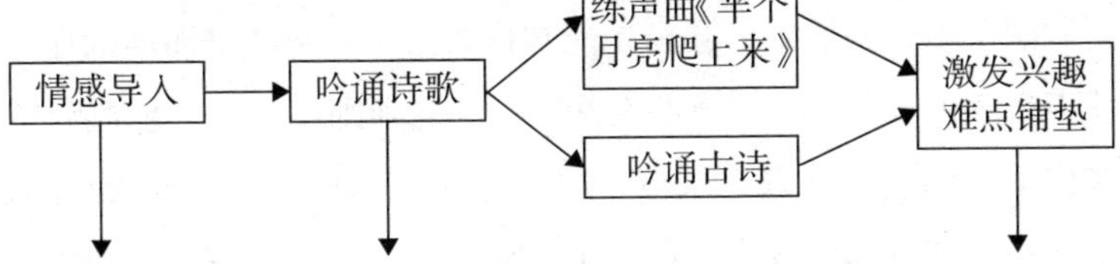

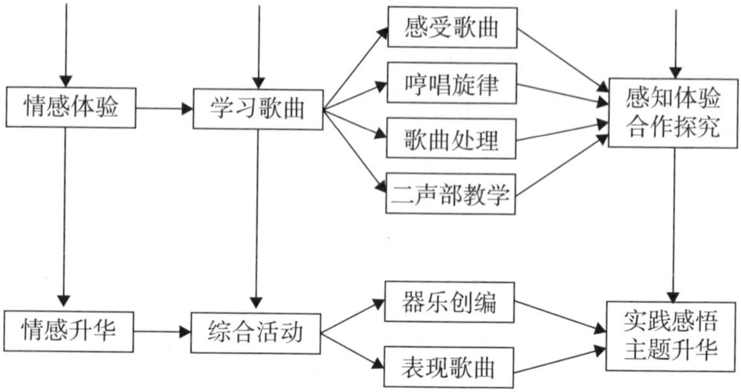

（注：本课被评为教育部2014年度“一师一优课、一课一名师”活动“优课”）

【课例评析】　上海市第四期“双名工程”小学艺术攻关计划基地学员　严茵茵

本课注重以音乐审美体验为核心，将教学重点聚焦在学生能用深情饱满的声音表现配乐古诗清雅古朴的风韵、宁静深远的意境，其中二声部合唱教学部分既是难点，也是亮点。对此，汪老师有效地激发了学生的审美情趣，引导学生感受歌曲的意境美，做到人景合一，声景合一。具体体现在以下几个方面：

1. 情境贯穿，以境悦声

首先，汪老师根据教学内容与学生的生活以及学习经验创设了“秋日月夜”的情境，利用学生已掌握的音乐技能和生活中的场景激发他们的学习兴趣，使学生产生联觉，从而更深刻地去体会歌曲所蕴含的情感，甚至是能与作者产生共鸣，进而准确地用歌声来表现歌曲。在二声部教学中，汪老师则设置了“登高望月”这样一个情境，连登三层楼，层次分明，衔接紧密，过渡自然，将演唱的难点逐层解决，让学生轻松突破了合唱难点，达到了以境悦声、以情动人的审美境地。

2. 理解音乐，以情感人

小学音乐歌唱教学很容易将理解歌词当作理解音乐，汪老师敏锐地认识到了这一点，始终从音乐本体来帮助学生理解音乐。在学唱歌曲环节中紧扣音乐要素，不仅仅是对歌唱发声有要求，更主要的是想让学生明白音乐符号与歌唱表达之间的关系，帮助学生建立音乐表现和声音之间的联系，让学生了解音乐中藏着的一个个小秘密，再结合对歌词的理解，由表及里地去感悟音乐深层的情感内涵，让学生的情感活动和作品的情感内涵达到一致。

3. 器乐编创，以情启思

音乐的创作基本有三个过程：第一度创作是作曲家，他们给了乐曲的框架和形状；第二度创作是演绎者（演奏家、歌唱家等），他们给了乐曲的灵魂和思想；第三度创作是聆听者，那就是看个人不同的感悟了。音乐的价值就是在于激发人的创造意识和创造行为。小学生正处于想象力丰富的时期，汪老师鼓励学生在掌握歌曲的演唱技巧后，通过编创伴奏音型，加入小乐器伴奏，合作表现歌曲优美的意境。同时也引导学生理解无论用何种形式表现歌曲，最终要表达的情感是一致的，就是对家乡深深的眷恋，在这样一种螺旋式上升的审美实践中，使学生更进一步感受歌曲意境之美，提升了音乐审美育人的效果。

本节课无论是在创设歌曲情境、理解音乐本体，还是在鼓励器乐编创中，都有效地关注了“情”“境”与“美”的结合。每位老师在课堂中都应该根据各年龄段的学生心理特点，带领孩子们入情入境，架起歌唱的审美通途，带给他们更加丰富美好的音乐体验。

课题:《萤火虫》

执教:沈雯怡　点评:葛民莉

【教　材】上海音乐出版社九年义务教育课本《唱游》

【课　题】二年级第二学期第四单元“童年的歌”《萤火虫》

【执教者】上海静安区闸北实验小学明德校　沈雯怡

【教学任务分析】

1. 教材分析

歌曲选自二年级第二学期第四单元第七课《萤火虫》。这是一首单乐段歌曲,3/4 拍,F 宫调式,歌曲情绪活泼。歌曲第一、二乐句采用旋律变化重复,乐曲中多次运用八分休止符,形象地描绘萤火虫晶莹可爱的形象。其中第二乐句做下移五度变化,更加把萤火虫轻盈飞舞的形象刻画得栩栩如生。第三、四乐句在节奏上做了舒展与紧缩的对比,表达孩子们天真的语言和对萤火虫亲切的情感。

2. 学情分析

该班学生整体的学习习惯较好，基本养成良好的歌唱状态和方式，个别存在差异，该班学生的思维想象力较丰富，个别学生的能力突出，乐于表现，对于歌曲中能运用断与连的演唱方法唱好歌曲可能会是难点。因此在本节课学习中，根据歌曲情绪以及萤火虫的音乐形象进行设计相关音乐活动。在情境创设中，以小组为单位合作表演，让学生体会萤火虫照亮道路，为人们带来一丝光亮的寓意，从而升华育人立意。

【教学目标】

1. 学唱歌曲《萤火虫》，感受歌曲活泼、欢快的情绪，想象夏夜中萤火虫闪烁飞舞的音乐形象，体会萤火虫用光亮带来希望、指引方向的寓意；积极参与音乐实践活动，乐于和老师、伙伴交流心中的感想。

2. 学会用自然、亲切的声音演唱歌曲《萤火虫》，感知歌曲中八分音符与八分休止符时值；能运用断与连的演唱方法，表现萤火虫在闪烁与飞舞时的不同音乐形象。

3. 运用对比聆听、师生（生生）对唱、自主学唱歌词等方法，体验和表现八分音符与八分休止符的时值。

【教学重点与难点】

1. 教学重点：感受歌曲活泼、欢快的情绪，学会用自然、亲切的声音正确演唱歌曲《萤火虫》。

2. 教学难点：能运用断与连的演唱方法表现萤火虫在闪烁与飞舞时的不同音乐形象。

【教学过程】

一、律动表演

听《虫儿飞》，进行“虫儿飞”的律动表演，学生进入音乐教室，搭大森林造型。

教学说明： 学习要点：情景表演《虫儿飞》。

设计意图：充分挖掘音乐形象，让学生融入情境，在课前律动“大森林”中进行“虫儿飞”的律动表演，并为本课新授教学中一群群可爱的“小精灵”漫天飞舞的情景作铺垫。

二、学唱歌曲《萤火虫》

（一）初听歌曲

1. 初听歌曲

关键设问：静静的夜晚的树林里出现了一群群可爱的小精灵，它们是谁？

2. 教师出示课题《萤火虫》及科学小知识

3. 教师示范、学生感受歌曲内容

关键设问：歌曲中的萤火虫在干什么呢？

要求：教师范跳、学生感受萤火虫飞舞的姿态

（二）感受体验

1. 师生扮演宁静夏夜飞舞的萤火虫

关键设问：你仿佛看到了怎样的萤火虫？

要求：有感情地表演闪烁的萤火虫、飞舞时的萤火虫以及跟老师表演。

教学说明：

学习要点：初步聆听感受歌曲的内容。

设计意图：歌曲感受体验部分，以“你仿佛看到怎样的萤火虫”，引导学生表现出高高低低、忽明忽暗的各种形态，在教师的表演和歌声中感受歌曲的情景以及歌曲表现的音乐形象。

（三）旋律学唱

1. 教师范唱，学生听乐句

关键设问：萤火虫带来几盏小灯笼？

要求：学生可以用耳朵聆听，也可用手画旋律线。

2. 出示旋律线

关键设问：你们找一找今天的旋律线有什么不同呢？

3. 教师用 lu 范唱第一乐句

4. 学生跟唱第一乐句

5. 学生用 lu 哼唱完整旋律并用手画旋律

6. 第四乐句指导

7. 师生对唱

8. 生生对唱

> 教学说明：
>
> 学习要点：学唱歌曲的旋律。
>
> 设计意图：在本课中引导学生想象萤火虫闪烁和飞舞时的形象，通过聆听范唱并精心指导学生运用断与连的不同方法进行演唱，唱好旋律中断与连的地方，帮助学生对音乐作品有了深入的理解，对音乐表现也有了更多的自信。

（四）学唱歌曲

1. 念歌词

（1）学生读歌词

（2）教师读难句

（3）学生读难句

2. 学生尝试小组自学歌曲

（1）小组跟琴声学唱

要求：第一遍默唱，第二遍轻声唱。

（2）小组交流

要求：相互聆听、点评并且指出问题。

(3)歌曲处理

(4)完整唱

关键设问：找一找哪句你最喜欢？

3. 歌曲的情绪

要求：第四乐句情绪处理。

> 教学说明：
>
> 学习要点：正确演唱歌曲并用歌声来表现歌曲中的音乐形象。
>
> 设计意图：通过教师的示范帮助学生按节奏读好歌词；通过教师范唱、学生自学、相互倾听评价来促进学生自学以及相互倾听学习的积极性，并且能用歌声来表现萤火虫飞舞时的灵动。

跟钢琴伴奏唱。

三、情景表演

(一)出示图片、师生交流

(二)看图说故事

小组讨论表演图片、选序号。

小组讨论角色扮演、跟音乐小组编排情景。

情景表演。

小组反馈、评价。

> 教学说明：
>
> 学习要点：学生根据师生提供的图片进行情景表演。
>
> 设计意图：欣赏不同的情景中的萤火虫图片，激发学生的好奇心参与到音乐活动中，能更好地激活学生灵动的思维、激发挖掘学生想象力和表现力，并合作表演来表现作品。

【教学流程示意图】

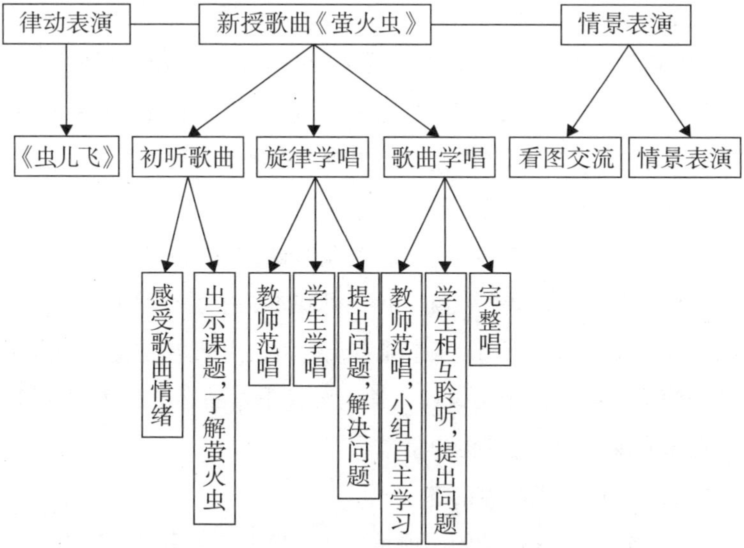

（注：本课2015年获得静安区新苗杯一等奖，并在局务会议作为展示课）

【课例评析】 上海市第四期"双名工程"小学艺术攻关计划基地学员 葛民莉

音乐教育是美的教育，音乐教师无疑是美的传播者。如何让学生在音乐课堂感受体验音乐的美，学习掌握技能的美，理解感悟生命的美？沈雯怡老师执教的二年级《萤火虫》在以凸显音乐审美为核心，关注培养学生核心素养的教育背景下，呈现出以下特点：

一、以音乐形象为线索

低年级的学生对一切事物都有着强烈的好奇心，他们乐于参与各种音乐活动。如何利用这个特点开展音乐教学？充分挖掘音乐形象，让学生融入情境，参与体验是有效的做法。沈老师以“萤火虫”这个可爱的形象为整节课的线索，课前律动，学生在“大森林”自由地飞；歌曲感受体验部分，沈老师以“你看到怎样的萤火虫”，引导学生表现出高高低低、忽明忽暗的各种形态；歌曲学唱中，也是指导学生表现出萤火虫灵动的形象。

二、以难点解决为突破

同样，在以音乐形象为线索的整节课，找准难点作为教学的突破口也是至关重要的。沈雯怡老师在本课中引导学生想象萤火虫闪烁和飞舞时的形象，并精心指导学生运用断与连的不同方法进行演唱。找准这个突破口，学生对音乐作品有了深入的理解，对音乐表现也有了更多的自信。

三、以激活思维为策略

学生的思维是灵动的，但是如何去挖掘，去激发，这就需要教师有意识地去渗透。本课的最后环节，学生看图讲故事并表现，学生看到的画面是一样的，但是他们脑海里想象的故事却是各有不同，呈现出的体态造型也是各有各的精彩。这一环节的设计意图体现教师对于学生的理解，但是如何在这一环节内，更好地激活学生思维，需要老师在课堂中更多地思考和实践。

本课的设计与实践为音乐教学提供了有效的做法，值得借鉴，同时也让我们看到了音乐课堂存在的一些问题和今后努力的方向……

课题:《阿细跳月》

执教：吴雯婧 点评：张丽莲

【教　材】上海音乐出版社九年义务教育课本《音乐》

【课　题】三年级第一学期第四单元“夜色美”《阿细跳月》

【执教者】上海市静安区大宁国际小学　吴雯婧

【教学任务分析】

1. 教材分析

《阿细跳月》是一首复合拍子的乐曲，主旋律中含有切分节奏，但欢快的主题不断重复，带给人们尽情舞蹈的感受。由于5/4拍的学习不是三年级的教学内容，那么引导学生由浅入深地感知、体验乐曲特有的节拍特点并能随乐舞动便成为本堂课的教学难点。

《阿细跳月》又叫《跳月歌》，流行在云南弥勒西山彝族阿细人之中。作曲家就采用了彝族“跳月”这一具有浓郁民族特色的歌舞曲写成民乐合奏。旋律跳荡，富于动感，特色鲜明。全曲主要由do、mi、sol三个音组成，节奏为五拍子。音乐一开始由竹笛领奏出热情奔放、欢腾跳跃的主题，并由弹拨乐、弦乐及乐队全奏反复出现，表现了姑娘多变的舞姿。第二部分进行了移调处理，并加强了最后两拍的力度，使音乐更粗犷有力，好似健壮的小伙子跳起了粗放的舞蹈。第三部分又转到原调，由高音笛演奏旋律后，整个乐队演奏，乐曲进入高潮，在乐队全奏中展现了宏大的舞蹈场面，仿佛狂欢中的人们忘记了疲劳。在最后的短小尾声，是采用了主题乐段的最后两拍扩充发展的，在渐强中结束全曲。

2. 学情分析

三年级的学生普遍情况是正处于小学阶段的高低衔接阶段，已经掌握了音乐的一些基础知识，有了一定的学习方法，对新的知识也接触得比较快，并能对所学充分发表自己的体会和感悟，能够注意观察生活中的种种现象，对人和事物有了自己的初步看法，正是情感、态度、价值观方面给予正确引导的关键时期。

本课是借班上课，课前与学生进行了一节课的了解与交流。在准备课过程中发现，执教班级学生的音乐基础较好，有较强的音乐学习能力和学习热情。学生的肢体表达略显羞涩，有个别学生肢体协调性较好，其余学生都属于肢体能动性一般的水平。但整体接受速度较快，能很快理解并进入表演所需要的状态，在教师的引导下能够塑造出不同的音乐形象和音乐情境。

【教学目标】

1. 欣赏民乐合奏《阿细跳月》，感受彝族“跳月舞”奔放热烈的音乐情绪，想象音乐所表现的“月下欢舞”的欢乐情景，体验我国民族歌舞的特点。

2. 在听、赏、唱、舞等多种音乐实践活动中，感受和表现乐曲五拍子的韵律特点，正确记忆乐曲的主题旋律；在编创律动的活动中，体验彝族阿细人载歌载舞的欢乐情景。

3. 了解民乐合奏的表演形式；能和着音乐的节拍编创律动并表演。

【教学重点与难点】

1. 教学重点

感受乐曲奔放热烈的音乐情绪，理解彝族民歌音乐的风格特点。

2. 教学难点

感受和表现乐曲《阿细跳月》五拍子的韵律特点，并为乐曲编创律动。

【教学过程】

一、律动导入

1. 听音乐跟随老师即兴律动表演

2. 学生交流与评价

> 教学说明：
>
> 学习要点：根据音乐的变化，展开合理想象，律动表现不同的音乐形象。
>
> 设计意图：本环节为即兴律动表演环节，帮助学生模拟情景，用漫步山林的主题，以肢体模仿人、水、火三种元素，激发学生的肢体表达欲，为后面的乐曲欣赏的形象模仿和创造做好铺垫。

二、欣赏乐曲《阿细跳月》

（一）初听乐曲，感受音乐情绪

关键设问：乐曲带给你怎样的感受？

1. 揭示课题，了解彝族风俗人情

（二）再听乐曲，感知乐曲节拍特点

关键设问：听一听这是一首几拍子的乐曲？

1. 初步体验乐曲五拍子的韵律感

○　○　○　●　●

1　2　3　拍　拍

2. 师生合作，拍一拍乐曲五拍子的节拍韵律

3. 跳一跳五拍子的舞步

4. 小组学习交流与反馈

（三）模唱旋律，熟悉乐曲主题

1. 介绍彝族乐器“三弦”

关键设问：这段主题旋律是由什么乐器来演奏？

2. 模仿三弦的音色，模唱主题旋律

3. 模唱与聆听：“主旋律”出现了几次？

教学说明：

学习要点：本环节的重点是初步感受音乐情绪，用肢体律动体验乐曲五拍子的韵律特点；在模唱中记忆乐曲主题旋律。

设计意图：在初步感受彝族音乐风格特点的基础上，结合彝族文化，以律动来感受乐曲五拍子的韵律特点；并且通过模唱正确记忆乐曲的主题旋律。

三、表演《阿细跳月》

（一）以舞蹈形式，体验乐曲节拍特点

1. 教师展示跳月舞

2. 学生学习跳月舞，师生共舞

> 教学说明：
>
> 学习要点：本环节重点是学习彝族跳月舞。
>
> 设计意图：采用听动互补的听赏方式引导学生完整地听赏全曲，并重点感知乐曲节拍特点。学生能借助于肢体语言，将内心的感受与外部行动相统一，会用舞蹈的形式表现乐曲载歌载舞的音乐情境。

（二）听辨乐曲后半部分的变化，感受乐曲情绪

1. 听辨速度变化，并想象情境

关键设问：乐曲发生了怎么样的变化，表现了怎样的情景？

2. 创设情境表现变化部分

（三）完整表现跳月舞会，体验“跳月”的热烈场面

1. 梳理表演环节

2. 师生合作完整表演

> 教学说明：
>
> 学习要点：本环节的重点是感受乐曲结尾处力度和速度的变化，并编创律动进行表演。
>
> 设计意图：鼓励学生能有意识地按目标进行舞蹈活动。“跳月”是彝族阿细人一项集体舞蹈的民俗活动，男女老少都会参与其中，舞蹈过程中体现了“和”与“乐”。学生在探究、欣赏舞蹈一系列循序渐进的过程中，体验阿细人跳月时的欢快情境，并获得情感共鸣和交流。

四、结束小结

【教学流程图】

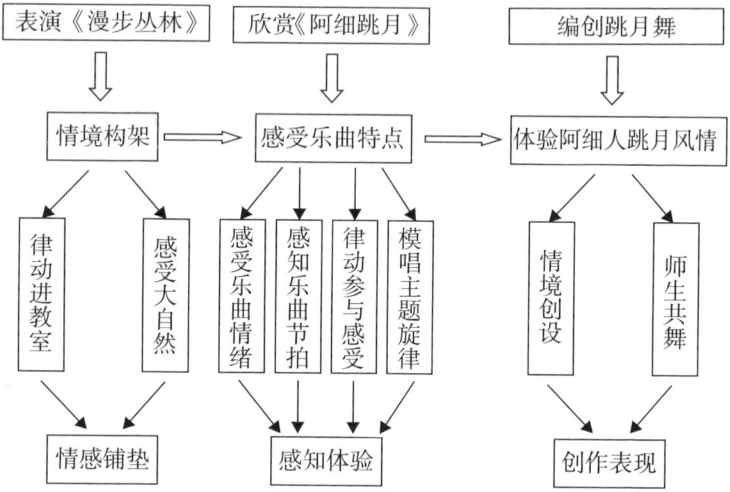

（注：本课例2016年在“丰富学习经历提升学科素养”大宁－田园跨区联合教研活动中作公开教学展示）

【课例评析】 上海市第四期“双名工程”小学艺术攻关计划基地学员 张丽莲

这是一节舞蹈律动课型，执教老师采用了借班上课形式进行了公开教学的展示。整堂课围绕“以音乐聆听为主线，舞蹈律动体验为辅助”，引导学生聆听、律动、模唱和创设情境来表现音乐，体验和理解彝族音乐特有的风格特点；充分体现了老师自身的专业素养和对教材内容的深度理解和挖掘。

一、关注欣赏教学中感受与体验音乐的方式

多数音乐欣赏教学的方式多是以聆听为主，缺乏辅助式的教学手段，学生缺乏主动去追求从音乐中获取自我满足的目标。因此，欣赏教学中不能仅仅停留在单一的聆听上面，而是在聆听音乐的过程中设计有效的体验活动。在这节课中，执教老师根据作品的特点(它是一首彝族歌舞作品)，发挥自己专业技能特长，选择以舞蹈形式作为切入点，充分调动学生整个肢体运动，通过律动舞蹈来感受、体验、表现音乐。

二、设计多种形式的舞蹈律动实践活动，充分感受和体验音乐的特点

这节课教学设计的亮点是：设计多种音乐实践活动让学生充分体验和感受音乐的特点。第一，反复体验乐曲的节拍，学生通过身体律动熟悉主题旋律的节奏，感知和理解这首复拍子乐曲的节拍韵律感；再通过师生间、生生间互动的律动，反复体验主题旋律的节奏，让主题旋律的节奏牢牢记在学生心里。这个教学环节引导学生由浅入深地感知、体验乐曲特有的节拍特点。第二，通过模唱主题旋律，让学生理解和明白主题旋律由四个乐句构成，为后一环节“主题旋律出现了几次”做好铺垫；并且聆听各种民族乐器演奏主旋律，让学生再次巩固和内化主题旋律。第三，在创设情境中学生学跳“跳月”的舞蹈动作来体会彝族月夜欢舞的炙热场面。通过民乐合奏《阿细跳月》这首作品的欣赏教学，学生了解了我国少数民族的音乐和文化，感受到了民族文化的独特魅力，很好地激发了学生热爱经典的民族音乐的兴趣。

课题:《悯农》

执教:朱冬芳　点评:曹晏平

【教　材】上海市嘉定区《慧雅乐童——〈中国唱诗班〉诗乐文化经典》

【课　题】一年级第一学期第一单元《悯农》

【执教者】上海市嘉定区马陆小学　朱冬芳

【教学任务分析】

1. 教材分析

本教材是嘉定区区本音乐拓展型教材，教材选用嘉定区艺术教育部主任易凤林老师的诗乐作品，作为弘扬中华传统文化而编制。为了适应一年级学生的年龄特点和音乐学习的实际需要，本单元仅选择了《悯农》的主歌部分作为教学内容，副歌部分可作为高年级的补充学习内容。

本首歌曲的歌词内容为唐代诗人李绅的《悯农》第一首，这首诗以通俗易懂的用词描写了农民劳动的艰辛，抒发了作者对当时社会中农民生活疾苦的深深同情，其中“谁知盘中餐，粒粒皆辛苦”亦成为提醒世人要“爱惜粮食”的告诫。

歌曲分主、副两个部分，各四个乐句，主歌部分第一、三乐句，第二、四乐句互为模仿，使简单的旋律重复充满了儿歌般的童趣，较适合低龄幼儿吟唱。在填词方面，也顺应了诗句五言的韵律，节奏明快，因而歌曲易学易唱、朗朗上口，而使歌曲的情绪少了一份诗句与生俱来的“凄苦”，多了一份孩童吟唱的活泼。其中二、四乐句中出现的上行音阶“1 2 3 –”亦成为一年级学生识谱教学的第一课内容。

2. 学情分析

本节课为借班上课，学生为一年级刚入学一个月的低龄学生，对学习音乐的积极性很高，经过一个月的学习习惯培养，从整体水平来看，大部分学生初步养成了聆听音乐的习惯，日常课堂学习行为习惯进步较大，而在歌唱学习中能够用自然的声音、富有表情地演唱等方面需要老师加以引导，学生也很愿意在音乐游戏、歌表演中与他人合作，而合作时需要教师关注合作方式方法的指导。

【教学目标】

1. 学唱歌曲《悯农》的过程中，了解诗词表达的内容，理解农民劳动的辛苦，要懂得“爱惜粮食”。

2. 在聆听、模唱、律动、朗读等综合体验活动中建立音高概念，在集体和分角色等多种表演形式中获得情感的体验。

3. 认识简谱“1 2 3”三个音的标示，了解其音高关系，并能随音乐用手势进行表现，能用清新自然的嗓音，有感情地轻声背唱歌曲《悯农》。

【教学重点与难点】

1. 教学重点：学唱诗乐歌曲《悯农》，并进行歌表演。

2. 教学难点：认识“1 2 3”的简谱标示及其音高关系。

【教学过程】

一、熟悉旋律

1. 学生聆听歌曲《悯农》旋律进入教室，师生问好

2. 听老师哼唱旋律，请学生说说音乐给自己的印象

3. 全体用 lu 哼唱旋律，请学生随老师一起画画旋律线，体验歌曲的特点。

> 教学说明：
>
> 学习要点：熟悉旋律的环节，了解歌曲旋律，体验旋律的走向特点。
>
> 设计意图：在师生合作中加强体验，并用“听唱”“哼唱”等方式，感知旋律的特点。

二、学唱《悯农》主歌部分

1. 引入课题

关键设问：这是老师听到的一首非常感人的歌曲，歌词的内容来源于我国唐代诗人——李绅。有一天，李绅在田间看到农民们汗流浃背、非常辛苦地劳动，就写了一首诗《悯农》。请大家听老师唱一唱，边听边思考：农民伯伯在田间做什么劳动？他们为什么这么辛苦？

（1）学生回答第一个问题后，教师图解：锄禾——“锄禾”是农民的一种劳动，在中午的太阳下，农民用锄头在田间帮禾苗除草，这样草能被强烈的阳光晒死而不会去抢夺禾苗的养分，禾苗就可以长得更好。

（2）学生回答第二个问题后，教师解释：歌曲的前两句描写

了农民在辛苦地劳动，请大家和老师一起来朗读并带上表演动作，在朗读时教师指导正确的口型和发音。

（3）提问：歌曲的后两句表达了诗人要告诫我们什么道理呢？请大家边表演边朗读，体会诗句的寓意，让学生谈谈。（同情农民、珍惜粮食）

2. 完整聆听歌曲，初步了解歌词结构

关键设问：你听到《悯农》的歌词唱了几遍，你能唱其中的某一句吗？（学生回答，师生一起边唱边做表演）

3. 全体随着老师伴奏轻声演唱全曲

（唱两遍，第一遍指导发音，第二遍让能表演的同学站起来边唱边演）

4. 解决难点：歌曲前后两段歌词旋律变化部分的学唱

难点一：

（1）教师范唱两句"粒粒皆辛苦"，学生听最后那个音位置有什么不同，大家一起边做动作边唱这两句，在动作上表现出音高的不同。

（2）教师唱前三句，学生接唱两句"粒粒皆辛苦"。

难点二：

（1）教师范唱两句"汗滴禾下土"，学生听最后那个音哪个低。（无须公布答案）

（2）请大家跟老师接唱歌曲，学生在接唱歌词"汗滴禾下土"时，用动作表现出最后两个音的高低不同。（可以适当纠正错误）

5. 完整演唱歌曲，边演边唱

教学说明：

学习要点：本环节在学习主歌过程中，由歌曲背景引出歌曲的学习，重点关注两个难点的解决。

设计意图：在歌唱的过程中了解乐句的组成，并且在对比聆听中了解歌曲难点在于“同词异调”的演唱，让学生理性认识歌曲的旋律变化，以唱准“同词异调”。

三、学习《悯农》歌谱中的“1 2 3”

1. 教师范唱歌谱，学生听听老师唱了什么？（唱一半即可）

2. 再次听老师唱歌谱，请回答正确的同学到教室前方，教师给他贴上相应的简谱标示“1 2 3 5 6 7”，大家听听他们唱一唱自己的名字

关键设问：你听到老师唱了哪些唱名？

3. 教师讲解本次学习内容是音符“三兄弟”——“1 2 3”，请大家一起来认认唱唱

4. 讲解《悯农》歌谱中两次出现了“1 2 3”，你能听出音符“三兄弟”哪个最高哪个最低？

5. 师生合作唱歌谱，学生只唱“1 2 3 －”部分

6. 教师讲解“1 2 3”的上行给歌词“盘中餐”带来情绪上的推进，可以用“渐强”来演唱

7. 再次演唱歌曲，做到有感情地演唱。（无需用动作）

教学说明：

学习要点：在唱准歌曲的同时，关注歌曲情绪的把握，用

“1 2 3 –”的多次体验帮助唱好情绪的表达。

设计意图：通过了解乐句音符的运用以及旋律的上行推进，揣摩歌曲情绪的推动，并自然地演绎乐句情绪。这一部分的学习用的均是歌曲的音乐素材，在学习的过程中也是结合全曲来演唱，做到音乐的完整性。

四、拓展

1. 演一演

师生一起表演唱，请部分愿意到前方来的同学来体验“小舞台”上的感觉。

2. 对比欣赏

（1）师讲解：在诗人李绅当时的社会中，百姓生活艰苦，他写《悯农》，可不仅仅是要告诫我们“珍惜粮食”，请听老师朗读李绅的第二首《悯农》，你能理解“悯”字是什么意思了吗？（出示：“春种一粒粟，秋收万颗子。四海无闲田，农夫犹饿死。”“悯”字显示了李绅对农民的深深同情）

（2）出示新时代农民劳动和收获的图片，引导学生理解《悯农》对于我们的意义，鼓励同学们要“珍惜粮食”。

教学说明：

学习要点：作为歌曲学习的拓展，在学习的过程中再次领略歌曲的教育意义。

设计意图：结合学生今天的现实生活，再次品悟诗歌的情感，进一步提升学生的情感认识。

五、小结

【教学流程示意图】

- 《悯农》
  - 熟悉旋律
    - 听录音
    - 听师哼唱
    - 生哼唱并画旋律线
  - 学唱《悯农》主歌
    - 分析古诗引入课题
    - 了解歌词结构
    - 初步演唱歌唱
      - 解决难点一
      - 解决难点二
    - 完整演唱歌唱
  - 学习音符“123”
    - 初听教师范唱歌谱
    - 再听教师范唱歌谱
      - 学生贴出歌谱中的音符
      - 学生唱唱音符
    - 感受和体验渐强的力度
      - 听辨“123”的音高
      - 感受“123”的上行和情绪推动
      - 用渐强力度表现这一句旋律
    - 有感情地演唱歌曲
  - 拓　展
    - 演一演：完整演绎歌曲
    - 对比欣赏：深化诗歌意境
  - 课堂小结

（注：此教学设计在2011年10月嘉定区“诗乐进课堂”教学研讨活动中作公开教学）

【课例评析】　上海市音乐特级教师、正高级教师、基地主持人　曹晏平

本节课是2011年10月嘉定区小学音乐学科“诗乐进课堂”活动中的一堂区级教学研讨课，由朱冬芳老师执教，执教地点是嘉定区徐行小学，是借班上课的一节唱歌课。本节课的教学有如下特点：

1. 聚焦诗乐歌曲特征合理设定重难点

根据一年级学生的学习情况及年龄特点，教师对《悯农》这首诗乐歌曲作品进行了认真分析、研究，确定把学唱的主要内容设定为歌曲主歌部分，并挖掘歌曲旋律创作中的“1 2 3”三个音符来进行音乐知识的学习。明确合理地进行三维目标的制定，恰当设定教学重难点，并在实际的教学过程中注重难点的逐步递进。在唱准正确的旋律同时，通过古诗背景的了解，帮助学生理解歌曲的内涵，从而正确把握歌曲演唱的情感。整堂课的教学思路清晰，呈现歌唱教学的逻辑性。

2. 运用“听唱法”听懂、唱会诗乐曲

亲切的教态是营造课堂教学氛围的基础。在整个教学环节中，教师注重与学生的互动，运用“听唱法”来一步步引导学生对于歌曲的“听”，自然而然地启发思考，让学生的音乐思维与认知始终围绕课堂教学环节进行。同时，运用“听”与“辨”结合，听辨相似乐句的不同，通过层层深入了解旋律，理解歌曲的旋律行进方式，从而更理性地学会分析歌曲的结构，达到正确演唱歌曲旋律的目标。并在旋律行进的多次演唱和听赏中理解“上行”音阶的情绪推动特征，以帮助学生把握和加强歌曲情感的体验。

3. 创设音乐情境，丰富体验方式

通过营造符合歌曲内涵特征的欣赏情境，设计不同的体验方式，引导学生在聆听、模唱、律动、朗读等体验活动中，建立初步良好的音高概念。课堂上注重合理的师生互动，促进学生进行良好的课堂学习反馈。并通过多层次的表演形式，鼓励和帮助学生获得情感的体验，让学生乐于参与、乐于分享、乐于表现。

古诗乐进课堂是嘉定区音乐学科的一大特色，在易凤林老师和全体参与项目实践研究的师生共同努力下，已取得了很宝贵的经验。希望这项特色发展能越来越成熟，成为嘉定区音乐学科的一张名片。

课题:《在钟表店里》

执教：朱冬芳　点评：曹晏平

【教　材】上海音乐出版社九年义务教育课本《唱游》

【课　题】二年级第二学期第三单元

【执教者】上海市嘉定区马陆小学　朱冬芳

【教学任务分析】

1. 教材分析

本课教学内容主要是二年级第二学期第三单元“外国小曲”部分的欣赏乐曲《在钟表店里》，这是德国音乐家阿图尔·奥尔特所作的有关描写钟表店热闹场景的一首乐曲。乐曲通过不同的声音形象与不同的节奏，生动形象地描绘了各种有趣的钟表形象，深受孩子们的喜爱。因此，我把本课的欣赏教学目标定为：让孩子们能够通过听辨乐曲所描绘的各种音乐形象，感受音乐的美妙，并且通过游戏“快乐的钟表店”，学会用打击乐器模仿各种钟表的声音，来表现乐曲所描绘的热闹场面，体会钟表师傅劳动的快乐。虽然教学内容本身难度不是很大，但要孩子们深入了解音乐情绪与音乐的丰富表现力却并不容易。

2. 学情分析

二年级的学生在经过两年不到的《唱游》课学习中，已经初步养成了一定的聆听习惯，在欣赏音乐的过程中，大部分学生能够根据教师的指导进行听赏内容的学习，而欣赏的过程中也能积极围绕教师预设的环节积极思考，从而理解音乐的形象特征。但是低年级学生在年龄特征上的一些表现，难免会导致学生学习的持续性与热情度会慢慢下降，由此，从学习兴趣出发，音乐欣赏的过程必须足够吸引他们，避免因为欣赏环节的反复枯燥而使得学生失去欣赏的兴趣而令教学目标达成度不够。因此，在根据学生年龄特征下的教学设计，必须是针对教学内容推进而精心预设，每一次的欣赏都有不同的层递性的教学目标，让学生围绕欣赏的每一个内容去思考，去参与，化解一个个学习难度并达成目标。

【教学目标】

1. 欣赏德国作曲家阿图尔·奥尔特的乐曲《在钟表店里》，在乐曲所描绘的各种钟表的音乐形象中让学生感受音乐的形象性和音乐美。

2. 通过模仿、听辨、肢体表现等方式，表达对乐曲所描绘的各种钟表的音乐形象的理解，帮助学生在各种听赏的游戏与思考中获得美好听觉体验。

3. 通过玩音响游戏“快乐的钟表店”，学会用打击乐器打击典型的节奏型，表现乐曲所描绘的热闹场面，并体会钟表工人劳动的快乐。

【教学重点与难点】

1. 教学重点：欣赏乐曲《在钟表店里》，感受不同钟表的节奏形象。

2. 教学难点：设计不同的欣赏环节，帮助学生体会与辨别音乐的不同情绪。

【教学过程】

一、复习《洋娃娃和小熊跳舞》

1. 师：小朋友，让我们一起来与洋娃娃和小熊跳舞吧！

（播放多媒体音乐《洋娃娃和小熊跳舞》，学生随音乐律动进入教室，过程：律动进入教室自由组合——以不同的姿势击掌拍击节奏——复习拍击吉特巴节奏——练习跳吉特巴舞步）

2. 师生问好

3. 复习歌曲《洋娃娃和小熊跳舞》，跳跳吉特巴舞

> 教学说明：
>
> 学习要点：复习歌曲《洋娃娃和小熊跳舞》，营造本堂课活泼愉快的课堂氛围。
>
> 设计意图：歌曲《洋娃娃和小熊跳舞》情绪愉快活泼，与整堂课的气氛相得益彰，是欣赏内容《在钟表店里》的一个铺垫。

二、欣赏乐曲《在钟表店里》

1. 第一次欣赏乐曲

（1）播放课前师生去钟表店参观的照片“在钟表店”，在观看的同时播放背景音乐《在钟表店里》。

（2）学生模仿钟表的形象与声音，当模仿摩士达钟声时，请小朋友弹奏钢琴曲《排钟》，集体模仿演唱。

关键设问：请洋娃娃和小熊们回到自己的座位休息一下，一起来看看大屏幕。思考一下：在钟表店里，大家发现了各种各样的钟表，你能模仿这些钟表的样子并发出它们悦耳的声音吗？在钟表店里，营业员还告诉我们根据它们不同的声音长短钟表可以怎样分类呢？（大钟挂钟类和闹钟手表类）

> 教学说明：
>
> 学习要点：本环节学生初步聆听乐曲的过程，主要是对乐曲形象的初步理解。
>
> 设计意图：这是第一次欣赏，作为观看多媒体时的背景音乐，是无意识的听赏，激发学生对音乐形象最直观的理解。

2. 第二次欣赏乐曲

（1）介绍歌曲背景。

（2）再次欣赏，学生根据音乐情绪的变化改变欣赏时的肢体动作。

关键设问：看来在钟表店的参观不仅给我们留下了非常愉快的回忆，还让我们懂得了很多有关钟表的知识呢！你知道吗，有一位德国的音乐家阿图尔·奥尔特先生把小时候去钟表店参观的感受写成了一首乐曲，让我们一起来听听这首《在钟表店里》，听赏的要求是：当音乐情绪发生变化时，你也能变化你听赏时的姿势和动作吗？（播放音乐《在钟表店里》）

（3）师生讨论：音乐的段落以及各描绘了钟表店的什么景象？（出示选择题，答案是忙碌——休息——忙碌，借以了解学生对音乐情绪的理解）

> **教学说明：**
>
> 学习要点：再次欣赏乐曲的过程中，让学生感受与辨别音乐段落呈现的不同音乐情绪特征。
>
> 设计意图：这是第二次欣赏，变化不同的姿势来听赏，其实也是为了解决学生对音乐情绪的理解以及对乐曲段落的初步认识。

三、音响游戏“快乐的钟表店”

1. 听辨乐曲中代表不同音乐形象的节奏型

（1）播放乐曲（第三次欣赏乐曲），出示节奏型，学生根据钟表分类分组选择符合自己形象的节奏。（出示选择题，同时请大家以小组为单位围成圈，并再次播放乐曲《在钟表店里》——乐曲第二部分出现时，发放纸和笔，小组完成题目）

关键设问：刚才大家根据钟表声音长短把钟表分为大钟挂钟类和闹钟手表类，现在让我们在奥尔特的这首《在钟表店里》仔细找一找，乐曲是通过运用什么音符来表现它们的？

（2）分组展示完成的题目，公布正确答案。

（3）声音模仿游戏（第四次欣赏乐曲）：根据音乐节奏看老师的指挥进行模声练习，适当加入打击乐器伴奏。

> **教学说明：**
>
> 学习要点：听辨乐曲运用的不同节奏型，目的是让学生深入了解乐曲中的各种音乐元素。
>
> 设计意图：本环节也是乐曲的第三次和第四次欣赏，意图是根据音乐节奏来模仿练习，目的是在感受乐曲情绪同时巩固对节奏的把握。

2. 音响游戏“快乐的钟表店”

（1）讨论与练习：还可以在音乐中加入哪些声音元素，让钟表店更加热闹？

关键设问：刚才我们的模仿让我们的课堂仿佛变成了一个钟表店，让我们来动动脑筋，再加入一些其他的声音让我们的钟表店成为一个快乐的钟表店吧。（讨论加入摩士达钟声、营业员的台词、布谷鸟钟声，稍加练习与指导）

（2）播放音乐（第五次欣赏），集体表演音响游戏“快乐的钟表店”。

教学说明：
1. 学习要点：通过音响游戏，在玩一玩的过程中，创设《在钟表店里》的有趣情境。
2. 设计意图：这个过程也是第五次欣赏，意在表现乐曲描绘的钟表店热闹场面同时，再次感受音乐的趣味性以及体会钟表店工人劳动的快乐。

四、小结

音乐家奥尔特先生把钟表的声音写成了乐曲《在钟表店里》，非常了不起。今天我们也做了一回音乐家，学会了用我们自己创造的声音描绘了“快乐的钟表店”。你知道吗，在我们的生活中处处都有好听的音乐，下课后，让我们用我们的耳朵仔细找找，好吗？（师生再见）

【教学流程图】

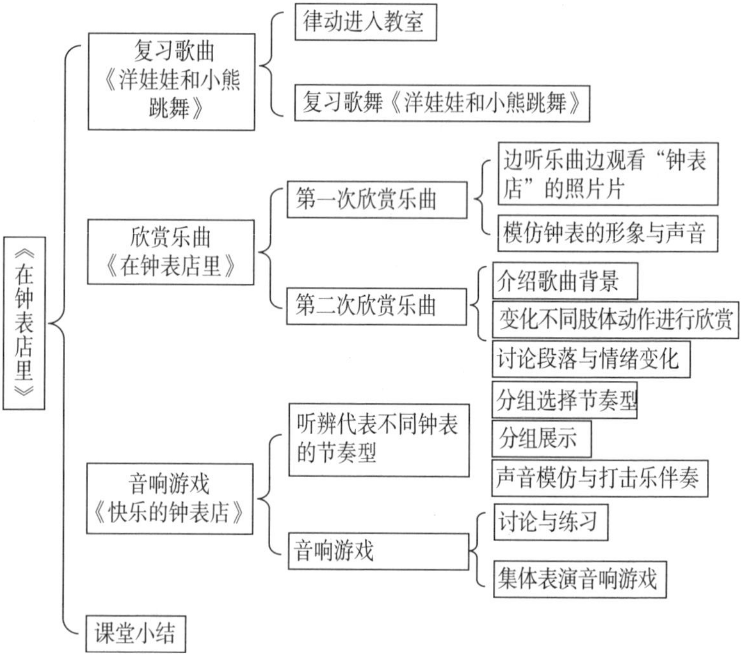

（注：此教学设计在2005年5月嘉定区“打击乐与欣赏教学”教学研讨活动中作公开教学。）

【课例评析】 上海市音乐特级教师、正高级教师、基地主持人 曹晏平

本课是二年级《唱游》第二学期的一堂欣赏课，由朱冬芳老师执教，当时执教的学校是上海市桃李园实验学校。本课教学设计具备如下特点：

1. 实地参观的欣赏准备

除了多媒体的精心制作，教师特意安排了一次钟表店的课前实地参观活动，参观的目的是解决两个问题，一是潜移默化告诉学生音乐创作来源于对生活的思考，并令大家对乐曲产生浓厚兴趣；二是帮助学生了解各种钟表的声音以及钟表的分类，帮助学生理解与辨别乐曲是通过节奏与各种钟表的模声来表现钟表形象的，有助于大家完成最后的游戏《快乐的钟表店》。

2. 深入浅出的欣赏过程

为了让孩子们更好地理解音乐的丰富表现力，又防止多听产生厌烦心理，每一次的聆听都是完全不同的欣赏方法，给学生以新鲜有趣的听觉感受：第一次是作为背景音乐，是无意识的听赏；第二次是变化不同的肢体动作来听赏，解决学生对音乐情绪的理解以及对乐曲段落的初步认识；第三次是听辨不同节奏型，让学生深入了解乐曲的各种音乐元素；第四次是根据音乐节奏进行打击乐伴奏，学生在感受乐曲情绪同时巩固对节奏的把握；第五次是音响游戏《快乐的钟表店》，意在表现乐曲描绘的热闹场面同时，再次感受音乐的趣味性以及体会劳动的快乐。意图和要求层层递进，深入浅出地围绕欣赏目标展开教学。

3. 轻松愉快的欣赏氛围

在整个课堂教学环节中，教师与学生的互动时刻体现活泼有序的气氛，师生间的交流、游戏的进行，还有听赏音乐时的宽松气氛，无不显现一种愉快轻松又井井有条的学习氛围。在保证课堂教学内容顺利完成的同时，让学生能够真正喜爱音乐，喜爱唱游课，体现这所学校“愉快教育”的宗旨，充分发挥了学生的音乐想象力与表现力。

攻关经历篇

“双名”艺术攻关基地研修掠影

上海市第四期“双名工程”小学艺术攻关基地正式启动

2019年1月17日下午，上海市第四期“双名工程”小学艺术攻关基地启动仪式在静安区蕃瓜弄小学举行。本次启动仪式由基地主持人、上海市音乐特级教师曹晏平老师主持，来自全市各区县的学员以及“强校工程”结对学校代表参加了此次活动。

曹老师首先对学员们的到来表示真挚的欢迎，接着介绍了本期“双名工程”的背景、意义，尤其强调了本期双名基地与前三期的不同之处，不仅要助力学员们成才，还要切实帮助结对学校解决发展中的难点问题，努力形成一批可复制、可推广的高水平教育教学成果。为此，曹老师重点介绍了攻关基地的总体工作要求，从主要项目到主要形式，内容涵盖：攻关课题、强校工程、知识图谱建设、教学研讨与展示、主题报告、公益讲座等等。其中，重点解析了《双名工作手册》的终期考核参考点内容，确保所有学员详细地了解“攻关计划”的要求，做到心中有计划、眼里有目标。

展望未来，启动仪式为2019年的新征程树立了明确目标，分享任务清单，明确2019年的全年计划。而后每位学员进行自我介绍，在轻松愉快的氛围中，大家相互了解，增进友谊。经过讨论，确定了基地攻关课题方向，并制定了下学期主要工作安排。从申报完成攻关课题到基地研讨活动，从艺术展示活动到专题学习，一年的计划安排得满满当当，充实而紧张，紧凑而活泼。

本次活动在学员们热烈的讨论氛围中落下帷幕。收获满满，感动期待，既明确了新年的工作重点，也感受到未来发展的广阔前景，大家将满怀憧憬向着美好的未来阔步前行。

上海市第四期“双名工程”小学艺术攻关基地“强校工程”常规研讨活动（一）

2019 年 3 月 6 日上午，上海市第四期“双名工程”小学艺术攻关基地“强校工程”第一次常规研讨活动在安亭小学举行。本次活动由基地主持人、上海市音乐特级教师曹晏平老师主持，参加本次研讨活动的有安亭小学、紫荆小学音乐组全体教师，嘉定区小学音乐学科教研员刘婧，上海市特级校长、安亭小学、紫荆小学校长蒋明珠全程参与了本次活动。

【课题交流】

当天活动的主要内容是围绕计划中的研究课题展开过程性研讨。首先，安亭小学结对基地校负责人黄湘程老师围绕“三类核心活动”的内涵、关联以及差异做了详尽的介绍；安亭小学杨麟老师就《教学基本要求》中“掌握单个作品形象性综合表演”的具体要求，分别从低年段、高年段综合性表演课的设计作了交流发言。

【研讨培训】

曹晏平老师从四个方面展开了今天的研讨培训活动。1. 介绍小学音乐学科核心活动设计的总体内容框架，重点解析了活动种类的确定，应基于学习水平的界定和教学内容是否可以整合而定。2. 分享了对三类活动的内涵理解，并提出了这三类活动的本质特征。3. 统一核心学习活动设计文本框架。以具体案例明确了撰写文本的规范性，强调了学法意图的解释与思考。4. 针对“掌握单个作品形象性综合表演”的内容与要求提出了设计活动的建议，并强调活动的设计必须放在一堂课的环境和逻辑下进行。

【感悟总结】

嘉定区教研员刘婧老师要求老师们在研讨结束后继续加强对三类活动的理解并反复内化，同时强调了研究过程中的学术规范性与版权意识性。最后，蒋明珠校长分享了参与今天活动的感想，建议教师在备课过程中要注重学生学习时的切入点，指出教师们要提高教学素养，始终思考如何为学生更好地学习服务的意识。

本次活动在基地校老师们满满的收获中结束，对于三类核心活动有了更深层次的理解。相信基地校的老师们都会在每一次的研讨中提升，在提升中快速成长！

上海市第四期“双名工程”
小学艺术攻关基地“强校工程”常规研讨活动（二）

2019 年 3 月 27 日上午，上海市第四期“双名工程”小学艺术攻关基地“强校工程”第二次常规研讨活动在安亭小学举行。本次活动由基地主持人、上海市音乐特级教师曹晏平老师主持，参加本次研讨活动的有安亭小学、紫荆小学音乐组全体教师，嘉定区小学音乐学科教研员刘婧老师。前来安亭小学交流学习的江西省鹰潭市贵溪市第一小学万和分校的项副校长也旁听了整场研讨活动。

本次活动的主要内容是继续围绕计划中的研究课题展开过程性研讨。首先，曹晏平老师重申了研讨活动的定位，将研讨活动定位为学科研究，主要攻克学科方面的难点问题，并将研究现状性情况进行共享。同时，明确了在今年 5 月 14 号的区域性研讨活动中将正式发布《小学音乐美术基于教学基本要求核心活动设计的实践研究》课题，试图把对于研究课题的思路与想法进行交流，通过活动向大家交流强校工程对接学校对于音乐学科核心活动的基本认识，以及通过研讨活动抛出核心活动课例的活动意图。

接着，安亭小学与紫荆小学的 6 位音乐教师针对上一次培训活动中所布置的研究任务，就教学基本要求中的 4.2.1 内容所预先思考的，针对三类核心活动内容所做的教学设计逐一进行了交流。随后，曹晏平老师抛出了3个问题，让老师们现场思考回答，以此帮助大家理清备课思路，找出音乐活动与作品本体性特征的关联。嘉定区小学音乐学科教研员刘婧老师就每位老师的发言内容进行了点评并做了详细的改进意见指导。

研讨活动的最后，来自贵溪一小万和分校的项校长也谈了她自己参加活动的感触，并希望在今后能与基地建立长期学科交流往来，力求提高当地音乐学科的教学与研究能力。

本次活动在紧张的头脑风暴中结束，老师们也将针对今天的研讨内容进行详细梳理，优化自己的教学设计，让我们共同期待今年 5 月 14 日的展示活动。

研有所思，思有所改，改有所获

最美人间四月天。2019 年 4 月 9 日，上海市第四期“双名工程”小学艺术攻关计划基地的常规研讨活动在青浦区庆华小学如期举行。基地主持人、上海市音乐特级教师曹晏平老师，全体基地学员，强校工程嘉定结对学校代表以及上海市学生美育项目“青浦乡土音乐文化进校园”的项目组成员参加了此次活动。

【展示课】

上午，基地学员陈薇老师的展示课拉开了本次活动的序幕。通过学习音乐要素入手，陈老师带领借班的四（4）班学生围绕新田山歌《哪里来》开展了丰富多样的音乐实践活动，引导学生在把握歌曲风格特点的基础上，感知音乐要素与歌曲表达的情绪情感之间的关系，鼓励孩子们在主动参与与积极体验中抒发对家乡优秀音乐文化的喜爱之情。

【课后点评】

教学展示之后，基地学员葛明莉老师和张莉珉老师作为代表谈了听课后的感受，两位老师均表示收获良多，认为陈老师的课注重学生音乐学科核心能力的培养，用综合的音乐学习形式架构起了整堂课，同时也关注了音乐的本体特征，是一堂非常有特色、有韵味的音乐拓展课。随后陈薇老师简要介绍了本课教学内容就是来自她本人主编的中小学音乐特色教材《绿韵之声——青浦乡土音乐文化》，并向大家交流汇报了她引领的市级美育项目

"青浦乡土音乐文化进校园"。陈老师认为乡土音乐是中华传统民族民间音乐的组成部分，对于艺术教育有着不可替代的作用，因此她带领团队在大量搜集、整理青浦传统音乐文化资料的基础上，精心编写了这套具有浓郁地方特色的音乐教材。对此，基地主持人曹晏平老师谈了两点感受：1. 找准项目，研究深耕不断。找准项目很重要，找到方向才能使自己在学科发展上有一定的特色。2. 植根课堂，体现学科特质。今天陈老师能用课堂教学的方式来呈现她项目研究中过程性的思考是非常难能可贵的。双名工程培养的是高端教师，希望大家都能成为懂研究，善实践，有特色的老师。

【课题研讨】

下午的活动以攻关课题研讨为主。首先曹晏平老师向学员们反馈了基地的攻关课题于 4 月 4 日顺利通过了开题论证，课题的价值和意义也得到了专家团的肯定，学员们备受鼓舞。整个下午，大家就在曹老师的带领下就课题中综合创演活动设计进行了深入学习和研讨，会议室里热烈的讨论不断，思维的火花在一次又一次的碰撞中迸发，灵感的星光在一次又一次的交汇中闪现，真正是研有所思，思有所改，改有所获。

教师的专业成长不是一朝一夕就能成功的，需要我们在实践中不断探索，不断总结，更需要在时间的长河中进行磨炼，基地学员们将借助"双名工程"这个教师专业发展的高地，以攻关课题为目标，立足实践，积极探索，共同发展！

培养音乐素养，落实基本要求，关注学法指导

——上海市第四期“双名工程”小学艺术攻关计划基地区域性专题研讨活动（一）

仲春日丽，天朗气清，惠风和畅，春和景明。2019 年 4 月 17 日上午，上海市第四期“双名工程”小学艺术攻关计划基地携手宝山区教育学院、上海市教育系统“曹晏平音乐教育研究”劳模创新工作室在宝山区江湾中心校成功举办了主题为“培养音乐素养，落实基本要求，关注学法指导”的区域性教学专题研讨活动。

活动由宝山区音乐教研员王霞红主持。上海市教育学会中小学音乐教学专业委员会理事长王月萍，上海市第四期“双名工程”小学艺术攻关计划基地主持人、上海市教育系统劳模创新工作室主持人、音乐特级教师曹晏平，宝山区教育工会主席、小幼教研室副主任沈霞，宝山区教育学院干训部蔡颖慧，江湾中心校校长孙汝红，闵行区小学音乐教研员刘庆江，虹口区小学音乐教研员杨震，浦东新区小学音乐教研员李珍，小学艺术攻关计划基地全体学员以及上海市各区骨干教师代表共计二百余人出席了本次活动。

【校长致辞】

宝山区江湾中心校孙汝红校长代表学校致欢迎辞。她指出江湾中心校的历任领导都非常重视对学生的艺术教育，在长期的办学实践中，形成了合唱、版画两个艺术特色项目。她代表学校

感谢上海市第四期“双名工程”小学艺术攻关计划基地这个平台，让学校有幸能够得到专家的深入指导和帮助，希望专家的指点能让学校的艺术教育在原有基础上得到更大的提升。

【小组唱】

研讨活动正式开始，宝山区音乐教师代表首先为大家带来了一首优美抒情的小组唱《梨花又开放》，声音悦耳如春风拂面，仿佛一股清泉流淌在心里。

【主题解析】

随后，由上海市音乐特级教师、基地主持人曹晏平做活动主题解析。由于是基地第一次区域性研讨活动，因此曹老师简明扼要地解析了三个问题：1.“攻关基地”到底是做什么；2. 为什么我们基地要围绕“培养音乐素养，落实基本要求，关注学法指导”这个主题开展系列研究；3. 为什么第一次研讨选择“歌唱”这一内容。最后曹老师还特别强调本次活动是一个研讨活动，不是展示活动，希望通过这个研讨活动，在学术观点方面能够百花齐放，百家争鸣。

【教学展示】

主题解析之后，宝山区江湾中心校教师安珂和基地学员张丽莲进行片段课教学展示。

安珂执教的是二年级《我的小宝宝》，学生甜美的声音和稚趣的表现给听课者留下了深刻的印象。

张丽莲执教的是五年级《牧童》，在聆听表现、体验实践、合作探究等音乐实践活动中，张老师为我们展现了在基于教学基本要求下的齐唱、轮唱、合唱的教学，出色的课堂把控能力以及学生精彩的演唱能力，得到了与会者的一致好评。

【合唱展演】

教学片段课结束后，张丽莲老师又带领学校“梦想家”合唱团上台为大家带来两首合唱歌曲《启程》和《地球大合唱》，孩子们扎实的唱功和生动的表演赢得了在座来宾的赞许和现场阵阵热情的掌声。

【互动交流】

张丽莲作为基地学员，同时也是一名长期扎根在一线教学的教师，上台从两方面向大家交流了在歌唱教学上的心得体会。第一，课内聚焦活动设计，落实基本要求，培养歌唱乐感与美感；第二，课外关注兴趣培养，致力歌唱能力提升，培育音乐审美素养。

宝山区音乐教研员王霞红老师站在学科教研的角度汇报了自己在工作实践中的研究《基于小学音乐教师需求的五步一单元主题教研活动的探索——小学低年级学生歌唱习惯培养的实践和研究》，报告从研究的背景与内涵、研究的过程、研究的成效与反思三个方面展开。从区域教研角度体现出思路清晰、方法得当、效果显著。

中国合唱协会理事、闵行区音乐家协会主席、闵行区小学音乐教研员刘庆江老师为我们传经送宝。他以自己的教学经验分享了几个教师在歌唱教学中要注意的问题，例如在课前，老师要认真解读作品，同时拿到作品要自己实践，因为老师的示范才是第一位的。还有针对不同年龄段的学生要有不同的教学关注点，一、二年级重点关注节奏，三、四年级重点关注旋律，五、六年级重点关注多声练习，循序渐进，才能取得良好的教育效果。

【领导讲话】

研讨活动接近尾声，宝山区教育学院工会主席、小幼教研室副主任沈霞非常感谢小学艺术攻关计划基地团队来到宝山举行了如此高质量的研讨活动，整整一上午的内容安排得既紧凑又丰富，形式也非常多样。同时她也谈到，教师要对自己的教学进行主动反思，当一个老师有了一个外部的刺激，往往在任务驱动下会去主动反思，寻找专业成长的新需求，这个过程就是研修的过程。希望老师们今后都能改变自己习以为常的教学方式，提高自己的专业能力。

【研讨小结】

活动的最后，基地主持人曹晏平老师进行了简短的活动小结。希望基地学员张丽莲老师在宝山区和江湾中心校这片艺术教育沃土上再创特色新高，同时也希望今天活动中的内容、观点、做法能对广大教师的日常教学起到参考作用，从而促进课堂教学改革的不断深入推进。

立足艺术审美　丰厚人文底蕴

——上海市第四期“双名工程”小学艺术攻关计划基地中原路小学站展示交流活动

“草树知春不久归，百般红紫斗芳菲。”在这样一个美好的时节，上海市第四期“双名工程”小学艺术攻关计划基地的学员们再次如约而至，相聚在杨浦区中原路小学开展常规性课题研讨以及学校特色展示交流活动。上海市音乐特级教师、基地主持人曹晏平，杨浦区艺教委常务主任、少年宫主任、特级校长朱茹洁，杨浦区少年宫副主任吴蕴，杨浦区教育学院小学音乐教研员李莉，杨浦区中原路小学校长钱文静，书记高红，杨浦区各校艺术辅导员，杨浦区上音集团、新优质集群、精准托管对口学校的艺术教师们共同参与了此次活动。活动分为课题研讨、学校艺术特色展示两个部分。

第一部分：基地攻关课题研讨

首先由基地学员、中原路小学的葛民莉老师就其课题负责部分“即兴创造”版块的三类活动设计进行了交流。葛老师认真整理了她所负责版块的学习内容、具体要求以及学习水平，同时设计了一份活动案例，并向大家介绍她对课题的思考以及困惑，基地学员们也进行了热烈的发言与讨论。杨浦区小学音乐教研员李莉老师表示，即兴创造就如《教学基本要求》所描述的是在没有刻意准备的情况下开展的因境而生、因兴而起的创作活动。我们要牢牢抓住因境、因兴这两点，要创设一个意境来激发孩子思维，同时还要给予学生一定的编创方法指导。基地主持人曹晏平老师站在课题引领者的角度首先逐一解答了老师们的困惑，同时为葛老师的活动案例重新梳理了基本思路。经过曹老师的点拨，大家茅塞顿开，找到了新的学习角度与思考方向。

万事开头难，但课题研究的过程本身就是学习的过程，是实践的过程，是攻坚克难的过程，是不断打磨的过程，更是快速成长的过程。

第二部分：学员、学校艺术特色展示

下午的活动在上海市第三期“双名工程”基地学员、杨浦区控江二村分校高级教师熊晓萍的主持下拉开了序幕。中原路小学校长钱文静首先为本次展示活动致辞，她对于莅临本次活动的领导、专家以及上海市第四期“双名工程”基地成员表示欢迎和感谢，并向与会者介绍了中原路小学的艺术特色课程、艺术团队，以及在艺术教育方面取得的成绩、荣誉。

【学员风采】

基地学员葛民莉老师以个人成长为线索，和大家分享交流了学校“立足艺术审美，丰厚人文底蕴”的艺术教育思想和艺术实践过程。特别是学校艺术社团的代表性节目也有机地结合在了葛老师朴实、真挚的交流中，土家族舞蹈《土家欢迎你》，轻音乐《加勒比海盗》《你在我身边》以及综合艺术《永遇乐》，各个都很美妙，各个都很精彩，如同一个缩影让我们领略到中原路小学的校园文化和艺术特色。

【学校特色】

中原路小学同时还诞生了一门极具魅力的特色课程“儿童扎染”。钱校长、高书记作为课程的领衔人也上台做了汇报交流，在办学目标的引领下，学校选择了深受孩子们喜爱的传统手工艺——中国非物质文化遗产“扎染”作为研究的重点。让学生在一折一扎中，一浸一染中，一润一品中学习民族技艺，感悟传统艺术，认同民族文化。在长达十三年的研究中，中原路小学“儿童扎染”这个课程从规范走向了特色。

【专家点评】

专家、领导对此次活动都给予了高度评价。杨浦区小学音乐教研员李莉表示，整场活动让她心潮澎湃，同时也真诚地表达了她的感谢、感动和感悟。

基地主持人曹晏平老师充分肯定了中原路小学艺术团队、非遗项目所取得的骄人成绩，并用三个“精”评价了整场活动：精美的设计、精心的准备、精致的呈现。

【领导讲话】

活动尾声，杨浦区艺教委常务主任、少年宫主任、特级校长朱茹洁做总结发言。她感谢小学艺术攻关计划基地为中原路小学艺术教育展示搭建的平台，同时她也用六个“度”来表达了对于今天活动的感动和感慨：1. 从学校办学愿景感受到了文化共融的达成度。2. 从社团展演看到了课程共创的厚实度。3. 从课题到课堂再到课程群汇报看到了教学共研的开放度。4. 从学校特色的坚持和坚守的历程看到了师资共建的契合度。5. 由一个学校的成果走向整个上海看到了成果共享的认可度。6. 每一次的展演都能看到专家同行对于学校特色投入、特色再建的满意度。最后朱主任用“清静无为，道法自然”八个字与艺术教师共勉，期待每一位艺术教师都能够坚持和坚守着学校艺术特色的发展。

本次活动圆满成功，相信小学艺术攻关计划基地一定能以坚强、坚定的态度，坚持、坚韧的努力，为小学艺术的课程改革推进和学生艺术素养的培养贡献出属于自己团队的智慧和力量。

上海市第四期“双名工程”
小学艺术攻关基地“强校工程”常规研讨活动（三）

2019年4月25日上午，上海市第四期“双名工程”小学艺术攻关基地“强校工程”第三次常规研讨活动在安亭小学举行。本次活动由上海市音乐特级教师、基地主持人曹晏平老师主持，参加本次研讨活动的有安亭小学、紫荆小学音乐组全体教师以及安亭小学、紫荆小学蒋明珠特级校长，艺术分管领导陈海锋老师。

今天活动的主要内容是四位教师围绕上次研讨活动中的备课内容“单个主题形象性综合表演”进行现场试教课。

首先试教的是黄湘程老师，针对表现性活动准备的二年级《洋娃娃和小熊跳舞》，可爱的洋娃娃和小熊们跳起了优美的圆圈舞，在快乐的气氛中举办了一场热闹的音乐会。

第二位试教的是杨麟老师，针对创造性活动准备的五年级《铃儿响叮当》，学生口风琴创编和弦伴奏节奏型加立体造型创编环节较好地体现出了学生的能力素养。

第三位试教的是紫荆小学察丹老师，针对表现性活动准备的三年级《春天的音乐会》，由对唱、舞蹈、朗诵、小乐器伴奏组合在一起的综合表演成为整堂课的一大亮点。

最后试教的是李镜老师，针对创造性活动准备的二年级《彝家娃娃真幸福》，在丰富的音乐活动中感受了彝族音乐文化的魅力。

在试教课结束后，曹晏平老师就每节课进行了关键性的点评与指导。他希望在5月16日的研讨活动中立体呈现课题研究初期的成果，既要涵盖三类活动，体现不同类型活动的特征；又要兼顾低、中、高三个年段，体现学段核心能力培养的阶梯性差异。建议在低年段的表现性活动中教学内容不易太多，要充分考虑学生的学习能力基础；高年段的创造性活动中要更多关注学生能力方面的提升，评价要点也要围绕音乐实践活动和创编要求设计。最终确定了5月16日当天呈现三节研讨课。三位老师也将就曹老师提出的修改意见进行后续完善。

最后，蒋明珠校长和学校艺术分管领导陈海锋老师共同参与商讨并确定了5月16日研讨活动当天的所有细节问题。本次活动，既高效，又高质，让我们共同期待基地“强校工程”的第一次区域大型研讨活动顺利召开！

把握基本要求关注学科德育培育核心素养

——上海市第四期“双名程”小学艺术攻关计划基地浦东新区新时代小学站主题教研展示活动

以学科核心素养为背景的音乐学科德育课程改革对教师自身素养提出了新的要求。音乐学科德育课程改革要提高教学效率，真正落实立德树人的教学任务，就应该以学科核心素养的主要内容为价值引导，通过落实有针对性的改进策略，为学生的德育践行奠定基础。

2019 年 5 月 7 日，在浦东新区新时代小学举行了“把握基本要求，关注学科德育，培育核心素养”浦东新区小学音乐学科德育专场教研展示活动暨上海市第四期“双名工程”小学艺术攻关计划基地浦东新时代小学站主题教研展示活动。活动分为上午专题讲座、下午教学观摩两个部分进行。

1. 专题讲座

上海市音乐特级教师、基地主持人曹晏平老师特别邀请了上海市教育学会中小学音乐教学专业委员会理事长、原上海市音乐教研员王月萍老师为大家带来题为《与时俱进，不断追梦——谈音乐教师的专业发展》的专题讲座。小学艺术攻关计划基地学员、强校工程结对学校代表、静安区小学音乐学科实训室学员、浦东新区新时代小学音乐组老师有幸聆听了这场精彩的讲座。

王老师的讲座干货满满，从音乐课程的由来到发展，课堂教学的有效性和策略指导，再到教师专业发展的进阶和方向，让在座的每一位老师都能找到自己的定位和努力的方向。王老师高屋建瓴的专业学识和兢兢业业的敬业精神感动了每一位聆听者，讲座中整整 79 页精美的 PPT 凝聚着智慧与深厚的学识积淀。不到两小时的讲座思路清晰，内容翔实，字字如春风，句句含真情，让大家深受启发。

2. 教学观摩

下午的教学展示活动由浦东新区小学音乐学科教研员李珍老师主持，浦东各小学音乐教师代表共计 150 余人参加了本次教学观摩活动。

在李老师简洁明了的开场白之后，浦东新区竹园小学的张圆老师首先进行了课题为《哦，十分钟》的歌唱教学展示。在这堂课中，张老师围绕“德育指向”设计了多个环节，在歌曲教学的同时进行“自强合作”的德育渗透，让学生在丰富的音乐实践与表现活动中，感受与同伴合作游戏、快乐学习的校园生活，获得成功的体验，分享合作的喜悦。

基地学员严茵茵老师也在本次教学展示活动上执教了人音版三年级《摇船调》一课，严老师以客家大迁徙为线索展开教学，把教学重点、难点巧妙地融合在客家几次迁徙的介绍中，使学生在追溯客家先民迁徙的足迹中“水到渠成”地学会歌曲。在体验客家民歌情趣的同时让学生认识到客家民歌具有很高的艺术性，它凝集了浓郁的生活气息与厚重的文化底蕴，并且随着客家群体的迁徙，流传到了全国甚至是世界各地，进而激发出学生学习民歌的兴趣。整节课信息量大，构思巧妙，让听课老师印象深刻，耳目一新。

在专家点评环节，上海市音乐特级教师、基地主持人、同时也是参与编撰了《上海市音乐学科民族精神与生命教育指导纲要》《上海市音乐学科德育教学指导意见》《中小学德育课程的课程标准与教材衔接研究》的专家曹晏平老师首先对学科德育谈了两个观点：一从思想认识上要重视学科育德，国家制定的教育政策方针提出要“立德树人”，因此学科育德势在必行。二从行动上要落实学科育德。针对如何在音乐学科教学上落实育德，曹老师给出了两条建议：

1. 从我们音乐教学的内容上面要挖掘育德内涵，我们音乐学科德育目标一共指向六个方面：（1）对祖国和家乡的热爱；（2）对中华民族优秀文化的自信；（3）对世界多元文化的认同；（4）热爱自然与生活；（5）珍爱生命、珍惜友情；（6）要有合作协同的精神和意识。

2. 要用音乐的方式来表现德育内涵，跟音乐本体结合，跟音乐技术结合，使学生通过演唱（奏）表达出感情。

最后作为基地主持人，曹老师对基地学员严茵茵老师的课也给出了十分中肯的评价，并提出了修改意见。相信在导师的引领下，学员们定能把握好教学基本要求，在实践中深入探索，有所突破。

本次活动聚焦学科德育，学科核心素养的培育，是德育课程改革的内在需求，音乐学科德育改革的不断推进，是着眼于学生发展需求的教学改进与提升，从这个意义上说，小学音乐学科育德大有可为，也需要大有作为。

培养音乐素养，落实基本要求，关注学法指导

上海市第四期“双名工程”小学艺术攻关基地“强校工程”展示研讨活动（一）

2019年5月16日，由嘉定区教育奖励基金会支持，上海市第四期“双名工程”小学艺术攻关计划基地、嘉定区教育学院主办，嘉定区安亭小学、马陆小学承办的“培育音乐素养，落实基本要求，关注学法指导——三类学习活动设计的实践研讨”活动在嘉定区安亭小学举行。此次活动也是本基地“强校工程”的第一次区域性教学专题研讨活动。

1. 介绍领导与嘉宾

活动由嘉定区马陆小学音乐老师朱冬芳主持。上海市第四期“双名工程”中学艺术攻关计划基地主持人、上海市音乐特级教师、正高级教师陈璞，上海市第四期“双名工程”小学艺术攻关计划基地主持人、上海市音乐特级教师曹晏平，嘉定区教育局体卫科艺科科长高校亚，嘉定区教育奖励基金会秘书长刘伟红，嘉定区安亭小学校长、嘉定区紫荆小学校长、特级校长蒋明珠，上海市第四期“双名工程”小学艺术攻关计划基地全体成员及课题组全体成员，浦东新区陈璞音乐名师工作室成员，静安区小学音乐实训室成员，嘉定区刘婧音乐名师工作室成员，嘉定区全体小学音乐教师代表出席了本次活动。

2. 致欢迎辞

嘉定区安亭小学蒋明珠校长首先代表学校致欢迎辞。她对于

莅临本次活动的专家、领导以及教师代表表示欢迎和感谢。特别是感谢小学艺术攻关计划基地主持人曹晏平老师能选择安亭小学、马陆小学作为“强校工程”的结对学校，让学校音乐组团队老师的业务能力得以不断提高。同时，蒋校长也借此机会对音乐组的老师们提出了新的希望，她表示，今天只是一个开始，希望老师们抓住“强校工程”这个机会，在三年的时间里，多向曹老师以及在场的专家学习，让我们的孩子能够在音乐的海洋中畅游。也为自己的人生增添不同的色彩，朝着更高的目标，同心协力，开展更深入的研究与实践。

3. 活动主旨解析

随后，基地主持人曹晏平老师作活动主旨解析，介绍今天活动的三个目的：(1)针对课题做三点简要说明,(2)对三类活动的基本特征作了简要概述,(3)依托“强校工程”搭设研讨与交流的平台。

曹老师指出，今天是一个研讨活动，是一个教研活动，更是一次培训活动，通过这样一次活动，不可能解决所有的问题，两所结对校的五位青年教师在课题中先行先试，五个课例也是一个初步尝试，没有定论性的结论，希望能起到抛砖引玉的作用，引起大家对课堂教学实践研究的关注。

最后，曹老师对嘉定区教育学院、嘉定区教育奖励基金会的领导，嘉定区安亭小学、马陆小学两所学校的校长对“强校工程”的支持表示感谢，同时也感谢在外出差的嘉定区小学音乐教研员刘婧老师能全程参与前期所有的研讨指导活动。会后也希望得到专家、同行的指导和指正，以便在今后的课题研究过程中不断改进、提升。

4. 活动设计教学展示

主旨解析之后，安亭小学团队三位教师针对《教学基本要求》中 4.2 综合表演——4.2.1 单个作品形象性综合表演这一学习内容进行活动设计教学展示，马陆小学团队两位教师针对 3.2 演唱——3.2.2 轮唱、3.2.1 齐唱两个学习内容进行活动设计教学片段展示。五位老师所选取的教材版本均为人音版。

第一节活动片段课是由黄湘程执教的二年级《洋娃娃和小熊跳舞》，活动种类为表现性活动。黄老师在学生已有的唱、奏、单人舞能力的基础上，引导其与伙伴合作双人舞表现，最终用三种方式综合演绎歌曲，表现歌曲欢快活泼的情绪及洋娃娃和小熊快乐唱歌、亲密跳舞的情景，培养学生音乐乐感与美感的表现能力和合作演绎能力。

第二节片段课由察丹执教的三年级《春天举行音乐会》，活动种类为表现性活动。察老师充分发挥学生个人、集体的音乐技能和特长，运用诗朗诵、对唱、小乐器演奏模拟声响等形式，师生合作共同演绎一场“春天的音乐会”，丰富学生音乐表现经历，提升学生音乐表现能力。

第三节片段课由杨麟执教的五年级《铃儿响叮当》，活动种类为创造性活动。课堂中，学生们充分发挥已有能力，每个小组在组长的带领下，自主创编伴奏音型、造型、律动，结合歌唱、小乐器，与伙伴合作表现音乐情境，综合演绎歌曲，提高自身音乐创作能力和合作演绎能力。学生们扎实的口风琴吹奏基础和创编能力，得到了在场老师们的肯定与好评。同时，杨老师也发挥其电子琴弹奏、口风琴吹奏的技能，高质量地服务于课堂，提升综合演绎效果。

第四节片段课是由谢莺萝执教的三年级《美丽的黄昏》，活动种类为体验性活动。学生通过齐唱歌曲、聆听范唱、师生合作演唱的方式，循序渐进地理解轮唱间隔次序演唱、旋律相同等特点，并借助钢琴与科尔文手势的辅助，体验轮唱的音响效果。学生扎实的歌唱能力给在场的老师们留下了深刻的印象。

第五节片段课是由张楠执教的五年级《牧场上的家》，活动种类为表现性活动。张老师充分运用精彩的钢琴演奏能力，引导学生通过聆听钢琴旋律的强弱变化，深度感知乐句的情感抒发；课堂中小动画的观看，更是让学生视听结合地融入音乐中，为最终的演唱奠定了良好的基础。

5. 专家点评

上海市第四期“双名工程”高中艺术攻关计划基地主持人、上海市音乐特级教师、正高级教师陈璞就本次活动进行了精彩点评。

首先，陈老师谈了三个收获：自身和其团队老师收获了对小学音乐教学的理解，五个班级学生收获了站上舞台的勇气，五位开课老师收获了开课经验。在十几分钟的时间里，将音乐三类学习活动起承转合，教学精华、理解融合，一层层解析，合理呈现，很不容易。

其次，陈老师表示，曹晏平老师的研究根植于课堂教学，而老师的立足之本就是在课堂，做一辈子老师，也是学做一辈子老师，曹老师一直秉持着作为一名老师的初心，值得敬佩。

最后，陈老师基于三类活动的内涵规律、教学基本要求等，对在场的老师们提出了几点希望。

6. 领导讲话

活动的最后，嘉定区教育局体卫科艺科科长高校亚作领导讲话。高科长用感谢、感怀、难忘三个关键词，结合自身三个身份，分享感悟和寄语。

高科长受教育局朱芳副局长的委托，代表区教育局对出席今天活动的领导、专家、老师表示欢迎，也对曹晏平、陈璞两位音乐特级教师对嘉定艺术教育的支持和关爱表示感谢，同时代表嘉定区教育局对曹晏平老师团队与安亭小学、马陆小学合作开展的“强校工程”计划和攻关基地课题研究项目表示肯定与支持。

高科长指出，教师的专业成长不是一朝一夕可以成功的，需要在长期的实践中不断探索、不断磨炼，把握机遇，立足实际，积极探索，以坚强坚定的态度、坚持坚韧的努力，为小学艺术课程改革的推进和学生艺术素养的培养贡献出属于自己的智慧和力量。最后，预祝名师工程攻关项目和强校工程取得丰富的成果！

本次活动的圆满成功，体现了小学艺术攻关计划基地课题思想力、设计力、执行力和评价力的高度合一，也为今后基地课题相关研究提供了经验，指明了方向。

攻关，我们一直在路上……

——上海市第四期“双名工程”小学艺术攻关计划基地徐汇区汇师小学站展示交流活动

暮春倏忽，一晃已是初夏时节，草木经历了暖风润雨，郁郁葱葱、苍苍翠翠地舒展开来。五月，与春别离，与夏邂逅。勤奋的小学艺术攻关基地的学员们在这充满希望的美好五月，不忘初心，牢记“核心素养”，在落实教学基本要求，关注学法指导的课题研究之路上，学习、研讨、磨炼、成长……

2019 年 5 月 21 日，上海市第四期“双名工程”小学艺术攻关计划基地的学员们，齐聚徐汇区百年老校汇师小学开展常规性课题研讨以及学校特色展示交流活动。上海市音乐特级教师、基地主持人曹晏平，徐汇区汇师小学校长、特级校长宓莹，城乡互助项目——金山亭林小学音乐教师们以及兄弟学校教师代表共同参与了此次活动。活动分为三个议程：上午课堂观摩、艺术团队展示，下午课题研讨。

1. 课堂观摩

上午的活动由汇师小学音乐教师徐芸主持。徐汇区汇师小学校长、特级校长宓莹代表学校致欢迎辞。她首先介绍了汇师小学的发展和现状，充分肯定音乐教研组为学校的教学、社团等工作作出的贡献和取得的成绩，特别对团队中的青年教师寄予厚望。希望通过此次基地活动能让汇师小学艺术团队中的年轻教师和职初教师在业务能力、教育理念、工作方法上得到在座专家们的指导和帮助。

在宓校长热情洋溢的致辞之后，基地学员、汇师小学张莉珉老师进行了课题为《村晚》的歌唱教学展示。在张老师的课堂上，发声与歌唱气息的练习以及歌唱方法和技能的指导已形成一种常态化。一方面，张老师引导学生通过对歌曲的感知与体验，理解歌曲特点，领会歌曲表达的思想感情，培育和发展学生的音乐审美感知与文化理解素养；另一方面，张老师对歌唱方法的指导，对歌曲演唱的处理以及对歌曲表演的重视，都体现出了对学生音乐综合能力培养的高度关注。

2. 艺术团队展演

观摩课后，学校艺术团队在礼堂进行了展演，汇师小学的合唱团、舞蹈团、手风琴队、京剧社团依次闪亮登场，为现场的专家和老师们献上了一场精彩纷呈的文化大餐，也展现了汇师小学的音乐团队在工作上取得的丰硕成果。

基地学员陈薇老师在上午的活动议程结束后评价说：汇师小学为我们呈现了一场高品质的团队展演，这个“品”字有三个口组成，今天的活动真正是应验了这个“品”字。第一个口是汇师“名校”，脱口而出；第二个口是艺教“硕果”，交口称赞；第三个“口”是百年“底蕴”，有口皆碑。这三个“口”聚成“品”，汇师小学当之无愧。基地学员葛民莉、张丽莲两位老师也对汇师小学艺术团队展演活动给予了高度评价，称赞整场活动让大家用耳朵“看”到了音乐。

上海市音乐特级教师、基地主持人曹晏平老师用了三个“高”来评价上午的活动：（1）学校领导高度重视，汇师小学的音乐老师在学校中既有作为又有地位。(2)名优教师高位引领，张莉珉老师在汇师小学音乐团队中的影响是积极而正向的。(3)特色团队高端发展，汇师小学的口碑有一部分是需要靠学校艺术团队支撑的。最后曹老师对张莉珉老师的展示课也给予了肯定评价，同时谈了三点想法：(1)学科教学研究聚焦了音乐核心能力的培养；(2)歌唱教学实践凸显了有效的方法和策略；(3)课堂教学成效体现了基本要求的落实。

3. 课题研讨

下午，学员们首先一起聆听了基地学员张莉珉老师的个人项目汇报。张老师谈到在项目研究中，她要求自己从一名普通的教师向引领者转型。以身作则，主动前行，走在研究的前沿，并积极在项目组中深入教学指导，阐述观点，传输导师的思想。同时她又从教师向培养者转型，做一名“不小气的师傅”，时时为青年教师着想，积极为她们搭建平台。规范的研究流程，严谨的研究态度，努力寻求项目突破点，让她不知不觉中从教师向管理者转型。

接着，张莉珉老师团队中的青年教师胡君瑜向大家介绍了她们团队所负责课题版块中关于“了解京剧等中国地方戏曲”的一个活动设计。精心的设计获得了大家的一致肯定，但同时也引发了一些争论，特别是针对版块内容是否有交叉重叠，设计是否符合学生学习规律，学员们都积极踊跃地提出了自己的想法，大家在思维碰撞中汲取养分，不断地收获与成长。

基地主持人曹晏平老师肯定了汇师小学团队关于这一活动内容的设计与研究，认为她们活动设计的介绍、内容的选择、环节的架构都非常用心且能有效落实教学基本要求，同时也谈了三个特点：(1)体验性活动特征明确，没有偏差。(2)教材内容的选择为基本要求落实服务即可。“感受与欣赏”中要求用歌曲作为教学内容未尝不可。(3)活动设计板块清晰，意图明了。第一块视听觉领先；第二块动觉切入；第三块体验性表演跟进。最后曹老师提出了一条建议：本活动的评价标准不要聚焦到表演的基本要求上，而是要聚焦到知识点落实的基本要求上，这才符合体验性活动特点。

曹老师开玩笑说，每次课题研讨对他来说就像是一次次考试，面对大家的困惑，他也一直在思考。课题研究的过程是曲折的，结果可能还不尽如人意，但是全体基地成员都坚信这是正确的方向。相信在大家的共同努力下，攻关道路一定会攻无不克，为学科课程改革提供来自一线的经验与做法，这也是第四期“双名工程”攻关计划的初衷！

攻关，我们一直在路上……

上海市第四期“双名工程”小学艺术攻关计划基地“强校工程”学期总结会议

2019 年 6 月 12 日上午，上海市第四期“双名工程”小学艺术攻关计划基地“强校工程”学期总结会议在马陆小学举行。

本次活动由基地主持人、上海市音乐特级教师曹晏平老师主持，参加本次研讨活动的有马陆小学音乐组全体教师，安亭小学“强校工程”负责教师黄湘程。

会议伊始，曹晏平老师首先对马陆小学、安亭小学两所学校的校长、负责老师对整个学期“强校工程”活动的支持和付出表示感谢。接着，会议分三项议程：

一、本学期研讨课专题反馈

首先，各位老师对 5 月 16 日举行的“三类学习活动设计的实践研讨活动”中自己执教的课进行了反思。

接着，曹老师对大家的反思给予了认可，强调要把握好每节活动课类型的特点。例如：体验性活动不能变成表现性活动，公开展示的研讨课要按照既定的环节预设进行教学，达到目标即可。

最后，曹老师表示，马陆小学、安亭小学两所学校将三类学习活动的课题先行先试，整体效果和反响很好，很不容易，希望大家也能再接再厉。这些课例也将作为基地课题研究成果第一批进行拍摄，希望各位老师在拍摄前做好充分准备。

二、下学期工作推进计划讨论

首先，曹老师就“强校工程”需要完成的工作做了简单介绍：1. 两所学校各有一位老师全程跟随“双名”基地学习。2. 强校对接校跟随基地开展课题研究。3. 基地帮助两所学校在学科特色方面形成成果，帮助老师提升学科教育教学能力。

接着，大家对下学期的研讨计划进行了讨论，每位老师结合自身想法和教学特色，最终确定针对《教学基本要求》中 3.4 律动、4.1 歌表演两个版块进行推进。同时，曹老师就“律动”和“歌表演”两种表现形式做了简单的阐释，帮助老师们在设计活动时目标更加清晰。

最后，曹老师就下学期“强校工程”第二次研讨活动的安排进行了初步梳理，希望各位老师预先做好充分的思考和准备。

三、学习感悟与体会交流

黄湘程和朱冬芳作为两校“强校工程”的负责老师，表示能跟随“双名”基地参与每一次的活动，十分幸运。每一次的研讨，整个教研组都得到了曹老师悉心的指导和帮助，教学能力得到了锻炼和提升。在接下来的学习中，也会继续努力，收获更多进步。

马陆小学的三位青年教师谢茑萝、黄佳丽、顾静凡表示，通过学习，开阔了眼界，学到很多前沿的理念，教学也有了锻炼的平台。黄佳丽非常感谢整个教研组，非常享受一起切磋、共同进步的学习氛围。

本次总结会议，老师们对本学期的工作有了详细的梳理反思，也对下学期的工作有了更明确的目标和方向，相信大家在每一次的研讨、学习中能不断成长，突破新的自我！

不忘初心，再出发！

——记新学期第一次联合活动

清秋如歌，充满了希望和收获的味道。在刚刚过去的教师节里，老师们收到了来自四面八方的祝福期愿，也感受到了职业赋予的荣耀担当。带着这份期愿和担当，在最美开学季9月的第三周，上海市第四期“双名工程”小学艺术攻关计划基地和静安区小学音乐实训室的学员们怀揣着对新学期的希冀，葆有着对教学的热情，迈着追随导师专业成长的坚定步伐，于2019年9月17日上午8：30齐聚上海市静安区蕃瓜弄小学。小学艺术攻关基地研修之旅第二季由此拉开帷幕。

【回顾积淀　收获满满】

上海市音乐特级教师、两个基地主持人曹晏平老师带着我们对上学期的研修活动做了简要总结。内容充实，形式多样，有理论的指导，有实践的探索；有导师的用心付出，有学员的辛勤耕耘；有小组的团队合作，更有个人的努力进取。

学员通过每次的研修活动都收获颇丰。“一年好景君须记，最是橙黄橘绿时。”秋天是属于每一个人的，只要不言放弃，总有收获的一天。上学期受中国教师研修网邀请，小学艺术攻关计划基地顺利圆满地完成了浦东新区小学音乐学科“1+5”的培训工作，在此次基地新学期工作会议上基地主持人为参与培训课程开发与实施的学员颁发了证书。

【不忘初心　规划前行】

加入小学艺术攻关基地，源于学员对教学的追求，对自身专业成长的期待。曹老师明确了本学期的培训内容并进行了简要解读，重点对基地课题推进工作以及本学期展示与研讨活动的细节和学员们做了商讨。最后基地学员们就各自课题负责部分简单汇报了推进过程与进度。有着导师的引领，又有阶段工作目标的具体规划，相信我们一定会在原有的课题研究基础上，向着目标踏实前行。

【专家引领　再攀新高】

在新学期基地第一次工作计划会议后，举行了四个基地和一所学校的联合培训活动。由上海市第四期“双名工程”中学艺术攻关计划基地主持人、上海市音乐特级教师、正高级教师陈璞老师为我们做了题为《用教育科研为教师专业成长插上腾飞的“翅膀”》的专题讲座。上海市第四期“双名工程”中学艺术攻关计划基地、浦东新区音乐名师基地的学员以及蕃瓜弄小学的全体青年教师共同聆听了此次讲座。

当前不少中小学艺术教师对教科研本身存在一些认识上的偏差与误解，主动参与教科研的意愿不足。同时参与教科研的功利色彩浓厚，主要是为了评职称、岗位聘任等制度，而非真正热爱教科研。也有部分老师认为教科研就是搞搞总结，写写经验，做做反思等，因此在开展教育科学研究的时候，有些选题过于宏大，有些追求当下教育热点而忽视学校实际问题，有些不了解已有的研究成果，研究重复化、简单化，水平不高，研究过程不规范。如此种种现象，不仅弱化了教科研本身的价值，也桎梏了中小学艺术教师参与教科研的热情。陈璞老师的讲座犹如一场“及时雨”，为大家指明了方向。他的讲座有理论的追根溯源，有实践的探索思考，对于我们中小学艺术教师非常具有指导意义。两个多小时的讲座，内容翔实，干货多多，可以说提升了艺术教师对于教科研的认识和理念，也为我们理清了如何进行教科研的步骤和总体框架。最后陈老师用三句话总结勉励大家：1. 找到初心，不忘初心；2. 敢于承担、勇于尝试；3. 胜于课堂，成于研究。文章是写出来的，但更是做出来的，我们的教学实践才是教科研的源泉。

讲座在轻松的气氛中结束，大家带着导师的殷切希望以及专家的指导与帮助，收获满满。在新学期，全体小学艺术攻关基地的学员们必将更加努力，不忘初心，再出发！

促交流，聚方向，共成长

——上海市第四期“双名工程”小学艺术攻关计划基地、静安区小学音乐实训室徐汇区汇师小学站课题研讨活动

“我和我的祖国，一刻也不能分割……”浸润着初秋的微凉，沐浴着和煦的阳光，在举国共庆中华人民共和国成立70周年之际，上海市第四期“双名工程”小学艺术攻关基地这些充满活力和热情的学员们于2019年10月8日齐聚一堂，一同来到徐汇区汇师小学，开展课题研讨活动。强校工程结对学校代表、静安区小学音乐学科实训室学员、基地课题组学校代表、汇师小学音乐组教师也共同参与了本次研讨。活动分为上午专题讲座，下午课题试教两个部分进行。

【专家讲座　开拓思路】

上海的音乐课程改革近些年来取得了较大的成效，与此同时也存在着一些需要研究和解决的问题。因此，在思考如何解决这些问题的同时，寻找如何加强音乐教育自身建设的途径，已成为摆在我们上海音乐教育工作者面前的一个具有重要现实意义的课题。此次活动，上海市音乐特级教师、两个基地主持人曹晏平老师特别邀请了华东师范大学音乐学院音教系主任、博士姜旼副教授为大家作了题为《他山之石——中美中小学音乐课程与教学特征比较：案例与探讨》专题讲座。希望学员们对当前的音乐教育改革多一点自己的思考。

通过姜教授的讲座，我们了解到中美两国在中小学音乐教学课程上的内容标准存在着差异。美国的音乐教学领域以学段为划分依据，每一大类均有内容标准和成就标准组成。其中，内容标准规定了学科教学内容，成就标准规定了学生所应达到的水平，而九至十二年级的成就标准中又分了普通和专业两种水平，根据不同水平进入相应艺术团队持续学习。

同时，美国的音乐课程尤其强调生活性。它以“学生的学习在做中学（learning by doing）为原则”，关注的是“我们的儿童必须知道和能够做什么”，明显地把学习与生活挂钩，而不是简单地处于让学生学会和了解音乐的层次。艺术教育最终追求的还是人们能在生活中发现美和享受美，这种音乐艺术生活化应该是我们音乐教育工作者尤其需要关注的内容之一。

此外，美国中小学音乐教育还提倡学生能够用独特的图形或符号体系来记载音乐思想。这样的理念说明了一个道理：教育像生活一样是没有定势的，不要过于符号化、绝对化。五线谱虽然经过千年的发展已经比较完善，但不一定适合低年龄段的学生，填鸭式地让孩子记住音符名称、音名、时值等，反而会限制孩子思维能力的发展。学生可以用线段的长短、起伏，甚至是色彩来记录他们听到的音乐，这些独特的图形或者符号或许不完善，但它是最生活化，最新颖，也是最适合孩子理解的。

两个小时的讲座，在不知不觉中过去了，讲座的终点其实就是我们思考和实践的起点。感谢姜教授的莅临指导，为我们带来了国外的音乐教育理念，开阔了大家的眼界，拓宽了大家的思维。相信此时此刻的学员们虽然在安静聆听，但是在思想的碰撞中，早已擦出了激烈的火花。

【课堂似玉　如琢如磨】

下午的课题研讨活动由汇师小学两位年轻音乐教师的试教课拉开帷幕，这两节试教课也代表着小学艺术攻关基地的课题研究开始进入了课堂实践探索阶段。

首先进行试教的是胡君瑜老师执教的人音版四年级《甘洒热血写春秋》，对标《教学基本要求》中1.2音乐体裁与风格——1.2.3了解京剧等中国地方戏曲这一学习内容，活动种类是体验性活动。胡老师设计了丰富多样的体验活动，让学生初步了解了京剧生行各角色的区别，感受人物在舞台上呈现的京剧韵味，培养学生对京剧艺术的兴趣。

第二节课是由潘璐老师执教的人音版四年级《村晚》，对标《教学基本要求》中3.2演唱——3.2.3合唱这一教学内容，活动种类是表现性活动。潘老师在聆听、情景想象、感受活动、音乐游戏、综合表演等音乐活动中帮助学生理解歌曲情感、表现歌曲意境，指导学生学会演唱歌曲第二声部旋律，并能够合作演唱歌曲合唱部分，抒发了对农村晚景的赞赏，唱出了对富有生活情趣的农村景象的赞美。

两节试教课各有亮点，但也各有不足之处。进入研讨磨课阶段，基地主持人曹晏平老师组织大家一起参与、研讨，发表各自的观点与看法。大家共同磨课、交流，从教学基本要求的活动内容分析到活动目标的落实，从活动的精心安排到问题的有效设计，从教学素材的选取到课件的精巧构思，严格追求课堂每一分钟的实效；从教学语言的精当设计到教具学具的适当使用，从充足的有效预设到精彩的动态生成，力求精致打磨课堂的每一个细节。

活动最后，曹老师对大家提出了一点希望，他说这个基地课题是否能高质量的按时完成？这些课例是否能给一线老师起到启发作用？他的压力也非常大，希望大家齐心协力，各自负责的部分尽量多思考、多研究，有问题主动沟通。由于时间有限，且过得很快，他最大的心愿是：希望每一次的集体研讨能够效率最大化，让参与研究的老师们也能少走弯路，提升成功感。

我们坚信在这样反复的备课、试教；反思、修改、再试教……进步的不仅是某一个执教老师，我们整个团队都会不断成长。课堂如璞玉，如磨如琢，也必将磨砺出最光彩的一面。

聚焦"音乐创作"推进"攻关课题"

——上海市第四期"双名工程"小学艺术攻关基地青浦站课题研讨活动

"天水清相入，秋冬气始交。"还没来得及去欣赏秋天最美的景色，还未来得及细品秋天的馥郁丰盈，就已到了立冬，早晚也略添了些许寒意。2019年11月9日，节气已行至立冬，但上海市第四期"双名工程"小学艺术攻关计划基地学员们对课题研究的热情依旧如暖阳高照，足以融化那丝丝寒意。今天课题研讨的内容是由基地学员陈薇老师负责的"音乐创作"版块，我们一同来到青浦区毓秀学校，开展了一次聚焦课堂实践的研讨活动。上海市音乐特级教师、基地主持人曹晏平，强校工程学校代表以及青浦区中小学音乐教师学科研修基地"青年教师培训计划"部分学员共同参与了此次活动。

【课例展示　展现风采】

首先，青浦区毓秀学校的王贝贝老师以模拟执教的形式向大家呈现了人音版三年级第一学期第三课《噢！苏珊娜》一课中有关"运用固定音高乐器编配伴奏"的活动设计。王老师用富有亲和力的语言、活泼生动的歌唱律动，让学生感知乐句间的呼吸以及乐句情绪的起伏变化，从而为歌曲编配固定节奏音型做好准备。接着通过引导学生观察、探究老师示范的节奏音型，在理解音乐形象的基础上，分组为歌曲创编一种适合歌曲情绪且易于演奏的伴奏。这样层层递进的探究性学习，培养了学生综合考虑问题的习惯和基于自身条件进行音乐表现的能力，逐步提升了学生编配伴奏的能力。

接着，青浦区凤溪小学的吕德晓老师借班执教人音版四年级第二学期第七课《山谷静悄悄》一课中有关“旋律填空”的活动片段。吕老师教态自然，语言精练，层次分明，体现了良好的专业素养。他在学生学会演唱歌曲的基础上，给予学生适当引导，让学生为歌曲进行旋律填空，并能富有表现力地演唱创编后的歌曲。在创编活动中鼓励学生大胆实践，获得音乐创作的成就感和学习音乐的乐趣。

【互动交流　突破瓶颈】

“学而不思则罔，思而不学则殆。”用掌声送别精彩表现的毓秀学校的孩子们后，基地学员、强校工程代表、青浦区中小学音乐学科研修基地教师代表分别发表了听课后的所思、所想、所悟。

葛民莉老师提出在旋律填空时是否可以多一些节奏上的变化以丰富歌曲的表现力。严茵茵老师首先肯定了两位老师在文本撰写上面的规范，同时对两位老师在如何准确表述音乐专业知识方面提出了自己的想法。张莉珉老师则强调了在旋律创编时不仅要传授学生创编的方法，同时创作也要融入歌曲情境中，因为我们的创作最终还是为了体现歌曲的意境美。张丽莲老师也认同要在一定的情境创设中进行创编，同时在歌唱教学方面她希望老师要给予学生发声方法的指导，哪怕是在师生交流对话时，老师也要带着嘴形圆圆的感觉说话，这样才能潜移默化地让学生了解歌唱时应有的状态。强校工程的代表黄湘程老师以及朱冬芳老师都提到了两位执教老师对于旋律创编的定义表述要更加清晰明了一些。青浦区音乐教师代表谈到了两堂课例中有一些教学细节问题的处理可以更具艺术性，并绘声绘色地做起了示范，给予了两位执教者一定的启发。

【导师点评　启迪智慧】

一个好的活动，离不开执教教师的精心设计，更离不开专家的点拨。最后上海市音乐特级教师、基地主持人曹晏平老师对本次磨课研讨活动做了点评总结。

曹老师首先谈到音乐创作为什么会在我们实际的音乐课堂教学中成为一个难点问题，实际的现状是平时的音乐课堂教学中我们老师一般不时常指导学生进行音乐创作活动，特别是旋律创作类活动。但音乐创作作为音乐学习的三大领域之一，对于“编创与创作能力”的培养具有不可替代的价值和意义。接着曹老师就什么是“用固定音高乐器伴奏”和“旋律创作”作了概念上的阐述，指导老师们理解这两项学习内容的具体要求究竟是什么。最后曹老师就两个课堂实例分别谈了各自的亮点，以及需要改进的地方，也给予了具体的指导意见，特别是对活动环节进行了调整和梳理。

扎根课堂实践的课题研究才是有价值的研究，聚焦教学难点的课题研究才是教师真正需要的。操千曲而后晓声，观千剑而后识器。一次充满思辨的研讨，让我们汲取到音乐创作的清澈源泉；一个充满深度的解读，让我们拨开迷雾，见到清晰的方向。

一年好景橘黄时，砥志研思行致远

——上海市第四期“双名工程”小学艺术攻关基地杨浦站课题研讨活动

2019 年 11 月 12 日上午，正值“初冬天气暖，小似立春时”。在这充满温情的初冬时节，上海市第四期“双名工程”小学艺术攻关计划基地的学员们非常荣幸地受邀来到静安区中山北路小学参与了主题为“坚持依托打击乐项目，努力培养审美素养”的上海市教育系统“音乐教育研究”劳模创新工作室、静安区小学音乐学科实训室联合研讨活动。

在课程改革不断深入推进的今天，站在区域角度，如何依托打击乐项目，有效提高课堂教学质量，从而全面提升教师及学生的学科核心素养。工作室主持人、上海市音乐特级教师曹晏平老师带领他的学员们几番思考与探索，又在实践中验证其有效性后，向与会嘉宾展示了工作室成长的点滴与精彩。能参与这样一次高规格、高质量的研讨活动对我们小学艺术攻关计划基地的学员们来说受益匪浅。我们感受到的是一次教育情怀的熏染，一次教学深度的研讨，一次思想火花的碰撞。特别是对于上海市“音乐教育研究”劳模创新工作室、静安区小学音乐学科实训室主持人曹老师在区域青年教师的培养，以及区域学校艺术特色打造中作出的贡献更是感到由衷的佩服。他以提高音乐教师的学科核心素养为前提，以教师学科核心素养的提升带动学生学科核心素养整体水平的提升为落脚点，真真正正地在做一名实实在在的艺术传播者。

上午活动结束后，这位辛勤的艺术传播者又马不停蹄地带领我们基地学员们赶往杨浦区中原路小学参加基于《教学基本要求》三类活动设计的实践与研究活动。本次课题研究的内容是由基地学员葛民莉老师负责的“音乐创作”版块，杨浦区二师附小教育集团、“新优质”中原路小学集群校、精准对接项目学校的音乐老师也一同参与了下午的研讨活动，同时杨浦区教师进修学院小学音乐教研员李莉老师的莅临指导，也让这场研讨活动的区域辐射性得到了提高。

首先登场为我们展示的是杨浦区二联小学韩沁欢老师执教的人音版四年级第二学期第八课《小纸船的梦》片段，她的活动设计对标《教学基本要求》中 5.2 即兴创编——5.2.3 学会即兴伴奏这一学习内容，活动种类是创造性活动。韩老师以“追梦”为主线，引导学生根据情境创编节奏，为歌曲进行即兴伴奏，她让学生通过联想、探索、感受、体验等学习方法，学会运用不同的力度或节奏型表现大海风平浪静和疾风骤雨的情景。在活动中，培养了学生即兴伴奏、互相合作和自主探索等能力，并且从中了解要不怕困难，努力让梦想变成现实的道理。韩老师虽然是一名新教师，但是思路清晰，步骤明确，整堂课亮点颇多。

接着，杨浦区中原路小学的李娅老师为我们带来的是人音版五年级第二学期第二课《北京喜讯到边寨》的片段，她的活动设计对标《教学基本要求》中 5.2 即兴创编——5.2.4 学会即兴表演这一学习内容，活动种类是创造性活动。李老师引导学生在欣赏音乐作品的过程中，根据音乐情绪、情景与形象特点开展即兴表演。让学生运用以往所学舞步、新学彝族舞蹈动作，理解、赏别乐曲表现的彝族音乐文化特点，开展即兴音乐编创、表演活动，最后在学生欢腾热烈的舞蹈中结束课堂片段教学。

评课环节是每次课题研讨活动的重头戏。首先是基地学员们畅所欲言，有指出值得借鉴学习的，也有提出需要有更高要求去落实的，中肯的话语值得老师们共同思考。专家的引领是我们成长道路上的明灯，此次活动有幸邀请到杨浦区小学音乐教研员李莉老师为两节课做精彩点评，她首先肯定了两位老师教学上的进步之处，同时希望年轻老师们能沉下心来，吃透教材作品，理清教学脉络。要想让学生做到即兴创编，老师的活动设计首先要有创造性，然后引领学生如何开展即兴创编，要在有效的教学时间内开展有效的教学行为。

活动最后，上海市音乐特级教师、基地主持人曹晏平老师对本次研讨活动做点评总结。曹老师提出，“音乐创作”被定为义务教育音乐课程的一个学习领域，是我国基础音乐教育适应时代要求的历史性进步。音乐学习有助于发展创新精神，培养创造能力，已得到普遍认同。然而，与歌唱、欣赏等传统领域相比，老师们对创作这个领域的教学方法还普遍存在困惑，实际教学中还“用得不多”，面对创作教学现状，如何选择、设计创作活动，如何运用合适的学法有效开展创作活动就是我们基地课题研究需要解决的问题之一。今天两节课主要针对的是“音乐创作”中的即兴创编，必须体现两个关键点：即兴性和探索性。老师不必太拘泥于形式和结果，将重点放在引导学生主动探究的经历与过程，激发学生的创编意识与兴趣。

道阻且长，不行不至。上午的活动延展了我们视野的高度，下午的活动引领着我们寻到行走的方向。我们坚信“教而不研浅且滞，研而不教空且竭”。朴实的研究需要付出巨大的努力，今天一整天的活动也将成为小学艺术攻关计划基地学员成长的有效策动。

上海市第四期“双名工程”小学艺术攻关基地“强校工程”常规研讨活动（四）

2019年11月28日，上海市第四期“双名工程”小学艺术攻关基地“强校工程”第四次常规研讨活动在安亭小学举行。参加此次活动的有基地主持人、上海市音乐特级教师曹晏平，安亭小学音乐组全体教师，紫荆小学教研组长察丹。

一、课例展示研讨

首先，安亭小学黄湘程老师和紫荆小学察丹老师分别执教活动片段《洋娃娃和小熊跳舞》《春天举行音乐会》，两个课例在今年5月16日举行的“培养音乐素养，落实基本要求，关注学法指导——三类学习活动设计的实践研讨（一）”活动中进行过展示，也将在本学期末进行拍摄，本次试教研讨主要就师生的音乐技能与状态进行把关，以保证拍课质量。

随后，曹晏平老师进行了点评，对学生的唱奏技能、教师的执教状态提出了要求，希望接下来加强实践指导，时刻保持良好的课堂状态与氛围。同时，曹老师就具体拍摄的准备工作进行详细的布置，以确保拍摄的顺利进行。

二、教研团队建设

安亭小学作为强校工程的结对校，整个音乐教研组在曹晏平老师的指导下不断学习与提升。在今天研讨活动的后半程，安亭小学音乐组五名老师向曹老师就目前教研组与个人情况进行了详细的交流。

组内五位老师分别梳理了各自目前在学科发展中的现状与需求，黄湘程老师就教研组目前开展的校本学习资源的实施情况作了详细介绍，并提出了几点困惑。

随后，曹老师针对大家交流中所提出的困难与困惑逐一进行了解答，并为每位教师理清了中长期个人发展思路，设计了结合教师专业特点的成长路径。他强调，要找准自身在学科教学中的定位，结合个人所长，并以此为依托，形成自己的教学特色。在教研团队建设中，曹老师指出，教研团队能力提升的重要途径是要抓好阵地建设，聚焦日常教学。因此，要提高课堂教学能力，提高实效，形成教研机制，增加每学期教研课次数，让组内老师都能互相了解、取长补短、不断提升。

最后，曹老师就下学期将要开展的研讨活动进行了相关任务的布置，同时表示，将进一步跟进组内老师的课堂教学与教研组建设情况，帮助老师们快速成长。

本次研讨活动在老师们满满的收获中结束。教育这条路很长、很远，我们相信，有了专家的引领和指导，我们定能越走越好！

云端研究同聚力　共克时艰亦从容

——记上海市第四期“双名工程”小学艺术攻关基地线上研讨系列活动（一）

题记：“莫道春寒尚料峭，危中有机天地宽。”综观地球的历史，是多么严酷艰难，地震、火山、海啸、洪水、大旱……哪天哪日，不是充满了接连不断的横祸天灾？再纵览人类进化史，从类人猿直立行走以来，豺狼、虎豹、瘟疫、疾病、战争……又有哪时哪刻，不是潜伏着难以预料的艰难凶险？人世间没有直路可走，等待在我们面前的是逆行中的坚守。

“山川异域，风月同天”；“岂曰无衣，与子同裳”。2020年的开端，一场没有硝烟的疫情悄然而至，新型冠状病毒呈集中式爆发，从武汉市蔓延至湖北省，到后来全国各地开始发现病例，不久就肆虐了整个中国，全国拉响疫情防控阻击战。突如其来的疫情，一度给经济社会发展按下“暂停键”，也阻隔了我们此时本应该相聚在美丽和谐校园的脚步。但是病毒虽然阻挡了我们面对面，却无法阻挡热爱学习的人前进的脚步。上海市音乐特级教师、基地主持人曹晏平老师在疫情期间认真筹划准备，于2020年3月14日按下了小学艺术攻关基地研修之旅第三季的重启键，让课题研究不因阻隔而停滞，不因宅家而止步。

【面临困难　策略调整】

重启之旅伊始，基地主持人曹晏平老师简单介绍了当前疫情的发展态势，强调了当前形势下，要统一思想，统一部署，疫情防控、课题研究两手抓，要认清形势，树立大局意识，主动作为，积极有为，共克时艰。

面临困难：1. 受疫情影响开学推迟，培训时间缩减。2. 本学期所有的基地培训活动目前全部受阻。3. 基地课题研究进度严重受阻。

策略调整：1. 在学校日常工作恢复正常前改为线上培训为主，分为基地群、分组群。2. 本学期主要以文本研究为主（书、活动设计），视具体情况决定本学期是否继续拍摄。

【闭关修炼　反思改进】

面对疫情，我们足不出户，大家都停下了匆忙的脚步，那么对于课题研究来说，这段特殊时期的平静时光是不是让我们拥有了更多深度思考的时间与空间？特殊时期，线上研讨，这是一次新的尝试，更是一次推动。疫情当前，学校延迟开学，对于基地学员来说，这就是一个寻找问题、反思改进、闭关修炼的最佳时期。

基地主持人曹老师交给了学员们三个问题：1. 三类活动是否必须明确划分？文本中如何体现？ 2. 如何理解“三类核心活动”的特征？ 3. 学法指导究竟如何表述比较规范？带着这些问题，研修已成为基地学员们居家工作生活的“新常态”，我们一起在平静中积蓄力量，静待春来。

【分组研讨　稳步推进】

自 3 月 14 日至今，基地各分组群都展开了线上文本研讨，主持人曹晏平老师共计参加了 18 次分组视频研讨会议，在各组的研讨活动中，大家就各自负责的课题版块的活动设计意图进行了讨论。在研讨过程中，所有课题组成员积极发言，各抒己见，从低、中、高段学情出发，拟定出基于《上海市小学音乐学科教学基本要求》下各模块的活动设计，同时就文本设计中出现的问题深入分析。曹老师对每个组的文本设计都提出了修改意见，同时对研究进程有了更为细致的安排，使每位课题组成员对课题研究的思路更加清晰，方向更加明确，对未来的实践和探索也更加有信心。

在习近平总书记重要讲话指引下，莫道春寒尚料峭，危中有机天地宽。危机，危机，危中有机，人生难得，当我们能在特殊时期积蓄成长的力量，就不会因为短暂的暂停而妨碍我们成为新的先进。

不一样的研究形式，让基地成员们更能静下心来，优化学期课题研究计划，进一步完善研究方案，重视课题研究的每一个阶段和具体研究过程。也让学员们在科研路上勤耕厚积，不断学习，提升自己的研究能力。线上研讨，让时光因思考和交流变得丰盈，让研究如一列开往春天的列车，收获一路烂漫春花。

最是一年春好处，线上研讨绽芬芳
——上海市第四期“双名工程”小学艺术攻关计划基地“强校工程”网络“云教研”

写在前面：

一段特殊的时光，不期而遇。任凭疫情肆虐，仍不能阻隔，小学艺术攻关计划基地“强校工程”全体成员笃定的初心，胸怀大爱的情怀。共同见证抽枝拔节的成长，意义更具深远。

2020 年 3 月 20 日、4 月 2 日，上海市第四期“双名工程”小学艺术攻关基地“强校工程”网络“云教研”活动在钉钉举行。全体成员在基地主持人、上海市音乐特级教师曹晏平老师的组织下，于线上就课题研究展开了热烈的互动式研讨。

一、第一次网络“云教研”：聚焦课题关键问题指导，明确研究新思路

3 月 20 日上午，第一次教研活动的主要内容是继续围绕计划中的研究课题开展过程性研讨。

首先，六位老师分别针对《上海市小学音乐学科教学基本要求》中律动和歌表演两个模块，就前期准备的教学设计逐一进行交流。接着，曹晏平老师详细地阐释了歌表演、综合表演、律动三个模块内容的不同概念定义，帮助大家理清思路，找准方向。他强调，在做教学设计之前一定要正确理解、精准把握各模块所

指向的内容与要求，最终的活动设计要直指教学基本要求是否达到，切勿互相混淆和过分放大活动所要达成的教学目标。同时，曹老师对如何做好学法提炼、如何更加规范表述作了进一步指导，并帮助大家根据自身教学特长重新确定了所要研究与实践的内容与具体要求。

最后，曹老师布置了下一次教研的内容：已确定文本设计思路与基本教学环节的教师，从活动创意、学法提炼等方面，按试教要求着手思考与准备；其余教师针对本次教研内容，结合自己所设计的活动，从作品选取、主要活动环节、学法指导意图与学法提炼等方面作进一步修改与完善。

二、第二次网络“云教研”：变单向输入为多向互动，探索教研新形式

4 月 2 日上午，第二次教研活动的主要内容是针对修改后的文本继续开展研讨。

首先，五位教师分别就《上海市小学音乐学科教学基本要求》中律动、歌表演和综合表演三个模块，对已修改的活动设计进行交流。随后，曹老师针对每个活动设计与老师们展开一系列交流，并作细致的指导。在交流指导的过程中，除了文本的研讨，谢茑萝与黄佳丽两位老师还透过屏幕现场进行律动、歌表演动作的展示，大家共同从动作与学生年龄段的适切度以及与音乐特征的关联度等方面提出了完善建议。

最后，曹老师对文本格式的规范性又作了进一步说明，并布置了下一阶段的准备工作：①完善教学设计，将教学环节详细化；②做好相应课件制作等准备工作，待正式开学后进入课堂实践环节。

三、收获和感悟

“春至花如锦，夏近叶成帷。”走过春的料峭寒冷，走过春的绿草如茵，走过春的繁花似锦。“强校工程”网络视频研讨活动如火如荼地开展着，每位老师在一次次的精准指导中受益良多。相信在基地主持人的引领下我们一定会在夏的艳阳高照里光彩夺目！

同心聚力线上学　共克时艰线下见

——记上海市第四期“双名工程”小学艺术攻关基地线上研讨系列活动（二）

题记：追梦的春天辛勤耕耘、砥砺前行，纵然生命之途山重水复、风雨兼程，我们同心聚力，做最美的践行者：期盼生活明媚晴好，征途柳暗花明！

四月尽，阴霾散；五月至，凯歌奏。五月轻盈的脚步已至，满目皆景，唯有勤行，不负春光。为了促进上海市第四期“双名工程”小学艺术攻关计划基地课题组成员之间的研究交流，进一步梳理基地课题中期阶段的研究工作，在基地学员们居家办公期间，上海市音乐特级教师、基地主持人曹晏平老师依然不忘记通过线上平台稳步推进基地的课题研究工作，于2020年5月2日下午组织全体学员进行了线上课题培训研讨，静安区小学音乐学科实训室的学员们也参加了此次线上活动。

首先，基地主持人曹晏平老师就课题的研究进程进行了简单介绍。在经过将近一年半时间的研究之后，我们的课题已经积累了一定的研究素材，解决了一些实际问题，当然也遇到一些困难。接下去即将迎来中期汇报，不言而喻，课题中期汇报实际上就是课题研究行进中的“驿站”，也是学员们成长的较佳阶段，当大家能静下心来不断反思的时候，就会有新的收获，也会促进新的成长，进而达到课题研究的一定境界。曹老师着重布置了下一阶段需要完成的任务，他希望课题组成员克服困难，主动深化课题研究力度，注重原始材料的积累，丰富课题研究成果，加强对课题的完善工作，确保下半年课题中期汇报的顺利通过。曹晏平老师的总结为课题的深入研究指明了方向，对完善下一阶段课题研究工作具有重要的指导意义。

与此同时，曹老师还特别指出，作为"双名基地"的学员，我们的任务不仅仅只是聚焦在课题研究上，在课题研究之外也要做到勤于笔耕、潜心提炼，特别是对于学科目前存在的一些导向性或实效性问题，要有自己的认识、理解、思考和见地。既要认认真真参与课题，也要写好文章；既要勤于思考，也要善于表达；既要埋头拉车，也要抬头望路。他表示，接下去将在基地微信公众号上推送系列短文，主题是上海音乐学科导向性（时效性）问题的思考与探讨。他要求基地每位学员要贴近教学，贴近现实，从自己的实际出发，由点及面地写出高质量的具有时效性、针对性的短文供基地公众号选择推送，更好地帮助广大教师树立正确的教育观、学科观和教学观。

随后，曹老师就第四期"双名工程"成果孵化的申报内容征询了学员们的意见，他强调成果孵化申报机会难得，希望学员们积极申报。他也愿意运用个人的影响力及基地、区域和社会多方优质资源，为大家搭建成果辐射平台。学员们备受鼓舞，能够有这样一位具有学科影响力和话语权，有着让人敬佩的人格魅力的导师引领我们共同进步，是我们的幸运。

活动最后一个议程是有关基地课题后续推进工作，先由每位学员简要汇报了近期课题研究近况。比如四、五年级的活动设计有几个；近期的研究情况；下一步推进思考。然后布置了基地总体推进安排：(1)美术学科5月底安排研讨，时间、地点由张芸语老师确认后告知，两位美术学员做好研讨准备。(2)音乐学科中活动设计思路还未确定的请在5月18日前与导师确定研讨时间。(3)四、五年级的活动设计先进入课堂实践环节，做好试教准备，何时正式试教视疫情情况而定。

多少事，从来急；天地转，光阴迫。一万年太久，只争朝夕。课题研究的征程还在继续，基地学员探索的脚步未曾停歇，每一份坚守，每一份付出，都汇成了小学艺术攻关计划基地前进的磅礴力量。春天已经到来，让我们不负春光，在基地中成长，遇见更好的自己！

研训相融探索音乐学科线上教研方式

——上海市第四期“双名工程”小学艺术攻关计划基地云培训启示

停课不停学，停教不停研。
纵山高水长，
思考与行动也真实发生，
我们的专业成长一直在路上。

当新冠疫情蔓延的那一刻，时光化为静止，喧嚣变成沉默。在这场没有硝烟的战“疫”面前，上海市第四期“双名工程”小学艺术攻关基地全体学员在基地主持人曹晏平老师的带领下停课不停学，停教不停研。第一时间开启了“云端”研训之旅，构建了以“教研＋培训”引领、“新资源＋新实践”探索的研训模式，不但确保了基地课题研究计划的顺利推进，更大范围提升了基地学员教研的效率和水平。曹老师把此次疫情居家期间开展线上教研的具体做法以及启示执笔成文，发表在了《现代教学》2020 年 6A 刊物上，供广大教师同仁参考。

【学科会议，培训引领】定期通过视频会议、文档推送等形式对线上学习情况进行梳理、小结，推广典型做法，商讨问题解决策略。同时开发了“互联网＋音乐”教师培训课程，旨在培养教师利用信息技术解决问题或优化音乐教学的方式，通过软件介绍以及基于技术与课堂深度融合的案例，提高教师信息技术与课堂教学融合的教学活动设计能力，提升教师的信息技术应用能力，增强基于教学目标的教学应用等信息技术手段的选择能力，以及教学资源、技术、知识等的整合、运用能力。

【提供资源，拓展视野】集中录制的空中课堂，主要以问题引领的方式贯穿音乐学习全过程，以单向输入的方式，给学生提供了基于教材和基本要求标准的保底类学习资源。由于是没有学生参与的网络环境授课，音乐学习最为重要的即时互动特征不强。鉴于以上问题，曹老师通过云端教研的方式，为学生提供可以选择的学材，用以对现有线上统一教学资源进行有效补充，使学生的音乐学习兴趣更浓厚，音乐文化视野更开阔，这成为线上教研的又一重要内容。

【入群听课，把脉纠偏】基地学员根据课题负责板块组建小群，依据课题研究视角，思考所有活动的教学内容指向和活动种类分配，各群按活动设计思路进行互动式说课。基地主持人曹老师逐一给予线上指导，做到有听必有评，有评必有改。应该这么说，基地的任何一项工作有布置必有检查，有检查必有反馈，有反馈必有跟进。爱在细微处，严在当严时。他的这种认真务实的工作作风，影响着基地的每一个人。

抗疫大军中有一支低调的队伍，那就是上海市第四期“双名工程”各个基地和基地主持人！我们只是这支大军中的一个细胞。大家都积极探索、勇于创新，以全新的课堂模式、多元的研训场域、丰富的实践活动，为老师的乐教善研、智慧成长架梯铺路，为学生的快乐学习、健康成长保驾护航。既成过往，皆为序章。当此次疫情过去的时候，也是我们教学革新的开始，道阻且长，行则将至！

悟教师成长之道 品艺术美育之心

——上海市第四期“双名工程”艺术攻关计划基地联合活动

【编者按】

流年匆匆，还未来得及赏遍秋日的层林尽染、万木霜天的静美时光，我们马上就要迎来初冬的寒意。耳边没有了秋蝉的喧闹声，秋色的无限美好正在华丽转身，也许这是为了更好地孕育明天的梦想和希望。

秋暮露成霜，凝结美好时。新时代美育的热潮吹进了每一位艺术教师的心里，让我们温暖而期待。2020 年 11 月 3 日，上海市第四期“双名工程”（李逊芳、陈璞、曹晏平）艺术攻关计划基地联合活动在上海市现代音乐职业学校举行。活动主题为贯彻落实中央《关于全面加强和改进新时代学校美育工作的意见》，加强优秀艺术教师的辐射和引领力，探索“学科核心素养”背景下的艺术教育新姿态。上海市教委教研室音乐教研员、特级教师席恒，上海市育人中学校长史炯华等领导专家出席了本次活动。同时，来自三个市攻关计划基地的学员以及上海市“音乐教育研究”劳模创新工作室、浦东新区音乐名师基地、川中教育集团音乐名师工作室、静安区小学音乐学科实训室、杨浦区“艺术云”劳模创新工作室、杨浦区音乐名师工作室近 100 位教师共同参与了本次活动。活动分为主题讲座、参观校园、学术沙龙和学员论坛四个部分。

活动的上半场由上海市音乐特级教师、正高级教师、上海市现代音乐职业学校党支部书记李逊芳主持并讲话。

主题讲座：《小课堂　大梦想》

且听且悟，与世间美好环环相扣

上海市音乐特级教师、上海市静安区蕃瓜弄小学党支部书记兼副校长曹晏平老师以《小课堂 大梦想》为题，回顾了他的成长之路。曹老师旁征博引，并用翔实、生动的教育教学事例，从准确的职业定位和价值取向；不断设定更高的奋斗目标；克服缺点，不为失败找借口；善于自省；克服嫉妒之心，参与良性竞争；敢于改变、突破与创新；树立强烈的责任感；学会与人合作八个方面，生动地向我们阐述了他的为师之道、师者情怀。渊博的学识、风趣幽默的语言、独特的视角、接地气的教学案例，诠释了一个优秀教师专业成长意蕴。平实近人的分享交流，字字句句闪烁着教育的真谛，敲击着在场每一位教师的心灵，让我们领略了新时代优秀美育教师的进取、高效、创新、奉献的品质和踏实、扎实、务实的作风。讲座最后，曹老师用了这样一段话与老师们共勉：小小的课堂其实是一名教师实现教育梦想的主阵地，你的人生价值体现在你的一堂堂课中，你的人生梦想需要用一段段多彩的经历来实现。一个教师有多大的视野，学生就有多大的世界，让我们立足课堂、超越课堂，探索耕耘、共同成长！

参观校园：最“炫酷”的现代音乐学校

国际水准　国内领先　上海一流

聆听完曹老师的成长之道之后，我们又听取了李逊芳老师关于上海市现代音乐职业学校的办学经历和特色。她首先强调学校的办学定位：国际水准、国内领先、上海一流。作为一名从上海市重点中学走出来的音乐特级教师，投身这样一所如此高标准的专业音乐职校，挑战史无前例！她没有退缩，迎难而上，带领学校老师们聚精会神抓教育，一心一意谋发展。李书记的介绍涉及了课程设置、教学管理、教师队伍建设、与高校艺术教育专业的对接等核心内容。这套规划管理体系，体现了作为全国唯一一所以现代流行音乐为特色的公办中等专业学校的风貌，也充分体现了严格管理、规范管理、科学管理，创新管理的理念与举措。

午餐过后，老师们饶有兴趣地参观了音职的校园建设，深入各有特色且高科技的教学场所，如键盘、爵士鼓、吉他，数字音乐制作等专业课教室，直观地了解学生学习环境。特别是参观到新建完工的15000平方米的实训大楼时，那些高科技的教学实践设施、设备真是令人大开眼界。国际一流水准的综合录音棚、混音编辑制作室、学生琴房、形体排练厅等。一路参观，老师们的惊叹声也是此起彼伏。

学术沙龙：

《乡韵E+艺——信息技术助力乡村学校本土艺术文化探究》

智慧路上 你我同行

联合活动的下半场，首先进行的是学术沙龙《乡韵E+艺——信息技术助力乡村学校本土艺术文化探究》。由上海市育人中学校长史炯华主持。来自李逊芳艺术攻关基地的五位学员：青浦区崧泽学校的张全权、浦东新区绿川学校的王仁华、奉贤区头桥中学的龚仁元、嘉定区华江中学的周思羽以及金山区吕港中学的吴慧老师共同讲述了如何在导师李逊芳的带领下，围绕基地总课题《信息技术助力乡村学校艺术教育发展的实践研究》开展子课题研究，着力突破乡村学校艺术教育的瓶颈，积极探索信息技术助力艺术教育的多种途径和方法，以乡村本土文化艺术的特色资源为核心，信息技术为抓手，整合信息资源在课堂教学、活动设计、网络平台、校园品牌等方面实践，探究凸显乡村特色艺术育人实践模式的心得体会。

基地学员论坛：《音乐教师的核心素养与能力》

所有惊喜的未来，都有一个努力耕耘的当下

如果说学术沙龙是一次满满收获的深度学习，那么接下来的基地学员论坛则是一场诗意的心灵之旅。而这趟旅程的主持人正是“诗意栖居在音乐教育大地上”的上海市音乐特级教师、正高级教师、上海市川沙中学教师发展中心主任陈璞老师。他指出：在核心素养理论培育的时代背景下，我们的音乐教育教学也进入了核心素养时代。既然未来的教育需要研究学生的核心素养，那么作为教师，我们是否也需要提升自身的素养和能力。因此，他希望能让学员们以亲身所历、所想来，讲一讲关于音乐教师的素养与能力那些事。

第一个上台交流的是来自曹晏平攻关基地的陈薇老师，她在此次 2020 年上海市特级教师评审中喜获殊荣。陈老师以《你的坚持 终将美好》为题，结合自己成长路上的几个小故事，总结出了一个优秀音乐教师必备的品格就是“坚持”，她三十载躬耕课堂，引领学生在音乐课堂教学中“激趣、享乐、寻美”，在乡土音乐传承中“知美、会美、爱美”。

第二个发言的是同样来自曹晏平攻关基地的葛民莉老师。葛老师是杨浦区小学音乐学科名教师，她以《追寻“美”的教育——以自我发展为例浅议音乐教师核心素养》为题，提炼出了她在追寻“美”的教育精彩过程中的四点体会：不忘“美”的教育情怀；提升“美”的专业技能；凝练“美”的文化课堂；积淀“美”的再创空间。她说所有的获得背后不是一天、一年、一个月，而是长期的执着和各种积累。同时，她也感谢给她搭建平台的专家和同伴，让她这个实实在在“做”出来的美育教师有了属于她的舞台。

第三个发言的是来自陈璞攻关基地的王莹老师。王莹老师是上海市控江中学行进管乐团指挥。她分享的主题是《在音乐社团工作中与学生一起成长》，她说素养就是在长期训练和时间中所获得的修习涵养，而作为一名音乐教师，更要具备学科专业、课程开发、社团组织等各种核心素养的能力。民乐出身的王莹老师所带领的控江行进管乐团成立于2008年，乐团从默默无闻到誉满神州，乃至走出国门走向世界，和数个国家地区的乐团进行过交流演出；国内演出比赛更是获奖无数……她说：“从事行进管乐的十多年来，我深深感受到自身的进步也会无形中带动整个乐团的发展和提升。”

第四个发言的是来自陈璞攻关基地的吴卫老师。吴卫老师是浦东新区中学音乐学科带头人，她以《东风正劲待扬帆 守住初心再起航》为题向大家分享了她的工作点滴，总结出了优秀美育教师成长的三点启示：在学习历练中夯实教育基本功；在大胆的实践中提升艺术教育水平；在深度反思中提升教学研究能力。吴老师说：“教师的核心素养就在于每一次教学的精心设计，每一次教研后的深度反思，每一次实践活动的精心打磨。正是因为这些看似不起眼的每一次，日积月累必将成为助力我们专业成长的精神家园。”

第五个发言的是来自陈璞攻关基地的刘婧老师。几个月前刘老师的身份还是嘉定区教育学院干训部主任、小学音乐教研员，如今，她在嘉定区戬浜学校副校长的新岗位上发光发热。刘老师以《伴随教育改革的步伐动态生长》为题，跟老师们分享了三点感触：顺应音乐教育发展规律，积极应对教学要求（外部环境）的动态变化；对应学生发展核心素养，坚守教师素养（内部环境）的不变根基；立足自身专业发展实际，踏实推动成长生态（内外交互）的持续优化。刘老师建议每一位音乐老师都要多听、多看、多思、多悟，更要多行动。用自己的动态生长来成就音乐教育生涯当中的一个个美好。

本次论坛最后一个发言的是来自曹晏平攻关基地的张莉珉老师，张老师也是2020年新晋的上海市特级教师。她以《项目研究成就你我他》为题，和各位老师分享了她从一名普通教师成功转型成为引领者的三个关键态度：严谨的科学态度；精准扶“贫”的专研态度；发现问题的思考态度。张老师说：“有限的人生看无限的风景。这风景有的是在教学中学生给予我们的，有的是在研究中同伴给予我们的，其实无限风景是可以互相给予的。时代在前行，教育在前行。我虽然已经人到中年，但是我的初心仍在。我愿继续深入音乐教育教学的研究与实践，育德融通，喻美育人，追求着自己的音乐教育的理想。”

陈璞老师对每一位学员的发言都进行了即兴的点评。一人一串脚印，各有各的精彩，六位基地学员的成长经历充满了奋斗和激情，真实感人。虽没有高深的教育理论，却让大家看到了教育的真实发生，教育者该有的模样。

活动点评：《一枝独秀不是春 百花齐放春满园》

往来多名师　谈笑皆学问

最后，上海市音乐教研员、特级教师席恒对本次活动给予了高度评价。席老师首先表达了对三位基地主持人的感谢和仰慕，感谢三位基地主持人邀请他来参加这次高水准的论坛。李逊芳老师的一身正气，智慧知性；陈璞老师的一身儒气，超然洒脱；曹晏平老师的一身锐气，奋斗进取。正是这样的三位导师才能集合出我们音乐学科强大的凝聚力和向心力，也希望他们更多地参与到学科建设工作当中来，给教研室提供强大的支持。第二个要表达的是对学员们的敬仰和佩服，今天登台发言的老师虽说着最接地气的“普通”话，但是没有一位老师走的是“寻常”路，每一位老师，每一个团队都有精到的理念、扎实的实践和深刻的感悟。我们的教育教学就是要在感性中坚守理性的光辉，在理性中不失感性的激情。最后，他和老师分享了自己所理解的“核心素养”，他认为素养的构成不仅仅是关键能力和必备品格，还有一个正确的价值观念，要坚持立德树人。我们要明确“为谁培养”、“培养什么人”和“怎样培养”。因此必备品格就包含了以下三点：坚守师德观念——学高为师，身正为范；确立教育理念——以人为本，甘为人梯；明确职业操守——岗位立功，坚守初心。关键能力也是三句话：理性的课程视野：不断埋头耕地，时常抬头看天。精湛的教学技术：规范之下求创新，朴素之中见真效。超然的教育艺术：要确立学生视角以及永葆激情——以激情点燃激情，以理智克制激情。最后，席老师提出教育最高级的艺术就是如水般随物赋形，教育从来不是改造，教育一定是唤起，教育是为了让每一位学生成为更好的自己！

本次活动内容丰富，
会场气氛热烈，
基地联合培训取得圆满成功。

有匪君子，如切如磋，如琢如磨。专家以及名师们不遗余力地将其理论知识与经验所得，以鲜活生动的阐述呈现在老师们眼前，就如同钻石一个个的切面，璀璨耀眼，熠熠生辉，照亮老师们攀登的征程。我们将不停探索，努力践行，坚信我们跨出的每一步都会在学生的心灵中轻轻回响！

静安小学音乐实训室研修掠影

心有所向，可期未来

——静安区教育系统小学音乐实训室正式启动

为帮助教师深入研究学科教学规律，增强反思意识，提高实践研究能力，2019 年 4 月 24 日下午，在上海市静安区蕃瓜弄小学举行了静安区教育系统小学音乐实训室的启动仪式。本次启动仪式由实训室主持人、上海市音乐特级教师曹晏平老师主持，六名实训室学员老师参与了此次启动仪式。

曹老师首先向学员们阐述了实训室的宗旨：形成学科学习与研究的共同体，促成共同成长，达成“成人 + 成事”的目标。接着，曹老师从实训室主要的研究学习项目、主要的学习形式以及学员考核形式和内容三个方面介绍了实训室总体工作要求。期间，曹老师向大家重点解读了实训室的攻关课题《小学音乐学科基于〈教学基本要求〉核心活动设计的实践研究》。曹老师指出，目前广大教师更多关注的是一整节课的设计，对于指向学习要求和学习水平达成的核心活动缺乏系统的学习和思考。此次的攻关课题将对标小学音乐《教学基本要求》具体的学习领域要求及学习水平分类设计相对应的核心活动，引导老师在课堂教学中设计丰富多样的学习活动，精准地落实核心学习要求。同时为一线老师提供日常教学可参考的实践经验和有效范例，促进学科核心能力培养有效落地。

此次启动仪式上，六名来自不同学校的学员老师进行了热情洋溢的自我介绍。其中三名90后学员教师，他们年轻又富有活力，自信又充满干劲；三名80后学员教师，他们持重踏实，虚心进取。在轻松愉快的氛围中，大家彼此沟通，互相了解。

最后，曹老师向大家布置了这一学年的工作安排，主要包含五个方面：(一)“名师基地”学员校访学；(二)主题讲座；(三)教学研讨与展示活动；(四)实训活动；(五)学员课堂教学交流与诊断。一学年的计划安排得丰富又充实，相信学员们通过这一学年的学习一定会收获满满。

本次启动仪式在轻松愉快的氛围中落下了帷幕，大家确立了学习的方向，也感受到了未来发展的广阔前景，我们大家有一个共同的信念：“心有所向，可期未来”！

梦在前方，路在脚下

——静安区小学音乐实训室课堂教学诊断活动(一)

沐浴着初秋和煦的阳光，静安区小学音乐实训室的所有学员们满怀期待地开启了新学期的学习之旅。为了加强学员之间的了解，促进年轻教师的专业成长，提高课堂教学水平，本学期学员们将在实训室主持人、上海市音乐特级教师曹晏平老师的带领下，开展三次课堂教学诊断活动。这三次活动为学员们创设了一个展示自我、锻炼自我的平台，帮助他们能尽快提高教育教学专业技能。

2019 年 9 月 26 日下午，我们迎来了实训室第一次课堂教学诊断活动。承担本次教学展示的是两位年轻教师：来自大宁国际小学的吴雯婧老师和来自闸北实验小学的沈雯怡老师。担任此次课堂诊断点评专家的是实训室主持人曹晏平老师和普陀区资深音乐教研员娄思蓓老师。

吴雯婧老师此次执教的是二年级第一单元《同唱一首歌》。吴老师的课堂灵动而又活泼。学生在器乐合奏体验、舞步表现与情景表演等音乐活动中，体验了歌曲三拍子的节拍韵律。在学习交替步这一环节中，吴老师为学生们创设了“海边踏浪”的情境，学生们念着儿歌，跟随教师的脚步，带动身体的韵律，表现出了柔美优雅的姿态。

沈雯怡老师执教的课题是二年级第一学期第三单元的歌唱课

《在欢乐的节日里》。沈老师的课规范而又扎实。本节课沈老师通过旋律模唱、歌词朗读的方式让学生学会演唱歌曲，以欢乐为抓手，以简单的动作和乐器伴奏让学生来感受体验节日热闹的氛围，表现歌曲欢快活泼的情绪。

课后两位老师分别对自己的课进行了说课与反思，总结了本节课的得失。随后，普陀区音乐教研员娄思蓓老师对两位老师的课进行了点评。娄老师首先对两位青年教师的投入表示了赞赏，她认为这两节课都凸显了唱游课听觉先导、动觉切入、视频辅助的特征；课堂上体验性活动与表现型活动充分，教师能带领学生在活动中习得音乐知识与技能，同时课堂上注重了生生互动和学生示范，教师做到了适时的评价；学生的表现力在教师设计的活动中得到了提高。随后，娄老师对实训室所有学员提出了“五字”要求：“学”“恒”“练”“思”“改”。娄老师希望青年教师不断学习，在获得一定成绩之后，保持住一颗恒心，牢牢扎根在课堂教学中，加强自身专业技能与课堂用语的练习，反思每堂课的得失，及时改进自己的教学方式和教学理念。

如果说娄老师的点评是为学员们指明了音乐课堂教学的大方向，那么曹老师的点评则是从课堂教学的细节入手，精准地提出了教学中的问题。曹老师首先提出了课堂教学需要关注的三个方面：1. 清晰地知道你要“教什么”，“为什么这么教”，要让学生在习得音乐知识的过程中，向善尚美，形成正确的人生价值观。2. 学会“怎么教”，课堂上要多运用好的教学方法，教学方法和策略的运用对课堂教学的成败起到了决定作用。3. 理解“教到什么程度”，教师应该根据学情和课堂的实际情况进行预设。随后，曹老师针对这两节课，分别给两位学员提出了教学诊断的意见：

首先，教师要思考，在课堂教学规范扎实的基础上，哪些教学环节需要创新。其次，教师需重视学生在学习某种音乐技能时的基本规范，重视对学生乐感的培养。最后，教师要在课堂实践中挖掘音乐学科的育人功能，让音乐学科对培养学生的核心素养发挥应有的作用。

活动最后，曹老师对实训室下阶段的工作做了详尽的规划与安排。此次的课堂教学诊断活动给我们学员们带来了启发与鼓励。音乐学科，不仅仅是教孩子们唱唱歌、跳跳舞、打打节奏、唱唱谱，它对孩子们的情感引领、兴趣培养、想象力的开发、创造力的提升等关键素养的形成有着重要的促进作用。梦在前方，路在脚下，只要我们用真心去播撒，用耐心去引导，用恒心去守护，我们就会收获到最好的回报。

在教学中磨砺，在磨砺中成长

——静安区小学音乐实训室课堂教学诊断活动（二）

金秋送爽，雾轻云淡。2019年10月15日，静安区小学音乐实训室迎来了第二期课堂教学诊断活动。承担此次教学展示的是来自和田路小学的林育骢老师和来自静安区第三中心小学的汪竞依老师。担任此次课堂诊断点评专家的是实训室主持人、上海市音乐特级教师曹晏平老师和另一位上海市著名音乐特级教师部方老师。

本次活动由林育骢老师执教的五年级《太阳——熟透的苹果》一课拉开序幕。这首作品是本学期五年级音乐教材新选用的一首学唱歌曲。歌曲旋律中运用了大量的变音记号，从而形成强烈、鲜明的旋律特点，表现出少年儿童快乐阳光的个性和善于幻想的特征，整首歌曲充满动感和活泼的气息。在教学过程中，林老师通过多种教学手段让学生们充分体会歌曲的情绪，感受歌曲中的断连对比、强弱对比。通过自身专业的示范，让学生直观地感受了变化音的音色特点以及在歌曲表现中的作用。学生们在音乐活动中理解歌曲情感，表现出歌曲的意境。

第二节是由汪竞依老师执教的三年级欣赏课《阿细跳月》。本节课汪老师从作品呈现的音乐要素入手，紧扣作品所蕴含的情感因素来设计教学活动，学生在情境中品味民族风；在听唱演的音乐活动中感受表现民族风；创编在活动中再现民族风。整节课，听觉感受贯穿于教学的始终，动觉体验伴随着作品欣赏，使得学生能借助于肢体语言将内心的感受与外部行动相统一，体验到节拍的韵律，并由浅入深地理解音乐作品。

课后，音乐特级教师郜方老师对这两节课进行了深入专业的点评。首先郜老师认为这两节课都还原了真实的课堂，展现了学生从“不会”到“会”的过程。教师能够在教学过程中一步步化解教学的难点，课堂教学与培养学生的基本素养紧密结合。随后郜老师向两位老师提出了几点教学建议：1. 教师在课堂上的提问要注重引发学生的高阶思维，把问题设在重点处、关键处和疑难处，把学生的学习由接受信息的过程转化成独立思考、解释疑难的过程。2. 教学活动都应在音乐中进行，培养学生语言的音乐性、动作的音乐性以及课堂活动的音乐性。3. 树立“学生为本”的理念，教师需要提供学生自主学习的机会和条件，还学生的主观能动性于课堂上，唤起学生“自学、求知”的意识。

接着，曹晏平老师对实训室全体学员提出了三点建议与要求：1. 教师要树立正确的教学观：教方法重于教内容；学生长久持续的学习兴趣和意愿的发展重于无限的知识积累和技能的堆积。2. 树立正确的课程观：以学科核心素养为导向，引导学生在“知音、识曲”的过程中“向善、尚美、明理、树德”。因此，片面的“教材观”要不得；“单一的”目标导向要不得。3. 树立正确的职业观：教师要聚焦课堂，钻研教学，不断提升自己的研究、反思与规划能力。

活动最后，曹老师就 11 月 12 日音乐实训室将要开展的“坚持依托打击乐项目，努力培养审美素养”的研讨论坛活动进行了流程介绍与任务安排，每位学员都明确了自己所承担的任务，并积极做好准备工作。

这次的课堂诊断活动，让学员们对今后的教学实践有了更具体的想法与做法。教学需要循序渐进地坚持，我们在教学中磨砺，在磨砺中成长，让我们一起静静聆听花开最美的乐音。

坚持依托打击乐项目，努力培养审美素养

——上海市教育系统“音乐教育研究”劳模创新工作室、静安区小学音乐学科实训室联合研讨活动

2019年11月12日上午，由上海市教育系统“音乐教育研究”劳模创新工作室与我们静安区小学音乐学科实训室联合主办的“坚持依托打击乐项目，努力培养审美素养”的展示研讨活动在中山北路小学如期举行。

一、介绍领导与嘉宾

莅临本次展示研讨活动现场领导与嘉宾有：静安区总工会基层工作部部长袁洁伟；上海市中小学音乐教学专委会理事长王月萍；两位静安区教育工会副主席李擎、陈静；静安区教育局人事科长胡伟敏；静安区小教二总支书记曹琼；静安区青年教师联谊会会长万翰杰；静安区中山北路小学校长阙奋；静安区蕃瓜弄小学校长杨珏；静安区蕃瓜弄小学书记高小鸿；“曹晏平音乐教育研究”劳模创新工作室全体成员；第四期上海市“双名工程”小学艺术攻关计划基地全体成员；静安区小学音乐学科实训室全体成员；静安区小教二总支各校工会主席、青年骨干教师研修班成员及静安区青年教师联谊会教师代表。

二、致欢迎辞

静安区中山北路小学阙奋校长首先代表学校致欢迎辞。她对于莅临本次活动的专家、领导及教师代表表示欢迎与感谢。特别

是感谢上海市“音乐教育研究”劳模创新工作室、静安区小学音乐学科实训室主持人曹晏平老师在区域青年教师的培养，以及区域学校艺术特色打造中作出的杰出贡献。希望教师们能在“打击乐联盟校”和实训室的平台上朝着更高的目标迈进。

三、活动主题解析

随后，工作室主持人、上海市音乐特级教师曹晏平老师为本次活动作主题解析，介绍把“坚持依托打击乐项目，努力培养审美素养”作为研讨主题的三点思考：

1. 打击乐是劳模创新工作室的主要研究内容之一

2. 打击乐是学生审美核心能力培养中不可或缺的重要内容

3. 打击乐学习是音乐教师专业素养完善和提升的有效途径之一

曹老师指出，打击乐在音乐学习中的重要性是不言而喻的。作为一名音乐教育工作者，他深切地感受到学生的音乐学习需要打击乐，学校的艺术特色创建需要打击乐，音乐核心素养的培养更离不开打击乐。同时，曹老师还指出打击乐学习应培养学生的五个核心能力：基于听觉的速度稳定感、力度控制感、声部协同感、节奏韵律感，基于想象的音响创意感，与目前音乐学科所确定的核心能力“听觉与联觉反应”“乐感与美感表现”“编创与创作能力”可以说是一脉相承的。

四、教学展示

在主题解析之后，静安区小学音乐学科实训室成员、中山北路小学音乐教师周莺萍为大家展示了一堂五年级器乐课《剪羊毛》。本课以审美体验为核心，以丰富多彩的教学内容和教学形式为手段，以“参与性、情感性、愉悦性”为原则，周老师精心设计了激趣导入、学习新课、创造表现、总结延伸等教学环节，充分体现音乐性，学生在唱、奏、演等音乐活动中丰富了情感经历。尤其是在打击乐教学实践环节，周老师指导学生尝试选用合适的伴奏音型为歌曲伴奏，引导学生根据歌曲的情绪变化即兴编创打击乐伴奏，锻炼了学生即兴编创及演奏能力，同时让学生体会了合奏的乐趣。

五、打击乐社团展示

课堂教学展示之后，中山北路小学民鼓乐团为大家带来了激情四射的民鼓合奏《Shoots》，孩子们的动作慷慨潇洒，敲击的节奏铿锵有力，精彩的表演博得了大家阵阵掌声。

表演过后，全场共同观看了快闪视频《我与打击乐团共成长》，视频中所展示的六支打击乐团分别来自实训室成员所就职的小学。视频展现了教师与学生在打击乐团的建设过程中共同成长的历程，展示了各校在坚持依托打击乐，培养学生审美素养中所作出的努力。

六、学员论坛

随后的环节是由实训室主持人曹晏平老师以及五位实训室学员现场展示的论坛《谈音乐教育中的打击乐》。论坛中，五名学员分别从乐器、演奏形式、音响等方面介绍了各自学校打击乐团的特点，同时从理性层面阐述了打击乐在学校美育教育以及审美素养培养中的功能。曹老师希望大家今后在学校音乐教育教学中多用打击乐，用好打击乐，让打击乐成为陪伴孩子终身音乐学习的“朋友”。

七、专家点评

上海市中小学音乐教学专业委员会理事长王月萍老师从项目的背景、研讨的气场、活动的启示三个方面就本次活动进行了精彩的点评。

王老师指出，选择“打击乐”作为器乐进课堂，发挥其对学生审美素养培育的有效手段，既是一种智慧选择，又是一种教育情怀的表现，十分符合音乐课程和教学改革的大背景要求。今天的活动有思想深度，影响有区域广度。大家不但对打击乐的美育价值有所认识，而且正在展现实践与研究的互动中得到共进，可谓“气场”十足！器乐作为音乐学习的途径具有不可替代性，其教育效能的发挥是没有止境的。如何借助项目化，针对“实效”的问题，需要与时俱进地研究与发展，今天的活动给大家带来了很多启示。

八、领导讲话

活动的最后，静安区教育工会陈静副主席与静安区总工会基层工作部袁洁伟部长分别作了领导讲话。

陈静副主席首先感谢劳模创新工作室、静安区小学音乐学科实训室主持人曹晏平老师为区域内的青年教师搭建了展示学习交流的平台。同时陈副主席也希望工作室把“坚持依托打击乐项目，努力培养审美素养”这一主旨不断贯彻下去，把打击乐教育普及到每位学生的心中，让他们发自内心地热爱器乐演奏，体会其中的美。

静安区总工会基层工作部袁洁伟部长结合自身的工作经历，与大家分享了感悟与寄语。希望劳模创新工作室、音乐实训室能进一步发挥引领带头作用，在音乐基础教育的领域里，不断迈上新的台阶。

美好的时光总是短暂的，此次的展示研讨活动对每位实训室学员的触动也是深刻的。教师的专业发展需要在不断探索与实践的过程中得到历练与成长，我们音乐实训室将继续依托打击乐这一个特色项目扎根课程改革，聚焦热点问题，为音乐课程改革与发展提供基础性的实践经验。

促交流，聚方向，共成长

——静安区小学音乐学科实训室专题培训

阳光明亮初冬暖，2019 年 12 月 17 日，静安区小学音乐实训室的学员们，一同来到徐汇区汇师小学，开展课题研讨活动。本次活动分为上午专题讲座，下午课题试教两个部分进行。

近些年来上海的音乐课程改革取得了较大的成效，与此同时，也存在着一些需要研究和解决的问题。因此，在思考如何解决这些问题的同时，寻找如何加强音乐教育自身建设的途径，已成为摆在我们上海音乐教育工作者面前的一个具有重要现实意义的课题。此次活动，上海市音乐特级教师、静安区小学音乐实训主持人曹晏平老师特别邀请了华东师范大学音乐学院音教系主任、博士姜旼副教授为大家作了题为《他山之石——中美中小学音乐课程与教学特征比较案例与探讨》专题讲座。希望学员们对当前的音乐教育改革多一点自己的思考。

通过姜教授的讲座，我们了解到中美两国在中小学音乐教学课程上的内容标准存在着差异。美国的音乐教学领域以学段为划分依据，每一大类均有内容标准和成就标准组成。其中，内容标准规定了学科教学内容，成就标准规定了学生所应达到的水平，而九至十二年级的成就标准中又分了普通和专业两种水平，根据不同水平进入相应艺术团队持续学习。

同时，美国的音乐课程尤其强调生活性。把学习与生活挂钩，而不是简单地处于让学生学会和了解音乐的层次。艺术教育最终追求的还是人们能在生活中发现美和享受美。这种音乐艺术生活化，应该是我们音乐教育工作者尤其需要关注的内容之一。

此外，美国中小学音乐教育还提倡学生能够用独特的图形或符号体系来记载音乐思想，这样的理念说明了一个道理：教育像生活一样是没有定势的，不要过于符号化、绝对化。五线谱虽然经过千年的发展已经比较完善，但不一定适合低年龄段的学生。填鸭式的让孩子记住音符名称、音名、时值等等，反而会限制孩子思维能力的发展。学生可以用线段的长短起伏，甚至是色彩来记录他们听到的音乐，这些独特的图形或者符号或许不完善，但它是最生活化、最新颖，也是最适合孩子理解的。

两个小时的讲座在不知不觉中过去了，讲座的终点其实就是我们思考和实践的起点。感谢姜老师的莅临指导，为我们带来了国外的音乐教育理念，开阔了大家的眼界，拓宽了大家的思维。相信此时此刻的学员们虽然在安静聆听，但是在思想的碰撞中，早已擦出了激烈的火花。

下午的课题研讨活动由汇师小学两位年轻音乐教师的课堂教学拉开帷幕。首先进行执教的是胡君瑜老师执教的人音版四年级《甘洒热血写春秋》，对标《教学基本要求》中 1.2 音乐体裁与风格——1.2.3 了解京剧等中国地方戏曲这一学习内容，活动种类是体验性活动。胡老师设计了丰富多样的体验活动，让学生初步了解了京剧生行各角色的区别，感受人物在舞台上呈现的京剧韵味，培养学生对京剧艺术的兴趣。

第二节课是由潘璐老师执教的人音版四年级《村晚》，对标《教学基本要求》中 3.2 演唱——3.2.3 合唱这一教学内容，活动种类是表现性活动。潘老师在聆听、情景想象、感受活动、音乐游戏、综合表演等音乐活动中帮助学生理解歌曲情感、表现歌曲意境，指导学生学会演唱歌曲第二声部旋律，并能够合作演唱歌曲合唱部分，抒发了对农村晚景的赞赏，唱出了对富有生活情趣的农村景象的赞美。

两节课各有亮点，但也各有不足之处。进入研讨磨课阶段，基地主持人曹晏平老师组织大家一起参与、研讨，发表各自的观点与看法。大家共同磨课、交流。从教学基本要求的活动内容分析到活动目标的落实，从活动的精心安排到问题的有效设计，从教学素材的选取到课件的精巧构思，严格追求课堂每一分钟的实效；从教学语言的精当设计到教具学具的适当使用，从充足的有效预设到精彩的动态生成，力求精致打磨课堂的每一个细节。

活动最后，曹老师对大家提出了一点希望，希望大家对各自负责的教学部分尽量多思考、多研究，有问题主动沟通，做到每一次的集体研讨能够效率最大化，让参与研究的老师们也能少走弯路，提升成功感。

云中相聚促成长，坚守初心绽芳华

——记静安区小学音乐学科实训室网络培训

2020 年 3 月 21 日下午 1：00，静安区小学音乐实训室的全体学员开展了这学期第一次培训活动。在疫情期间，虽然我们不能聚在一起面对面地讨论教学，但是我们参与研讨的热情却依然高涨。

本次网上培训活动由实训室主持人、特级教师曹晏平老师主持。大家通过钉钉视频会议，针对实训室即将与第四期“双名工程”小学艺术攻关基地一起深入研究的“音乐学科三类核心活动”进行了热烈的探讨。首先，曹老师就“音乐学科三类核心活动”为大家进行了解读。他向大家介绍了“体验性”“表现性”“创造性”三类音乐核心活动的由来，同时深入阐述了对音乐学科“三类核心活动”的基本认识，分析了“三类核心活动“的概念界定与活动特征。曹老师希望大家在进行活动设计时重点思考充分以学生为主体地位的学法指导，并针对直接解决教学基本要求达成的重要环节提炼典型性学法。

随后，学员们在聆听了曹老师对三类核心活动的专题辅导报告后，结合自身的教学特点，对寒假作业中的教学设计进行了介绍和交流，大家共同对下一阶段的活动设计和教学实践研究进行了细致的讨论和修改。曹老师针对大家交流中所提出的困难与困惑逐一进行了解答。他强调，要找准自身在学科教学中的定位，结合个人专业特长，在活动设计中凸显“有新意，出亮点”！

最后，曹老师就下阶段将要开展的研讨活动进行了相关任务的布置，同时表示，将进一步跟进学员们的活动设计，帮助大家尽快跟上课题组研究团队的进度与步伐。

这次网络培训活动历时两个小时，每位学员都积极参与，气氛热烈、成效显著。特殊时期，别样形式，面对疫情，时不我待。让我们一起“云中相聚促成长，坚守初心绽芳华”！

名师智慧线上绽放，学员采撷满怀芬芳

——静安区小学音乐实训室2020学年第一学期研修回顾

特殊时期，特殊研修。一个学期以来，静安区小学音乐实训室在上海市音乐特级教师曹晏平老师的带领下，以特殊的方式不间断地开展研修活动，跨越时间和空间，共舞在云端。

一、未雨绸缪，及时部署

实训室主持人曹晏平老师第一时间为大家开启了“云端”研修之旅，构建了以“教研+培训”引领、“新资源+新实践”探索的研训模式。实训室全体学员和上海市第四期“双名工程”小学艺术攻关计划基地一起利用互联网环境，通过教研和培训相结合的方式，实现了以研促训、以研促教的全新体验。曹老师把此次两个基地在疫情居家期间开展线上研训的具体做法执笔成文，发表在了《现代教学》2020年6A刊物上。

二、落实要求，专业引领

为了确保实训室研修计划的顺利推进，提升学员的专业能力，曹老师为我们制定了两大板块的研修任务：

1. 结合自身的教学特点和美育特色，针对“音乐学科三类核心活动”中的一类活动进行文本设计与研讨。

2. 认真研读小学艺术攻关基地学员所撰写的关于音乐学科导向性与时效性问题的系列短文，同时思考并着手梳理自己在日常教学中的困惑，确定选题方向，撰写论文提纲。

曹老师指出：作为实训室的学员，我们的任务不能仅仅只聚焦在教学研究上，还应做到勤于笔耕、潜心思考，特别是对于学科目前存在的一些导向性或时效性问题，要有自己的认识、理解和见地。既要认真研究教学，也要专注写好文章；既要勤于思考，也要善于表达。

三、名师提携，促进成长

曹老师定期通过视频会议、文章推送等形式对线上学习情况进行梳理与小结，推广典型做法，商讨问题解决策略。几个月来，学员们认真研读了曹老师与小学艺术攻关基地各位老师的系列短文：《音乐学科导向性问题的思考与探讨》《在小学音乐课堂中如何实施有效的评价》《音乐课堂“留白”的意义到底是什么》……一篇篇聚焦问题，贴近教学，遵循现实，充满学科理性思考与总结的文章，为我们树立了正确的教育观、学科观和教学观，让我们受益匪浅。正所谓“名师智慧线上绽放，学员采撷满怀芬芳”。

成功 = 才智 + 激情 + 环境 + 愿景。对于我们静安区小学音乐实训室的学员而言，相信并不缺乏才智，在这基础上，实训室尽可能地为我们提供发展平台，鼓励我们怀揣教育理想，追逐教育梦想，在艺术教育之路上不断进取！

勇敢面对论文写作

——记静安区小学音乐实训室暑期论文写作专题研修

众所周知，论文写作是青年教师最值得研修提高的重要能力之一。如何选题？如何提炼标题？如何写好音乐教学论文？相信这是大多数音乐教师心中最想解决的难题。在此背景下，2020年暑期，静安区小学音乐实训室主持人、上海市音乐特级教师曹晏平老师为实训室学员精心安排了音乐学科论文写作专题网络研修。

首先，实训室的五位学员就自己所撰写论文的选题方向、题目拟定、结构框架等方面进行了较为全面的阐述与分析。

姓名	论文题目
周莺萍	巧用“活动任务单”，解决音乐学习难点问题
汪竞依	支架式教学在小学低年段歌唱发声训练中的实践与探索
吴雯婧	聚焦小学民族民间舞蹈教学，探索情绪和情感实践教育价值
沈雯怡	提升低年级学生歌唱能力的教学方法与策略研究
林育骢	小学音乐课堂中合唱教学有效性的实践研究

曹老师认真聆听了每一位学员的介绍，并在每位学员解读后进行点评，给出具体修改建议。曹老师循序渐进、抽丝剥茧地分析了音乐论文写作的意义，并从论文写作的一般问题出发，从“选题与标题、摘要与关键词、新意与特色、理论与实践以及规范的论文撰写格式”等方面详细讲解了“如何撰写音乐教育教学

科研论文”。

与此同时，曹老师还组织学员进行线上讨论，每位学员都积极发表了自己对其他学员的文章的看法和建议。大家在交流中碰撞思想，在交流中共享彼此的经验和成果。学员们向曹老师倾诉了音乐论文写作中的各类困惑和存在的问题，曹老师都当场一一解惑并给予有效指导，让大家茅塞顿开。暑期论文研修活动给了学员们一个很好的展示和交流平台，促进了静安区小学音乐实训室全体学员论文写作能力的提升。

理论研修及科研能力是音乐教师专业成长的必备能力，是音乐教师专业素养得到提升的关键要素。只要大家多思、多辩、多动笔，论文撰写会变得不那么难。过程也许是辛苦的，但结果一定是幸福的！